Der Leistungsauftrag im rheinland-pfälzischen Haushaltsrecht

Europäische Hochschulschriften

Publications Universitaires Européennes
European University Studies

Reihe II
Rechtswissenschaft

Série II Series II
Droit
Law

Bd./Vol. 4402

PETER LANG
Frankfurt am Main · Berlin · Bern · Bruxelles · New York · Oxford · Wien

Felix Hermonies

Der Leistungsauftrag im rheinland-pfälzischen Haushaltsrecht

PETER LANG
Europäischer Verlag der Wissenschaften

Bibliografische Information Der Deutschen Bibliothek
Die Deutsche Bibliothek verzeichnet diese Publikation in der Deutschen Nationalbibliografie; detaillierte bibliografische Daten sind im Internet über <http://dnb.ddb.de> abrufbar.

Zugl.: Speyer, Dt. Hochsch. für Verwaltungswiss., Diss., 2006

ISSN 0531-7312
ISBN 3-631-55290-4

Europäischer Verlag der Wissenschaften
Frankfurt am Main 2006

www.peterlang.de

Vorwort

Der vorliegende Forschungsbericht ist das Ergebnis des gleichnamigen Forschungsprojekts am Forschungsinstitut für öffentliche Verwaltung (FÖV) bei der Deutschen Hochschule für Verwaltungswissenschaften Speyer (DHV). Die Arbeit ist im Wintersemester 2005/2006 von der DHV als Dissertation angenommen worden.
Ich danke ganz herzlich meinem Doktorvater Herrn Univ.-Prof. Dr. Hermann Hill, für die Initiative zur Errichtung des Forschungsprojekts sowie für die Betreuung und Unterstützung der Arbeit. Er hat mich mit seinen Ideen und Anregungen motiviert und mir auch den notwendigen Freiraum bei der Bearbeitung gelassen.
Herrn Univ.-Prof. Dr. Jan Ziekow danke ich für die Übernahme und zügige Erstellung des Zweitgutachtens.

Herrn Dr. Ulrich Keilmann, Referatsleiter Haushalt im Ministerium der Finanzen in Mainz, gilt mein ganz besonderer Dank für die Unterstützung der Finanzierung der Forschungsprojekts und der Vermittlung der Interviewpartner sowie insbesondere für die vielen konstruktiven Diskussionen und Rückmeldungen.

Herrn Dr. Florian Edinger, stellvertretender Leiter des Wissenschaftlichen Dienstes des Landtags Rheinland-Pfalz, danke ich für die Diskussionen und die Zusammenarbeit bei der Durchführung des Workshops, durch den die Sichtweise der Vertreter des Parlaments vermittelt wurde. Ebenso danke ich Frau Dr. Margrit Seckelmann, M.A., Institutsreferentin des FÖV, für die Unterstützung bei dessen Organisation.

Auch möchte ich den vielen Interviewpartnern in den Ministerien und Behörden danken, die mir Einblick in die Arbeitsweise bei der Umsetzung der Leistungsaufträge gewährten.

Besonders möchte ich mich für die tatkräftige und herzliche Unterstützung durch die Mitarbeiterinnen am Lehrstuhl, Frau Annette Benz und Frau Regina Hense, bedanken. Ich denke mit Freude an die Zeit am Lehrstuhl zurück. Dabei gilt der Dank auch meiner Kollegin und Zimmernachbarin Frau Andrea Nesseldreher, Mag. rer. publ., für den Gedankenaustausch in dieser Zeit.

Schließlich möchte ich Herrn Dr. Stefan Schmidt, LL.M., für seine Anregungen und die Unterstützung danken. Er machte mich auf Speyer aufmerksam und stand mir immer hilfreich zur Seite. Frau RAin Dr. Daniela Hermann möchte ich für die Unterstützung aus Neustadt/Weinstraße danken.

Ebenso gilt der Dank meinen Eltern und meiner Großmutter für die kontinuierliche Unterstützung. Herrn Dr. Fritz Jagoda danke ich schließlich für den „technischen Support".

Felix Hermonies

Inhaltsverzeichnis

A. Ausgangssituation: Wandel von „alter" zu „Neuer" Steuerung im rheinland-pfälzischen Haushalt

I. Einführung in die Thematik

Die Veränderungen und Entwicklungen im Bereich des Haushaltsverfahrens in den vergangenen Jahrzehnten haben dazu geführt, dass das Parlament unter immer schwierigeren Umständen seine Steuerungs- und Kontrollfunktion gegenüber der Regierung wahrnehmen muss.[1] In der dabei entstanden Diskussion wird daher v. a. die Frage aufgeworfen, inwieweit mit dem derzeitigen Haushaltsverfahren noch eine effektive Steuerung und Kontrolle der Regierung gewährleistet ist.[2] An diesem Punkt hat nun die sog. „Neue Steuerung" und das haushaltsrechtliche Instrument des „Leistungsauftrags" angesetzt und versucht, durch die Ausgestaltung weiterentwickelter Steuerungs- und Kontrollperspektiven den Defiziten zu begegnen.

Dabei sollte die Einführung betriebswirtschaftlicher Elemente in die öffentliche Verwaltung ein effizienteres und kostensparendes Arbeiten ermöglichen.[3] Im weiteren Verlauf dieser Entwicklung wurde u. a. das „Neue Steuerungsmodell" (NSM) als organisatorisches Vorbild für die öffentliche Verwaltung auf kommunaler Ebene und im Weiteren auch für die Landesebene entwickelt[4], bei dem die einzelne Verwaltungseinheit neben der Entscheidungsverantwortung auch die Mittelverantwortung erhalten sollte. Darüber hinaus war eine Umgestaltung des Haushalts vorgesehen, mit dem weniger über die Mittel als vielmehr über die Leistungen der Verwaltung und deren Wirkungen entschieden werden

---

[1] S. den Bericht über die Konferenz der Präsidentinnen und Präsidenten der deutschen Landesparlamente am 17./18. Mai 2004 in Quedlinburg (Sachsen-Anhalt), LT-Drs. 14/3210; (im Folgenden sind nicht näher bezeichnete Landtags-Drucksachen oder Normen, wie z. B. die LHO, solche aus Rheinland-Pfalz).

[2] Vgl. *Hill*, ZG 1998, S. 108: „Bei der Frage nach der Legitimation des Verwaltungshandelns handelt es sich daher eigentlich um ein Steuerungsproblem. Ein Vergleich traditioneller und neuer Steuerungsformen muss daher von der Frage geleitet sein, ob die neuen Steuerungsformen eine bessere oder zumindest gleichwertige Steuerung zulassen." Vgl. einführend zur Situation von Steuerung und Kontrolle in Rheinland-Pfalz *Grimm*, Budgetierung und parlamentarische Kontrolle, S. 89 ff.

[3] Vgl. *König*, DVBl. 1997, S. 239 f.; einführend zur Entwicklung der Verwaltungsmodernisierung *Hill*, Neue Organisationsformen in der Staats- und Kommunalverwaltung, S. 65 ff.; *Bogumil*, Binnenmodernisierung des Staates am Beispiel Deutschlands, S. 143 ff.; s. a. *Mehde*, Neues Steuerungsmodell und Demokratieprinzip, S. 26 ff.; vgl. zur Entwicklung der Reformen auch *Sachverständigenrat „Schlanker Staat"*, Abschlussbericht Band 1, S. 5 ff., 145 ff.

sollte.[5] Hervorzuheben ist dabei aber, dass im Mittelpunkt der Reformansätze zunächst die Verbesserung der Steuerung der öffentlichen Verwaltung stand. Gleichwohl war mit den Reformen auch die Überzeugung verbunden, staatliches Handeln anhand der neuen Darstellungen auch besser und effektiver kontrollieren zu können.

Dieser Prozess der Umgestaltung führte schließlich dazu, dass in Rheinland-Pfalz das parlamentarische Steuerungsinstrument des Leistungsauftrags geschaffen und im Februar 2000 in die Landeshaushaltsordnung aufgenommen wurde.[6] Dessen praktische Anwendung hat daher noch keine lange Tradition in der rheinland-pfälzischen Haushaltspraxis. Vielmehr wurden zunächst vier einzelne Kapitel aus verschiedenen Einzelplänen der Ressorts herausgegriffen, um die Anwendung zu testen. Im weiteren Verlauf wurden nun bis zum Haushalt 2005/2006 insgesamt acht Kapitel aus unterschiedlichen Einzelplänen mit Leistungsaufträgen versehen.

Mit Unterstützung des rheinland-pfälzischen Finanzministeriums wurde 2004 ein Forschungsprojekt am Forschungsinstitut für öffentliche Verwaltung (FÖV) bei der Deutschen Hochschule für Verwaltungswissenschaften (DHV) in Speyer eingerichtet, das sich genauer mit Inhalt und Verfahren dieses Steuerungsinstruments befassen sollte.[7] Dabei sollten vor allem der Status quo erfasst und mögliche Weiterentwicklungsansätze herausgearbeitet werden. Um den Status quo der Entwicklung und Anwendung der Leistungsaufträge in der Verwaltungspraxis zu ermitteln, wurden zu Beginn 2005 in den Ministerien Interviews geführt. Darüber hinaus wurde auch am 16. Februar 2005 unter Leitung von Prof. Hill ein Workshop in Kooperation mit dem rheinland-pfälzischen Landtag veranstaltet, bei dem die haushaltspolitischen Vertreter der Fraktionen ihre

---

4 Vgl. *Hill*, Aufgabenkritik, Privatisierung und Neue Verwaltungssteuerung – Einführung und Bilanz -, S. 15 ff.; s. a. *Sachverständigenrat „Schlanker Staat"*, Abschlussbericht Band 1, S. 36 ff.

5 S. zu den Aspekten der Vorgabe von Zielen auf europäischer Ebene *Hill*, Methode der offenen Koordinierung, S. 139 ff., 141.

6 Zweites Landesgesetz zur Änderung der Landeshaushaltsordnung für Rheinland-Pfalz vom 8. Februar 2000, GVBl. vom 17. 2. 2000, S. 47 f.; auch in Sachsen gab es inzwischen einen Antrag der *PDS-Frakion* zur Aufnahme eines Leistungsauftrags in § 7b der dortigen LHO, der sich fast wörtlich mit der rheinland-pfälzischen Formulierung deckte, Sächs. LT-Drs. 3/6921, S. 4, 9 f.

7 In diesem Zusammenhang hatte es schon früher ein Forschungsprojekt gegeben, zu welchem ein Workshop „Parlamentarische Steuerungsordnung" am 11. 2. 2000 und eine Fachtagung am 12./13. 10. 2000 durchgeführt wurden, s. dazu *Hill (Hrsg.)*, Parlamentarische Steuerungsordnung, und *Jessen*, Neuer Ansätze parlamentarischer Steuerung und Kontrolle, Speyerer Forschungsberichte Nr. 220 und 223.

Standpunkte deutlich machten.[8] Diese wurden in der Diskussion den Positionen des Finanzministeriums, des Wissenschaftlichen Dienstes des Landtags Rheinland-Pfalz und vergleichend des Direktors des Hessischen Landtags gegenüber gestellt. Prof. Hill legte darüber hinaus zehn Thesen zur Diskussion vor, in denen er die Bedeutung und die Potenziale dieses parlamentarischen Steuerungsinstruments hervorhob.[9]

Die vorliegende Arbeit ist das Ergebnis der Untersuchung des Forschungsprojekts. Im Mittelpunkt steht zunächst der Aspekt der Steuerung staatlichen Handelns im Haushaltsverfahren. Dieser wird unter dem Gesichtspunkt der Effektivität beleuchtet. Sodann wird die Einführung des Leistungsauftrags in Rheinland-Pfalz erörtert. Nach einer kurzen Beschreibung der Neuerungen werden wesentliche Ergebnisse der Interviews und des Workshops dargestellt. Im Anschluss wird die beschriebene Entwicklung in den verfassungsrechtlichen Zusammenhang gestellt und die Untersuchung schließlich durch Weiterentwicklungsansätze zur etwaigen Verbesserung der Situation vervollständigt.

II. Bisherige „alte“ Steuerung im Haushaltsverfahren

Um die Tragweite und Bedeutung des Leistungsauftrags als haushaltsrechtliches Steuerungsinstrument des Parlaments zu verdeutlichen, ist zunächst kurz auf die Entstehung des Haushalts, dessen Steuerungs- und Kontrollfunktion sowie die Kritik an der bisherigen Entwicklung einzugehen.

1. Entwicklung und Entstehung des staatlichen Haushaltswesens

Die grundsätzliche Ausgestaltung des Haushaltsverfahrens im europäischen Raum ist das Ergebnis einer Entwicklung der letzten Jahrhunderte, die je nach Grad der jeweiligen Demokratisierung variierte.[10] In Deutschland hat sich das Haushaltsverfahren in der heutigen Form bis zum Ende des 19. Jahrhunderts herausgebildet[11], wobei insbesondere der sog. „preußische Budgetkonflikt“ die Bedeutung des öffentlichen Haushaltswesens für eine demokratisch-parlamentarische Grundordnung aufzeigte.[12] Daneben entwickelte sich Laufe der Zeit auch ein planerisches Bewusstsein, wonach „eine solide Staatwirtschaft

[8] Der Workshop fand im Rahmen einer Kooperationsvereinbarung statt, die am 14. Mai 2003 zwischen der DHV, dem FÖV und dem Landtag geschlossen wurde, s. *Gebauer*, VM 2003, S. 169.

[9] S. *Präsident des Landtags Rheinland-Pfalz*, Stand und Perspektiven des Leistungsauftrags in Rheinland-Pfalz, S. 36 ff., 82 ff.

[10] S. *Kisker*, in: *HStR IV*, § 89, Rn. 3.

[11] *Stern*, Staatsrecht, Band II, S. 1189 ff.; *Gröpl*, in: *BK*, Art. 110, Rn. 8 ff.

[12] S. dazu *Seidler*, KJ 1996, S. 79 ff.; *Gröpl*, in: *BK*, Art. 110, Rn. 15 ff.

einen einheitlichen Voranschlag fordert und alle Einnahmen sowie Ausgaben umfassen muss, dass man sich also nicht mit einem unvollständigen Nebeneinander von einzelnen Kassen begnügen darf.“[13]

2. Funktionen des Haushalts

In der heutigen Ordnung unter dem Grundgesetz kommen Haushaltsplan und –verfahren in Deutschland vorwiegend zwei Funktionen zu.[14] Zum einen soll das Kontrollrecht des Parlaments über die Regierung gewährleistet werden, was heute primär von den Oppositionsfraktionen wahrgenommen wird.[15] Und zum anderen soll der Haushalt eine Steuerungsfunktion erfüllen, welche von der Regierung zusammen mit den Regierungsfraktionen im Parlament gemeinsam wahrgenommen wird.[16]

a. Kontrollfunktion

Während die Zuordnung der Gewalten unter dem Grundgesetz nicht mehr vom Gegensatz zwischen der monarchischen Exekutive und dem demokratisch legitimierten Parlament beherrscht wird, ist gleichwohl das Bedürfnis nach der Ausübung der Kontrolle der Exekutive geblieben. Insoweit soll der im Haushaltsgesetz verabschiedete Haushaltsplan die Funktion der Kontrolle erfüllen.[17] Die Kontrolle wird dabei v. a. durch die Erlangung solcher Informationen ausgeübt, aus denen sich die Ausgaben in den jeweiligen Organisations- und Verwaltungseinheiten der Ministerien ergeben. Dabei gilt es, zum einen die konkreten Zahlen und Rechnungen auf ihre Richtigkeit zu überprüfen und zum anderen die Haushaltsführung an den Maßstäben der Wirtschaftlichkeit und Sparsamkeit

---

[13] *Kisker*, in: *HStR IV*, § 89, Rn. 4; s. dazu *BVerfGE* 45, S. 1 (31 f.): „Wirtschaftsplan“ und „wirtschaftliche Grundentscheidung für zentrale Bereiche der Politik während des Planungszeitraumes.“ Vgl. auch zu dem aktuellen Stand der Diskussion über den Gesetzescharakter des Haushaltsplans *Bleckmann*, DVBl. 2004, S. 333 ff.

[14] Darüber hinaus soll der Haushalt auch weitere Funktionen erfüllen. In der Weiterentwicklung des Haushalts als parlamentarisches Steuerungsinstrument wird ihm heute auch eine finanzpolitische Funktion zugeordnet. Dabei geht es um die Aufgabe, die Bedarfsdeckung sicherzustellen und so die politisch gesetzten Ziele in einer finanziell verantwortbaren Weise zu bewirken. Hier ist insbesondere eine Ausweitung der Kreditaufnahme zu vermeiden. Mit der weiteren wirtschaftspolitischen Funktion des Haushalts geht es schließlich um die Verfolgung des Ziels des gesamtwirtschaftlichen Gleichgewichts nach Art. 109 Abs. 2 GG. Vgl. *Kisker*, in: *HStR IV*, § 89, Rn. 13 ff.; vgl. zur Bedeutung des Haushaltsplans allgemein *Tomuschat*, Der Staat 19 (1980), S. 1 ff.

[15] S. dazu *BVerfGE* 70, S. 324 (355 ff.) und E 45, S. 1, (38).

[16] Vgl. dazu auch *Friesenhahn*, VVDStRL Heft 16, 1958S. 33, mit der „Staatsleitung zur gesamten Hand“, aber auch einschränkend, s. S. 33.

[17] Vgl. *Hillgruber*, in: *v. Mangoldt/Klein//Starck*, GG III, Art. 110 Abs. 1., Rn. 17 ff.

zu messen sowie die Einhaltung der dazu erlassenen Vorschriften zu überwachen.[18]

Hier kann insoweit von einem klassischen Instrument der parlamentarischen Opposition ausgegangen werden, da die Regierungsmehrheit im Parlament kaum ein Interesse an einer Bloßstellung der von ihr getragenen Regierung verfolgt.[19] Daher kann die Kontrollfunktion des Haushalts auch als eine Informations- oder Informierungsfunktion verstanden werden, da die Opposition durch dieses Verfahren in die Lage versetzt wird, eine politische und gleichzeitig eine tatsächliche Kontrolle auszuüben. Sie kann – insbesondere in der Öffentlichkeit - die im Haushalt dargestellten und getroffenen Entscheidungen hervorheben, bewerten und auch beobachten, inwieweit diese Entscheidungen im weiteren Verlauf tatsächlich umgesetzt werden.[20]

Damit nun aber das Kontrollrecht wirksam wahrgenommen werden kann, wurden verschiedene Grundsätze des Haushaltsrechts entwickelt, die bei der Darstellung des Haushaltsplans zu beachten sind.[21] Hervorzuheben ist dabei der Grundsatz der Vollständigkeit, wonach alle Einnahmen und Ausgaben in den Haushaltsplan einzustellen sind, Art. 110 Abs. 1 S. 1 GG.[22] Zudem wurde der Grundsatz der Einzelveranschlagung oder Spezialität entwickelt[23], wonach alle voraussehbaren Ausgaben für bestimmte Zwecke darzustellen sind. Daher wird das Verhalten der Regierung wesentlich durch die Bindung an die mit den Einzelveranschlagungen verbundenen Zwecke gesteuert, was auch als die Steuerungsfunktion der Spezialität angesehen wird.[24]

---

[18] S. *Kisker*, in: *HStR IV*, § 89, Rn. 13.
[19] Vgl. *Hillgruber*, in: *v. Mangoldt/Klein//Starck*, GG III, Art. 110 Abs. 1, Rn. 17 ff.: „Generalabrechnung mit der Regierung"; s. a. *Ockermann*, Die Rolle des Parlaments bei der Modernisierung der öffentlichen Verwaltung, S. 94 ff.
[20] *Heun*, Staatshaushalt und Staatsleitung, S. 286.
[21] S. dazu auch die systematische Darstellung von Heller, Haushaltsgrundsätze; zur aktuellen Bedeutung und Entwicklung der Rahmenbedingungen *Lüder*, Vom Ende der Kameralistik.
[22] Vgl. Art. 116 Verfassung RP.
[23] S. § 10 Abs. 2, 3 und § 12 Abs. 4 S. 1 HGrG.
[24] Vgl. zur aktuellen Bedeutung *Linck*, ZG 1997, S. 5 ff.; vgl. die Beschreibung von *Grimm*, Budgetierung und parlamentarische Kontrolle, S. 95: „Sachliche Bindung bedeutet, dass das Haushaltsgesetz die Verwaltung ermächtigt, bestimmte Ausgaben für bestimmt bezeichnete Zwecke zu leisten. Zeitliche Bindung bedeutet, dass sich die Ermächtigung des Gesetzgebers nur auf das jeweilige Haushaltsjahr erstreckt." Dabei seien die Grundsätze „wesentlicher Bestandteil des parlamentarischen Budgetrechts. Mit ihrer Hilfe steuert das Parlament das Ausgabeverhalten der Exekutive. Gleichzeitig sind sie Grundlage für die Verwirklichung des Grundsatzes der Haushaltsklarheit und Transparenz." Zu der aktuellen Einordnung des Grundsatzes der sachlichen Spezialität als Verfassungsgrundsatz vgl. *VerfGH NW* DVBl. 1994, S. 860 ff.

Dabei ist aber zu berücksichtigen, dass es zulässige Ausnahmen von diesen Grundsätzen gibt. Vor allem die Flexibilisierungen in Form der Deckungsfähigkeiten unter verschiedenen Titeln und die Übertragbarkeiten ins nächste Haushaltsjahr führen dazu, dass der Haushaltsplan an Aussagekraft verliert. Voraussetzung für die Nutzung dieser Ausnahmebestimmungen war bisher v. a. das Vorliegen von Ausgaben für Investitionen bzw. aus zweckgebundenen Einnahmen oder für den Fall der Förderung ihrer wirtschaftlichen und sparsamen Verwendung, vgl. § 15 Abs. 1 HGrG. Die Inanspruchnahme von Deckungsfähigkeiten verlangt alternativ auch das Vorliegen eines verwaltungsmäßigen oder sachlichen Zusammenhangs, vgl. § 15 Abs. 2 HGrG.

b. Steuerungsfunktion

Die Kontrollfunktion wird in der organisatorischen Ausgestaltung der demokratischen Ordnung des Grundgesetzes durch die Steuerungsfunktion ergänzt, wonach gemäß Art. 20 Abs. 2 GG die Staatsgewalt auf das Volk zugeführt werden muss.[25] Insoweit der Haushaltsplan heute auf die Lenkung der staatlichen Tätigkeit gerichtet ist[26], kann dies auch als die eigentliche „politische" Funktion des Haushalts verstanden werden. Dementsprechend wurde der Haushalt in der Weiterentwicklung zu einem „Instrument zur Absicherung der politischen Zielsetzung von Parlament und Regierung".[27] Der eigentliche Effekt des Haushaltsplans als Steuerungsinstrument ergibt sich aus den im Haushalt erteilten Ausgabebewilligungen und dem Umstand ihrer rechtlichen Verbindlichkeit, die zugleich Ermächtigung, Schranke und Auftrag für die mit dem Vollzug des Haushalts beauftragte Regierung sind, wenngleich die Regierung nicht zur Verausgabung verpflichtet wird. Da sich diese Merkmale auf die gesamte finanziel-

---

[25] Vgl. *BVerfGE* 83, S. 60, 2. Leitsatz: „Der Grundsatz der Volkssouveränität fordert, dass das Volk eine effektiven Einfluss auf die Ausübung von Staatsgewalt durch die Organe der Gesetzgebung, der vollziehenden Gewalt und der Rechtsprechung hat. (...)"; zu der Notwendigkeit der Weiterentwicklung dieser Anforderungen auch bei neueren Erscheinungen wie z. B. dem „Public Private Partnership" vgl. *Mehde*, VerwArch. 2000, S. 541 ff.; s. a. *Hillgruber*, in: *v. Mangoldt/Klein/Starck*, GG III, Art. 110 Abs. 1, Rn. 17 ff.; als weitere Kontrollinstrumente des Parlaments bestehen zudem die Kleine und Große Anfrage, die Fragestunde, die Einrichtung eines Untersuchungsausschusses oder einer Enquete-Kommission und die Nutzung des allgemeinen Frage- und Auskunftsrechts. Zu diesem Instrumenten im Zusammenhang mit den aktuellen Entwicklungen Jessen, Neuere Ansätze parlamentarischer Steuerung und Kontrolle, S. 7; vgl. dazu auch Art. 89a und 89b Verfassung Rheinland-Pfalz. Zur Steuerungsfunktion des Haushaltsrechts insgesamt *von Mutius*, VVDStRL 42 (1983), S. 147 ff.; vgl. auch *Schuppert*, VVDStRL 42 (1983), S. 218 ff., 234 ff., der die Steuerungsfunktion des Rechts im Bereich des Haushalts bezweifelt.

[26] Vgl. *Heun*, Staatshaushalt und Staatsleitung, S. 277; vgl. Hill, ZG 1998, S. 108 ff.

[27] *Kisker*, in: *HStR IV*, § 89, Rn. 13; vgl. *Hoffmann-Riem*, DÖV 1999, S. 226.

le Tätigkeit der Regierung – nämlich das „Geld-Ausgeben" – beziehen, haben die Ausgabebewilligungen eine Steuerungswirkung für nahezu alle staatlichen Aufgabenbereiche, insoweit fast jede Tätigkeit öffentlicher Verwaltung in einem finanziellen Zusammenhang steht und somit auf die Zuweisung von Finanzmitteln angewiesen ist. Die zentrale Darstellung dieser Zuweisung lässt daher auch das Ausmaß der Steuerung und Lenkung erkennen.[28] Insgesamt ist aber auch hier zu berücksichtigen, dass im Unterschied zur gerade dargestellten Kontrollfunktion die Steuerungsfunktion der Regierung und der sie tragenden Mehrheit der Regierungsfraktionen im Parlament zuzuordnen und nicht als ein Instrument der Opposition im Parlament anzusehen ist.[29]

3. Ablauf des Haushaltsverfahrens: Vorlage, Beschluss, Vollzug

Zur Gewährleistung der dargestellten Funktionen und ihrer Wahrnehmung durch die verschiedenen Organe ist ein bestimmtes Verfahren entwickelt worden, das die Vorgehensweise für Ausarbeitung, Beschluss und Vollzug des Haushaltsplans vorgibt. Danach tragen zunächst die Fachministerien beim Finanzministerium ihre Vorstellungen unter Berücksichtigung der mehrjährigen Finanzplanung vor.[30] Daraufhin verhandeln beide Seiten solange über die einzelnen Punkte, bis ggf. auf Ministerebene Einigkeit erzielt wurde. In der Organisation und Durchführung des Verfahrens ist hierbei das Finanzministerium damit beauftragt, darauf zu achten, dass der Gesamthaushalt auch ausgeglichen ist.[31] Im weiteren Verlauf wird dann der Haushaltsentwurf von der Regierung beschlossen und dem Parlament vorgelegt. Hier wird die Vorlage in einer ersten Lesung behandelt. Dabei geht es zunächst um die Erörterung und Auseinandersetzung über grundsätzliche Fragen, wie z. B. die durch den Haushaltsentwurf erkennbare Schwerpunktsetzung. In der sich anschließenden Phase wird der Haushalts- und Finanzausschuss mit der Vorlage befasst, wobei die Abstim-

---

[28] Vgl. *Gröpl*, in: *BK*, Art. 110, Rn. 39; s. *Heun*, Staatshaushalt und Staatsleitung, S. 276 ff.; dabei bezieht sich der Begriff der Steuerung zunächst allgemein auf die Einwirkungsmöglichkeiten einer Organisationseinheit auf andere Einheiten. Insoweit geht es um das Potenzial, auf Menschen oder ihre Umwelt sowie die damit verbundenen Entscheidungssituationen und -abläufe einzuwirken, um dann bestimmte Planungen umsetzen oder Ziele erreichen zu können. Die Mittel dazu können Information, Koordination, Motivation und Kontrolle sein. Auch kann die Qualität der Steuerung im Großen unterschieden werden nach Global-, Rahmen-, Grobsteuerung und im Kleinen nach Fein- bzw. Einzelsteuerung, s. dazu ausführlich *von Mutius*, VVDStRL 42 (1983), S. 153 ff., unter Verweis auf die verwaltungswissenschaftliche und weniger rechtsdogmatische Bedeutung des Steuerungsbegriffs.

[29] Vgl. *Heun*, Staatshaushalt und Staatsleitung, S. 277.

[30] Vgl. Art. 109 Abs. 3 GG; s. dazu *Gröpl*, in: *BK*, Art. 110, Rn. 123.

[31] S. *Hesse/Ellwein*, Das Regierungssystem der Bundesrepublik Deutschland, S. 268 f.

mungsergebnisse der Fachausschüsse in die Erörterung miteinbezogen werden. Insoweit durch das Parlament die Funktion der Kontrolle und der Mitwirkung im Haushaltsverfahren wahrgenommen wird, erfolgt dies vor allem durch die Ausschüsse. Hier werden auch grundsätzlich noch Veränderungen an einzelnen Haushaltstiteln vorgenommen. Auch müssen anwesende Vertreter der Regierung Rede und Antwort stehen oder ggf. Veränderungswünsche für das nächste Jahr zur Kenntnis nehmen.[32]

Im Unterschied dazu ist die Behandlung des Haushaltsentwurfs im Parlamentsplenum davon geprägt, dass die Öffentlichkeit beteiligt ist und die Beteiligten hier auch auf ihre Selbstdarstellung achten. In Abhängigkeit von den Mehrheitsverhältnissen im Parlament werden meist die Vorlagen aus den Ausschüssen übernommen und keine Änderungen mehr vorgenommen. Der in diesem Haushaltsverfahren garantierte Informationsfluss konkretisiert insoweit auch die kontrollierende Funktion.[33]

Nach der parlamentarischen Feststellung des Haushaltsplans durch das Haushaltsgesetz beginnt dessen Vollzug durch die Regierung. Zu diesem Zweck werden die einzelnen Haushaltsmittel der jeweiligen mittelbewirtschaftenden Stelle zugeteilt.[34] Beim Vollzug des Haushalts im Haushaltsjahr kann es auch vorkommen, dass das Parlament oder der Haushalts- und Finanzausschuss zur Mitwirkung befugt ist. Dabei handelt es sich um ein Verfahren, wonach bestimmte Finanzmittel, die einzelnen Aufgabenbereichen zugeordnet sind, im Haushaltsplan mit einem sog. Haushaltsvermerk oder Haushaltssperrvermerk versehen sind. Dies bietet sich meist dann an, wenn bestimmte Gründe die „Etatreife" fehlen lassen. Solche Vermerke können dann erst in bestimmten Fällen nach einem erneuten Tätigwerden zur Verausgabung freigegeben werden.[35] Vervollständigt wird das Verfahren schließlich durch die sog. Rechnungslegung und Rechnungsprüfung sowie die Finanzkontrolle und Entlastung, vgl. Art. 114 GG.[36]

---

[32] *Hesse/Ellwein*, Das Regierungssystem der Bundesrepublik Deutschland, S. 268.
[33] *Hesse/Ellwein*, Das Regierungssystem der Bundesrepublik Deutschland, S. 268.
[34] Vgl. *Gröpl*, in: *BK*, Art. 110, Rn. 72.
[35] Vgl. *Gröpl*, in: *BK*, Art. 110, Rn. 74. Dazu wird z. B. auf § 22 S. 3 BHO abgestellt: „In Ausnahmefällen kann durch Sperrvermerk bestimmt werden, dass die Leistung von Ausgaben oder die Inanspruchnahme von Verpflichtungsermächtigungen der Einwilligung des Bundestages bedarf."
[36] Vgl. *Gröpl*, in: *BK*, Art. 110, Rn. 75 f.; s. zur Rolle des Rechnungshofs *Kisker*, in: *HStR IV*, § 89, Rn. 90, 98 ff.

4. Kritik an der heutigen Praxis des Haushaltsverfahrens

Gegen das Haushaltsverfahren in der bisher durchgeführten Form ist im Laufe der Zeit eine starke Kritik angewachsen.[37] Diese richtet sich vor allem darauf, dass die sehr theoretisch entwickelten Grundlagen bei der Konkretisierung von Steuerung und Kontrolle durch das Parlament in der Praxis nicht umgesetzt werden bzw. nicht umgesetzt werden können.[38] Zudem wird auch darauf verwiesen, dass die Reichweite der Steuerung der öffentlichen Verwaltung durch den Haushalt auf die Bewilligung der Verausgabung von Finanzmitteln begrenzt ist, ohne dass dabei auf wirkliche Leistungen, Wirkungen oder politische Ziele Bezug genommen wird.[39]

Um die Reichweite des Leistungsauftrags als parlamentarisches Steuerungs- und Kontrollinstrument zu verdeutlichen, sollen die wesentlichen Kritikpunkte an der bisherigen „alten" Steuerung und Kontrolle im Folgenden kurz beschrieben werden.

a. Unübersichtlichkeit

aa. Hoher Detaillierungsgrad durch Spezialität

Zunächst wird vorgetragen, dass der Haushaltsplan mit seiner Systematik und das Haushaltsverfahren in den parlamentarischen Beratungen in den Einzelheiten überfrachtet sind und so der Überblick über die wesentlichen Aussagen verloren geht.[40] Insgesamt erscheint der Haushaltsplan als zu detailliert und zu umfangreich. Damit verbunden sind Unübersichtlichkeit und Verständnisschwierigkeiten, was die Gefahr eines Desinteresses auf Seiten der Parlamentarier mit

---

[37] S. dazu ausführlich *Gröpl*, Haushaltsrecht und Reform, S. 280 ff., m. w. N.; *Hill*, ZG 1998, S. 106 f., 116; *Schneider*, Die Verwaltung, Beiheft 4/2001, S. 179; s. a. *Lüder*, Vom Ende der Kameralistik; vgl. die Kritikpunkte der *Bundestagsfraktion BÜNDNIS 90/DIE GRÜNEN* von 1997 aus ihrer damaligen Oppositionsperspektive, BT-Drs. 13/8472, S. 2 f.; vgl. die Kritik zur Situation auf kommunaler Ebene *Mäding*, Öffentliche Haushalte zwischen demokratischer Steuerung und administrativer Effizienz, S. 342 ff.

[38] Oft zitiert wird die Aussage von *Hoffmann-Riem*, DÖV 1999, S. 225: „Die Haushaltsberatungen im Parlament waren häufig Inszenierungen der Selbsttäuschung der Parlamentarier über ihre realen Entscheidungsmöglichkeiten." und weiter: „Die Detailverliebtheit und die Versuchung, die Ressorts in den Einzelberatungen des Haushaltsausschusses durch Nachhaken bei Einzelposten \`vorzuführen´, waren möglicherweise Mittel dieser Selbsttäuschung, in deren Windschatten die politische Steuerung eine Domäne der Regierung blieb." Vgl. *Ockermann*, Die Rolle des Parlaments bei der Modernisierung der öffentlichen Verwaltung, S. 94 ff., und dessen Überschrift auf S. 95: „Das Märchen vom Budgetrecht des Parlaments".

[39] Vgl. *Seidler*, KJ 1996, S. 78 ff.

[40] Vgl. *Patzig*, Haushaltsrecht, Rn. 204; *Ockermann*, Die Rolle des Parlaments bei der Modernisierung der öffentlichen Verwaltung, S. 94 ff.

sich bringt.[41] Die ausgeweitete Haushaltsstruktur führt dazu, dass weniger wichtige Informationen ausgebreitet dargestellt werden, wohingegen die besonders relevanten Zusammenhänge kaum erkennbar sind.[42]

Dabei ist hervorzuheben, dass diese Situation durch den haushaltsrechtlichen Spezialitätsgrundsatz entscheidend geprägt ist, der gerade dazu gedacht ist, dem Parlament die zur seiner kontrollierenden Funktion notwendigen Informationen zu vermitteln.[43] Daher ist die Verwaltung mit der ministeriellen Spezialisierung dem oft weniger eingearbeiteten Parlamentarier überlegen, was von großer Bedeutung für die Ausübung der Funktion der Kontrolle in der Gewaltenbalance ist.[44]

bb. Einschränkung der Aussagekraft durch zulässige Nutzung von Flexibilisierungen und Übertragbarkeiten

Die Steuerungs- und Kontrollmöglichkeiten des Parlaments durch den Haushaltsplan werden daneben auch insoweit beeinträchtigt, als die Möglichkeiten zur Inanspruchnahme von Ausnahmeregelungen bei den Haushaltsgrundsätzen genutzt und die Finanzmittel als Teil von Flexibilisierungen für deckungsfähig erklärt werden. Die bewirtschaftenden Stellen haben hier die Möglichkeit ohne Rücksicht auf die Zweckbestimmung des Haushaltsplans die Finanzmittel von A nach B und zurück zu verschieben. Hierbei entsteht eine Abhängigkeit des parlamentarischen Budgetrechts vom Ausmaß der zulässigen Nutzung dieser Ausnahmemöglichkeiten.[45]

Dies gilt auch für die Inanspruchnahme der Ausnahmeregelungen hinsichtlich der Möglichkeit der Übertragbarkeit nach § 15 Abs. 1 HGrG[46] und die Hinübernahme von Finanzmitteln in das nächste Haushaltsjahr. Der Haushaltsgesetzgeber wird insoweit in seinem Bestimmungsrecht berührt, als er die Mittel für das

---

41 *Gröpl*, Haushaltsrecht und Reform, S. 282.

42 S. *Seidler*, KJ 1996, S. 78, 81 ff.; *Gröpl*, Haushaltsrecht und Reform, S. 282. *Hesse/Ellwein*, Das Regierungssystem der Bundesrepublik Deutschland, S. 267: So werde teilweise nur geringfügig zwischen den verschiedenen Ausgabearten unterschieden: „Innerhalb des riesigen, im Bund mehrere tausend Seiten umfassenden Gesamtplans lassen sich deshalb nicht überall Korrekturen anbringen; die Macht des Parlaments zeigt sich nur, wenn Ausgabeerhöhungen ohne gesetzliche Verpflichtung beantragt werden."

43 *Gröpl*, Haushaltsrecht und Reform, S. 285: „Vor allem der Spezialitätsgrundsatz (§ 13 Abs. 2, 3, § 17 Abs. 1 S. 1 BHO) hat in seiner Übersteigerung zu einem Funktionsverlust der Legislative geführt, der sie auf die Ohnmacht zu Beginn des Konstitutionalismus zurückwirft."

44 *Gröpl*, Haushaltsrecht und Reform, S. 283; vgl. *Hoffmann-Riem*, DÖV 1999, S. 225.

45 Vgl. *Gröpl*, Haushaltsrecht und Reform, S. 227.

46 § 19 LHO.

laufende Jahr widmet und darauf auch die Berechnungen in Bezug auf die Notwendigkeit, Wirtschaftlichkeit und Sparsamkeit des Jahres abgestimmt hat, vgl. § 27 HGrG[47]. Dadurch wird auch der zukünftige Haushaltsgesetzgeber in seiner Verfügungsfreiheit beeinträchtigt, insoweit er die Belastungen des vergangenen Jahres übernimmt. Hier müssen die Ermächtigungen zu Ausgaben (Ausgabebewilligungen) dann an anderer Stelle im neuen Jahr finanziert werden.[48]

b. Wenig Veränderungsmöglichkeiten des umfangreichen Haushaltsplans durch das Parlament

Weiterhin sind die meisten Ausgaben im Haushalt gesetzlich und vertraglich bereits festgesetzt. Dies hat inzwischen ein Ausmaß von über 80 % angenommen.[49] Eine wirkliche politische Gestaltung kann so kaum stattfinden.[50] So wird festgestellt, dass wirtschaftliche Rahmenbedingungen, rechtliche Verpflichtungen sowie mittel- und langfristige Planungen entscheidende finanzielle Vorwirkungen haben und so der Handlungsspielraum beträchtlich eingeschränkt wird.[51] So wird auch vorgebracht, dass die politischen Entscheidungen schon viel früher getroffen werden.[52] Auf die Ausgestaltung des Haushalts hat daher das Parlament nur rudimentär Einfluss. Im Haushaltsverfahren ist der verfügbare Spielraum daher sehr gering. Im Verhältnis dazu wirkt das Beschlussverfahren fast schon zu aufwändig.[53] Ein großer Teil der Ausgaben ist bereits durch Leistungsgesetze und Vorgaben aus der Personalwirtschaft sowie aus der früheren Schuldenpolitik vorbestimmt.[54]

---

[47] § 45 Abs. 1 S.1 LHO.

[48] *Gröpl*, Haushaltsrecht und Reform, S. 278: „Hypothek für die Zukunft".

[49] *Linck*, ZG 1997, S. 4, verweist auf Schätzungen, wonach „sich die freie disponible Spitze nur etwa zwischen einem Minimalwert von 5 % und einem Maximalwert von 25 % des Gesamtetats" bewege; vgl. für die Bundesebene *Schneider*, Die Verwaltung, Beiheft 4/2001, S. 180; s. für Rheinland-Pfalz *Edinger*, Perspektiven des Haushalts- und Finanzmanagements, S. 143, der hier von einem „kurzfristig gestaltbaren Haushaltsvolumen von allenfalls 10 Prozent" spricht.

[50] *Ockermann*, Die Rolle des Parlaments bei der Modernisierung der öffentlichen Verwaltung, S. 94 ff.

[51] Vgl. *Gröpl*, Haushaltsrecht und Reform, S. 282, und den Hinweis auf die Rspr. des BVerfGs.

[52] Vgl. *Ockermann*, Die Rolle des Parlaments bei der Modernisierung der öffentlichen Verwaltung, S. 96: „Durch die Aufstellung des Haushalts von seiten der Exekutive im Rahmen der politischen Mehrheitsverhältnisse wird der Gestaltungsrahmen weitgehend durch die Exekutive vorgegeben."

[53] *Hesse/Ellwein*, Das Regierungssystem der Bundesrepublik Deutschland, S. 268.

[54] *Gröpl*, Haushaltsrecht und Reform, S. 284.

In diesem Zusammenhang wird zudem darauf verwiesen, dass innerhalb der Haushalts- und Finanzausschüsse ein Konflikt zwischen den parlamentarischen Experten und den jeweiligen Ressort-Beamten stattfindet. Dabei sind die Delegierten der Verwaltung allerdings darauf spezialisiert, die Finanzmittel unabhängig von ihrer Größe zu rechtfertigen und zu verteidigen. So ist diese Auseinandersetzung im Endeffekt durch eine ministerielle Überlegenheit geprägt.[55] Daher werden durch die Parlamentarier im Rahmen des Haushaltsverfahrens nur noch „kleine Input-Faktoren" verändert.[56] Dies stellt aber einen Verstoß gegen den Grundsatz der Gewaltenteilung dar, wonach das Parlament gerade die Möglichkeit haben muss, über die politische (große) Zielsetzung und -steuerung zu entscheiden.[57]

c. *Haushaltserörterung im Parlamentsplenum nur eingeschränkt Mittel der Kritik an Regierung aufgrund von beiderseitigen Legitimationsakten*

Zudem kann im durchgeführten Haushaltsverfahren kaum von kontrollierenden Verfahren gesprochen werden. Zwar haben sich bei der Entstehung des parlamentarischen Budgetrechts das Parlament und die Regierung gegenseitig beschränkt und kontrolliert, wodurch ein Machtmissbrauch vermieden werden konnte. Das Verhältnis dieser beiden nach wie vor bestehenden Organe hat sich in nach-monarchischer Zeit aber gewandelt. Die Legitimation des Parlaments durch Wahlen und die Rückbindung exekutiver Gewalt über das Parlament an den Wählerwillen ist auch entscheidend für die Ausübung der Gewaltenteilung. Beide Organe könnten sich inzwischen auf Akte der Legitimation berufen. Die Regierung ist „nicht länger der anders legitimierte Gegenspieler des Parlaments, sondern wird von der Parlamentsmehrheit getragen".[58] Der eigentliche Konflikt und die Ausübung der Kontrolle finden heute zwischen der Regierung und der parlamentarischen Regierungsmehrheit auf der einen Seite und der parlamentarischen Opposition statt. Insoweit ist es heute die Opposition, die das Haushaltsverfahren in der parlamentarischen Befassung dazu nutzt, die gesamte Tätigkeit der Regierung zu kritisieren.[59]

---

[55] S. dazu *Hesse/Ellwein*, Das Regierungssystem der Bundesrepublik Deutschland, S. 268.

[56] Vgl. *Seidler*, KJ 1996, S. 81, der hier von „Spielgeld" für Parlamentarier spricht.

[57] *Hoffmann-Riem*, DÖV 1999, S. 225.

[58] *Heintzen*, in: *von Mangoldt/Klein/ Starck*, GG, Art. 110, Rn. 10.

[59] Vgl. *Ockermann*, Die Rolle des Parlaments bei der Modernisierung der öffentlichen Verwaltung, S. 96: „Die Wahrnehmung von Kontrollfunktionen erfolgt in unserem heutigen parlamentarischen System weitgehend nur noch von seiten der Opposition; die Regierungsfraktionen sehen sich in ihrem Rollenverständnis näher an der Regierung denn als politische Kontrollinstanz."

d. *Haushaltsentscheidung des Parlaments mittel-, nicht leistungsorientiert*

Gerade im Zusammenhang mit den Reformen der öffentlichen Verwaltung in den letzten Jahren wurde vor allem als Kritik angeführt, dass das, was im Haushaltsverfahren überhaupt vom Parlament noch entschieden wird, lediglich inputorientiert und verfahrensbezogen ist.[60] Insoweit findet im Haushaltsverfahren lediglich eine Einnahme-Ausgabeplanung statt. Entscheidungen über die tatsächlichen Leistungen und Tätigkeiten der öffentlichen Verwaltung werden vom Parlament im Haushaltsverfahren überhaupt nicht getroffen.[61] Die Titelsystematik bestimmt nur die Zuordnung der Finanzmittel zu den einzelnen Zweckbestimmungen. Zwar werden durch Fachgesetze die Leistungen der öffentlichen Verwaltung festgelegt, darüber hinaus aber kann die Verwaltung selbst entscheiden. Demzufolge wird geltend gemacht, dass die politische Führung der Verwaltung die Konkretisierung ihrer Leistungen weitgehend überlässt und somit auf „die Substanz ihres Budgetrechts" verzichtet. Daher ist es ein „Konstruktionsmangel" der Verwaltung, dass es keine unmittelbare Verbindung zwischen Ressourceninput und Leistungsoutput gibt.[62]

5. Zusammenfassung

Zusammenfassend ist festzuhalten, dass das Parlament mit Haushaltsplan und Haushaltsverfahren Möglichkeiten zur Verfügung gestellt bekommen hat, um seine Steuerungs- und Kontrollfunktion ausüben zu können. In der Praxis können bis heute aber Zweifel an der wirksamen Wahrnehmung dieser Funktionen durch das Parlament geltend gemacht werden.

III. Einführung und Ermöglichung der Neuen Steuerung

Als zu Beginn der neunziger Jahre die Finanznot der öffentlichen Hand immer größer wurde63, stellte sich die Frage, ob und inwieweit die Möglichkeit besteht, die öffentliche Verwaltung nach betriebswirtschaftlichen Grundsätzen zu führen und zu organisieren. Damit wurde u. a. die Hoffnung verbunden, dass

---

[60] S. *Kirchhof*, DÖV 1997, S. 751.

[61] *Jessen*, Neuere Ansätze parlamentarischer Steuerung und Kontrolle, S. 9.

[62] Vgl. *Hill*, DÖV 2001, S. 793 ff.; *Schneider*, Die Verwaltung, Beiheft 4/2001, S. 182; vgl. *Hoffmann-Riem*, Finanzkontrolle der Verwaltung durch Rechnungshof und Parlament S. 82; s. *Jessen*, Neuere Ansätze parlamentarischer Steuerung und Kontrolle, S. 9; vgl. *KGSt.*, B 5/1993, S. 20.

[63] Vgl. für Rheinland-Pfalz *Edinger*, Haushaltsreform und parlamentarisches Budgetrecht in Rheinland-Pfalz, S. 7 f.; s. zur Entwicklung auf der kommunalen Ebene die Angaben von *Belzer*, Konsolidierung der Haushalte, S. 374 f.

deren Tätigkeit effizienter und auch effektiver ausgestaltet werden könnte.64 Insbesondere entwickelte sich die Überzeugung, dass die öffentliche Verwaltung nicht mehr durch das bloße Zur-Verfügung-Stellen von Finanzmitteln, sondern durch die Verbindung von Mittelvergabe und Leistungserbringung geführt werden sollte.

Diese Idee der Umgestaltung der öffentlichen Verwaltung, die tatsächliche Einführung der Neuen Steuerung und die Auswirkungen auf das Haushaltsverfahren bis hin zur Beschreibung des Idealmodells eines neugestalteten Haushalts sollen nun kurz nachgezeichnet werden.

1. Neues Steuerungsmodell

Der Beginn der Reformentwicklung in Deutschland ist in seinem Schwerpunkt zunächst bei der Ausarbeitung des Neuen Steuerungsmodells der Kommunalen Gemeinschaftsstelle für Verwaltungsvereinfachung zu sehen.

a. Gesellschaftliche Entwicklung

In der Gesellschaft konnte in den letzten Jahren und Jahrzehnten eine Entwicklung verzeichnet werden, wonach auf der Seite der öffentlichen Verwaltung nicht mehr jede Leistung finanzierbar war. Auf der Seite des Bürgers hatte sich daneben auch ein Bewusstsein entwickelt, das mehr nach dem Sinn und der Finanzierbarkeit öffentlicher Leistungen fragte und so ein Bedürfnis nach der Möglichkeit der Thematisierung öffentlicher Aufgaben entstand. Daher sollte zur Diskussion gestellt werden, welche Aufgaben von der öffentlichen Verwaltung erfüllt werden sollen und inwieweit diese Aufgaben auch durch öffentliche Mittel zu finanzieren sind.[65]

b. Modell: Reform öffentlicher Verwaltung gemäß dem Neuen Steuerungsmodell

Als Reaktion auf die „New Public Management"-Bewegung (NPM)[66] wurde 1993 durch die Kommunale Gemeinschaftsstelle in Köln das „Neue Steue-

---

64 Vgl. dazu auch die Diskussion über „gutes Regieren" bzw. „good governance" *Hill*, Good Governance, S. 220 ff., 225; vgl. auch *ders.*, VOP 2000, S. 9 ff.

65 S. allgemein zur Entwicklung und Einführung des NPM *Naschold/Bogumil*, Modernisierung des Staates.

66 S. zur internationalen Diskussion und Kritikpunkten des NPM *Reichard*, Internationale Trends im kommunalen Management, S. 20 f., und *Banner*, Die internationale Entwicklung im kommunalen Management und ihre Rezeption in Deutschland, S. 185 ff., 194 ff.; s. die Beispiele einzelner Städte bei *Hill*, Die innovative Verwaltung 1997, S. 28 ff.

rungsmodell" (NSM) entwickelt und vorgestellt[67], das den Kommunen als Vorbild bei der Reform und Umgestaltung ihrer Verwaltung dienen sollte.[68] Dieses griff bestehende Reformansätze wie die Aufgabenkritik oder die Einführung von privatwirtschaftlichen Management-Methoden auf und entwickelte sie für die öffentliche Verwaltung weiter. Dieses Umdenken nach betriebswirtschaftlichen Grundsätzen ist dabei der zentrale Ausgangspunkt für die „Neue Steuerung" der öffentlichen Verwaltung, was zunächst im Ausland, vor allem in der Schweiz, den Niederlanden und Neuseeland bekannt geworden war.[69] Vorreiter und Vorzeigestadt bei der Umsetzung der Verwaltungsreform war dabei die niederländische Stadt Tilburg.[70] Hier wurde mit einem Neuen Steuerungssystem die Kommune völlig umgestaltet und mit dem „höchsten vorfindbaren Grad an instrumenteller Geschlossenheit und Unternehmensähnlichkeit" angepriesen.[71]

Die Reform der Verwaltung veränderte das Verhältnis zwischen der Steuerungsebene und der ausführenden Verwaltungsebene insoweit grundlegend, als die für die Aufgabenerfüllung zuständige Ebene auch die Verantwortung für die dazu notwendigen Ressourcen haben sollte.[72] Dies wurde dann als „dezentrale Fach- und Ressourcenverantwortung" bezeichnet. Zur Sicherstellung der Effektivität des Handelns sollte diese Umstellung zudem durch ein umfassendes Controllingsystem und Berichtswesen ergänzt werden.[73]

---

[67] *KGSt.*, B 5/1993, Das Neue Steuerungsmodell; s. zur Diskussion über Probleme des NSM *Zimmermann*, Verwaltungsrundschau 1999, S. 394 ff.

[68] S. zu der Entwicklung *Banner*, Die internationale Entwicklung im kommunalen Management und ihre Rezeption in Deutschland, S. 185 ff.; s. zu den Einzelheiten für die Umsetzung auf kommunaler Ebene ausführlich *Bals*, Neues kommunales Finanz- und Produktmanagement.

[69] Vgl. den Überblick bei *Dahm*, Das Neue Steuerungsmodell, S. 30 ff.

[70] *KGSt.*, B 5/1993, S. 24. Im Vergleich dazu wurde in Deutschland oft die Stadt Bitburg als Vorbild herangezogen, vgl. dazu *Garcon*, Der ergebnisorientierte Produkthaushaltsplan der Stadt Bitburg, S. 87 ff.

[71] *Banner*, Die internationale Entwicklung im kommunalen Management und ihre Rezeption in Deutschland, S. 191.

[72] Vgl. *Banner*, Steuerung kommunalen Handelns, S. 350 ff., der davon spricht, dass das bisherige „System organisierter Unverantwortlichkeit" falsches Verhalten belohnt habe. Vgl. auch *ders.*, Die internationale Entwicklung im kommunalen Management und ihre Rezeption in Deutschland, S. 195: „Jetzt müssen wir das Prinzip Verantwortung wieder in unsere Verwaltungen hineinorganisieren." Vgl. auch die persönliche Verantwortlichkeit von Haushaltsbewirtschaftern *Heun*, DÖV 1995, S. 182 ff.

[73] S. *Schneider*, Das Neue Steuerungsmodell als Innovationsplus für Verwaltungsorganisation und Verwaltungsrecht, S. 132 ff.

Das NSM mit der Neugestaltung des Dreiecksverhältnisses Bürger, Verwaltung und politischer Ebene hatte daher als wesentliche Ansatzpunkte[74]:

- Dezentrale Verantwortung der jeweiligen Organisationseinheiten zur Ausweitung der Eigenverantwortlichkeit.
- Zentrale Steuerung neuer Art durch die politische Ebene.
- Output-orientierte Ausrichtung der Tätigkeit öffentlicher Verwaltung nach Produkten und Ergebnissen.
- Führung der Verwaltung durch sog. „Zielvereinbarungen". Dies sollte zwischen Politik und Verwaltungsleitung ebenso wie zwischen den verschiedenen Verwaltungsebenen gelten.
- Dezentrale Finanzverantwortung (Budgetierung) mit Ausweitung des jeweiligen Handlungsspielraums.
- Einführung von Kosten-Leistungs-Rechnungen zur Unterstützung des Controllings.

Hervorzuheben ist dabei auch die Veränderung des Verhältnisses zwischen Vorgesetzten und Mitarbeitern.[75] Denn durch die Verstärkung der dezentralen Fach- und Ressourcenverantwortung entsteht auch auf dieser Ebene ein Steuerungs- und Kontrolldefizit. Um dieses zu kompensieren, soll das Instrument der Zielvereinbarung nicht nur eine adäquate Steuerungs- und Kontrollfunktion über die jeweiligen Verwaltungseinheiten und -ebenen gewährleisten, sondern vor allem auch die Möglichkeit eröffnen, diese Funktion auf Ziele, Ergebnisse und Leistungen zu konzentrieren.[76] Dies soll in der weiteren Konsequenz auch dazu führen, dass ein Kommunikationsprozess zwischen den beteiligten Einheiten entsteht und gefördert wird, der die optimale Ausrichtung und Entwicklung der zur Verfügung stehenden Ressourcen ermöglichen soll.[77]

Der dadurch entstehende kontinuierliche Kommunikationszwang erlaubt es, Erfolge zu kontrollieren und ggf. nachzusteuern. Die Steuerungsebene wird so in die Situation versetzt, sich zeitnah über Zielerreichungen und Veränderungsnotwendigkeiten zu informieren. Diese Informationen über den Herstellungsprozess und die Qualität der Ergebnisse schafft aus der Sicht der Führung mehr Transparenz und kann – verglichen mit den alten Informationen - besser verwertet werden. Die nachgeordnete Ebene erhält demgegenüber mehr Klarheit über

---

[74] KGSt., B 5/1993, S. 15 ff.

[75] S. zur Integration von Mitarbeitern in den Umstellungsprozess *Adamaschek*, VOP-Sonderheft 1/2001, S. 37 ff.

[76] S. *Hill*, VM 1999, S. 75 ff.; vgl. allgemein zur Steuerung durch Kontrakte auf kommunaler Ebene im NSM *Pünder*, DÖV 1998, S. 70.

[77] Vgl. *Hill*, VM 1999, S. 78: „Der regelmäßige Kommunikationszwang führt zu einem gemeinsamen Lernprozess, in den beide Partner ihr Wissen einbringen und Antizipation und Erfahrungslernen miteinander verbunden werden."

die Erwartungen der Führungsebene.[78] Weiterhin führt diese Form der Steuerung zu einer regelmäßigen Zusammenarbeit der verschiedenen Ebenen, was günstig für die Schaffung von Vertrauen sein kann. Dies gilt insbesondere auch für Vereinbarungen über die Konsequenzen bei Nichterreichen der Zielerreichungsvorgaben.[79] Dabei begünstigt die gegenseitige Vermittlung von Informationen auch ein Lernprozess, der wiederum der Effektivität und Effizienz des neuen Verfahrens dient.[80]

2. Neue Steuerung in Verwaltung und Haushaltsverfahren: Dezentrale Ressourcenverantwortung und zentrale Neue Steuerung

Diese Umgestaltung der öffentlichen Verwaltung machte auch eine Reform des Verhältnisses zwischen Regierung und Parlament im Haushaltsverfahren notwendig.[81] Wenn die verschiedenen Verwaltungsebenen dezentral organisiert und mit mehr Eigenverantwortlichkeit und Autonomie ausgestattet („budgetiert") werden, kann zwar die Einhaltung von Zielvorgaben besser, die Verwendung der Mittel aber weniger kontrolliert werden.

Daher wurden mit Einführung der Neuen Steuerung auf der politischen Ebene auch das Haushaltsverfahren und die Darstellungen des Haushalts berührt. Dies betraf in der weiteren Konsequenz auch die Kontrollperspektive des Parlaments, da im Haushalt die Informationen über die Mittelverwendung verloren gehen sollten. Umgekehrt sollte zur Kompensation dieses Defizits ein neu gestalteter Haushalt entwickelt und auf die Leistungen der öffentlichen Verwaltung bezogen werden. So war es Ziel bei der Reform des Haushalts durch die Einführung einer Neuen Steuerung den kameral aufgebauten Haushalt zu einem Budget umzuwandeln, das sich an den Leistungen der Verwaltung oder auch seinen Produkten orientiert.[82]

---

[78] Vgl. zur Steuerung durch Kontrakte und Zielvereinbarungen *Hill*, VM 1999, S. 76.
[79] *Hill*, VM 1999, S. 77.
[80] Vgl. dazu *Hill*, VM 1999, S. 78: „Darüber hinaus bedarf es aber auch einer veränderten Fehlerkultur insgesamt. Fehler können nicht Anlass für einseitige Sanktionen sein, vielmehr müssen sie als Quelle von Produktivität und Anstoß für gemeinsam erkannte Verbesserungsmöglichkeiten genutzt werden. Auf diese Weise wird das Kontraktmanagement zu einem lernorientierten Handlungsprozess."
[81] Vgl. auch zu den Auswirkungen auf die Grundsätze der Verwaltungsorganisation *Schneider*, Das Neue Steuerungsmodell als Innovationsplus für Verwaltungsorganisation und Verwaltungsrecht, S. 103 ff.; vgl. zur Problematik der Auswirkungen auf das Verhältnis zwischen Rat und Verwaltung auf kommunaler Ebene *Bogumil*, VerwArch. 2002, S. 129; s. zu den Konsequenzen allgemein auch *Zimmermann*, Verwaltungsrundschau 1999, S. 394 ff.
[82] Vgl. *Linck*, ZG 1997, S. 1 ff.

Die Dezentralisierung bzw. Budgetierung innerhalb der Verwaltung und die Entwicklung der Umgestaltung des Verhältnisses zum Parlament sollen im Folgenden kurz dargestellt werden.

a. *Ermöglichung dezentraler Ressourcenverantwortung durch Budgetierung*

Im Zuge der Umgestaltung sollten nun die einzelnen Entscheidungsebenen der Verwaltung „budgetiert" werden.[83] Dabei wird der Begriff der Budgetierung in der Regel als ein „System der dezentralen Verantwortung einer Organisationseinheit für ihren Finanzrahmen bei festgelegtem Leistungsumfang mit bedarfsgerechtem, in zeitlicher und sachlicher Hinsicht selbstbestimmtem Mitteleinsatz und bei grundsätzlichem Ausschluss der Überschreitung des Finanzrahmens" verstanden.[84] So soll ein Finanzvolumen für eine bestimmte Leistung festgelegt werden. Dieses zu erreichende Leistungsziel, kann dabei im Detail in Qualität und Quantität konkretisiert und als Grundlage der Vereinbarung zwischen Parlament und Verwaltung herangezogen werden. So werden im Haushaltsverfahren die finanziellen Rahmenbedingungen gleichzeitig mit den durch die Verwaltung zu erbringenden Leistungen oder Produkten festgelegt. Dies wird auch als der eigentliche „Budgetierungsprozess" verstanden, da die Festlegung des Finanzrahmens im Vordergrund steht, an dem die weiteren Variablen ausgerichtet werden müssen.[85] Auf der anderen Seite hat die Verwaltung bei der Ausführung dieser Vorgaben auch mehr Spielraum und kann eigenverantwortlich die Wege zur Erreichung der festgelegten Ziele erkunden und bestimmen, wodurch auch ein Anreizmechanismus geschaffen werden soll.[86]

Bei der Budgetierung wird eine Verbindung zwischen der mittelbewirtschaftenden Stelle und der Entwicklung des Gesamthaushalts durch das sog. „Gegenstromverfahren"[87] geschaffen.[88] Maßgeblich hierfür ist die

---

[83] S. *Deubel*, Flexible Budgetierung, S. 73 ff.

[84] S. z. B. *Grimm*, Budgetierung und parlamentarische Kontrolle, S. 91; vgl. *Edinger*, Haushaltsreform und parlamentarisches Budgetrecht in Rheinland-Pfalz, S. 10 f.

[85] Vgl. *Hebeler*, Verwaltungsrundschau 2002, S. 76 ff.; *Clauß*, VM 1999, S. 298 ff.

[86] S. *Grimm*, Budgetierung und parlamentarische Kontrolle, S. 101 f.; vgl. zu dem Zusammenhang von Budgetierung und Budgetrecht *Linck*, ZG 1997, S. 1 ff.

[87] Vgl. *Gröpl*, Haushaltsrecht und Reform, S. 232, der von einem Wandel des „bottom-up-Verfahrens" zum „top-down-Verfahren" spricht: „Erst der Deckel, dann die Details!"

[88] *Gröpl*, Haushaltsrecht und Reform, S. 227: „In ihm sollen durch eigengesetzliche, sich wechselseitig selbst steuernde und regulierende Abläufe die Gesamtbelastung der öffentlichen Finanzen wirksam begrenzt und divergierende, insgesamt übermäßige Anforderungen der einzelnen Fachministerien national ausgeglichen werden." Vgl. auch *Clauß*, Verwaltungsrundschau 1998, S. 418 ff.

Festsetzung einer Ausgabenobergrenze.[89] Dabei wird zunächst der Budgetrahmen festgestellt und dann das Budget angemeldet. Daraufhin werden die Budgets den jeweiligen Organisationseinheiten zugeordnet und rechtsverbindlich durch die Bewilligung des Parlaments zugeteilt. Während und nach der ermöglichten Verausgabung der Mittel folgt wie auch bisher die Kontrolle der Vorgänge sowie die vielleicht notwendige Veränderung der Festsetzungen für die zukünftigen Prozesse.[90] Dies hat die weitere Konsequenz, dass auf der politischen Ebene darauf geachtet werden muss, dass nicht mehr schlicht die zur Geltung gebrachten Bedürfnisse maßgeblich sind. Vielmerh soll der jeweils verfügbare Finanzrahmen die Befriedigung der Bedürfnisse bestimmen, wozu schließlich auch eine Veränderung des finanzpolitischen Willensbildungsprozesses notwendig wird.[91]

b. *Konsequenz für den Haushalt: Ausweitung der Flexibilisierungen*

Der dargestellte Budgetierungsprozess, wonach im Mittelpunkt nicht mehr die Zuordnung von Finanzmitteln zu angeblich notwendigen Verfahrensprozessen steht, sondern nun die Verwaltungsleistung nach dem zur Verfügung stehenden Budget bestimmt wird, hat Auswirkungen auf das Haushaltsverfahren und die Darstellungen des Haushaltsplans.[92] Denn der Budgetierungsprozess erfordert, dass es den jeweiligen Verwaltungseinheiten ermöglicht wird, dass die ihnen zur Verfügung stehenden Finanzmittel und andere Ressourcen, wie z. B. Personal, auch dort von ihnen eingesetzt werden können, wo sie nach ihrer (eigenverantwortlichen) Vorstellung auch am besten zur Verwendung geeignet sind. Diese Vorgabe führt allerdings zu der Notwendigkeit, dass der Verwaltung bei der Verschiebung der Finanzmittel mehr Spielraum und Flexibilität eingeräumt werden muss.[93] Daher muss schließlich der Grundsatz der sachlichen Spezialität, bestimmte Finanzmittel nur für bestimmte Zwecke ausgeben zu dürfen, aufgeweicht und weitere Ausnahmen zugelassen werden. Die Bestimmungen des Haushaltsrechts müssen der Verwaltung daher mehr Flexibilität einräumen.

---

[89] Dies wird teilweise auch als sog. „Ausgabeplafonds" bezeichnet. Vgl. *Gröpl*, Haushaltsrecht und Reform, S. 232.

[90] Vgl. *Clauß*, Verwaltungsrundschau 1998, S. 419 ; *Gröpl*, Haushaltsrecht und Reform, S. 232.

[91] *Gröpl*, Haushaltsrecht und Reform, S. 232, sowie *ders.*, DÖV 2003, S. 231 ff.; s. zu den weiteren praktischen Auswirkungen der Budgetierung *Sarrazin*, VM 1996, S. 260 ff.

[92] S. *Grimm*, Budgetierung und parlamentarische Kontrolle, S. 89 ff.; vgl. *Edinger*, Haushaltsreform und parlamentarisches Budgetrecht in Rheinland-Pfalz, S. 14 f.

[93] S. *Gröpl*, DÖV 2003, S. 231 ff.; vgl. *Ockermann*, Die Rolle des Parlaments bei der Modernisierung der öffentlichen Verwaltung, S. 97: „Verwaltungsmodernisierung und neues Haushaltsrecht als `Todesstoß´ für das am Boden liegende Budgetrecht?"

Dieser Umstellungsprozess erfordert somit vor allem die Ermöglichung der Ausweitung der Flexibilisierungen und der Deckungsfähigkeiten.[94]

c. *Zusammenfassung*

Mit der Einführung der Neuen Steuerung wurden auch die dezentrale Ressourcenverantwortung und die Budgetierung in die Verwaltung integriert. Dies hat in der weiteren Konsequenz zu der Notwendigkeit der Ausweitung von Flexibilisierungen und Deckungsfähigkeiten im Haushalt geführt.

3. Zentrale Steuerung Neuer Art

Zur Kompensation des beschriebenen Steuerungs- und Kontrollverlustes soll an den Leistungen der Verwaltung sowie deren Wirkungen angesetzt und eine zentrale Steuerung „Neuer Art" entwickelt werden.[95] Dadurch soll sich die Steuerung der politischen Ebene von der detaillierten Einzelsteuerung zurückziehen und stattdessen auf die Verfolgung von Strategien bzw. strategischen Zielen konzentrieren. Schließlich sollen in der weiteren Umsetzung die Leistungen der Verwaltung auf diese festgesetzten strategischen Zielvorgaben ausgerichtet werden.[96] Die Einzelheiten und die Qualität dieser Steuerung sollen im Folgenden kurz beschrieben werden.

---

[94] Im Unterschied dazu ist aber der Vorgang der sog. „Globalisierung" zu sehen. Dabei ist mehr die Gestaltung des Haushaltsplans im Allgemeinen betroffen, insoweit die Ausweitung der Titelaufsplitterung vermieden werden soll, indem innerhalb des Aufstellungsverfahrens einzelne Titel zusammengefasst werden sollen. Am Ende des Prozesses soll dann ein sog. Globalhaushalt oder Pauschalhaushalt stehen. Hierdurch besteht dann ein Budget für verschiedene mittelbewirtschaftende Stellen ggf. bis hin zu einem ganzen Ressort. Dann wird für ein Haushaltsjahr ein Finanzvolumen bestimmt, mit welchem die Tätigkeit z. B. des Ressorts finanziert werden soll. Eine Gegenüberstellung von Einzelausgaben und Zweckbestimmungen findet dann nicht mehr statt. Ebenso wenig werden verbliebene Finanzmittel zurückgegeben werden können. Bei der Abgrenzung der beiden Begriffe kann hervorgehoben werden, dass die Flexibilisierung planbezogen ist und die Globalisierung planübergreifend ist und somit die Flexibilisierung überflüssig macht, *Gröpl*, Haushaltsrecht und Reform, S. 242 f.; s. a. *Kirchhof*, DÖV 1997, S. 754; vgl. dazu auch *Seidler*, KJ 1996, S. 75 ff., mit einem Extrembeispiel eines Globalhaushalts einer Universität im Landeshaushalt, S. 76: „Für Zwecke von Forschung, Lehre und Weiterbildung im Rahmen des geltenden Hochschulrechts werden der Universität x Mittel von DM y zugewiesen. Die Mittel sind übertragbar."

[95] S. *Grimm*, Budgetierung und parlamentarische Kontrolle, S. 97 ff.

[96] Vgl. *Hill*, Abbau des Regulierungsdickichts, S. 360.

a. Theoretische Ausgestaltung der Neuen zentralen Steuerung: Leistungen, Wirkungen und Strategien

Politik und Verwaltung haben in der konkreten Ausgestaltung dieser Neuen Steuerung wechselseitige Aufgaben wahrzunehmen. Zum einen ist es an der Verwaltung der Politik zu schildern, welche Leistungen Inhalt der Steuerung sein können. Dazu berichtet die Verwaltung über ihre bisherigen Leistungen und inwieweit diese im kommenden Zeitraum absolviert werden sollen. Im dem zweiten nachfolgenden Schritt ist es an der Politik zu beschließen, welche Leistungen erbracht und welche Ziele „strategisch" mit der Tätigkeit der Verwaltung verfolgt werden sollen. Dabei kann es auch der Verwaltung arbeitsteilig überlassen bleiben, auf welche Art und Weise die gesetzten Ziele „operativ" erreicht werden sollen.

In der weiteren Umsetzung ist zunächst nicht davon auszugehen, dass es bei der Festsetzung über die zukünftigen Tätigkeiten der Verwaltung durch die Politik im Beschluss über den Haushalt zu einschneidenden Änderungen kommt. Insoweit entfaltet hier das Zusammenspiel zwischen der Regierungsfraktion im Parlament und der Regierung seine Wirkung. Daher wird die Regierung dem Parlament nur das vorlegen, was von diesem auch höchstwahrscheinlich beschlossen wird.

aa. Leistungen der Verwaltung als Teil der „leistungsorientierten Steuerung"

(1) Begriff der Leistungen bzw. Outputs

Im Mittelpunkt der Neuen zentralen Steuerung steht daher zunächst der Begriff der Leistungen oder Outputs[97]. So können die Leistungen der Verwaltung als der Versuch angesehen werden, die Ergebnisse der Tätigkeiten und Aktivitäten der Verwaltung zu beschreiben.[98] Dabei kann sich die Problematik der Abgrenzung zu den Wirkungen oder Nutzen der Leistungen ergeben.[99] Daher wird in diesem Zusammenhang der Begriff der Ergebnisse von Verwaltungsleistungen in einer Art und Weise verwendet, der den Wirkungen quasi vorgelagert ist. Ergebnisse stehen in einem engeren Zusammenhang mit den Leistungen, wie z. B. die Anzahl von Teilnehmern an einer

---

[97] S. a. *Hoffmann-Riem*, DÖV 1999, S. 227.

[98] Vgl. dazu die internationalen Kategorisierungen von *Sterck/Scheers*, Deckt der Name die Sache?, S. 11 ff.

[99] S. a. die Beispiele bei *Buschor*, VM 1996, S. 141 f.: „Bewährung Diplomierter am Arbeitsmarkt, Gesundheitsgewinn aus medizinischen Behandlungen oder Abbau der Arbeitslosigkeit".

Fortbildungsveranstaltung. Demgegenüber wird es z. B. als eine Wirkung angesehen, wenn durch die Veranstaltung der Bildungsgrad oder die Wettbewerbsfähigkeit der Teilnehmer verändert würde.[100]

Über den Leistungsbegriff hinaus wurde bei der Entwicklung des NSM auch versucht, die gesamten Leistungen öffentlicher Verwaltung einzelnen Produkten zuzuordnen.[101] Dabei sollte der Produktbegriff als mess- und kalkulierbare Leistung verstanden werden, die hinsichtlich der Verfolgung bestimmter Ziele unternommen wurden. So sollte der Produktbegriff auch unabhängig davon gebraucht werden, ob von den Leistungen private oder andere Verwaltungseinheiten profitierten.[102] In der weiteren Entwicklung bei der Ermittlung und Beschreibung von Produkten zeigte sich aber, dass sich einzelne Leistungen teilweise nur schwerlich mit vorgegebenen Bemessungsschemata erfassen ließen.[103]

(2) Kennzahlen und Indikatoren zur Erfassung und Darstellung der Leistungen der Verwaltung

In der Weiterentwicklung sollten die Leistungen erfasst und gemessen werden. Dabei ergab sich, dass die Verwendung von quantitativen und qualitativen Kennzahlen problematisch werden kann.[104] So gehen hinsichtlich der Messung der Qualität von Leistungen die Vorstellungen, über das, was Qualität eigentlich bedeutet oder bedeuten soll, oft auseinander. Daher wurde vorgeschlagen, auf „Schlüsselqualifikationen" abzustellen, die den Zielen der Maßnahmen entnommen werden sollen. Zu diesem Zweck sollte hier auch das Verwaltungscontrolling ansetzen und Kerngrößen zur Steuerung der Outputs

---

[100] Vgl. *Heinz*, Kommunales Management, S. 100.

[101] S. zur Problematik der Produktdefinition nach dem NSM *Schneider*, Das Neue Steuerungsmodell als Innovationsplus für Verwaltungsorganisation und Verwaltungsrecht, S. 128 ff.

[102] S. *Schneider*, Das Neue Steuerungsmodell als Innovationsplus für Verwaltungsorganisation und Verwaltungsrecht, S. 128 ff.

[103] Zur Kritik am Produktbegriff vgl. *Schmitt/Reinemann*, VM 2004, S. 118: „Einige andere Länder gehen den Weg, ihre Haushalte auf Landesebene umzugestalten. Dieser Ansatz ist problematisch. Er setzt eine umfassende Produktbeschreibung voraus, die ihre Tücken hat. Produkte werden häufig zu verrichtungsorientiert definiert, und manchmal scheint der Einführungsprozess auch ein Beschäftigungsprogramm für ambitionierte Consulting-Unternehmen zu sein. In RP wird – auch vom Parlament – eine flächendeckende Einführung von dafür notwendigen Informationssystemen für extrem teuer und aktuell nicht finanzierbar eingeschätzt."

[104] Vgl. *Buschor*, VM 1996, S. 141 f.

vorlegen.[105] Bei der Darstellung von übergeordneten Plänen und Beschreibungen kann schließlich auch das Problem der richtigen Detaillierung entstehen, da die bloße Aneinanderreihung von Zielen und Maßnahmen nicht einer informativen Steuerung dienlich sein muss. Daher muss in der Darstellung auf solche Grund- und Planungsdaten abgestellt werden, auf die für die Steuerung nicht verzichtet werden kann.[106]

Um die Komplexität des Verwaltungshandelns darstellen zu können, bedarf es schließlich der Zusammenarbeit von Politik und Verwaltung und der Konzentration auf bestimmte Formen der Informationsdarstellung. Dabei kommt es insbesondere darauf an, die Informationen unter politisch relevanten Gesichtspunkten darzustellen, damit Transparenz und Gestaltungsmöglichkeiten gesteigert werden können. Daher ist eine Konzentration auf bestimmte Handlungsfelder und Schlüsselkennzahlen sinnvoll, die zusammen mit den grafischen und systematischen Darstellungen die schnelle Erfassung der relevanten Informationen erleichtern sollen. Auf diese Art kann die Gesamtheit der Verwaltungstätigkeiten und ihrer Ziele erfasst werden und der Politik eine Schwerpunktsetzung ermöglichen, die sich dann auch an den neuen Informationen über finanzielle Rahmenbedingungen und Qualitätsmerkmale orientieren kann.[107] Vor allem aber ist aus politischer Sicht auf die Außenrelevanz des Verwaltungshandelns und größere Zusammenhänge abzustellen, was die eigentlichen politischen Entscheidungen ermöglichen soll. Um die Bedeutung der Informationen zu vermitteln, wurde auch empfohlen, die Möglichkeit des Vergleichs zu eröffnen und dazu Daten aus anderen Quellen wie z. B. anderer Verwaltungen oder früherer Ergebnisse zur Verfügung zu stellen. Zu Verbesserung der tatsächlichen Steuerungssituation kann schließlich deutlich gemacht werden, welche Veränderungsmöglichkeiten oder Alternativen bzw. inwieweit Gestaltungsspielräume bestehen.[108]

---

[105] *Buschor*, VM 1996, S. 141 f.: „Nur so ist überhaupt eine rationale Formulierung von Leistungsaufträgen und Globalbudgets mit Kosten-, Mengen- und Qualitätszielen möglich."

[106] S. *KGSt*, B 12/1997, S. 11; vgl. auch *Tebbe*, VOP-Sonderheft 1/2001, S. 20 f., mit dem Verweis auf die Notwendigkeit sog. „Kernkennzahlen".

[107] *Hill*, VOP 1998, S. 22.

[108] *Hill*, VOP 1998, S. 22.

bb. Wirkungen von Verwaltungsleistungen als Objekt der Steuerung

(1) Vorteile einer Wirkungsorientierung

Darüber hinaus sollte die Neue Steuerung auch bei den Wirkungen und Wirkungszielen der Leistungen der Verwaltung ansetzen, die auch als „Outcomes" bezeichnet werden.[109] Dabei können sich die Ziele und Wirkungen auf einzelne Felder der Politik oder die Gesellschaft insgesamt beziehen.[110] Die Darstellung kann so den Vorteil bieten, die Gesamtkausalität für Wirkungen, die oftmals auch außerhalb des Einflussbereiches der öffentlichen Verwaltung liegen, offenbar zu machen und zu thematisieren. So können die Diskussionen über Verwaltungsleistungen und ihre beabsichtigten Wirkungen versachlicht und pragmatischer geführt werden. Zudem können die strategische Perspektive und die langfristigen Veränderungen besser in den Umgestaltungsprozess miteinbezogen werden.[111] Auch die neue Aufgabenverteilung kann zur Effektivierung der Arbeit von Politik und Verwaltung führen, wenn dem Aufgabenbereich der Politik die Behandlung und Entscheidung über die geplanten Wirkungen zugeordnet werden kann.[112]

---

[109] S. zur aktuellen Situation einer wirkungsorientierten Verwaltungsführung in Deutschland *Ast*, VerwArch. 2003, S. 574 ff., 578 f.: „wirkungspolitische Tabuzonen"; zu Outputs und Outcomes, *Bühler*, VM 2002, S. 274, unter Verweis auf die allgemeine Situation in den OECD-Staaten: „Outcome focused management"; vgl. zur internationalen Unterteilung *Sterck/Scheers*, Deckt der Name die Sache?, S. 13 ff.; teilweise werden aber Wirkungen und Wirkungsziele ohne weitere Differenzierung in den operativen Bereich aufgenommen, vgl. *KGSt*, B 12/1997, S. 11: „Es wird beschrieben, was man alles tut. Aber nicht genügend, wozu es dient." und weiter: „Die Ursache liegt teilweise in einer ungenügenden Integration von Fachplanungen und Produktbeschreibungen. Wir brauchen einen Prozess einer zunehmenden Verdichtung und Abstimmung von Zielen und Aktivitäten aus unterschiedlichen Bereichen und auf unterschiedlichen Ebenen. Im „Wechselspiel" zwischen Zielen und Produkten müssen sowohl die Ziele als auch die Produkte fortwährend hinterfragt und weiterentwickelt werden. Im Ergebnis wird sich die Produktpalette bzw. der Produktplan fortwährend verändern." Vgl. dazu auch *Jessen*, Neuere Ansätze parlamentarischer Steuerung und Kontrolle, S. 88 ff.: „wirkungsorientierte Gesetzgebung".

[110] S. das Beispiel bei *Bühler*, VM 2002, S. 274: „Senken der Arbeitslosenquote auf sieben Prozent innerhalb von vier Jahren".

[111] S. *Bühler*, VM 2002, S. 274 f.

[112] Vgl. dazu *Bühler*, VM 2002, S. 276 f.: „Outcome-orientiertes Management hat das Potenzial, die bisher weitgehend nebeneinander stehenden Prozesse von Politikformulierung, Ressourcenallokation, Management der öffentlichen Verwaltung und Evaluation zusammenzuführen, da Outcomes als Bindeglied zwischen all diesen Disziplinen fungiert. Auch eine verbesserte Zusammenarbeit zwischen den für diese Bereiche zuständigen Institutionen wie Parlament, Regierung, öffentlicher Verwaltung und Rechnungshöfen könnte gefördert werden." (...) „Outcomes können meist nicht so konkret beschrieben werden wie Outputs. Deshalb ist es auch schwieriger – und möglicherweise wesentlich aufwändiger und kostspieliger – zu

Insgesamt kann die Orientierung der Steuerung der Verwaltung an den Outcomes als Ergänzung der Ausrichtung an den Leistungen angesehen werden. Die Leistungen können mit der Bezugnahme auf die Wirkungen der Verwaltungsleistungen eine zusätzliche strategische Perspektive erhalten, wodurch eine Verbindung aus „Politikformulierung, Management und Evaluation" entsteht.[113] Dabei ist gerade die Berücksichtigung von Wirkungen entscheidend für die in den Mittelpunkt geratene Nachhaltigkeit von öffentlichem Handeln und der Verantwortung vor zukünftigen Generationen. Dies stellt neue Anforderungen an die politische Kultur, sich permanent weiterzuentwickeln, das eigene Handeln zu reflektieren und ggf. anzupassen. Die Konzentration auf die Wirkungen richtet sich daher auf die langfristige Perspektive außerhalb der aktuellen Tagespolitik. Denn es besteht auch die Gefahr, dass das Verwaltungshandeln seine Wirksamkeit einbüßt, wenn es sich immer nur an den kurzfristigen und sich teilweise ständig verändernden Entwicklungen orientiert. Im Gegensatz dazu ist die Möglichkeit gegeben, sich langfristig abzeichnende Gefahren frühzeitig abzuwenden. Eine solche koordinative Ausrichtung ist um so notwendiger, je mehr die Wirkungen und Kausalitäten von sehr vielen Faktoren und Akteuren abhängen. So kann die Ausrichtung nach den Wirkungen an Themen oder bestimmten Bereichen ansetzen und so Wechselbeziehungen von Einzelfeldern offenbaren.[114]

---

messen, ob ein Outcome-Ziel auch tatsächlich erreicht wurde. Darüber hinaus sind zur Messung von Outcomes des Öfteren Daten aus externen Quellen erforderlich, die auf Grund unterschiedlicher Erhebungsmethoden häufig nicht ohne weiteres kompatibel sein dürften. Erfahrungen der betrachteten Länder zeigen, dass sich mit Hilfe von geeigneten Indikatoren diese Probleme meist recht gut lösen lassen. Der Ursache-Wirkungs-Zusammenhang ist bei Outcomes wesentlich weniger eng als bei Outputs. Darin spiegelt sich auch der Einfluss verschiedener externer Faktoren auf Outcomes wider (zum Beispiel Konjunkturentwicklung auf Beschäftigung), was zu einem geringeren Grad an Kontrollierbarkeit von Outcomes führt. Politiker und Manager können daher nicht in dem Ausmaß für das Erreichen bzw. Nichterreichen von Outcome-Zielen verantwortlich gemacht werden, wie dies auf der Grundlage von Outputs möglich ist."

[113] *Bühler*, VM 2002, S.278: „Daher besteht Grund zu der Annahme, dass die Neuausrichtung auf Outcomes der deutschen Verwaltungsreform neuen Schwung und eine größere Klarheit in Bezug auf die Rollenverteilung zwischen Verwaltung und Politik geben kann."

[114] *Hill*, Einführung in das 3. Kolloquium „Verwaltung als Adressat und Akteur", S. 36 f.: „Wirkungsorientierung erlaubt auch eine stärkere Konzentration auf Schwerpunkte und Prioritäten, die aus dem Meer der Möglichkeiten und Entwicklungen herausgegriffen und durch entsprechende Berichterstattung aufbereitet werden können. Auf diese Weise werden etwa auch besondere Schnittstellen und Knotenpunkte wie Lebenslagen und biografische Übergänge sichtbar. Wirkungsorientierung setzt schließlich Reflexions- und Evaluationsschleifen in Gang, die im Handlungs- und Umsetzungsprozess der Verwaltung

Die über die wirkungsorientierte Darstellung erzielten Informationen können schließlich auch noch weiteren Erkenntnisgewinn bei der Ausgestaltung von Gesetzen sowie der Organisation und auch der Effektivität des Verwaltungsinstrumentariums bringen. Alle an den Arbeitsprozessen Beteiligten erhalten nun verwertbare Informationen über Gesamtzusammenhänge und wechselseitigen Einflüsse, was die Entwicklung der „lernenden Verwaltung" begünstigen kann. Dabei ist besonders hervorzuheben, dass die neuen Informationen über die „Außenwirkungen" der Verwaltungsleistungen, eine Beschränkung auf den „Binnenhorizont" vermeiden kann.[115]

Zudem kann schließlich auch eine Evaluation der Wirkungen weiteren Informationsgewinn bringen, die dazu auch veröffentlicht werden müssten. Dabei hat eine Evaluation u.a. auch den Sinn, einzelne Maßnahmen zu überprüfen und sie ggf. zu streichen, zu ändern oder neu zu entwickeln.[116]

Erkenntnis- und Lernfortschritte erbringen können. Dies dient einer ständigen Verbesserung des Verwaltungshandelns."

[115] *Hill*, Einführung in das 3. Kolloquium „Verwaltung als Adressat und Akteur", S. 38 f.: „Schließlich liegt ein Vorteil einer stärkeren Berücksichtigung der Wirkungsorientierung des Verwaltungshandelns auch darin, dass auf diese Weise die `Politik´ mit ins Boot der Verwaltungsmodernisierung gezogen werden kann. Kommunalpolitiker, aber auch Parlamentarier in Ländern und im Bund dürfen sich insofern nicht lediglich als Berichtsempfänger der Verwaltung verstehen, sondern müssen schon bei der Entwicklung von Indikatoren mitwirken und Zielperspektiven sowie Schwerpunkte des Verwaltungshandelns festlegen. Nur so wird die demokratisch gewählte Volksvertretung als Auftraggeber der Verwaltung ihrem Gestaltungsauftrag auch und gerade vor den Augen der Bürgerschaft als Souverän und Betroffener von Verwaltungshandeln gerecht."

[116] S. dazu *Stach/Friedrichs*, VOP Sonderheft 1/2001, S. 27 ff.: „Um zu messen, ob die Maßnahmen zur Wirtschaftsförderung wirken, ist die Höhe des Etats des Wirtschaftsförderers (Input) für sich allein genauso wenig aussagekräftig wie die Beschreibung seiner Projekte (Output). Bei der Wirkungsevaluation wird vielmehr (u.a.) gemessen, wie viele Unternehmen neu gegründet wurden (Outcome).
- Interne Evaluation sollte nicht beweisen, dass alles richtig gemacht wurde, sondern ein Lerninstrument sein, mit dem gegengelenkt und für die Zukunft geplant werden kann.
- Interne und externe Evaluation sollten nicht zur Sanktionierung von Beteiligten, sondern von diesen selbst als Verbesserungshilfe genutzt werden (Lernen statt Abstrafen).
- Trotzdem sollten Evaluationsergebnisse stets veröffentlicht werden – am besten zusammen mit geplanten und durchgeführten Maßnahmen.
-Prozessevaluation sollte vor allem festhalten, was, wann, warum, wo und mit wem zu welchen Kosten stattgefunden hat, welche Vorgänge erfolgreich sind und wo Stolpersteine liegen.
- Evaluation im Strategischen Management sollte vor allem Wirkungen messen und Ziele überprüfen und als Instrument politischer Steuerung genutzt werden. Dazu ist die Einbeziehung der Bürgerschaft notwendig (Wirkungsevaluation)."

(2) Konfliktpotenzial

Konflikte könnten sich allerdings dadurch ergeben, dass von Seiten der Politik selten erwünscht ist, bestimmte Zielerreichungen nachprüfen und öffentlich werden zu lassen, da die Opposition so zusätzliches Kritikmaterial bekommt.[117] Auch besteht bei der Wirkungsorientierung die Schwierigkeit der Messbarkeit von Wirkungen anhand bestimmter Indikatoren.[118] Dies gilt für die Ermittlung und Messung einzelner Wirkungen genauso wie für die Auslegung und Bewertung.[119]

Daher ist darauf zu achten, dass die Gesamtzusammenhänge bei den Darstellungen deutlich werden, auch wenn dies gerade den Interessen derjenigen zuwider laufen könnte, die in dem jeweiligen Bereich profitieren oder ihre Einflüsse geltend machen. Darüber hinaus ist bei der Festlegung von Indikatoren auch zu berücksichtigen, dass die Zusammenhänge von Verwaltungsleistungen und Wirkungen oft durch sich verändernde gesellschaftliche Rahmenbedingungen beeinträchtigt werden. Insoweit besteht die Gefahr, die Kausalitäten doch nicht genau offenbaren und wiedergeben zu können. Daher könnte bei der Festlegung die Versuchung bestehen, Indikatoren auszuwählen, die „einfach" erreicht werden können, aber nur unzureichend auf die realen komplexen Gegebenheiten eingehen. Dies würde gerade nicht die Optimierung oder Verbesserung der Effektivierung des Verwaltungseinsatzes begünstigen. Daher müssen die Indikatoren von Wirkungen entwicklungsfähig und variabel bleiben und anvisierte Ziele ggf. über verschiedene Alternativen erreicht werden können, die dann in der zusammenhängenden Betrachtung bewertet werden können. Dies begünstigt zudem die Freisetzung von Kreativität innerhalb der Verwaltung.[120]

---

[117] *Hill*, Einführung in das 3. Kolloquium „Verwaltung als Adressat und Akteur", S. 30; besonders anschaulich wird dies z. B. auch durch Ankündigungen wie „blühende Landschaften im Osten Deutschlands" oder der „Senkung der Arbeitslosenquote"; vgl. auch *Hill*, ZG 1998, S. 113.

[118] Vgl. zur Problematik der Messbarkeit von Wirkungen *Stach/Friedrichs*, VOP-Sonderheft 1/2001, S. 27 ff.; s. dazu auch die Untersuchung des Bundesverbands der Verbraucher über Messbarkeit der Qualität der verbraucherpolitischen Arbeit der Länder anhand bestimmter „Verbraucherindizes", *Verbraucherzentrale Bundesverband*, Verbraucherschutzindex der Bundesländer; vgl. dazu auch die *Koalitionsvereinbarung* in Rheinland-Pfalz vom 28. 4. 2001, S. 39; vgl. auch den Ansatz im Vorwort des Kapitels 1414 des Haushaltsplans des rheinland-pfälzischen Ministeriums für Umwelt und Forsten 2005/2006, S. 113.

[119] *Hill*, Einführung in das 3. Kolloquium „Verwaltung als Adressat und Akteur", S. 38 f.

[120] *Hill*, Einführung in das 3. Kolloquium „Verwaltung als Adressat und Akteur", S. 38 f., mit dem Verweis auf mögliche Fehlsteuerungen, eindimensionale Optimierungen und der Gefahr von Zustandsfixierungen.

cc. Strategische Steuerung

Übergeordnet bietet sich mit der Neuen Steuerung für die Politik auch die Möglichkeit, die Steuerung an einer Strategie auszurichten, die über die Festlegung von Leistungen und Wirkungen der öffentlichen Verwaltung hinausgeht.[121] Hierbei geht es vor allem darum, die beschriebenen Wirkungen in einen übergeordneten strategischen Zusammenhang zu stellen und verschiedene Akteure zu erfassen, die für die Wirkungen insbesondere hinsichtlich der Lebensqualität der Bürger von Bedeutung sind.[122] Dazu ist die Perspektive der strategischen Steuerung in die Zukunft und auf bestimmte Schwerpunkte staatlichen Handelns zu richten.[123] Für die strategische Steuerung der kommunalen Ebene wurde dazu auch formuliert, dass die festzulegenden Ziele helfen sollen, die Verwaltungsleistungen an den „Herausforderungen und Erwartungen der örtlichen Gemeinschaft" auszurichten, die Aktivitäten der Verwaltung zu bündeln oder abzustimmen, Eigenverantwortung und Flexibilität zu steigern und die Masse der Einzelentscheidungen in einen Gesamtzusammenhang zu stellen.[124]

Allerdings bedarf die erfolgreiche Einführung einer strategischen Steuerung bestimmter Voraussetzungen wie z. B. das Vorliegen eines Willens von Politik und Verwaltung[125], der bereits begonnenen Einführung der Neuen Steuerung

---

121 S. umfassend zur Entwicklung eines strategischen Managements auf kommunaler Ebene *Heinz*, Kommunales Management, S. 64 ff.; vgl. *Bühler*, VM 2002, S. 274.

122 *Hill*, Public Relations und Strategisches Management im öffentlichen Sektor, S. 91; vgl. zur Einbindung der Bürger in das strategische Management *Sinning/Wiedenhöft*, VOP-Sonderheft 1/2001, S. 40 ff.

123 S. dazu auch den sog. „Strategischen Steuerungskreislauf" bei *Pröhl*, VOP-Sonderheft 1/2001, S. 6 f.

124 *KGSt*, Strategisches Management III, B 10/2000. S. 8, 11, wobei immer wieder vier Grundfragen gestellt werden müssten: „Was sollen wir für die Bürger erreichen? Was müssen wir dafür tun? Wie müssen wir es tun? Welche Ressourcen müssen wird dafür einsetzen?"

125 S. zu den Argumenten *KGSt*, Strategisches Management I, B 8/2000, S. 33:
„Was sind die Vorteile für Politik und Verwaltungsführung:
- Sie erhalten mehr Transparenz und können auch komplizierte Sachverhalte besser als bislang analysieren und bewerten.
- Sie erkennen mehr Möglichkeiten, Ihre Wertvorstellungen und Globalziele zu verwirklichen.
- Sie verbessern die kurz- und langfristigen Erfolgschancen ihrer Entscheidungen.
- Sie können mit klaren Zielen die Verwaltung steuern und die Umsetzung ihrer Entscheidungen kontrollieren.
- Sie verbessern ihre Argumentation in fachlichen und politischen Diskussionen; insbesondere auch mit den Bürgern.
- Sie verbessern die Akzeptanz und Unterstützung durch die Mitarbeiter.
- Sie verbessern die Marketingmöglichkeiten für ihre Ziele und Strategien.

sowie der Integration von Mitarbeitern und Bürgern in den Umgestaltungsprozess.[126] Die Ausübung der strategischen Steuerung setzt zudem voraus, dass die Staatsleitung ihre strategischen Ziele festlegt und offenbart.[127]

dd. Aufgabenkritik als Teil der strategischen Steuerung: Kontrolle von Zweck und Vollzug

Die Orientierung an den Leistungen der Verwaltung kann schließlich auch die Ursachen für Verwaltungshandeln offenbaren.[128] So bekommt das Parlament mit der neuen Darstellung der Tätigkeit der Verwaltung Informationen darüber, welche Gesetze ursächlich für das Verwaltungshandeln sind und inwieweit diese Gesetze und insbesondere die Form des Vollzugs finanziell bedeutsam sind. Diese Möglichkeit der Beurteilung wird als sog. „Aufgabenkritik" bezeichnet, bei der über die Berechtigung oder Notwendigkeit einer konkreten Aufgabe diskutiert werden kann.[129] Hinsichtlich der Steuerungsfunktion hat so das Parlament auch die Möglichkeit, die Verwendung der Finanzen beim Verwaltungsvollzug von Gesetzen mit zu entscheiden bzw. zu steuern und hierüber zu diskutieren was auch als „Zweckkritik" verstanden wird. Zudem wird das Parlament in die Position versetzt, auch die „richtige" Art und Weise der Aufgabenwahrnehmung zu diskutieren, was unter dem Begriff der „Vollzugskritik" zusammengefasst wird.[130] Dies wird auch auf die Kurzformel gebracht[131]:

- Machen wir die „richtigen" Aufgaben?
- Machen wir die Aufgaben „richtig"?

ee. Neue Steuerung im Haushalt zur Steigerung der Transparenz

Insgesamt können die neuen Darstellungen im Haushaltsplan das Verständnis der Tätigkeit der Verwaltung auch gegenüber der Öffentlichkeit, den Medien und den Bürgern, erheblich erleichtern.[132] Dieser Umstand fällt insbesondere

---

[126] *KGSt*, Strategisches Management I, B 8/2000, S. 32.

[127] Vgl. *Bühler*, VM 2002, S. 275, mit Verweis auf den amerikanischen „performance plan", bei dem die strategischen Ziele in jährliche Ziele herunter gebrochen werden.

[128] *Hill*, Aufgabenkritik, Privatisierung und Neue Verwaltungssteuerung – Einführung und Bilanz -, S. 9 ff.

[129] S. zur Aufgabenkritik in der Landesverwaltung *Graf/Rohn*, VM 2004, S. 317 ff.; vgl. zur Entwicklung der Aufgabenkritik im *Sachverständigenrat „Schlanker Staat"*, DÖV 1997, S. 270 ff.

[130] Vgl. dazu LT-Drs. 14/3738, S. 5 f.

[131] S. *Hill*, Aufgabenkritik, Privatisierung und Neue Verwaltungssteuerung – Einführung und Bilanz -, S. 9.

[132] S. *Hoffmann-Riem*, DÖV 1999, S. 227.

insoweit ins Gewicht, da – wie oben dargestellt – der bisherige Haushaltsplan aufgrund seiner Detaillierung für die meisten Leser oft schwer zu verstehen war. Denn gerade die Aufgabenstrukturen, die sich hinter den stark abstrahierten und detailliert herunter gebrochenen kameralen Ausgabenansätzen verbergen, werden durch die Leistungs- und Zielbeschreibung wesentlich anschaulicher. Dies erlaubt dem interessierten Leser sowohl die erleichterte Aufarbeitung dieser komplexen Materie als auch die stärkere Orientierung an den Politikfeldern. Die Informierung über die laufende Tätigkeit der Verwaltung ausgerichtet an einzelnen Politikfeldern sowie Kennzahlen und Indikatoren kann daher auch mehr Transparenz schaffen und so die Demokratie stärken.[133]

ff. Zusammenfassung

Die Neue zentrale Steuerung des Parlaments durch den umgestalteten Haushaltsplan hat mit der Konzentration auf leistungsbezogene Informationen und der Integration von Wirkungen und Strategien in die Steuerung das Potenzial, die zuvor beschriebene defizitäre Steuerungssituation zu mindern.

b. Verwirklichung der Neuen Steuerung im Verfahren

Die Umgestaltung des Verfahrens führt dazu, dass die Verwaltung der Politik zum einen „allgemein" über ihre Leistungen berichtet. Zum anderen aber macht sie damit auch deutlich, ob und inwieweit diese Leistungen auch geeignet waren und sind, die von der Politik vorgegebenen strategischen Ziele zu erreichen. Dadurch wird dann die Politik in die Situation versetzt, ihre bisherigen Strategien und Zielvorgaben zu überdenken und ggf. zu überarbeiten. Daher besteht der neu gestaltete Steuerungsprozess aus einem informellen Abschnitt, in dem über Leistungspotenziale und strategische Ziele informiert wird, und einem gestalterischen Abschnitt, in dem für die Zukunft die zu erbringenden Leistungen und anzustrebenden Ziele tatsächlich festgesetzt werden.

aa. Neugestaltung des Verfahrens zwischen Parlament und Regierung

Für eine effektive Steuerung bedarf es grundsätzlich in einem ersten Schritt der Darlegung der Regierung, was überhaupt gesteuert werden kann. In dem sich daran anschließenden zweiten Schritt ist es dann am Parlament, durch Beschluss festzulegen und zu beschließen, was und wie gesteuert werden soll. In der Umsetzung der Neugestaltung müssen daher Politik und Verwaltung zu

---

[133] Vgl. zur Bedeutung der Integration der Öffentlichkeit und der Bürger in die Tätigkeit der Verwaltung *Hill*, DVBl. 1993, S. 973 ff., 980; s. a. *Keilmann*, Ausgabensteuerung in Rheinland-Pfalz – Budgetierung und erste Leistungsaufträge, S. 444.

Beginn des jeweiligen Haushaltsjahres über die Zielvorgaben beraten.[134] Auch wenn durch die Festlegungen des bisherigen Verfahrens der Haushalt von der Regierung dem Parlament zum Beschluss vorgelegt wird, erfordert eine effektive Steuerung durch den Haushalt, dass von der Regierung auch nur das vorgeschlagen wird, was den strategischen Vorstellungen der Politik entspricht. Dies ergibt sich insbesondere auch aus dem Umstand, dass der Haushalt auch eine realistische Chance haben muss, vom Parlament beschlossen zu werden. Daraus folgt, dass zwischen beiden Organen ein Kontakt- oder Kommunikationsverhältnis besteht oder bestehen muss, um diesen Konsens herbeiführen und gewährleisten zu können. Wenn daher auf der Seite des Parlaments bzw. der Politik die Aufgabe besteht, die strategischen Vorgaben festzusetzen, so hat die Seite der Regierung bzw. der Verwaltung die Aufgabe, die Möglichkeit der Umsetzung dieser Vorgaben durch konkretes Verwaltungshandeln zu prüfen und zu beschreiben. Dabei ist diese Aufgabe der Verwaltung dadurch geprägt, dass die Leistungen der Verwaltung in ihrer Gesamtdarstellung auch von den vorgegebenen gesetzlichen Rahmenbedingungen geprägt sind. Denn schließlich werden alle Tätigkeiten aufgeführt, die insbesondere durch die Erfüllung der gesetzlichen Aufträge und Verpflichtungen entstanden sind. Vor diesem Hintergrund ist der notwendige Beratungsprozess von Politik und Verwaltung auch dadurch beeinflusst, dass nach den Möglichkeiten der Umsetzung von strategischen Zielvorgaben zusätzlich zu den gesetzlichen Verpflichtungen gesucht werden muss.

---

[134] *Klages*, Verwaltungsmodernisierung, S. 38: „Konkret sollen die Politiker mit der Verwaltung jeweils am Beginn eines Haushaltsjahrs vereinbaren, welche Leistungen diese in welcher Menge und Qualität zu welchen Kosten erstellen soll. Dieses Kontraktmanagement setzt sich in der Verwaltung selbst stufenweise nach unten hin bis auf die Ebene des einzelnen Sachbearbeiters fort, mit dem ebenfalls Ziele bezüglich der zu erbringenden Ergebnisse vereinbart werden sollen ('Zielvereinbarungsgespräch')."

bb. Einführungsprozess

Soll die Neue Steuerung effektiv sein, bedarf es – wie dargestellt - der Umgestaltung von Haushaltsplan und Haushaltsverfahren. Da die Verbindlichkeit der neuen Festsetzungen nicht im Mittelpunkt der Neugestaltung steht, dient eine Normierung des Verfahrens vor allem der Klarheit der Beteiligten über die Vorgehensweise. Zunächst müssen daher die zwingenden Rahmenbedingungen verändert und einer Öffnung zugänglich gemacht werden. Bei der weiteren Umgestaltung liegt dann zunächst der Schwerpunkt auf der Neugestaltung der Informationen über die Tätigkeit der Verwaltung. Hier ist die Verwaltung nun aufgefordert, quasi den Status quo ihrer Leistungen der Politik mitzuteilen, damit diese zukünftig dazu die Festsetzungen treffen kann. Demgegenüber muss die Politik in der Fortsetzung dieses Prozesses ihre Ziele bestimmen. Hierzu muss sie ihre Strategien und Wirkungsziele festlegen und der Verwaltung mitteilen. Daher muss die Politik muss für sich ein Verfahren entwickeln, in dem die Strategien und Wirkungsziele ausgearbeitet sowie die Schwerpunkte bestimmt und schließlich festgesetzt werden können.

Damit die Beteiligten nicht „aneinander vorbei reden", muss der Kommunikationsprozess so gestaltet werden, dass die Verwaltung der Politik solche Leistungen vorschlägt, die die Politik auch „interessiert". Auf der anderen Seite muss die Politik mit der Verwaltung erkunden, welche Leistungen überhaupt realistischerweise erbracht werden können. Dabei kann es auch darum gehen, dass es die Leistung der Verwaltung sein soll, herauszufinden, welche Maßnahmen überhaupt geeignet sind, bestimmte strategische Ziele zu verfolgen.[135]

c. Zusammenfassung

Zusammenfassend bedarf es also daher zur Effektivität der Neuen Steuerung der leistungs- und kennzahlenorientierten Darstellung von politischen Bereichen sowie eines Kommunikationsprozesses zwischen Politik und Verwaltung, an dessen Ende die Festsetzung Strategie als auch der Tätigkeit der Verwaltung im Haushaltsplan steht.

---

[135] Zu den Problemen bei der Einführung vgl. auch *Sterck/Scheers*, Deckt der Name die Sache?, S. 26 ff.

4. Rechtliche Ermöglichung der Neuen Steuerung durch den Bund

Aufgrund der dargestellten gesellschaftlichen Entwicklung und der anerkannten Notwendigkeit zur Veränderung der Situation sah sich der Gesetzgeber aufgefordert, die rechtlichen Rahmenbedingungen zur Öffnung und Umgestaltung des Haushaltsverfahrens zu schaffen.[136] Zu diesem Zweck wurde 1998 auf der Bundesebene das „Haushaltsrechts-Fortentwicklungsgesetz" geschaffen[137], welches das HGrG und die BHO änderte.[138] Dazu waren vor allem die leistungsbezogene Planaufstellung und –bewirtschaftung (§ 6a HGrG), die Ausweitung der Übertragbarkeits- und Deckungsfähigkeitsregelungen (§ 15 Abs. 1 und 2 HGrG), daneben eine zusätzliche Buchführung und Bilanzierung analog den Vorschriften des Handelsgesetzbuchs (§ 33a HGrG) und schließlich auch die Einführung einer Kosten- und Leistungsrechnung in geeigneten Bereichen (§ 6 Abs. 3 HGrG) vorgesehen.[139]

a. § 6a HGrG: Leistungsbezogene Planaufstellung und –bewirtschaftung

Von herausgehobener Bedeutung ist zunächst die neue Regelung in § 6a HGrG, wodurch die leistungsbezogene Planaufstellung[140] ermöglicht wurde.[141] Die Norm setzt im Einzelnen fest:

> „(1) Die Einnahmen, Ausgaben und Verpflichtungsermächtigungen können im Rahmen eines Systems der dezentralen Verantwortung einer Organisationseinheit veranschlagt werden. Dabei wird die Finanzverantwortung auf der Grundlage der Haushaltsermächtigung auf die Organisationseinheiten übertragen, die die Fach- und Sachverantwortung haben. Voraussetzung sind geeignete Informations- und Steuerungsinstrumente, mit denen insbesondere sichergestellt wird, daß das jeweils verfügbare Ausgabevolumen nicht überschritten wird. Art und Umfang der zu erbringenden Leistungen sind durch Gesetz oder den Haushaltsplan festzulegen.

---

[136] Vgl. *Böhm*, NVwZ 1998, S. 934 ff.; s. *Gröpl*, Haushaltsrecht und Reform, S. 213 ff., 260 ff., 425 ff.

[137] Gesetz vom 22. 12. 1997, BGBl. S. 3251 ff.; s. dazu auch die Begründung des Gesetzentwurfs BT-Drs. 13/8293 und BR-Drs. 366/97; vgl. *Gröpl*, NVwZ 1998, S. 1251 ff.

[138] S. für die Öffnung auf Bundesebene *Nawrath/Rosauer*, ZG 1998, S. 352 ff.; vgl. *Engels*, ZG 2001, S. 101 ff.

[139] Vgl. *Gröpl*, Haushaltsrecht und Reform, S. 260 ff.

[140] Auch: Outputorientierte Budgetierung.

[141] § 6a wurde erst zusammen mit § 33a im Vermittlungsverfahren eingefügt. Dabei wurde der Antrag des Bundesrats vom Bundestag entscheidend verändert, s. dazu die Äußerung des *Bundesrats* in der BT-Drs. 13/9326, S. 2, *Lüder*, DÖV 1998, S. 286, und *Gröpl*, Haushaltsrecht und Reform, S. 260 f.

(2) In den Fällen des Absatzes 1 soll durch Gesetz oder Haushaltsplan für die jeweilige Organisationseinheit bestimmt werden, welche

1. Einnahmen für bestimmte Zwecke verwendet werden sollen,
2. Ausgaben übertragbar sind und
3. Ausgaben und Verpflichtungsermächtigungen jeweils gegenseitig oder einseitig deckungsfähig sind."

b. Erweiterung der Übertragungsmöglichkeiten der Ausgaben

§ 15 Abs. 1 HGrG wurde insoweit geändert, als der Grundsatz der Jährlichkeit nun weiter mit Ausnahmen versehen wurde.[142] Nun bestand also die Möglichkeit, die bereits erlaubte Übertragbarkeitserklärung von Ausgaben auch dann einzuräumen, wenn es sich nicht um mehrjährige Maßnahmen handelt. Daneben ergab sich nun aus § 2 Abs. 4 HGrG, dass eine Verpflichtungserklärung bei Verpflichtungen für übertragbare Ausgaben überflüssig ist, wenn sich diese im folgenden Haushaltsjahr auf der Ausgabenseite bemerkbar machen.

c. Ausweitung der Deckungsfähigkeit

Die bisherige Einschränkung, dass eine Deckungsfähigkeit nur unter der Voraussetzung des Vorliegens eines verwaltungsmäßigen oder sachlichen Zusammenhangs zulässig ist, wurde gemindert. So konnte nun, um die Flexibilität bei der Haushaltsbewirtschaftung weiter zu erhöhen, gemäß § 15 Abs. 2 HGrG[143] auch die Deckungsfähigkeit erklärt werden, wenn dies der wirtschaftlichen und sparsamen Mittelverwendung dient.[144] Außerdem wurden auch Verpflichtungsermächtigungen deckungsfähig. So wurde die Bindung der Spezialität weiter ausgehebelt, die Zweckbindung nach § 12 HGrG umgangen und der mittelbewirtschaftenden Stelle ein sehr großer Spielraum eingeräumt. Die Exekutive konnte daher noch unabhängiger vom Parlament den Zweck von Ausgaben bestimmen.

d. Ausnahme von Gesamtdeckungsgrundsatz

Die Reform erfasste auch § 7 HGrG, so dass durch einfachen Haushaltsvermerk der Grundsatz der Gesamtdeckung eingeschränkt und Mittel zweckgebunden werden dürfen. Die Idee dabei war, einen Anreiz zu schaffen, um Mehrein-

---

[142] S. BT-Drs. 13/8293, S. 11 f.; s. a. *Gröpl*, NVwZ 1998, S. 1254 f.
[143] § 20 Abs. 2 BHO.
[144] S. BT-Drs. 13/8293, S. 12.

nahmen zu erzielen, die im jeweiligen Bereich auch verausgabt werden können.[145]

e. *Einführung von Kosten- und Leistungsrechnung*

Die Kosten- und Leistungsrechnung sollte insoweit keine Reformierung des bestehenden Instrumentariums darstellen, sondern das bestehende System ergänzen und die Kostentransparenz dadurch steigern, dass die Vergleichbarkeit unter den öffentlichen Verwaltungen erleichtert wird.[146]

f. *Wirtschaftlichkeitsuntersuchungen bei finanzwirksamen Maßnahmen*

§ 6 Abs. 2 HGrG wurde insoweit geändert, dass nicht nur – wie bisher – Maßnahmen von erheblicher finanzieller Bedeutung eine Kosten-Nutzen-Analyse zur Folge haben sollen, sondern die Wirtschaftlichkeitsuntersuchungen für alle finanzwirksamen Maßnahmen durchzuführen sind.[147]

g. *Doppelte Buchführung*

Nach § 33a HGrG wurde die Möglichkeit der doppelten Buchführung eingeräumt, die sich an den Vorgaben des Handelsgesetzbuches zu orientieren hat. Dies sollte allerdings nicht die Pflicht zur kameralen Darstellung des Haushalts ersetzen.[148]

5. Zusammenfassung

Nach der Entwicklung und Einführung der Neuen Steuerung in die öffentliche Verwaltung wurde auch das Haushaltsverfahren für neue Regelungen geöffnet, so dass aufgrund von § 6a HGrG die Bundesländer zur Flexibilisierung der Haushaltsbewirtschaftung und der Gestaltung Neuer Steuerungsinstrumente ermächtigt wurden.

IV. Einführung der Neuen Steuerung ins rheinland-pfälzische Haushaltsrecht

1. Einleitung

In Umsetzung der neuen bundesrechtlichen Vorgaben aus dem Haushaltsgrundsätzegesetz wurde schließlich neben weiteren Maßnahmen auch die

---

[145] BT-Drs. 13/8293, S. 11; vgl. *Gröpl*, NVwZ 1998, S. 1255.
[146] S. BT-Drs. 13/8293, S. 11.
[147] S. BT-Drs. 13/8293, S. 11.
[148] Vgl. dazu die Äußerung des *Bundesrats* in der BT-Drs. 13/9326, S. 2.

rheinland-pfälzische Haushaltsordnung geändert.[149] Die Ausgangssituation auf Bundesebene beeinflusste die Reformierung der Landeshaushaltsordnung zunächst insoweit, als bei der Formulierung die Regelungen aus dem HGrG im Wesentlichen übernommen wurden. Zudem erweiterte man aber die Kontroll- und Steuerungsinstrumentarien des Parlaments. So sollte die Position des Parlaments gegenüber den neuen Möglichkeiten der Regierung gestärkt werden, die diese durch die flexibilisierten Haushaltsposten erhalten hatte. Zudem war beabsichtigt, die Transparenz und Verständlichkeit des Haushalts zu verbessern.[150]

2. Einführung von leistungsbezogener Planaufstellung und Budgetierung: § 7a LHO/§ 6 LHG

a. *Leistungsbezogene Darstellung und Budgetierung*

Von besonderer Bedeutung für die Gesamtentwicklung ist zunächst die wörtliche Übernahme und Einfügung des § 6a HGrG in § 7a LHO, mit dem auch hier explizit die Möglichkeit einer leistungsbezogenen Planaufstellung und –bewirtschaftung geschaffen wurde.

---

[149] S. *Edinger*, Haushaltsreform und parlamentarisches Budgetrecht in Rheinland-Pfalz, S. 18 ff.; zu den Hintergründen auch die *Enquete-Kommission „Verwaltungsmodernisierung in Rheinland-Pfalz“*, LT-Drs. 13/6223, S. 14 ff., 15: „In Umsetzung der neuen rechtlichen Rahmenbedingungen sollte der Landeshaushalt
- mehr Transparenz für die Öffentlichkeit und das Parlament bieten,
- eine Gliederung aufweisen, die sich stärker an Politikfeldern orientiert,
- eine Struktur aufweisen, in der stärker Aussagen zu den zu verfolgenden Zielen getroffen werden können,
- es ermöglichen, Potenziale für eine echte (materielle) Privatisierung von Verwaltungsaufgaben zu erkennen,
- durch mehr Transparenz gewährleisten, dass die Leistungsfähigkeit einzelner Verwaltungseinheiten vergleichbar ist.
- Außerdem sollte der Haushaltsplan wesentlich gestrafft werden.“ S. a. *Brink/Reinemann*, VM 2002, S. 265 ff.

Vgl. auch die Beschlüsse der *Konferenz der Präsidentinnen und Präsidenten der deutschen Landesparlamente*, LT-Drs. 13/6466. S. zum Verlauf der Entwicklung der Modellversuche bis zu diesem Zeitpunkt der Novellierung den Bericht der *Landesregierung* vom 16. 2. 2000, LT-Drs. 13/5454, und *Keilmann*, Ausgabensteuerung in Rheinland-Pfalz – Budgetierung und erste Leistungsaufträge, S. 438 ff.

[150] S. *Keilmann*, Ausgabensteuerung in Rheinland-Pfalz – Budgetierung und erste Leistungsaufträge, S. 431 ff.; *ders.*, Perspektiven des Haushalts- und Finanzmanagements aus der Sicht der Landesregierung, S. 131 ff.; *Deubel*, Flexible Budgetierung, S. 73 ff.; vgl. die Übersicht bei *Edinger*, Haushaltsreform und parlamentarisches Budgetrecht in Rheinland-Pfalz, S. 18 ff.

Zudem wurde die Budgetierung im rheinland-pfälzischen Haushalt ermöglicht[151] und in § 6 LHG festgesetzt[152]:

„(1) Aufgrund des § 7 a Abs. 2 Nr. 3 und des § 20 LHO werden innerhalb eines Kapitels die folgenden einzelnen Ausgabenbereiche jeweils für sich für gegenseitig deckungsfähig erklärt:
1. die Ansätze der Hauptgruppe 4,
2. die Ansätze der Obergruppen 51 bis 54 – mit Ausnahme der Gruppen 529 und 531 –,
3. die Ansätze der Hauptgruppe 7 und
4. die Ansätze der Obergruppen 81 und 82.
Darüber hinaus werden die Ansätze der Hauptgruppe 4 und des Titels 919 02 innerhalb eines Kapitels für gegenseitig deckungsfähig erklärt. Aufgrund des § 7 a Abs. 2 Nr. 3 und des § 20 LHO werden innerhalb eines Kapitels einzelne Ausgabenbereiche jeweils bis zu 20 v. H. für einseitig deckungsfähig zugunsten anderer Ausgabenbereiche erklärt (hauptgruppenübergreifende Deckungsfähigkeit), und zwar:
1. die Ansätze der Hauptgruppe 4 zugunsten der Ansätze der Obergruppen 51 bis 54 – mit Ausnahme der Gruppen 529 und 531 –, der Hauptgruppe 7, der Obergruppen 81 und 82 sowie des Titels 981 05 und
2. die Ansätze der Obergruppen 51 bis 54 – mit Ausnahme der Gruppen 529 und 531 – zugunsten der Ansätze der Hauptgruppe 7, der Obergruppen 81 und 82 sowie des Titels 981 05.
Das für die Finanzangelegenheiten zuständige Ministerium wird ermächtigt, in begründeten Fällen mit Einwilligung des Haushalts- und Finanzausschusses des Landtags Abweichungen sowohl von der Beschränkung der gegenseitigen und einseitigen Deckungsfähigkeit auf das einzelne Kapitel als auch von dem Vomhundertsatz der einseitigen Deckungsfähigkeit zuzulassen.

(2) Absatz 1 gilt entsprechend für Verpflichtungsermächtigungen.

(3) Aufgrund des § 7 a Abs. 2 Nr. 2 und des § 19 Satz 2 LHO werden die Ausgaben der Hauptgruppe 4, der Obergruppen 51 bis 54 – mit Ausnahme der Gruppen 529 und 531 – sowie des Titels 919 02 für übertragbar erklärt. Abweichend von § 45 Abs. 2 LHO können entsprechende Ausgabereste der Hauptgruppe 4 auch für Zwecke der Obergruppen 51 bis 54 – mit Ausnahme

[151] Vgl. *Grimm*, Budgetierung und parlamentarische Kontrolle, S. 100 ff.
[152] LHG 2000/2001 vom 8. Februar 2000, GVBl. 2000, S. 33 ff.

der Gruppen 529 und 531 – und der Hauptgruppen 7 und 8 sowie des Titels 981 05 verwendet werden. Mehrausgaben bei den Ausgaben der Hauptgruppe 4, der Obergruppen 51 bis 54 – mit Ausnahme der Gruppen 529 und 531 -, der Hauptgruppe 7, der Obergruppen 81 und 82 sowie der Titel 919 02 und 981 05 sind, soweit diese nicht im Rahmen der Deckungsfähigkeit oder durch Einsparungen im Sinne des § 37 Abs. 3 LHO ausgeglichen werden, im folgenden Haushaltsjahr einzusparen; im Übrigen bleibt § 37 LHO unberührt. Das Nähere bestimmt das für die Finanzangelegenheiten zuständige Ministerium mit Zustimmung des Haushalts- und Finanzausschusses des Landtags.

(4) Zur Sicherung einer zweckentsprechenden Verwendung von Haushaltsmitteln kann der Haushalts- und Finanzausschuss des Landtags die Deckungsfähigkeit nach den Absätzen 1 und 2 und die Übertragbarkeit nach Absatz 3 im Einzelfall begrenzen oder aufheben.

(5) Die Landesregierung entwickelt zur Wahrung des parlamentarischen Budgetrechts die Instrumente zur Steuerung, Optimierung und Kontrolle des Mitteleinsatzes und zur Einhaltung des Ausgabevolumens fort.

(6) Die Landesregierung unterrichtet den Landtag einzelplanweise über den Stand und die Ergebnisse der Anwendung der Absätze 1 bis 3 und den allgemeinen Entwicklungsstand der Instrumente nach Absatz 5 zu den Stichtagen 31. Juli und 31. Dezember.“ [153]

---

[153] S. dazu die Erläuterung der *Landesregierung* in LT-Drs. 14/3460, S. 25: „Die Landesregierung ist bestrebt, die Instrumente der Ausgabenbudgetierung im Rahmen einer leistungsbezogenen Planaufstellung und -bewirtschaftung (§ 7a LHO) ständig weiterzuentwickeln und zu vervollkommnen, um die Wirtschaftlichkeit im Umgang mit öffentlichen Mitteln zu optimieren. Dies führte im Landeshaushaltsgesetz 2002/2003 zu einer Ausweitung der bisherigen Regelungen. Die Regelungen über die einseitige und gegenseitige Deckungsfähigkeit sowie die Verstärkungsmöglichkeiten bei übertragbaren Ausgaben wurden dort auf zusätzliche Ausgabenbereiche ausgeweitet; des Weiteren wurde eine Konkretisierung bezüglich der Berichtspflicht vorgenommen.“ Ebenso schon 2004, LT-Drs. 14/2520, S. 20; s. im Unterschied dazu noch die Berücksichtigung der Modellphase zum Haushalt 2000/2001, LT-Drs. 13/4800, S. 21. Zur Tragweite dieser Umstellung *Schmitt/Reinemann*, VM 2004, S. 118; vgl. auch *Osterloh*, StWissStPr 1997, S. 85, die ebenfalls auf die damit verbundenen Steuerungs- und Kontrolldefizite für das Parlament und die Notwendigkeit der Kompensation verweist; vgl. *Edinger*, Haushaltsreform und parlamentarisches Budgetrecht in Rheinland-Pfalz, S. 14 ff.

Ergänzend wurden die Ausnahmeregelungen in Bezug auf die Übertragbarkeit in § 19 LHO und die Deckungsfähigkeit in § 20 LHO ausgeweitet. Gleichfalls wurde die Notwendigkeit zur Durchführung von Wirtschaftlichkeitsuntersuchungen erweitert, insoweit alle finanzwirksamen Maßnahmen gemäß § 7 Abs. 2 LHO betroffen sind. Zudem wurde in § 71a LHO die Möglichkeit geschaffen, die Buchführung zusätzlich nach den Grundsätzen ordnungsgemäßer Buchführung und Bilanzierung in sinngemäßer Anwendung der Vorschriften des Handelsgesetzbuches durchzuführen. Weiterhin wurde eine Soll-Vorschrift in Bezug auf die Einführung der Kosten- und Leistungsrechnung in § 7 Abs. 3 LHO aufgenommen.[154]

b. Exkurs: Personalausgabenbudgetierung in Rheinland-Pfalz

Zur Umsetzung des beschriebenen Budgetierungsprozesses wurde auch die sog. Personalausgabenbudgetierung entwickelt.[155] Dazu wurde die selbstgesteuerte Bewirtschaftung der Personalausgaben in der Hauptgruppe des Haushaltsplans zugelassen. So sollte das Ziel verfolgt werden, auch die Personalausgabenentwicklung der Einnahmenentwicklung anzupassen, um die Ausweitung der Personalkosten zu verhindern.[156] Zu diesem Zweck wurde durch § 6 Abs. 2 des Landeshaushaltsgesetzes von Rheinland-Pfalz aus dem Jahr 1997 die Möglichkeit eröffnet, alle Ansätze für Personalausgaben innerhalb eines Kapitels für gegenseitig deckungsfähig zu erklären. Dazu wurde das Finanzministerium ermächtigt, unter bestimmten Voraussetzungen und mit Zustimmung des Haushalts- und Finanzausschusses innerhalb des jeweiligen Einzelplans eine solche gegenseitige Deckungsfähigkeit über das einzelne Kapitel hinaus zuzulassen.[157] Daher tragen nun die jeweiligen Organisationseinheiten und Ministerien die Ausgaben für ihr Personal. Demgegenüber wurden früher die Pensionen und Beihilfen direkt vom Finanzministerium haushaltstechnisch finanziert. Mit der

---

[154] Vgl. *Edinger*, Haushaltsreform und parlamentarisches Budgetrecht in Rheinland-Pfalz, S. 18 ff.

[155] *Keilmann*, DÖV 2000, S. 8 ff.; *ders*. Personalausgabenbudgetierung, VM 2001, S. 160 ff., 241 ff., 311 ff., 374 ff.; *ders*., Ausgabensteuerung in Rheinland-Pfalz – Budgetierung und erste Leistungsaufträge, S. 434; s. a. *Edinger*, Haushaltsreform und parlamentarisches Budgetrecht in Rheinland-Pfalz, S. 12 f.; s. dazu auch die rheinland-pfälzische *Koalitionsvereinbarung* vom 28. 4. 2001, S. 61; s. a. *Färber*, StWissStPr 1997, S. 61 ff.

[156] Vgl. zur Entwicklung *Linck*, ZG 1997, S. 4.

[157] S. dazu ausführlich *Gröpl*, Haushaltsrecht und Reform, S. 548 ff.; die Budgetierung von Personalausgaben war auch schon eine Forderung der *Konferenz der Präsidentinnen und Präsidenten der deutschen Landesparlamente*, s. LT-Drs. 13/1761, S. 1; vgl. zu der Einführung in Hessen die skeptische Position des *Landesrechnungshofs Hess*. LT-Drs. 14/4370, S. 52 ff., 57.

nun vorgenommenen Veränderung können die jeweiligen Stellen autonom beurteilen und feststellen, wie z. B. eine Frühpensionierung vermieden werden kann, wodurch insoweit auch ein Anreizsystem geschaffen wurde. Hinsichtlich des Pensionsfonds wurden zunächst die neu eingestellten Beamten erfasst[158], wobei die Ministerien hier Beträge so überweisen, dass die Vergleichbarkeit der Kosten zwischen Beamten und Angestellten verbessert wird. Entsprechend dem dargestellten Budgetierungsgedanken werden nun die Personalausgaben an den zur Verfügung stehenden Finanzmitteln orientiert, so dass ggf. auch hier Einsparungen vorgenommen werden müssen.[159]

Diese Umstellung wurde auch durch das sog. „Bonus-Malus-System" begleitet, mit dem das Ergebnis bei der Verfolgung der Budgetierungsziele belohnt oder bestraft werden kann. Dazu werden ggf. Personalausgabenreste in das folgende Haushaltsjahr mithinübergenommen und für verschiedene Zwecke wie - neben Personalausgaben - auch Sachausgaben, Zuschüsse oder Investitionen eingesetzt. Dazu ist auch die Beteiligung des Finanzministers vorgesehen, da er ein Viertel der Finanzmittel zurückbekommt, wenn es sich nicht um Investitionen handelt. Werden allerdings mehr Mittel ausgegeben als veranschlagt, müssen diese im folgenden Haushaltsjahr angebracht und eingespart werden. Dazu werden dann die notwendigen Kürzungen vorgenommen.[160]

3. Flankierende Maßnahmen

Da auch bei der rheinland-pfälzischen Novellierung Bedenken hinsichtlich der Ausweitung der Flexibilisierung und so die Gefährdung der parlamentarischen Rechte gesehen wurde, ist zudem die Pflicht zur Weiterentwicklung normiert worden. So ergibt sich aus dem neu eingefügten § 20a Abs. 1 LHO:

> „Wird bei der Aufstellung und Ausführung des Haushaltsplans von den Möglichkeiten nach den §§ 7a, 8, 19 und 20 Gebrauch gemacht, ist das Budgetrecht des Landtags auch durch geeignete Informations- und Steuerungsinstrumente zu sichern."

Die Bezugnahme auf die §§ 7a, 8, 19 und 20 LHO macht dabei deutlich, dass diese zusätzliche Aufforderung dann Anwendung finden soll, wenn die Sicherungsrechte des Parlaments in Form des Gesamtdeckungsgrundsatzes, der Jährlichkeit und der Spezialität insbesondere bei der leistungsbezogenen Planaufstel-

---

[158] Vgl. auch *Kirchhof*, DÖV 1997, S. 753.

[159] *Edinger*, Änderungen der Landeshaushaltsordnung in Rheinland-Pfalz, S. 17.

[160] S. *Keilmann*, Ausgabensteuerung in Rheinland-Pfalz – Budgetierung und erste Leistungsaufträge, S. 436 f.

lung beeinträchtigt werden. Die Aufforderung in § 20a Abs. 1 LHO hat der Gesetzgeber zunächst in dem zitierten § 6 Abs. 5 LHG 2000/2001 übernommen.[161] Als Möglichkeit der Gegensteuerung durch das Parlament besteht nun nach der Mitteilung über den Vollzug der Haushalte durch die Regierung außerdem das Instrument der Aufhebung oder Begrenzung von Flexibilisierungen durch den Haushalts- und Finanzausschuss während eines Haushaltsjahres. Dies wurde in § 6 Abs. 4 LHG 2000/2001 festgeschrieben.[162]

Weiterhin wurde in Absatz 2 von § 20a LHO eine besondere Berichtspflicht der Regierung gegenüber dem Parlament verankert:

> „Die Landesregierung unterrichtet den Landtag regelmäßig über die Ausführung des Haushaltsplans nach Absatz 1."

In Umsetzung dieses Auftrags legt die Regierung dem Parlament zweimal im Jahr sog. „Budgetberichte" vor, in denen sie u. a. Rechenschaft über die Durchführung der Flexibilisierungen ablegt.[163] Darüber hinaus berichtet sie auch über die Entwicklung der „Instrumente zur Steuerung, Optimierung und Kontrolle des Mitteleinsatzes und zur Einhaltung des Ausgabenvolumens" wie sich auch aus § 6 Abs. 6 LHG 2000/2001 ergibt.

Daneben schreiben § 20 Abs. 1 LHO und § 6 Abs. 4 LHG 2000/2001 vor, dass die Deckungsfähigkeit auf bestimmte Bereiche beschränkt und vereinzelt auch für unzulässig erklärt wird. Dazu wurde auch die Notwendigkeit der Zustimmung des Haushalts- und Finanzausschusses aufgenommen. Die Einführung des bei der Personalausgabenbudgetierung dargestellten „Bonus-Malus-Systems" wurde gemäß § 6 Abs. 3 LHG 2000/2001 ebenfalls von der Zustimmung des Haushalts- und Finanzausschusses abhängig gemacht.

Außerdem wurde auch auf die Ausweitung der Privatisierungen und die damit verbundene Beeinträchtigung des Budgetrechts und der Aussagekraft des Haushaltsplans reagiert[164] und eine zusätzliche frühzeitige Mitteilungspflicht zur Sicherung der Position des Landtags verankert.[165]

---

[161] Gesetz vom 8. Februar 2000, GVBl. S. 33.

[162] Vgl. dazu *Edinger*, Änderungen der Landeshaushaltsordnung in Rheinland-Pfalz, S. 26, und den Verweis auf die Entscheidung des *Verfassungsgerichtshofs Rheinland-Pfalz*, DÖV 1997, S. 246, der eine Mitwirkung des Parlaments am Haushaltsvollzug ggf. als notwendig angesehen hat.

[163] Vgl. LT-Drs. 13/5454 und 13/4085.

[164] Vgl. dazu *Jessen*, Neuere Ansätze parlamentarischer Steuerung und Kontrolle, S. 39 ff.; s. a. *Göke*, Empfiehlt es sich, die Befugnisse des Parlaments im Rahmen von Auslagerungen und Privatisierungen neu zu regeln?, S. 71 ff.

[165] S. dazu *Edinger*, ZG 2000, S. 132 ff., 138 f.; *Glauben*, ZParl. 1998, S. 496 ff., 506 ff.; *Gusy*, ZRP 1998, S. 265 ff.

Dazu wurde „§ 112a Zustimmung des Landtags“ unter dem Titel „VIa Rechte des Landtags bei Nebenhaushalten“ in die LHO aufgenommen:

„(1) Werden Aufgaben des Landes auf landesunmittelbare juristische Personen oder Unternehmen in einer Rechtsform des privaten Rechts ausgelagert und führt diese Auslagerung dazu, dass die mit den Aufgaben verbundenen Einnahmen und Ausgaben nicht oder nicht mehr vollständig im Haushalt des Landes, sondern insoweit in einem eigenständigen Haushalt (Nebenhaushalt) veranschlagt werden, so bedarf die Auslagerung der Zustimmung des Landtags. Bei der Auslagerung auf Unternehmen in einer Rechtsform des privaten Rechts gilt dies nur, wenn das Land an solchen Unternehmen unmittelbar oder mittelbar mit mindestens 25 v. H. beteiligt ist oder der Nennwert des Landesanteils 500 000 EUR überschreitet.

(2) Die Zustimmung gilt als erteilt, wenn das jährliche Gesamtvolumen des durch die Auslagerung entstehenden Nebenhaushalts einen vom Landtag festzusetzenden Betrag nicht überschreitet. Im Übrigen erteilt der Landtag die Zustimmung durch Gesetz, das insbesondere Bestimmungen treffen soll über

1. die Rechtsform des Trägers der ausgelagerten Aufgaben,
2. die Steuerungs- und Kontrollmöglichkeiten der Landesregierung, die für die Wahrung ihrer Verantwortlichkeit gegenüber dem Landtag erforderlich sind,
3. das Prüfungsrecht des Rechnungshofs,
4. die Unterrichtung des Landtags über beabsichtigte, die ausgelagerte Aufgabe betreffende wesentliche Entscheidungen und inwieweit diese der Genehmigung des Landtags bedürfen.

(3) Soweit der Landtag nichts anderes bestimmt, werden die den Nebenhaushalt betreffenden Haushalts- und Wirtschaftspläne sowie der jeweilige Jahresabschluss dem Haushaltsplan des Landes als Anlagen beigefügt.

(4) Jede beabsichtigte Auslagerung nach Absatz 1 ist dem Landtag frühzeitig mitzuteilen; dabei ist das wichtige Interesse des Landes an der Auslagerung darzulegen.“

4. Einführung des Leistungsauftrags ins rheinland-pfälzische Haushaltsrecht

Die für die Neue parlamentarische Steuerung in Rheinland-Pfalz zentrale Norm über den Leistungsauftrag, die ebenfalls in die Landeshaushaltsordnung aufgenommen wurde, lautet:

„§ 7b Leistungsauftrag

(1) Wird bei der Aufstellung und Ausführung des Haushaltsplans von den Möglichkeiten nach den §§ 7a, 8, 19 und 20 Gebrauch gemacht, kann die Veranschlagung von Einnahmen, Ausgaben und Verpflichtungsermächtigungen im Haushaltsplan mit einem Auftrag verbunden werden, in dem für bestimmte Aufgaben Kosten- und Leistungsziele beschrieben werden (Leistungsauftrag).

(2) Der Leistungsauftrag legt für einzelne Aufgaben oder Aufgabenbereiche Zielgrößen fest, die bei der Ausführung des Haushaltsplans erreicht werden sollen.

(3) Gegenstand des Leistungsauftrages können insbesondere Zielgrößen sein, die den Umfang, die Kosten, die Qualität oder Wirkungen von Verwaltungsleistungen beschreiben.

(4) Die Landesregierung berichtet im Rahmen des § 20a Abs. 2 sowie der Rechnungslegung über die Erfüllung der Leistungsaufträge."

Zudem wurden Leistungsaufträge auch bei den Landesbetrieben ermöglicht:

„§ 26 Landesbetriebe, Sondervermögen, Zuwendungsempfänger

(1) Landesbetriebe haben einen Wirtschaftsplan aufzustellen, wenn ein Wirtschaften nach Einnahmen und Ausgaben des Haushaltsplans nicht zweckmäßig ist. Der Wirtschaftsplan oder eine Übersicht über den Wirtschaftsplan ist dem Haushaltsplan als Anlage beizufügen oder in die Erläuterungen aufzunehmen. Im Haushaltsplan sind nur die Zuführungen oder die Ablieferungen zu veranschlagen. Planstellen sind nach Besoldungsgruppen und Amtsbezeichnungen im Haushaltsplan auszubringen. Für andere Stellen als Planstellen gilt Satz 4 sinngemäß. Der Wirtschaftsplan kann mit verbindlichen

Leistungsaufträgen für die Erfüllung bestimmter Aufgaben verbunden werden. § 7b gilt entsprechend.

(2) Bei Sondervermögen sind nur die Zuführungen oder die Ablieferungen im Haushaltsplan zu veranschlagen. Über die Einnahmen, Ausgaben und Verpflichtungsermächtigungen der Sondervermögen sind Übersichten dem Haushaltsplan als Anlagen beizufügen oder in die Erläuterungen aufzunehmen.

(3) Über die Einnahmen und Ausgaben von
1. juristischen Personen des öffentlichen Rechts, die vom Land ganz oder zum Teil zu unterhalten sind, und
2. Stellen außerhalb der Landesverwaltung, die vom Land Zuwendungen zur Deckung der gesamten Ausgaben oder eines nicht abgegrenzten Teils der Ausgaben erhalten,
sind Übersichten dem Haushaltsplan als Anlagen beizufügen oder in die Erläuterungen aufzunehmen. Das für Finanzen zuständige Ministerium kann Ausnahmen zulassen."[166]

a. *Ausgangssituation und Entstehungsgeschichte des Leistungsauftrags in § 7b LHO*

Auch in Rheinland-Pfalz war Ausgangspunkt die finanzielle Not der öffentlichen Hand, was zu einer gewissen Bereitschaft bei der Erprobung betriebswirtschaftlicher Instrumente innerhalb der öffentlichen Verwaltung führte. Vor diesem Hintergrund fand eine breite Diskussion über die Reichweite der durchzuführenden Reformen statt und darüber, inwieweit insbesondere die mit der Budgetierung verbundene Ausweitung der Flexibilisierung die parlamentarischen Rechte beeinträchtigten und wie die parlamentarische Steuerung und Kontrolle des durch die Regierung erfolgenden Haushaltsvollzugs gewährleistet werden könnte.[167] Dazu fand 1996 in Rheinland-Pfalz zunächst ein Symposium mit dem Titel „Budgetierung und parlamentarische Kontrolle" statt, das vom Landtag veranstaltet wurde.[168]

In der Folge führte der Landtag Anhörungen zu den möglichen Modellen und den Konsequenzen der Einführung der Budgetierung auf die Rechte des Parla-

[166] Hervorhebung vom Verf.
[167] Vgl. zu der Entwicklung auch *Hoegner/Groß*, DÖV 2000, S. 1040 ff.
[168] Auch wurden von den Landtagspräsidenten entsprechende Beschlüsse gefasst, s. *Edinger*, Haushaltsreform und parlamentarisches Budgetrecht in Rheinland-Pfalz, S. 18 ff.

ments durch. Die Enquete-Kommission des Landtags „Parlamentsreform" empfahl dann 1998, im Zusammenhang mit den Privatisierungen tätig zu werden, woraufhin der Landtag die Landesregierung aufforderte, alle zwei Jahre einen Beteiligungsbericht vorzulegen.[169] Gegen Ende des Jahres beschloss der Landtag, das Haushaltsrecht fortzuentwickeln, indem einige Eckpunkte festgelegt wurden. Dabei sollte ein dauerhafter Rechtsrahmen geschaffen und die Steuerungs- und Kontrollmöglichkeiten gewahrt werden. Daraufhin legte die Regierung ein Jahr später bei der Befassung des Landeshaushaltsgesetzes 2000/2001 auch einen Gesetzentwurf zur Änderung der Landeshaushaltsordnung vor.[170]

b. *Parlamentarische Genese §§ 7b, 20a LHO*

Die Formulierung des § 7b LHO geht auf den Haushalts- und Finanzausschuss zurück, der die Norm dem Parlament als Beschlussempfehlung zur Annahme vorgelegte.[171] Dabei wurde auf die vorausgegangenen Beratungen hingewiesen, wonach der Landtag beschlossen hatte[172], den Gesetzentwurf zur Novellierung der LHO zunächst an den Haushalts- und Finanzausschuss federführend als auch an den Rechtsausschuss zu überweisen[173], woraufhin u. a. im Haushalts- und Finanzausschuss ein Anhörungsverfahren mit Experten durchgeführt wurde.[174] Im weiteren Verlauf arbeiteten die Fraktionen von SPD und F.D.P. einen Änderungsantrag aus. Grundlage war dabei die Vorarbeit von Mitarbeitern der SPD-Fraktion, die Anregungen zur Ausgestaltung der Norm bei einem Besuch in der Schweiz und der Vorstellung der dortigen FLAG-Regelungen erhalten hatten.[175] Der Änderungsantrag wurde dann vom Haus-

---

[169] S. *Präsident des Landtags Rheinland-Pfalz*, Symposium; vgl. *Edinger*, Haushaltsreform und parlamentarisches Budgetrecht in Rheinland-Pfalz, S. 18 ff.

[170] Vgl. LT-Drs. 13/4800, S. 21, und 13/4660; s. *Edinger*, Haushaltsreform und parlamentarisches Budgetrecht in Rheinland-Pfalz, S. 20.

[171] LT-Drs. 13/5230, vom 13.1.2000. Dabei lag auch ein Änderungsantrag von *BÜNDNIS 90/DIE GRÜNEN* vor, der weitere Instrumente in die LHO aufnehmen wollte, s. LT-Drs. 13/5244. Vgl. hierzu auch *Enquetekommission „Verwaltungsmodernisierung in Rheinland-Pfalz"*, LT-Drs. 13/6223, S. 14 f.

[172] Ausgehend von dem ursprünglichen Gesetzentwurf in LT-Drs. 13/4660, der noch keinen Leistungsauftrag oder § 7b enthielt.

[173] Beschluss des *Landtags* vom 23. September 1999 (Plenarprotokoll 13/93, S. 7053).

[174] 58. Sitzung es *Haushalts- und Finanzausschusses* vom 28. 10. 1999.

[175] S. dazu Vorlage 13/3642 vom 17. Dezember 1999. Parallel und auch schon vor der Entwicklung in Deutschland wurde in der Schweiz die Ausrichtung der Haushalte auf Leistungen und Wirkungen unter der Bezeichnung „Wirkungsorientierte Verwaltungsführung" (WoV) vorangetrieben, vgl. *Brühlmeier/Haldemann/Mastronardi /Schedler*; Politische Planung; vgl. *Mastronardi/Stadler*, ZBl. 2003, S. 393 ff.; *Mosimann*, ZBl. 2000, S. 337 ff.; zur Problematik der Gewaltenteilung bei der NPM – Einführung in der Schweiz *Mastronardi*, ZBl. 1999,

halts- und Finanzausschuss am 20. Dezember 1999 mit den Stimmen der beiden Fraktionen angenommen.[176] CDU und Grüne enthielten sich der Stimme. Daraufhin wurden auch die Mitglieder des Rechtsausschusses über die Annahme des Änderungsantrags informiert.[177] Damit wurde dem Landtag der Gesetzentwurf in geänderter Fassung mit dem neu aufgenommen Leistungsauftrag in § 7b LHO zur Abstimmung vorgelegt[178] und im Landtag gegen die Stimmen von BÜNDNIS 90/DIE GRÜNEN beschlossen.[179]

S. 449 ff.; vgl. auch *Mastronardi*, Schweizerischer Muster-Rahmenerlass: New Public Management für das Parlament, S. 1 ff.; s. a. *Hill*, DÖV 2001, S. 795, 800 f.; *ders.*, ZG 1999, S. 114 f.; s. a. *Jessen*, Neuere Ansätze parlamentarischer Steuerung und Kontrolle, S. 5 ff. Dabei wurde u. a. das Instrument des Leistungsauftrags als parlamentarisches Steuerungsmittel mit teilweise sehr unterschiedlicher Anwendung entwickelt und kritisch diskutiert, s. dazu *Schedler*, Politikentwicklung: Die Rolle der Politik im Veränderungsprozess, S. 46 f.; vgl. die Übersicht bei *Delwing/Windlin*, ZBl. 1996, S. 183 ff.; s. a. die allgemeine Diskussion über das Verhältnis der Gewalten in der Schweiz bei *Graf*, ZBl. 2000, S. 1 ff.; zum schweizerischen Globalbudget als Steuerungsinstrument *Harringer*, ZBl. 2000, S. 505 ff. In der weiteren Entwicklung wurde dann auch der sog. „Muster-Rahmenerlass WoV" herausgearbeitet, der als Vorbild für neuere Regelungen dienen sollte, vgl. dazu *Brühlmeier/Haldemann/Mastronardi/Schedler*, New Public Management für das Parlament: Ein Muster-Rahmenerlass WoV, S. 133 ff. Vor allem die Regelungen auf der dortigen Bundesebene über das „Führen mit Leistungsauftrag und Globalbudget" (FLAG) dienten bei der Gestaltung der rheinland-pfälzischen Regelung als Vorbild, s. *Edinger*, Haushaltsreform und parlamentarisches Budgetrecht in Rheinland-Pfalz, S. 22; vgl. *Hill*, DÖV 2001, S. 800 f., insbes. Fn. 53. Hervorzuheben ist dabei aber, dass die Verhältnisse zwischen Parlament und Regierung in der Schweiz nur eingeschränkt mit den deutschen Gegebenheiten vergleichbar sind, insoweit die Kontrolle dort tatsächlich vom Parlament und nicht nur wie hier von der Opposition ausgeübt wird, vgl. dazu *Mastronardi*, Schweizerischer Muster-Rahmenerlass: New Public Management für das Parlament, S. 1 ff.

176 Vgl. Stenogr. Berichte 13/103, S. 7831.

177 Vorlage 13/3653 vom 20. Dezember 1999.

178 LT-Drs. 13/4660, mit der Änderung durch LT-Drs. 13/5230. Vgl. auch *Schmitt/Reinemann*, VM 2004, S. 118.

179 S. Stenogr. Berichte 13/103, S. 7858. Daneben hatte die Fraktion von *BÜNDNIS 90/DIE GRÜNEN* einen Änderungsentwurf vorgelegt, LT-Drs. 13/5244, mit dem unter Berufung auf die Rechtsprechung des BVerfGs darauf verwiesen wurde, dass die vorgelegten Regelungen hinsichtlich der Steuerung und Kontrolle des Parlaments „wenig konkret" seien oder lediglich in der Zukunft durch Regierung und Parlament zu vereinbaren seien. Daher seien weitere Kontroll- und Steuerungsinstrumente zu verankern, wie „- die verbindliche Einführung der Kosten- und Leistungsrechnung oder anderer betriebswirtschaftlicher Steuerungs- und Controllinginstrumente (§ 7, § 20a), - die Entwicklung eines geeigneten Verwaltungscontrollings (§ 7 a, § 20a), - eine zeitnahe Unterrichtung des Parlaments über die Bewirtschaftung des Haushaltsplanes und die Darstellung eines gesamten Staatsbudgets des Landes durch die Landesregierung (§ 10, § 14, § 20a), - Erweiterung der Aufgaben und Prüfkompetenzen des Rechnungshofs (§ 20a, § 88), - Zustimmungsvorbehalte und Widerrufsmöglichkeiten des Parlaments bei der Bewirtschaftung des Haushaltsplanes (§ 7a), - Kompetenzen zur Erteilung von

c. *Inhalt*

Für das Verständnis des Leistungsauftrages ist zunächst der Wortlaut von § 7b LHO hervorzuheben, wonach es sich um einen „Auftrag“ handelt, bei dem gemäß Satz 4 „für bestimmte Aufgaben Kosten- und Leistungsziele beschrieben werden.“[180] Die Formulierung erlaubt es daher, ein bestimmtes Ziel vorzugeben, welches beim Haushaltsvollzug anzustreben ist. Dieses kann dazu in Bezug auf Umfang, Kosten, Qualität oder Wirkung von Leistungen konkretisiert werden.[181] Aufgrund der Einbettung des Leistungsauftrags in den Haushaltsplan und das Haushaltsverfahren, gilt auch für die Ausgestaltung und Formulierungen der einzelnen Leistungsaufträge, dass die Regierung dabei ebenfalls die Initiativhoheit hat.

Die Systematik von § 7b Abs. 1 LHO macht darüber hinaus deutlich, dass Voraussetzung für den Beschluss über einen Leistungsauftrag die tatsächliche Einschränkung der Haushaltsgrundsätze ist. Denn dort heißt es: „Wird bei der Aufstellung und Ausführung des Haushaltsplans von“ den Möglichkeiten der Einschränkung „Gebrauch gemacht, kann die Veranschlagung (...) mit einem Auftrag verbunden werden“. Dann aber sollen gemäß § 7b Abs. 2 LHO auch die festgesetzten Zielgrößen erreicht werden. Dies macht deutlich, dass das Instrument des Leistungsauftrags nicht losgelöst als ein weiteres Steuerungsinstrument dem Parlament zusätzlich zur Verfügung stehen soll. Vielmehr ist der Leistungsauftrag speziell dazu gedacht, im Zusammenhang mit der beschriebenen Budgetierung und den damit verbundenen Steuerungs- und Kontrollverlust des Parlaments zum Einsatz zu kommen. Die Beauftragung mit einem Leistungsauftrag setzt damit die Beeinträchtigung des parlamentarischen Budgetrechts voraus.

Hinsichtlich des Leistungsbegriffs macht die Norm selbst kaum Aussagen, sondern es wird deutlich, dass es möglich sein muss, Verwaltungsleistungen in

---

Prüfaufträgen bei der Bewirtschaftung des Haushaltsplanes, die als Minderheitenrecht festgeschrieben sind (§ 88).“ Vgl. auch *Hill*, DÖV 2001, S. 800.

[180] Der Begriff des Leistungsauftrags hat bisher in Deutschland weder technisch noch rechtlich eine fest definierte Bedeutung gehabt. Eine frühere nicht-technische Verwendung findet sich lediglich aus nationalsozialistischer Zeit. 1942 wurde von Wilhelm *Kircher* ein Sammelband veröffentlicht mit dem Titel: „Vom Leistungsauftrag der deutschen Volksschule, Ein Bericht zum 2. Reichslager der Reichsfachschaft Volksschulen“, in dem er in einem Aufsatz ab S. 11 unter dem Titel „Der nationalsozialistische Leistungsauftrag an die deutsche Volksschule und die Voraussetzungen seiner Erfüllung“ der Gesinnung entsprechend bestimmte Leistungen fordert.

[181] Zu diesem Zweck sind Kennzahlen und Indikatoren zu verwenden, vgl. *Edinger*, Änderungen der Landeshaushaltsordnung in Rheinland-Pfalz, S. 26; s. *Enquete-Kommission „Verwaltungsmodernisierung in Rheinland-Pfalz“*, LT-Drs. 13/6223, S. 14 f.

Umfang, Kosten, Qualität oder im Zusammenhang mit Wirkungen beschreiben und messen zu können. Gleichwohl wird aber in § 7b Abs. 2 LHO der Zusammenhang mit den Aufgaben oder Aufgabenbereichen der Verwaltung hergestellt. Insoweit werden die Leistungen der Verwaltung als zielgerichtet auf die Erfüllung der Aufgaben verstanden.[182]

Die Norm wendet sich als Teil der LHO an die Beteiligten des Haushaltsverfahrens als Adressaten. Im Unterschied zum Anwendungsbereich von Zielvereinbarungen mit unterschiedlichen Verwaltungseinheiten oder -personen als Vereinbarungspartner sind Leistungsaufträge daher auf das Verhältnis zwischen Parlament und Regierung bezogen. Daher wird auch argumentiert, dass der Leistungsauftrag zwar Gesetz, aber kein Kontrakt sei, da Instrumentarien wie Kontraktmanagement und Zielvereinbarungen dem Binnenbereich der Verwaltung zuzuordnen seien.[183] Aufgrund der Aufnahme des Leistungsauftrags in den Haushaltsplan liegt es nahe, eine vergleichbare rechtliche Wirkung wie der des Haushaltsplans anzunehmen und ihm insoweit Gesetzesqualität zuzusprechen. Daneben hat der Leistungsauftrag keine Außenwirkung, da er Teil des Haushaltsplans ist. Vielmehr erhalten die für den Vollzug durch die Regierung intern maßgeblichen Zweckbestimmungen des Haushaltsplans noch einen Zusatz in Form von „Zielerreichungsvorgaben“.[184] Versucht man den Leistungsauftrag vergleichend zu beschreiben, fallen Ähnlichkeiten mit gesetzlichen oder verfassungsrechtlichen Zielvorgaben auf, die insoweit auch eine Normierung erfahren haben. Gerade in den letzten Jahren hat die Diskussion um verschiedene Staatsziele wie Umweltschutz, Tierschutz, Recht auf Arbeit oder Kindergartenplätze dazu geführt, dass einige davon in die Verfassung des Bundes und der Länder aufgenommen wurden.[185]

---

[182] Zur Unterscheidung der Leistungsaufträge von Produktbeschreibungen s. *Edinger*, Perspektiven des Haushalts- und Finanzmanagements aus Sicht des Landtags, S. 147.

[183] Zu den rechtlichen Rahmenbedingungen von Zielvereinbarungen s. *Hill*, NVwZ 2002, S. 1059 ff.; vgl. *Edinger*, Änderungen der Landeshaushaltsordnung in Rheinland-Pfalz, S. 26 f.; vgl. zur Bedeutung von Zielvereinbarungen im kommunalen Kontaktmanagement *Sensburg*, Der kommunale Verwaltungstrakt, und zu den Inhalten von Zielvereinbarungen *Breisig*, VM 1999, S. 337 ff.

[184] S. *Edinger*, Änderungen der Landeshaushaltsordnung in Rheinland-Pfalz, S. 27 f.; vgl. *Schmitt/Reinemann*, VM 2004, S. 118: „Zielbestimmungen“.

[185] Vgl. Art. 20a GG. Daneben wurde auch im Zusammenhang mit der Beschreibung des Leistungsauftrags auf die Vorschriften der Landesbauordnung verwiesen, woraus sich eine Vorgabe für den Zeitrahmen einer Prüfung von Unterlagen durch die Behörde ergibt, vgl. *Edinger*, Änderungen der Landeshaushaltsordnung in Rheinland-Pfalz, unter Verweis auf § 65 LBauO mit der Verpflichtung der Bauaufsichtsbehörde, die Unterlagen innerhalb von zehn Werktagen nach Eingang des Bauantrags zu prüfen; vgl. *Hill*, DÖV 2001, S. 801 f.

Ein durch die Fixierung des Leistungsauftrags im Haushaltsplan entstehender rechtlicher Druck ist in dem Instrument nicht enthalten, da er keine Möglichkeiten zur Sanktionierung auslöst, falls die vorgegebenen Ziele nicht erreicht werden. Im Unterschied zum Gesetz ist hier die Steuerungsqualität in der Vermittlung der Informationen über die Zielerreichung und die etwaige Neufestsetzung der Ziele zu sehen. Die Effektivität der Steuerungsleistung des Leistungsauftrags setzt insoweit die (auch) politische Abhängigkeit der Regierung vom Parlament voraus. Insgesamt kann daher darauf abgestellt werden, dass die Ziele erreicht werden sollen, aber nicht müssen. Demzufolge kann es beim Vollzug eines Leistungsauftrags, was z. B. die Kosten angeht, Abweichungen dergestalt geben, dass teurer oder billiger erfüllt wurde.[186] Interessant wird dann für das Parlament, ob diese Abweichungen begründet werden können und in welcher Weise dies erfolgt. Insoweit besteht eine Rechenschaftspflicht. Für die Steuerungsmöglichkeit des Parlaments ist zunächst aber wichtig, dass im nächsten Haushalt darauf reagiert werden kann. Eine weitere Reaktionsmöglichkeit besteht für das Parlament – wie beschrieben - auch durch § 6 Abs. 4 LHG, da unter bestimmten Voraussetzungen die erteilten Möglichkeiten zur Übertragbarkeit und Deckungsfähigkeit von Mitteln auch im jeweiligen Haushalt wieder eingeschränkt werden können. Demnach liegt die Bedeutung des Leistungsauftrags in der Möglichkeit zur politischen Steuerung. Auch wenn insgesamt ein Leistungsauftrag nicht zwangsweise durchgesetzt oder Sanktionen verhängt werden können, ist die Pflicht zur Begründung der beauftragten Regierung über Vollzug bzw. Nicht-Vollzug politisch verwertbar.[187]

In ähnlicher Weise wie auch der bisherige Haushaltsplan durch die Vorgaben in den Fach-Gesetzen beeinflusst und vorgeprägt wurde, darf die Ausgestaltung der Leistungsaufträge nicht im Widerspruch zu den gesetzlichen Rahmenbedingungen stehen, da sonst der Verlust des Steuerungspotenzials zu befürchten ist. Daraus folgt auch, dass die Zuordnung von Zielen im Leistungsauftrag zu einem bestimmten finanziellen Rahmen realistisch sein muss: „Unmögliches darf nicht verlangt werden".[188]

Im Unterschied dazu ist die Berichterstattung über die Erfüllung der Leistungsaufträge nach § 7b Abs. 4 LHO in Verbindung mit § 20a Abs. 2 LHO für die Landesregierung verpflichtend. Sonst bestünde die Gefahr, dass der Steuerungs- und Kontrolleffekt des Leistungsauftrags ins Leere laufen könnte.

---

[186] *Edinger*, Änderungen der Landeshaushaltsordnung in Rheinland-Pfalz, S. 26.

[187] *Edinger*, Änderungen der Landeshaushaltsordnung in Rheinland-Pfalz, S. 27 f.; vgl. *Schmitt/Reinemann*, VM 2004, S. 118.

[188] *Edinger*, Änderungen der Landeshaushaltsordnung in Rheinland-Pfalz, S. 28.

d. *Ergänzung und Weiterentwicklung der rechtlichen Rahmenbedingungen: § 7 LHG*

Mit dem Haushaltsgesetz des Jahres 2004[189] wurde auch die Norm zur Flexibilisierung neu ausgestaltet und nun in § 7 folgende Regelung aufgenommen[190]:

„(1) Zur Ergänzung und Fortentwicklung moderner Haushaltsinstrumentarien wird das erstmals im Haushaltsplan 2002 zur leistungsbezogenen Planaufstellung und -bewirtschaftung ausgebrachte Instrument des Leistungsauftrags (§ 7b LHO) als Pilotprojekt weitergeführt. Ziel ist es, durch eine in erster Linie aufgaben-, produkt- und wirkungsorientierte Betrachtungsweise des Verwaltungshandelns das Kosten- und Leistungsbewusstsein sowie einen effektiven Einsatz der vorhandenen Ressourcen im Sinne von Wirtschaftlichkeit und Sparsamkeit zu fördern.

(2) Haushaltssystematisch abgegrenzte Ausgabebereiche des Haushaltsplans (Kapitel, Titelgruppen) können mit Leistungsaufträgen verbunden werden, wonach in einem Entwicklungsprozess quantitativ und qualitativ definierte Leistungen im Rahmen der bereitgestellten Haushaltsmittel zu erbringen sind. Der Leistungsauftrag wird im Rahmen der Haushaltsaufstellung konzipiert. Er hat insbesondere die rechtlichen Grundlagen für die betreffenden Aufgaben anzugeben, die Gesamtstrategie in dem jeweiligen Politikfeld und Aufgabenzusammenhang zu beschreiben sowie die voraussichtlichen Kosten, Leistungen und Wirkungen darzustellen. Geeignete Informations- und Steuerungsinstrumente zur Erreichung der Zielvorgaben sind Zug um Zug zu entwickeln.

(3) Zur Konkretisierung des Leistungsauftrags wird zwischen der verantwortlichen Stelle und dem einzelplanbewirtschaftenden Ressort unter Beteiligung des für die Finanzangelegenheiten zuständigen Ministeriums eine Zielvorgabe geschlossen. Insbesondere enthält sie für einzelne Aufgaben oder Aufgabenbereiche Zielgrößen, die den Ressourceneinsatz, den Umfang, die Qualität oder die Wirkungen von Verwaltungsleistungen beschreiben.

(4) Gemäß § 7b Absatz 4 LHO berichtet die Landesregierung im Rahmen des § 20a Absatz 2 LHO in Verbindung mit § 6 Absatz 6 zu den erteilten Leistungsaufträgen.

---

[189] Gesetz vom 3. Februar 2004, GVBl. 2004, S. 39 ff.

[190] Vgl. *Schmitt/Reinemann*, VM 2004, S. 119.

(5) Das Nähere, insbesondere zur Ausgestaltung des Leistungsauftrags, der Zielvereinbarung und des Berichts, regelt das für die Finanzangelegenheiten zuständige Ministerium."

Dazu hat die Enquete-Kommission des rheinland-pfälzischen Landtags ausgeführt[191]: „Die Möglichkeiten der novellierten Landeshaushaltsordnung, eine Ergebnissteuerung von Verwaltungseinheiten durch Leistungsaufträge vorzunehmen, ist intensiv zu nutzen. Dies gilt sowohl für die Landesbetriebe als auch den Kernbereich der Landesverwaltung. Für die Festlegung von Leistungsaufträgen wird Folgendes vorgeschlagen: Zunächst sollten die rechtlichen Grundlagen für eine Aufgabe beschrieben werden. Im Weiteren sind die voraussichtlichen Kosten, Leistungen und Wirkungen darzustellen. Die Leistungsseite ist auf der Grundlage von Kennzahlen und Indikatoren festzulegen, soweit eine innere Verrechnung nicht möglich oder kein Marktpreis vorhanden ist."

In der näheren Erläuterung der Landesregierung heißt es dazu in der Vorlage des Haushaltsgesetzes 2005/2006[192]: „Mit dieser Regelung wird ein verstärktes Ausrichten staatlichen Handelns auf Leistungen und Wirkungen verfolgt. Die betreffenden Verwaltungsbereiche sollen im Rahmen des bereits weitgehend eingeräumten Handlungsspielraums bei der Verwaltung ihrer Ressourcen (mittels Budgetierung) eine höhere Ergebnisverantwortung übernehmen, um somit zu einer Förderung des Kostenbewusstseins beizutragen. Schwerpunkt soll dabei sein, über Kennzahlen sowie eine Kosten- und Leistungsrechnung zu mehr Kosten- und Wirkungstransparenz des Verwaltungshandelns zu kommen. Vorgesehen ist dazu die Einrichtung sowie die Formulierung konkreter Zielvereinbarungen über Leistungsaufträge. Zur Ausbringung von Leistungsaufträgen eignen sich in der Regel nur Bereiche, in denen eine Kosten- und Leistungsrechnung eingeführt ist oder in denen zumindest die Zielerreichung messbar ist."

e. *Funktionsweise/Verfahren*

aa. *Entstehung und Verabschiedung der Leistungsaufträge*

Der Leistungsauftrag als ein in das bestehende Haushaltsverfahren integriertes Steuerungsinstrument „entsteht" grundsätzlich innerhalb der Regierung und nicht im Parlament. Auf der Regierungsseite besteht in den einzelnen Fachressorts insoweit auch das für die Realisierbarkeit notwendige Fachwissen. Hier

---

[191] LT-Drs. 13/6223, S. 14 und weiter auf S. 15: „Die Möglichkeit der Ergebnissteuerung durch Leistungsaufträge ist intensiv zu nutzen."

[192] LT-Drs. 14/3460, S. 25; auch schon 2004, LT-Drs. 14/2520.

kann daher auch bei der Gestaltung der Leistungsaufträge auf die bereits für das Haushaltsverfahren bestehenden Verwaltungsabläufe zurückgegriffen und die Leistungsaufträge auf diese Weise integriert werden. So bietet sich die Einbettung in ein Verfahren vergleichbar den §§ 27 ff. LHO an. Der Leistungsauftrag wird vom Finanzministerium in den Haushaltsplanentwurf aufgenommen, wenn er zuvor in einer Prüfung gebilligt wurde. Entsprechend dem bisherigen Verfahren geht der Entwurf von Haushaltsgesetz und Haushaltsplan zur Landesregierung, die formal den Beschluss dazu erlässt, vgl. § 29 LHO. Danach beginnt das eigentliche parlamentarische Verfahren nach § 30 LHO mit den Beratungen. Nach der ersten Beratung findet hier die Überweisung an die Ausschüsse statt[193], die ebenfalls darüber beraten und auch abweichende Empfehlungen geben können.[194] Die sich dann anschließende zweite und dritte Beratung führt dann zum Beschluss des Parlaments, mit welchem auf die Beschlüsse der Ausschüsse reagiert wird.[195]

bb. Vollzug und Bericht

Die vom Parlament mit dem Haushaltsplan und Haushaltsgesetz beschlossenen Leistungsaufträge werden dann von der Regierung im Rahmen des Haushaltsvollzugs und nach Maßgabe der konkreten Vorgaben umgesetzt. Über diese Verwirklichung der Leistungsaufträge berichtet die Regierung gemäß §§ 7b Abs. 4 i. V. m. 20a Abs. 2 LHO dann dem Parlament im Rahmen der sog. „Budgetberichte“[196], bei welchen teilweise sehr ausführlich die Umstände und weiteren Rahmenbedingungen aber auch die für den Aufgabenbereich maßgebliche Entwicklung dargestellt wird. Schon zuvor wurden die Ministerien auch aufgrund von Haushalts- und Wirtschaftsführungserlassen der Haushaltsjahre 2002 und 2003 dazu angehalten, über die Verwirklichung der Vorgaben Bericht zu erstatten.

---

[193] Vgl. § 53 Geschäftsordnung des Landtags.

[194] § 74 Abs. 1 Geschäftsordnung des Landtags.

[195] Vgl. §§ 54 ff. Geschäftsordnung des Landtags; s. *Keilmann/Hermonies*, VM 2004, S. 306 ff.

[196] S. Budgetberichte vom 24. 3. 2003, LT-Drs. 14/2023, vom 15. 3. 2004, LT-Drs. 14/2991, und vom 29. 3. 2005, LT-Drs. 14/3998.

Daher sollte gemäß den im Ministerialblatt veröffentlichten Verwaltungsvorschriften[197] zu einem bestimmten Stichtag dem Finanzministerium gegenüber folgende Angaben gemacht werden:
„- Bericht über die abgeschlossenen Leistungsvereinbarungen (Kernaussagen).
- Darstellung des Sachstands, inwieweit die Ziele, die beabsichtigten oder vorgenommenen Maßnahmen erreicht wurden; hierbei waren die in den Leistungsaufträgen niedergelegten Kennzahlen und Indikatoren zugrunde zu legen.
- Prognose über die wahrscheinliche Entwicklung bei weiterer Erfüllung der Leistungsaufträge zum nächsten Berichtstermin."

Mit diesen Informationen wurden die Budgetberichte über die Erfüllung der Leistungsaufträge durch die Regierung erstellt. Dabei waren in diesen Berichten zu Beginn noch Darstellungen enthalten, die nur ungenau auf Kennzahlen abstellten, da noch nicht genügend Erfahrungen aus den Vorjahren vorhanden waren. In Anlehnung an die Vorgaben aus den Verwaltungsvorschriften wurde die Berichterstattung inzwischen standardisiert und verstärkt nach Kennzahlen ausgerichtet.[198]

Der Abschluss eines Verfahrens erfolgt schließlich noch durch den Bericht über die Leistungsaufträge im Rahmen der Rechnungslegung nach § 7b Abs. 4 LHO.

5. Potenzial des Leistungsauftrags als parlamentarisches Steuerungs- und Kontrollinstrument in Rheinland-Pfalz

Der Leistungsauftrag stellt den Mittelpunkt der Neuen Steuerung in Rheinland-Pfalz dar, der die Aufmerksamkeit auf den Umfang, die Kosten, die Qualität und die Wirkungen von Verwaltungsleistungen lenkt. Wie oben bei der Neuen Steuerung im Allgemeinen bereits ausgeführt, geht es daher zunächst darum, die Leistungen der Verwaltung unter neuen Gesichtspunkten darzustellen, um eine leistungsorientierte Steuerung des Parlaments zu ermöglichen. Zum anderen soll mit dieser Ausgestaltung der politischen Ebene ein neuer Ansatz der Steuerung und Kontrolle gegeben werden.

In der Literatur hat es zum möglichen Anwendungsbereich des Leistungsauftrags als parlamentarisches Steuerungs- und Kontrollinstrument bereits einige Vorschläge gegeben. Das u. a. darin beschriebene Potenzial und die Reichweite

---

[197] S. Verwaltungsvorschrift des Ministeriums der Finanzen zur Haushalts- und Wirtschaftsführung im Haushaltsjahr 2002 vom 16. April 2002, Ministerialblatt der Landesregierung von Rheinland-Pfalz vom 17. Mai 2002, S. 317 ff., 321, und für das Jahr 2003 im Ministerialblatt vom 12. Februar 2003, S. 102 ff., 106.

[198] S. zuletzt LT-Drs. 14/3998, S. 21 ff.

der Neuen Steuerung und Kontrolle über Leistungsaufträge sollen im Folgenden kurz dargestellt werden.

a. „Leistungs-"bezogene Planaufstellung in Form von Leistungsaufträgen

Zunächst ist offensichtlich, dass § 7b LHO mit der ausdrücklichen Bezugnahme auf die Leistungen der Verwaltung im Unterschied z. B. zu vordefinierten Produkten wesentlich allgemeiner gefasst ist. Mit einem Leistungsauftrag kann nun durch den Beschluss des Parlaments über den Haushalt eine Zielerreichungsvorgabe festgesetzt und so die Regierung beauftragt werden. Gerade im Vergleich mit dem alten System ist hier ein deutlicher Unterschied darin zu sehen, dass nicht lediglich die Verausgabung finanzieller Mittel genehmigt, sondern diese Verausgabung für ein bestimmtes Ziel vorgesehen wird. Dieses Ziel kann nun im Leistungsauftrag an politischen Interessen ausgerichtet werden. Da der Beschluss über den Haushalt durch die Parlamentsmehrheit, die Regierungsfraktionen, erfolgt, erhalten diese zusammen mit der von ihnen getragenen Regierung durch das Instrument des Leistungsauftrags eine neue Steuerungsmöglichkeit. Diese Möglichkeit erfolgt zudem einmal jährlich, ggf. alle zwei Jahre in Abhängigkeit von der Dauer der Haushaltsplanung.

Diese Form der Steuerung kann sich in seiner Ausrichtung auf bestimmte Aufgaben und bestimmte Ausgaben beziehen. Der Haushalt kann eine Struktur bekommen, mit der Aussagen möglich sind, wie bestimmte Ziele auf längere Sicht verfolgt werden sollen.[199] Insbesondere die Orientierung der Leistungsaufträge an Kennzahlen ermöglicht neben dem Transparenzgewinn, die „Neue" Steuerung in Bezug auf Ausgaben und Aufgaben. Das Parlament wird so insgesamt in die Position versetzt, wirksamer, ziel- und ergebnisorientierter zu steuern.[200]

b. Steuerungspotenzial bezogen auf die Verwaltungsleistungen

Im Unterschied zu der oben dargestellten alten Steuerung besteht im Leistungsauftrag die Möglichkeit, den Vollzug der Fachgesetze durch die Verwaltung in verschiedener Hinsicht zu steuern und zu bewerten.

---

[199] *Keilmann*, Ausgabensteuerung in Rheinland-Pfalz – Budgetierung und erste Leistungsaufträge, S. 444.
[200] Vgl. *Hill*, ZG 1998, S. 114 ff.

aa. § 7b Abs. 3 LHO: „Umfang" und „Qualität" von Verwaltungsleistungen

Im Anschluss an das bereits Dargestellte hat das Parlament mit dem Leistungsauftrag die Möglichkeit, die Leistungen der Verwaltung beim Vollzug der Gesetze nach Kennzahlen und Indikatoren zu bewerten und dementsprechende Zielvorgaben zu machen. Insoweit wurde hierdurch die Möglichkeit geschaffen, alle oben beschriebenen Vorteile einer quantitativen und qualtitativen Steuerung zu verwirklichen.

bb. § 7b Abs. 3 LHO: „Kosten" der Leistungen als finanzielle Zielvorgaben

(1) Finanzielle Steuerung des Vollzugs der Gesetze

Dem Ideal Neuer Steuerung entsprechend gewährleistet auch der Leistungsauftrag, dass die inhaltlichen Festsetzungen durch die Fachgesetze mit den finanziellen Gegebenheiten zusammengeführt werden.[201] Daraus ergibt sich zunächst, in welchem Ausmaß die finanziellen Mittel für den Vollzug einzelner Gesetze verwendet werden. Darüber hinaus hat diese Zusammenführung durch den Leistungsauftrag auch die Folge, dass das Parlament mit den Beschlüssen über die Leistungsaufträge im Haushaltsplan auch über die Verwendung der Finanzen beim Vollzug der Gesetze entscheidet und so quasi finanziell steuert. Die Tätigkeit der öffentlichen Verwaltung mit ihrer Auswirkung auf das Finanzaufkommen kann so zum Inhalt der politischen Entscheidung des Parlaments gemacht werden. Der finanzielle Vollzug der Gesetze durch die Verwaltung wird so „demokratisiert" und unter Rechtfertigungs- bzw. Begründungszwang gesetzt sowie den Forderungen und Ansprüchen der Bürger gegenübergestellt und in die Gesamt-Abwägung miteinbezogen.[202]

Teilweise werden besonders der umfassende Charakter und der ganzheitliche Ansatz der Leistungsaufträge hervorgehoben, der durch die Verbindung der fachgesetzlichen Vorgaben mit den Finanzmitteln des Haushalts geschaffen wird.[203] Wie auch oben schon bei der Outputsteuerung dargestellt, ist das Verhältnis des Leistungsauftrags zu den Fachgesetzen so ausgestaltet, dass nun quasi eine Koordination der geltenden Gesetze durch das „Zur-Verfügung-stellen" der Finanzen ermöglicht wird, die Gesetze selbst aber in ihrer Wirksamkeit nicht beeinträchtigt werden. Daher findet so eine Festsetzung darüber statt, wie viel

---

[201] S. die Überschrift V. bei *Schneider*, Die Verwaltung 2001/Beiheft 4, S. 188: „Der Leistungsauftrag als konkretisierendes Scharnier zwischen abstraktem Verwaltungsgesetz und temporär geltendem Haushaltsgesetz." Vgl. auch *Hill*, ZG 1998, S. 109 f.

[202] Vgl. *Schneider*, Die Verwaltung 2001/Beiheft 4, S. 188 ff.

[203] *Schneider*, Die Verwaltung 2001/Beiheft 4, S. 188 f.; *Hoffmann-Riem*, DÖV 1999, S. 223.

Geld die Verwaltung jeweils für den Vollzug einzelner Fachgesetze verwenden soll. Dies ermöglicht folglich eine Beurteilung darüber, was der Vollzug einzelner Gesetze kostet, wie „kostengünstig" die Verwaltung den Vollzug einzelner Gesetze gewährleistet und ob nicht der Vollzug der Gesetze noch kostengünstiger erfolgen könnte. Somit steht der Vollzug der wirksamen Gesetze an sich nicht in Frage[204], sondern es geht lediglich darum, mit welchen finanziellen Mitteln die Verwaltung die Gesetze vollzieht und in der Weiterentwicklung auch darum, mit welcher Qualität (gemessen an Kennzahlen und Indikatoren) die Verwaltung die Gesetze vollzieht. Aus diese Weise mit dem Leistungsauftrag auf die Qualität und den damit verbundenen finanziellen Aufwand des Vollzugs eingewirkt werden.[205]

(2) Einwände gegen eine Einflussnahme auf den Gesetzesvollzug über die Finanzen

(a) Notwendigkeit grundsätzlicher Trennung von Haushalt und Fachgesetz ?

Vereinzelt wird bei einer Steuerung durch Leistungsaufträge vorgetragen, dass die Haushaltsplanung von der Fachgesetzgebung getrennt zu halten sei.[206] Dabei ist aber zu berücksichtigen, dass schon bisher z. B. durch unbestimmte Rechtsbegriffe Einfluss genommen werden konnte.[207] Auch dem Einwand, dass der Vollzug bereits erlassener Gesetze nicht über einen Umweg oder eine Hintertür beeinträchtigt werden dürfe, weil ihnen im Haushaltsplan die Finanzierung entzogen wurde[208], ist zu berücksichtigen, dass diese grundsätzliche Trennung schon bisher nicht konsequent durchgehalten wurde.[209] Denn vielmehr besteht dieser Einflussbereich auf Seiten des Parlaments bereits im Haushaltsverfahren in Form der qualifizierten Sperrvermerke.[210]

(b) Notwendige Trennung zur Vermeidung finanzieller anstatt politischer Fokussierung

Zudem wird der Zusammenführung von Finanzen und Fachgesetz entgegengehalten, dass die politischen Entscheidungen des Parlaments nicht mehr auf rationaler Basis gefällt würden. Wenn die zur Verfügung stehenden Finanzmittel

---

204 Vgl. *Lange*, Der Staat 11 (1972), S. 313 ff.
205 *Schneider*, Die Verwaltung 2001/Beiheft 4, S. 188 f.; *Hill*, DÖV 2001, S. 802 f.
206 *Kube*, DÖV 2000, S. 81 ff.; vgl. *Schneider*, Die Verwaltung 2001/Beiheft 4, S. 189.
207 Vgl. *Schneider*, Die Verwaltung 2001/Beiheft 4, S. 189.
208 S. zu den rechtlichen Rahmenbedingungen *Lange*, Der Staat Band 11 (1972), S. 313 ff.
209 Vgl. *Hill*, DÖV 2001, S. 803.
210 *Schneider*, Die Verwaltung 2001/Beiheft 4, S. 188 f.; vgl. *Hill*, DÖV 2001, S. 802.

in den Mittelpunkt geraten, trete das Inhaltliche der Entscheidungen in den Hintergrund.[211] Demzufolge müsse es bei einer Trennung von Haushaltsrecht und Fachgesetzen bleiben.[212] Der Blick müsse auf das eigentliche Gesetz konzentriert bleiben, mit welchem Abwägungen und Entscheidungen zu treffen sind. Im Ergebnis erscheint dieser Aspekt insoweit allerdings nicht grundsätzlich gegen das Instrument der Leistungsaufträge zu greifen, als es am steuernden (und Entscheidungen treffenden) Parlament liegt, den Blick entsprechend auszurichten.[213]

cc. § 7b Abs. 3 LHO: Steuerung von Wirkungen der Leistungen

Auch zu dem Merkmal der Wirkungen gibt es keine Besonderheiten durch § 7b Abs. 3 LHO. Das Potenzial entspricht dem, was allgemein zur Neuen Steuerung ausgeführt wurde.

dd. Aktualisierende Zielvorgaben

Zunächst schafft die insoweit getroffene Ausgestaltung der Regelungen über den Leistungsauftrag grundsätzlich die Möglichkeit, die Leistungen der Verwaltung und bestehenden Gesetze hinsichtlich ihres Vollzugs aktuell zu konkretisieren und zu steuern. Da Gesetze in der Regel einen zeitlich langen Anwendungsrahmen haben, kann das dazu führen, dass sich der Sachverhalt, auf den sie anzuwenden sind, im Laufe der Zeit sehr verändert und dadurch die Gesetze eigentlich nachgebessert werden müssten.[214] Wenn dann z. B. Gesetze eine Regelung enthalten, die auf die Erbringung von Leistungen insbesondere finanzielle Leistungen durch die öffentliche Verwaltung gerichtet ist, wird die Abhängigkeit dieser Leistungspflicht von den aktuell zur Verfügung stehenden Finanzmitteln überdeutlich. Wird das Finanzaufkommen nämlich geringer, wächst die Notwendigkeit, die Verpflichtung zur Erbringung der finanziellen Leistungen zu verändern und anzupassen.[215] In der weiteren Konsequenz der Anwendung der Leistungsaufträge bietet sich daher die Möglichkeit, die Qualität und die finan-

---

211 *Kube*, DÖV 2000, S. 818; s. das Zitat bei *Kirchhof*, DÖV 1997, S. 755: „Die Rechtsnormen, nicht die Finanzen leiten das Staatshandeln." Vgl. dazu auch *Bolay*, Betriebswirtschaft und öffentliche Verwaltung, S. 37 ff.

212 Vgl. das Zitat bei *Schneider*, Die Verwaltung 2001/Beiheft 4, S. 188: „Gemeinwohlverkürzende Quantifizierungen".

213 S. *Schneider*, Die Verwaltung 2001/Beiheft 4, S. 188 ff.

214 Vgl. auch die Diskussion über die sog. „Sunset legislation", *Hill*, DÖV 2001, S. 802 f.; s. *ders.*, ZG 1998, S. 101.

215 „'Nachsteuern' im Sinne einer ressourcen- und zeitgerechten Konkretisierung", *Hill*, DÖV 2001, S. 802 f.

ziellen Auswirkungen des Vollzugs der seit langer Zeit geltenden Gesetze auf einen „neuen Stand zu bringen". Die alten Gesetze können, soweit sie einen Steuerungscharakter enthalten, nun mit dem Leistungsauftrag quasi aktuell „nachgesteuert" werden. Wollte man dies am jeweiligen Fachgesetz selbst vornehmen, so müsste demgegenüber ein aufwändiges Gesetzgebungs-Änderungs-Verfahren durchlaufen werden.

ee. Möglichkeit strategischer Steuerung durch Leistungsaufträge

(1) Strategische Steuerung nicht ausdrücklich geregelt

Mit dem Erhalt der Informationen über die Leistungen der Verwaltung und deren Wirkungen wird das Parlament grundsätzlich in die Position versetzt, sich über die Ausrichtung dieser Leistungen an bestimmten Strategien und politischen Zielen zu orientieren. Das Parlament erhält so die Möglichkeit, die Leistungen der Verwaltung auf wünschenswerte strategische Wirkungen auszurichten. Der Bericht über den Erreichungsgrad dieser Wirkungen versetzt dann das Parlament wieder in die Position, neue Strategien für politische Probleme zu diskutieren und zu entwickeln. Diese strategische Steuerungsmöglichkeit ist somit zwar nicht ausdrücklich geregelt, wird hierdurch aber ermöglicht. Insoweit hat das Instrument des Leistungsauftrags auch ein „strategisches" Potenzial.

(2) Ermöglichung der Aufgabenkritik am Fachgesetz und -vollzug

Die Neuausgestaltung und –darstellung des Haushalts ermöglicht es dem Parlament nun auch kontinuierlich, die eigentlichen Aufgaben, die die Regierung aufgrund des fachgesetzlichen Auftrags erfüllt, herauszukristallisieren bzw. zu analysieren und zu bewerten.[216] Bei Verabschiedung des Haushalts könnte daher die Möglichkeit eröffnet werden, die Aufgabenbereiche einer Aufgabenkritik zu unterwerfen.[217] Ansatz der

---

[216] S. dazu auch *Rüter*, ZG 2000, S. 65 ff., 74; s. a. die *Koalitionsvereinbarung* vom 28. 4. 2001, S. 61; vgl. zur Aufgabenkritik in Rheinland-Pfalz auch § 4 des Verwaltungsorganisationsreformgesetzes, GVBl. 1999, S. 325 ff., dazu *Hoegner/Groß*, DÖV 2000, S. 1043, sowie der Bericht in LT-Drs. 14/3738, S. 5 ff., 33, sowie dessen Diskussion im Landtag am 20. 1. 2005, Plenarprotokoll 14/87, S. 5840 ff.; vgl. *Hill*, Aufgabenkritik, Privatisierung und Neue Verwaltungssteuerung – Einführung und Bilanz -, S. 12 f.; s. auch die *Enquete-Kommission „Verwaltungsmodernisierung in Rheinland-Pfalz"*, LT-Drs. 13/6223, S, 13; *Keilmann*, Ausgabensteuerung in Rheinland-Pfalz – Budgetierung und erste Leistungsaufträge, S. 444; s. a. den Überblick bei *Konzendorf*, Aufgabenkritik in Rheinland-Pfalz, S. 37 ff.

[217] S. allgemein *Graf/Rohn*, VM 2004, S. 317 ff.

Beurteilung könnte die Aufteilung der Finanzmittel auf die einzelnen Aufgabenbereiche sein. Somit würden die einzelnen Leistungen und auch ihre Qualität von der Einzelkritik erfasst und ihr „Wert“ unter Einbeziehung der Kostenverursachung ermittelt und bewertet werden. So wird das Parlament in die Position versetzt, Prioritäten und Schwerpunkte zu setzen, die die Verwaltung beim Vollzug von Gesetzen beachten soll.[218] Dementsprechend kann hier auch die Entscheidung erfolgen, dass bestimmte Aufgaben nun überhaupt nicht mehr durch die öffentliche Verwaltung wahrgenommen werden sollen, sondern vielmehr durch Private durchgeführt werden sollen.

(3) Als Teil der Aufgabenkritik: Erkennbarkeit von Privatisierungspotenzialen

Zudem besteht nun auch die Möglichkeit der Vergleichbarkeit der Verwaltungsleistungen und vor allem auch die Bewertung der Tätigkeit einzelner Organisations- und Verwaltungseinheiten. Insoweit ermöglicht die neue Darstellung auch, die möglichen Ausweitungen der Privatisierungen von Verwaltungsaufgaben zu erkennen.[219] Mit der leistungsbezogenen Darstellung wird der Vergleich mit der Leistungserbringung durch Private möglich.

ff. Rückwirkung des Leistungsauftrags auf die Qualität der Fach-Gesetzgebung

Darüber hinaus können die neuen Erkenntnisse über die Qualität und die finanziellen Auswirkungen auch Informationen über die Wirkungen der Fachgesetze vermitteln. Diese Erkenntnis kann dann wiederum bei künftig zu verabschiedenden Gesetzen verwertet werden.[220] Allgemein kann so eine Verbesserung der Qualität von Fachgesetzen und der Gesetzgebung stattfinden. Die Zusammenführung von Fach-Gesetz und haushaltsrechtlicher Konkretisierung kann ein Vorteil für das Verfahren beim Zustandekommen der Gesetze haben. Denn in der Regel wird ein Fach-Gesetz von den Fachleuten ausgearbeitet, in den Fach-Ausschüssen beraten und von den Fachleuten im Parlament vertreten, beraten und vorgeschlagen. Dies ist auch unabhängig davon ob die Regierung als Gesamtorgan und das Parlament als Plenum beschließen. Dadurch gerät die Gegenüberstellung mit den Kosten, die ein Gesetz verursacht, oft in den Hintergrund, so dass oft nur unzureichend ein Begründungs- oder Rechtfertigungszwang für die fachgesetzliche Tätigkeit entsteht. So kann die Gegenüberstellung

---

[218] Vgl. *Schmitt/Reinemann*, VM 2004, S. 117.

[219] *Keilmann*, Ausgabensteuerung in Rheinland-Pfalz – Budgetierung und erste Leistungsaufträge, S. 444.

[220] S. dazu *Hill*, Abbau des Regulierungsdickichts, S. 360.

mit anderen Gütern oder politischen Bereichen und den hier verbundenen finanziellen Auswirkungen oft nur im Rahmen der Haushaltsberatung vorgenommen werden.[221] Daher sollte in der weiteren Ausgestaltung des Verfahrens darauf geachtet werden, dass die Fachausschüsse bei den Haushaltsberatungen hinzugezogen werden.

gg. Nach-Steuerung

Im Unterschied dazu sieht § 7b LHO bisher nicht vor, in welcher Form eine Nach-Steuerung der Leistungsaufträge im Rahmen des regulären Haushaltsvollzugs umgesetzt werden kann. Wenn es aber darum geht, das Potenzial des Leistungsauftrags als Steuerungsinstrument optimal zu entwickeln, ist langfristig auch diese Variante zu verwirklichen. Dabei geht es vor allem um eine Situation, in der sich die realen Rahmenbedingungen während des Haushaltsvollzugs bzw. der Erfüllung der Leistungsaufträge verändern und die Ziele der Politik angepasst werden sollen.

6. Potenzielle weitergehende Effekte

Die spezielle Ausgestaltung des Leistungsauftrags als Steuerungsinstrument des rheinland-pfälzischen Landtags kann auch weitere Aspekte und Vorteile, nicht nur für das Parlament in Rheinland-Pfalz, sondern auch für Dritte hervorbringen.

a. Steigerung der Transparenz gegenüber Medien und Öffentlichkeit

Wie bereits erwähnt, kann mit der neuen leistungsbezogenen Darstellung der einzelne Abgeordnete, der mit dem Haushaltsplan nicht häufig befasst ist, für die finanziellen Auswirkungen der Tätigkeit der Verwaltung ein Verständnis entwickeln.[222] Dasselbe gilt insoweit auch allgemein für die Medien und die Öffentlichkeit. So können interessierte Bürger und auch Medien in der Wahrnehmung ihrer demokratischen Kontrollfunktion dem Haushaltsplan nun „bessere" Informationen über die Tätigkeit der Verwaltung und die Verwendung von Steuermitteln entnehmen. Insoweit kann dies als eine weitere Demokratisierung des Haushaltsverfahrens und des staatlichen Lebens angesehen werden. Mittelbar bekommt durch die öffentliche Behandlung des Haushalts auch die Öffentlichkeit mit den Medien Informationen über die Aufgaben und strategischen Vorstellungen der Regierung. Die Öffentlichkeit

[221] *Hill*, DÖV 2001, S. 802 f.
[222] *Keilmann*, Ausgabensteuerung in Rheinland-Pfalz – Budgetierung und erste Leistungsaufträge, S. 444.

wird so nicht nur informiert, sondern kann für Themen sensibilisiert und an der Diskussion beteiligt werden.

b. *Potenzielle Auswirkungen auf das Verhältnis zur Bundesebene: Neue Steuerung und Kontrolle des Vollzugs der Bundesgesetze*

Ein weiterer wichtiger Aspekt resultiert aus der föderalen Ordnung, in der sich das Land Rheinland-Pfalz befindet. Die eben dargestellten Vorteile durch die neudargestellten Informationen können auch von anderen Körperschaften genutzt werden.[223] So kann nun der Bund Informationen darüber erhalten, welche Auswirkungen die von ihm verabschiedeten Fachgesetze auf den Vollzug der einzelnen Bundesländer haben. Der Bund erfährt nun, mit welchen finanziellen Auswirkungen und mit welcher Qualität die Bundesgesetze von den Ländern vollzogen werden. Gleichzeitig kann das Landesparlament in die Position versetzt werden, den Vollzug der Bundesgesetze mit zu kontrollieren.[224] Dabei kann diese Position auch eine Qualität der Steuerung erhalten, wenn für diesen Vollzug Finanzen zur Verfügung gestellt werden. Aus der Sicht der Landtage besteht somit aber v. a. die Möglichkeit den Landesvollzug von Bundesrecht herauszukristallisieren und zu bewerten.[225]

c. *Andere Bundesländer*

Weiterhin sind die neuen Informationen auch für die „Gemeinschaft der Bundesländer“ interessant, insoweit sich im „Wettbewerbsföderalismus“ die Leistungen vor allem auch in ihrer finanziellen Qualität vergleichen lassen. So gerät z. B. ein angeblich kostengünstig arbeitendes Bundesland beim Vollzug von Bundesgesetzen in Erklärungs- und Rechtfertigungszwang über die Ursachen und Gründe der Situation. Die Bundesländer werden durch Gesetz mit unterschiedlichen Verpflichtungen belastet und können von finanziellen Engpässen getroffen werden. Hier kann es sein, dass aus finanzpolitischen Gründen z. B. der Nachhaltigkeit alles getan werden soll, um eine weitere Verschuldung eines Landes zu umgehen.[226] Auch wird ein Land dann evtl. in Konflikt geraten, wenn es die Pflicht trifft, finanzwirksame Gesetze des Bundes umzusetzen. Es kann Situationen geben, wonach der Bund auch nicht bereit ist, für eine finanzielle Entlastung oder Kompensation zu sorgen. In einem solchen

---

[223] *Schneider*, Die Verwaltung 2001/Beiheft 4, S. 187 f.
[224] *Schneider*, Die Verwaltung 2001/Beiheft 4, S. 187 f. mit Verweis auf eine Einbettung dieser Funktion in eine „Parlamentarische Steuerungsordnung“.
[225] *Schneider*, Die Verwaltung 2001/Beiheft 4, S. 185 ff.
[226] *Hill*, DÖV 2001, S. 802 f.

Fall wird dann teilweise auch eine Pflicht des Landes qua Verfassungsrecht gesehen, zwischen den einzelnen Bundes- und Landesverpflichtungen zu wählen und eine Abwägung hinsichtlich des Grades ihrer Erfüllung vorzunehmen. Wenn in diesem Zusammenhang nun der Leistungsauftrag angewendet werden sollte, könnte er daher die Inhalte von Gesetzen und auch die tatsächlichen Rahmenbedingungen beim Vollzug der gesetzlichen Vorgaben konkretisieren.[227]

V. Zusammenfassung

In Rheinland-Pfalz wurde in § 7b LHO mit dem Leistungsauftrag ein neues Steuerungsinstrument geschaffen, das in den Jahren 2002 erstmals zum Einsatz kam. Dieses Instrument des Leistungsauftrags benötigt in der weiteren Ausgestaltung eine Darstellung bestimmter Informationen, damit von einer effektiven Steuerung gesprochen werden kann. Auch für das Verfahren, in dem Leistungsaufträge ausgearbeitet, beschlossen und vollzogen werden, müssen bestimmte Voraussetzungen erfüllt sein, damit von einer effektiven Neuen Steuerung durch das Parlament gesprochen werden kann. Der Leistungsauftrag kann darüber hinaus weitere Effekte entfalten, die zusätzlich der Öffentlichkeit oder auch anderen Körperschaften wie dem Bund oder den Bundesländern von Nutzen sein können.

---

[227] *Hill*, DÖV 2001, S. 802 f.

B. Status quo des Leistungsauftrags in den Interviews mit Vertretern der Verwaltung

Mit der Einführung der Neuen Steuerung in das Haushaltsverfahren wurden zunächst auch vier verschiedene sog. „Pilot-Leistungsaufträge" in den Haushaltsplan 2002/2003 aufgenommen. Dabei wurden generell formulierte Aufgabenbeschreibungen dem Kapitel vorangestellt, da man davon ausging, dass in weiteren Jahren noch umfassendere Leistungsbeschreibungen vorgenommen werden könnten.[228] Man orientierte sich dabei an den oben beschriebenen Empfehlungen der Enquete-Kommission „Entbürokratisierungskommission", die den Verweis auf die Aufgabe vorangestellt, dann die Darstellung der Leistungsvorgaben sowie die Gesamtstrategie im jeweiligen Politikfeld beschrieben haben wollte.[229] Im darauf folgenden Haushalt 2004 wurde ein weiterer Leistungsauftrag im Kapitel Geologie 08 03[230] und in den Beratungen zum Haushalt 2005/2006 wurden weitere drei Leistungsaufträge verabschiedet.

In der Durchführung des Forschungsprojekts sollte nun ermittelt werden, wie der Status quo bei der Verwirklichung des Leistungsauftrags als Steuerungs- und Kontrollinstruments ist. Dazu wurden im Januar 2005 Gespräche mit den Haushalts- und Fachreferenten in den betroffenen Ministerien geführt. Im Rahmen der Gespräche wurden die Teilnehmer gebeten, aus ihrer Sicht die bisherigen Erfahrungen, etwaig aufgekommene Probleme und auch eventuelle Veränderungen in der Arbeit mit dem Parlament zu beschreiben. Zudem wurde nach Weiterentwicklungsmöglichkeiten oder auch unüberwindbaren Schwierigkeiten gefragt. Die folgenden Darstellungen beruhen auf der Mitschrift des Verfassers und werden im Konjunktiv wiedergegeben. Sie sind nur teilweise durch zusätzliche Informationen im Indikativ ergänzt, wenn es zur Verdeutlichung insbesondere um die konkreten Inhalte der Leistungsaufträge oder deren Vorgeschichte geht. Zur Verständlichkeit sind die Originalfassungen der Leistungsaufträge im Anhang der Arbeit zu finden.

---

[228] *Keilmann*, Ausgabensteuerung in Rheinland-Pfalz – Budgetierung und erste Leistungsaufträge, S. 443 f.

[229] LT-Drs. 13/6223, S. 14: Auch seien „die voraussichtlichen Kosten, Leistungen und Wirkungen darzustellen. Die Leistungsseite solle auf der Grundlage von Kennzahlen und Indikatoren festgelegt werden, soweit eine innere Verrechnung nicht möglich und kein Marktpreis vorhanden ist."

[230] Vgl. *Schmitt/Reinemann*, VM 2004, S. 119.

I. Leistungsauftrag in der Steuerverwaltung (Kapitel 04 04)

1. Entstehung

Bei der Ausarbeitung des ersten Leistungsauftrags im Kapitel 04 04 sei zunächst die Frage aufgeworfen worden, welche Leistungen der Steuerverwaltung in den Vordergrund gestellt werden sollten. Dabei sei es auch darum gegangen, welche Leistungen überhaupt entsprechend mess- und kalkulierbar dargestellt werden könnten bzw. welche strategischen Ziele festgesetzt werden sollten. Schon 1997 sei eine Arbeitsgruppe zwischen dem Finanzministerium und den Finanzämtern gebildet worden, die sich zunächst allgemein[231] mit dem Thema der Neuen Steuerung befasste. Hier sei man im Laufe der Zeit auf das Bertelsmann-Projekt „Leistungsvergleich" aufmerksam geworden, das einen vergleichbaren Themenbereich abdeckte und Leistungsmerkmale erfasste, die mit den Vorstellungen der Gruppe übereinstimmten. Dabei sei besonders die professionelle Durchführung des Projekts aufgefallen. Das Bertelsmann-Projekt sei in Bayern und Sachsen initiiert worden, um Instrumente zu einer Neuen Steuerung zu entwickeln.[232] Auch aus Kostengründen sollte daher auf dieses bereits bestehende Projekt abgestellt werden, um Leistungen abzubilden, die schließlich dem Leistungsauftrag zugrunde liegen sollen. Zudem habe auch der Umstand eine Rolle gespielt, dass so grundsätzlich Kennzahlen von verschiedenen Bundesländern verglichen werden konnten, wenngleich deutlich gewesen sei, dass bei dem Ländervergleich das Problem der unterschiedlichen Organisationsformen die Vergleichbarkeit beeinträchtigen könnte.[233]

1999 schloss sich nun Rheinland-Pfalz gleichzeitig mit Thüringen dem Bertelsmann-Projekt an, so dass am 1.1.2000 begonnen werden konnte und daher die ursprüngliche Arbeitsgruppe nicht mehr notwendig gewesen sei. Zur weiteren Umsetzung seien dann zunächst vier Pilot-Finanzämter ausgewählt worden. In der weiteren Durchführung seien zunächst die Mitarbeiter im Mai 2000 nach ihrer Zufriedenheit befragt und dann die einzelnen Mitarbeiter mit der KLR erfasst worden. Zu Beginn des darauf folgenden Jahres seien dann Daten über die Auftragserfüllung erhoben worden, wobei die Datenerfassung in einzelnen Bereichen (z. B. Vollstreckung) durch die fortschreitende Automatisierung des

[231] Noch ohne den Budgetierungsgedanken.

[232] S. dazu auch den Budgetbericht LT-Drs. 14/2023, S. 17 ff.

[233] Wenn es z. B. um die Stundung oder den Erlass von Steuern auf Antrag gehe, so werde dies von anderen Bundesländern teilweise zentral vorgenommen. Diese Form der Organisation sei auch maßgebend für das Berichtswesen.

Verfahrens quasi „überholt" worden sei.[234] In dieser Phase sei der Leistungsvergleich dann flächendeckend eingeführt worden. Zwischenzeitlich sei auch die Integration weiterer Bundesländer wie Mecklenburg-Vorpommern und Sachsen-Anhalt erfolgt.

2. Inhalt und Systematik: Ziele, Maßnahmen und Indikatoren

Bei der späteren Ausgestaltung des Leistungsauftrags in der Steuerverwaltung im Kapitel 0404 wurde im Haushalt 2002/2003 zunächst eine Situationsbeschreibung vorangestellt, in der vor allem auf die veränderte Sichtweise der Bürger aber auch der eigenen Mitarbeiter auf die Finanzverwaltung verwiesen wurde.[235]

Vor diesem Hintergrund wurden daher folgende Ziele angelehnt an das Bertelsmann-Projekt[236] beschrieben:

1. Sicherung und Steigerung der Qualität der Arbeit in der Steuerverwaltung,
2. Verbesserung der Risikobesteuerung im Veranlagungsverfahren,
3. Erhöhung der Zufriedenheit der Steuerbürgerinnen und –bürger.

Zu deren Verwirklichung wurden daran anschließend als Maßnahmen beschrieben:

- Der Einsatz und die Fortentwicklung des Projekts „Leistungsvergleich zwischen Finanzämtern".
- Die Verbesserung der Systematik der Kontrolle der Steuererklärungen.
- Die Qualifizierung der Mitarbeiter durch eine verstärkte Aus- und Fortbildung in der Finanzverwaltung.
- Ein turnusmäßiges Berichtswesen zur Überprüfung, inwieweit das einzelne Finanzamt dem gesetzlichen Auftrag gerecht wird.[237]

---

[234] „Im Laufe der Zeit würden auch weitere Bereiche wie z.B. die Steuerfahndung, Bußgeld-/Strafsachenstelle und auch die Umsatzsteuer erfasst."

[235] Haushaltsplan 2002/2003, Einzelplan 04, S. 37. Zu den Einzelheiten des Leistungsauftrags s. die Darstellung im Anhang. Vgl. dazu auch *Keilmann*, Ausgabensteuerung in Rheinland-Pfalz – Budgetierung und erste Leistungsaufträge, S. 443 f.; s. a. *Schmitt/Reinemann*, VM 2004, S. 119.

[236] Das Projekt "Leistungsvergleich zwischen Finanzämtern" der Länder Bayern, Mecklenburg-Vorpommern, Rheinland-Pfalz, Sachsen, Sachsen-Anhalt und Thüringen soll mit Unterstützung der Bertelsmann Stiftung einen Lösungsansatz entwickeln, um den aktuellen Herausforderungen zu begegnen. Dabei soll es Ziel sein, „die Effektivität und Effizienz der Steuerverwaltungen durch die Schaffung dezentraler Strukturen, durch mehr Eigenverantwortlichkeit sowie die Förderung von Kreativität und Eigeninitiative zu erhöhen". Dies soll in der weiteren Folge die Selbststeuerung der Finanzämter verbessern und durch transparentere Leistungen mehr Wettbewerb schaffen, s. die Darstellung im Anhang.

Bei der Festlegung der Indikatoren wurde dann zunächst auf die umfangreiche Kennzahlenerfassung und -analyse aus dem Leistungsvergleich abgestellt. Dabei wurden dann hervorgehoben:

Die durchschnittliche Bearbeitungsdauer.

Die Zufriedenheit der Steuerbürgerinnen und –bürger.

Das durchschnittliche Mehrergebnis durch die intensive Überprüfung von Steuererklärungen, die Zahl der für die Steuerbürgerinnen und –bürger erfolgreichen Einsprüche und Klagen.

Die Zahl der Fortbildungsveranstaltungen und die Zahl der Teilnehmerinnen und Teilnehmer, insbesondere bei Veranstaltungen zum Thema Kommunikation/Serviceorientierung.

3. Verfahren mit nachgeordneten Behörden und mit dem Parlament

Zur Umsetzung des Projekts habe es im Jahr 2004 auch elf Zielvereinbarungen zwischen den Finanzämtern und der Oberfinanzdirektion (OFD) gegeben. Auch für das Jahr 2005 seien Zielvereinbarungen mit diesen Finanzämtern geplant. In diesem Prozess würden zunächst die Finanzämter Zielwerte zu Kennzahlen vorschlagen, über die ggf. verhandelt wird; hier solle es ca. fünf pro Aufgabenbereich geben; so z. B.: wie viel Prozent der zu veranlagenden Fälle zu bestimmten Zeitpunkten bereits veranlagt sind oder wie lange die Dauer zwischen dem Eingang und dem Versand des Steuerbescheids ist oder in wie viel Prozent die Dauer der Rechtsbehelfsverfahren vom Eingang bis zur Entscheidung länger als x Monate ist.

In diesem Zusammenhang sei besonders darauf hinzuweisen, dass die zugrunde liegenden Daten noch nicht valide seien. Hier müsse noch sehr vorsichtig mit Kennzahlen umgegangen werden. Was den Punkt der Fixierung konkreter Daten betrifft (im Leistungsauftrag oder der Zielvereinbarung), so werde das schriftliche Festhalten von Daten von manchen Beteiligten als problematisch angesehen. Grundsätzlich sei aber zu beobachten, dass die Reaktionen nach Aufklärungsmaßnahmen positiver seien. Hier könne festgehalten werden, dass die Akzeptanz mit zunehmender Praxis wächst. Insoweit könne ein Bewusstseinswandel festgestellt werden. Es würde immer auch darauf ankommen, Mitarbeiter in Veränderungsprozesse mit einzubeziehen. Bei Zielvereinbarungen

[237] Dieses solle neben der quantitativen Information des Arbeitsfortganges auch Zahlen enthalten, die Aufschluss über die qualitative Arbeit des Finanzamts geben. Ein solches Kennzahlensystem solle eine umfassendere Information darüber ermöglichen, inwieweit ein Amt seinem gesetzlichen Auftrag nachkommt, im Gegensatz zu der heutigen Situation, bei der auf den rein quantitativ orientierten Veranlagungsfortgang abgestellt werde.

werde aber auch als vorteilhaft angesehen, dass bestimmte Dinge nun nicht mehr in die Beschreibung der Leistung aufgenommen werden.

Zur Problematik zu konkreter Daten sei auch noch festzustellen, dass im Rahmen des Leistungsvergleichs möglichst konkrete Aussagen erwünscht sind. Hier würden sehr viele konkrete Kennzahlen geliefert, die zur internen Steuerung der Finanzämter dienlich sind. Demgegenüber diene der Leistungsauftrag der strategischen Steuerung. Hier erwachse nun also auch eine neue Aufgabe, eine Abstimmung zwischen der operativen und der strategischen Steuerung herbeizuführen. Demzufolge müssten sich z. B. OFD und Ministerium zusammensetzen und darüber entscheiden, welche Kennzahlen welchem Bereich zuzuordnen sind. Daneben sei die Datenermittlung in dem bisherigen Rahmen gut organisiert und es könne daher nicht gesagt werden, dass sie in einem unverhältnismäßigen Aufwand zum Ergebnis steht.

Bei der Ausformulierung des Textes des Leistungsauftrags habe es ein Grundkonzept des Haushaltsreferenten des Finanzministeriums gegeben, wobei mit dem Organisationsreferat zusammengearbeitet worden sei. In einem gemeinsamen Gespräch mit der OFD seien deren Erfahrungen eingebunden und die Realisierungsmöglichkeiten erörtert worden. Insgesamt werde in diesem Zusammenhang aber davon ausgegangen, dass die Ausarbeitung und Formulierung im Laufe der Zeit immer unproblematischer wird, je mehr die Daten auch valide werden. Dabei sei noch mal anzumerken, dass für die Validität der Daten entscheidend ist, dass noch nicht alle Arbeitsbereiche erfasst werden. Für die Zukunft komme es daher darauf an, immer die gesamte Organisationseinheit (Bsp.: „Steuerverwaltung") zu erfassen.

Die Ausarbeitung und Ausformulierung des Leistungsauftrags wird als eine originäre Aufgabe des Fachressorts und insbesondere des Haushaltsreferenten gesehen. Daher sei eine Zentralisierung dieses Vorgangs nicht notwendig. Gleichwohl werde aber eine Fortbildung der Haushaltsreferenten für sinnvoll erachtet.

4. Weiterentwicklung

a. 2004

Im Haushaltsplan 2004 wurde dieser Leistungsauftrag fortgeführt. Die Darstellung erfolgte zwar noch zu Beginn des Kapitels „04 04 Oberfinanzdirektion Koblenz und Finanzämter". Allerdings war hier der Gesamttext nicht von den bekannten Tabellen eingerahmt. Die Formulierung der Situationsbeschreibung wurde nun mit wenigen Änderungen aus dem vorigen Haushalt übernommen.

Bei der Festsetzung der Ziele, Maßnahmen und Indikatoren wurde wortgleich das fortgeführt, was im Haushalt zuvor bereits festgeschrieben worden war.

Ergänzend wurde daran anschließend auf den aktuellen Stand Bezug genommen und darauf verwiesen, dass die Ergebnisse aus dem Leistungsvergleich erst Zug um Zug in einen Leistungsauftrag umgesetzt werden könnten. Dazu wurde zunächst angeführt, dass noch nicht alle Arbeitsbereiche der Finanzämter erfasst sind[238] bzw. erst ab 2003 in den Leistungsvergleich miteinbezogen wurden.[239] Auch zu den Zielvereinbarungen sei die Fortführung mit den Finanzämtern für 2005 geplant.[240]

b. 2005/2006

Die im Jahr 2004 vorgenommene Neuformulierung des Leistungsauftrags wurde nun im Entwurf für die Haushaltsjahre 2005/2006 weiterentwickelt und weitere Details unter der Überschrift „Sachstand und Ausblick auf weitere länderübergreifende Planungen" dargestellt. Insgesamt wurden die Darstellungen des Vorworts von Kapitel 04 04 erheblich ausgeweitet.[241]

5. Probleme und Kritik: Anmerkungen in den Interviews

Bei der Beurteilung des Projekts als Grundlage des Leistungsauftrags sei zu beachten, dass es sich hier nicht um „ein" oder „das" Finanzamt handele, sondern um die Steuerverwaltung mit ihren 26 Finanzämtern und den vielfältigen Aufgabenbereichen, von denen bisher erst ein Teil im Leistungsvergleich abgebildet wird. Bei der Entwicklung des Leistungsvergleichs für neue Aufgabenbereiche müsse auch ermittelt werden, wo sich überhaupt der Einsatz lohne. Hier

---

238 Seit 1. 1. 2003 sind lediglich die Arbeitnehmer- und Veranlagungsstellen (ohne Körperschaftssteuer) komplett in das Projekt integriert. Die Vollstreckungsstellen wurden wegen anderer Kennzahlensysteme im Projekt FISCUS zunächst wieder herausgenommen. Ab 1. 1. 2004 werden 3 Betriebsprüfungs- und Körperschaftssteuerstellen pilotiert. Bußgeld- und Strafsachenstellen, Steuerfahndung, Grunderwerbssteuer, Bewertung usw. fehlen noch ganz.

239 So heißt es dort: „Der `Kernaufgabenbereich´ der Finanzverwaltung, d. h. die Arbeitnehmer- und Veranlagungsstellen – sind ab 1. 1. 2003 in den Leistungsvergleich einbezogen. Valide Daten liegen allerdings frühestens Anfang 2005 vor. Eine Steuerung über einen Leistungsauftrag ist erst möglich, wenn valide Zahlen gegeben sind."

240 Dazu heißt es weiter: „Der Leistungsvergleich ist ein operatives Controlling für die Arbeitsebene. Eine Zielvereinbarung mit der gesamten Steuerverwaltung ist möglich, wenn auf der Ebene der Ämter flächendeckend Zielvereinbarungen getroffen sind." Schließlich werden Tabellen angehängt, aus denen sich das Ausgabevolumen der Steuerverwaltung in den Haushaltsjahren 2002 bis 2004, die sächlichen Verwaltungsausgaben (Hauptgruppe 5) und die Sachausgaben insbesondere im Zusammenhang mit der Aus- und Fortbildung ergeben. S. die Einzelheiten im Anhang, S. 45 f.

241 S. die Einzelheiten im Anhang.

müssten Aufwand und Ergebnis miteinander verglichen werden. Auch sei zu prognostizieren, wo überhaupt Qualitäts- und nicht nur reine Quantitätskennzahlen ermittelt werden können und inwieweit diese auch eine interessante Information darstellen. Es müsse auch festgehalten werden, dass hier z. Zt. lediglich Ist-Werte und noch keine Soll-Werte ermittelt werden.

Hinsichtlich der Frage nach einer Veränderung der Sichtweise der eigenen Arbeit durch die Leistungsaufträge können grundsätzlich die Vorteile hervorgehoben werden, die sich daraus ergeben, dass hiermit messbare Leistungen der Finanzverwaltung gut dargestellt werden können. Dabei bleiben aber die Bedenken bestehen, die sich aus dem zusätzlichen Arbeitsaufwand auch durch die erweiterten Berichtspflichten ergeben. In diesem Zusammenhang sei auch anzumerken, dass bestimmte Sachverhalte behörden-intern oft relativ leicht zu erklären seien, es manchmal Außenstehenden gegenüber jedoch komplizierter sei, nachvollziehbare Erklärungen über Arbeitsabläufe zu vermitteln. Hier bestehe noch Entwicklungsbedarf.

Hier müsse auch berücksichtigt werden, dass das Parlament sowie auch der Bürger oft keinen Einblick in die internen Arbeitsabläufe haben. Daher könnte die Gefahr bestehen, dass die Qualität der Leistungen nicht richtig erkannt wird. Allgemein wird dabei auf den Umstand verwiesen, welches Bild in der Öffentlichkeit entsteht, wenn deutlich wird, dass angestrebte Ziele nicht erreicht wurden. Oft würden Leistungen der Verwaltung als zu selbstverständlich angesehen. Es entstehe manchmal der Eindruck, dass immer mehr Arbeit mit immer weniger Personal und mit immer weniger finanziellen Mitteln geleistet werden soll. Ob sich von Seiten des Parlaments durch die Leistungsaufträge daran was ändert, werde daher eher skeptisch beurteilt.

Das Verhältnis zum Parlament im Zusammenhang mit den Leistungsaufträgen beschränke sich bisher primär auf den Budgetbericht. Es seien meist nur allgemeine Fragen aufgeworfen worden. Das Verhalten des Parlaments wird aber nicht als eine Form der Einmischung angesehen. Zumindest aus der Sicht des Ministeriums und der OFD werde hier die Weiterentwicklung des parlamentarischen Budgetrechts erkannt. Diese Sichtweise könne aber u. U. variieren, wenn es um nachgeordnete Behörden geht. In der Budgetberichterstattungspflicht werde zudem auch kein weiterer messbarer Druck gesehen. Lediglich die Verwendung nicht-valider Daten könne hier bedenklich sein. Hier könnte der Eindruck entstehen, dass bereits jetzt alles vollständig erfasst sei. Insoweit bestehe die Gefahr einer nicht-korrekten Darstellung.

Daran anschließend werde auch ein Aufforderungsrecht des Parlaments an die Regierung zur Ausarbeitung neuer Leistungsaufträge als ein „normaler" Vorgang angesehen. Dies sei sogar notwendig, da das Parlament selbst gar nicht die entsprechenden ressortspezifischen Informationen zur Gestaltung von Leistungsaufträgen besitze.

Was den Aspekt der Nach-Steuerung betrifft, so könne sich eine Situation ergeben, dass in der Steuerverwaltung durch strukturelle, organisatorische oder gesetzliche Änderungen ein Einfluss auf die Leistung und die Personalstruktur entsteht. Es könnten ganze Arbeitsgebiete wegfallen wie z. B. die Kfz.-Steuer. Wenn eine solche Situation weiter durchgespielt wird, dann müsse festgehalten werden, dass die strategische Nach- Steuerung immer möglich sein muss. Es sei eine Grundvoraussetzung, dass die jeweiligen Steuerungseinheiten immer in der Lage sein müssen, auf neue Entwicklungen zu reagieren. Daher müssen notwendige Veränderungen sowohl in Leistungsaufträgen als auch in Zielvereinbarungen zu jeder Zeit vorgenommen und auch Ziele verändert werden können. Die Staatsleitung müsse immer in der Position zur strategischen Steuerung sein.

Eine Situation, in der bei der Erfüllung der Leistungsaufträge Mittel übrig bleiben, sei bisher nicht durchgespielt worden und erscheine aus heutiger Sicht auch eher unrealistisch. Die meisten Ausgaben entfallen auf den Bereich der Personalausgaben. Die Personalausgabenquote im Bereich der Steuerverwaltung betrage 83 %. Überschüssige Mittel seien daher durch die Höhe der „zwangsläufigen Ausgaben" eher unwahrscheinlich.

II. Leistungsauftrag im Schulbereich (Kapitel 09 19)

1. Entstehung und das Verfahren des Leistungsauftrags

Die Entstehung des Leistungsauftrags im Kapitel 0919 sei vor dem Hintergrund zu sehen gewesen, dass mit diesem Instrument keine Erfahrungen bestanden und so ein Arbeitsbereich ausgewählt werden sollte, bei dem kaum Potenzial für Komplikationen in der Umsetzung vorhanden war. Insoweit habe sich das Projekt INTEL zur Weiterqualifizierung von Lehrkräften angeboten, das sich klar eingrenzen ließ.

Dazu wurde in dem Kapitel zu den Schulen zunächst das Ziel einer stufenweisen Verbesserung des Ausbildungsstands der Lehrkräfte festgesetzt. So sollten bereits 2003 detailliert abgestimmte Angebote zur IT-Ausbildung von Lehrkräften mit einem Gesamtumfang von 13.000 Angeboten bereitgestellt werden. Damit war geplant, den Schülerinnen und Schülern die modernen Kommunikationstechniken näher zu bringen.

In dieser Einführungsphase sei auch zu erkennen gewesen, dass die Auswahl und Ausarbeitung des Leistungsauftrags als zusätzlicher Arbeitsaufwand hinzutritt.

Was die Einzelheiten des Verfahrens zur Ausarbeitung und Formulierung des Verfahrens betrifft, so fordere der Haushaltsreferent die Abteilungen auf, Vorschläge zu unterbreiten. Dabei mache sich dann auch die Notwendigkeit bemerkbar, dass noch Vorbilder und Orientierungsmöglichkeiten für Formulierungen und Festsetzungen fehlen. Vor allem aber müsse sehr genau geprüft werden, inwieweit ein Leistungsauftrag auch geeignet ist, tatsächlich umgesetzt zu werden.

Hinsichtlich der Zusammenarbeit mit anderen organisatorischen Einheiten oder Außenstehenden sei ebenfalls zu berücksichtigen, dass das Fachressort über die notwendigen Informationen verfüge, was die Beurteilung über die Geeignetheit betrifft. Dies gelte insbesondere auch für die Einschätzung, was überhaupt als wirtschaftlich sinnvoll angesehen werden kann. Vor diesem Hintergrund könne darauf verwiesen werden, dass im Einzelplan 09 die bisherigen Leistungsaufträge sehr praxis- und an der Machbarkeit orientiert waren. In diesem Zusammenhang wird auch darauf verwiesen, dass bisher kaum erörtert wurde, welche Folgen sich ergeben könnten, wenn von Seiten des Parlaments ein Leistungsauftrag beschlossen wird, der sich als ungeeignet herausstellt.

Das weitere Verfahren bei der Ausarbeitung des Leistungsauftrags habe sich so gestaltet, dass unter Federführung des Staatssekretärs die Formulierung des Leistungsauftrags diskutiert wurde und mit dem Finanzministerium und den betroffenen Verwaltungseinheiten abgestimmt wurde. Von Seiten des Finanzministeriums sei dabei auch Hilfestellung in Form von Beispielen oder möglichen Vorbildern gegeben worden. Insoweit könne auch darüber nachgedacht werden, die Ausarbeitung und Formulierung der Leistungsaufträge insbesondere in der Pilotierungsphase durch eine zentrale organisatorische Einheit unterstützen zu lassen; insbesondere wenn es zu einer Ausweitung der Leistungsaufträge und damit einer Steigerung des Arbeitsaufwands kommen sollte.

Insgesamt erscheine bei der Entwicklung der Leistungsaufträge eine Zusammenarbeit zwischen dem Finanzministerium, dem Haushaltsreferat und dem Fachreferat sinnvoll. Die Einbeziehung des Finanzministeriums müsse dabei auch vor dem Hintergrund gesehen werden, dass dieses im Zusammenhang mit der Erstellung des Budgetberichts ohnehin integriert sei.

Was den Zeitablauf betrifft, so erstrecke sich das Verfahren auf ca. sechs Wochen. Da die Ausarbeitung des Leistungsauftrags zur übrigen Arbeit hinzutritt, bestünden insbesondere auf der Fachebene noch Komplikationen im Verfahren.

Hier könne es noch keine vereinfachende Routine geben. Teilweise müsse auch noch Überzeugungsarbeit geleistet werden.

2. Inhalt und Systematik: Ziele, Maßnahmen und Indikatoren

Der neue Leistungsauftrag wurde im Kapitel Schulbereich für den Haushalt 2002/2003 aufgenommen[242]. Dazu wurde zunächst die Haushaltsmittel für schulartübergreifende Maßnahmen aufgelistet und daran anschließend die Ausgangssituation beschrieben, die die zu treffenden Maßnahmen erforderlich machen sollte. Dementsprechend wurde dann als Ziel die stufenweise Verbesserung der Lehrkräfte festgesetzt. Dazu sollen über 13.000 Lehrkräften die projektorientierte Fortbildung auf dem Gebiet der Kommunikationstechniken ermöglicht werden. Als Maßnahme wurden in Kooperation mit der Firma INTEL flächendeckend Fortbildungskurse nach dem jeweiligen Kenntnisstand der Lehrkräfte in den Jahren 2001-2003 angeboten und in der weiteren Ausgestaltung noch differenziert sowie die dazu veranschlagten Verwaltungs- und Sachausgaben aufgeführt. Dabei wurde auch auf die Koalitionsvereinbarung von SPD und FDP aus dem Jahr 2001 hingewiesen.

3. Verfahren mit dem Parlament

Das klassische Budgetrecht des Parlaments werde geachtet. Daneben seien auch Beschlüsse des Parlaments nicht als eine Einmischung in die Regierungsangelegenheiten anzusehen. Das Verhältnis zwischen den beiden Organen hänge darüber hinaus ohnehin davon ab, welcher Stil und welche Form der politischen Diskussion gepflegt werden. Insoweit bestehe eher die Möglichkeit einer Einmischung des Parlaments.

Eine formelle Möglichkeit des Parlaments, die Regierung zur Ausarbeitung eines neuen Leistungsauftrags auffordern zu können („Aufforderungsrecht"), könnte eine bessere Alternative sein, als ein Beschluss des Parlaments über einen ungeeigneten Leistungsauftrag. Das konkrete Projekt INTEL II des Leistungsauftrags habe in der parlamentarischen Behandlung kaum eine Rolle gespielt, auch habe es keine Rückmeldungen aus dem parlamentarischen Raum gegeben. Hinsichtlich der Messbarkeit der Erfüllung des Leistungsauftrags wird kein Problem gesehen. Auch eine Anwendung von Zielvereinbarungen bei der Umsetzung hat bisher keine Rolle gespielt.

---

[242] Haushalt 2002/2003, Einzelplan 09, S. 93; für die Einzelheiten des Leistungsauftrags s. Anhang; s. a. die Koalitionsvereinbarung vom 28. 4. 2001, S. 27; vgl. auch *Keilmann*, Ausgabensteuerung in Rheinland-Pfalz – Budgetierung und erste Leistungsaufträge, S. 443 f.; vgl. auch *Schmitt/Reinemann*, VM 2004, S. 119.

Die Berichterstattung über die Leistungsaufträge im Rahmen des Budgetberichts erscheint insoweit adäquat. Hier bestehe zwar zunächst ein zusätzlicher Aufwand, der aber nicht als Druck angesehen werden könne. Lediglich dann, wenn theoretisch die Berichterstattungspflicht exzessiv ausgeweitet und genutzt würde, müsste dies anders bewertet werden. Dazu bestehe aber momentan kein Anlass. Im Gegenteil: die Berichterstattungspflicht korrespondiert mit dem Budgetrecht des Parlaments und ist Teil der Balance zwischen den beiden Gewalten („Berichterstattungspflicht heißt Kontrollmöglichkeit"). Zudem müsse ja auch das wirtschaftliche und sparsame Handeln der Verwaltung überprüfbar sein können.

Ein Bedürfnis nach Nach-Steuerung habe es bisher nicht gegeben. Zu diesem Aspekt und der Notwendigkeit auf unvorhergesehene Ereignisse reagieren zu müssen, werde auf die bisherigen Möglichkeiten der parlamentarischen Zusammenarbeit verwiesen. Die Herbeiführung eines neuen Beschlusses sei nicht problematisch.

Eine Evaluierung des Leistungsauftrags sei für 2007/2008 geplant, allerdings werde dies voraussichtlich in Form von Diskussionen geschehen. In diesem Zusammenhang wäre evtl. auch eine zentrale Organisationseinheit sinnvoll.

4. Weiterentwicklung

a. 2004

Im nächsten Haushalt 2004 wurde der Leistungsauftrag im Schulbereich herausgenommen. Die klare Zielsetzung des Leistungsauftrags auf Durchführung des Projekts habe zur Erfüllung des Leistungsauftrags im Haushaltsjahr 2003 geführt. Dementsprechend sei im Haushaltsplan 2004 kein weiterer Leistungsauftrag vorgesehen gewesen.

b. 2005/2006

Aufgrund der positiven Erfahrungen habe man sich schließlich zur Weiterführung des Leistungsauftrages im Kapitel 09 19 und Durchführung des Projekts „INTEL II" entschlossen. So seien dann für den Haushaltsplan 2005/2006 erneut mögliche Alternativen für einen neuen Leistungsauftrag diskutiert und abgewogen worden. Hier habe neben dem Bereich der Lehrerfortbildung auch der Bereich der Ganztagsschulen eine Rolle gespielt. Entscheidend sei dann aber gewesen, dass für die Aufnahme in einen Leistungsauftrag erst noch mehr Erfahrungen gesammelt werden sollten.

5. Kritik und Anmerkungen in den Interviews

In Bezug auf die allgemeine Entwicklung der Budgetierung und der Einführung einer Neuen Steuerung wird als Vorteil hervorgehoben, dass sich innerhalb der zuständigen Fachabteilungen ein Kostenbewusstsein entwickeln kann. Bisher habe in den dortigen Bereichen primär eine Orientierung an den jeweiligen fachlichen Zielen bestanden, so z. B. an der Unterrichtsversorgung oder Unterrichtsqualität. Dies habe teilweise zu Konflikten mit der Haushaltsabteilung geführt, die auf die gesteigerte Bedeutung der Kosten hingewiesen hat. Dieser Umstand ist jedoch nicht zu verallgemeinern. Die Situation variiert je nach Abteilung und Fachressort. Gleichwohl ist aber die Steigerung des Kostenbewusstseins bei allen Beteiligten hervorzuheben.

Die Koalitionsvereinbarung habe bisher insoweit eine Rolle gespielt, als es um die Beibehaltung des Zieles „Versorgungsniveau“ und (2005) um die Diskussion über die Aufnahme des Bereichs Ganztagsschulen in einen Leistungsauftrag ging.

Ob mit dem Instrument die Möglichkeit besteht, dass die Regierung mit zu konkreten Zielen konfrontiert wird, könne bisher nicht gesehen werden, sei aber theoretisch möglich. Als Beispiel wird die Festsetzung eines Versorgungsgrades von 98% genannt. Hier entstünde dann wieder das Problem, was überhaupt realistischerweise in einem Leistungsauftrag festgesetzt werden könnte. Daher sei weniger die zu konkrete Festsetzung von Zielen ein potenzielles Problem, als mehr die mögliche „Nicht-Geeignetheit“ oder „Nicht-Erreichbarkeit“ von Zielen problematisch. Dies habe auch etwas mit einer oftmals auf negative Wirkung gepolte Diskussionskultur zu tun.

Bei der Bewertung des Instruments des Leistungsauftrags werde die Möglichkeit einer verbesserten Selbstdarstellung der eigenen Leistungen gesehen. Hier spiele aber auch die jeweilige Formulierung eine besondere Rolle. Zudem werde – wie bereits gesagt – das Kostenbewusstsein bei den Beteiligten gesteigert. Bisher habe der Leistungsauftrag aber kaum öffentliches Interesse geweckt, dies werde aber in der Zukunft für wahrscheinlich gehalten. Es könne schon jetzt festgestellt werden, dass sich der Focus verändere. Es bestehe allgemein ein immer stärkeres Interesse daran, die Wirtschaftlichkeit der öffentlichen Verwaltung zu belegen.

Auch wenn über die Ausarbeitung weiterer Leistungsaufträge nachgedacht wird, so bestehe nun der Vorteil einzelne politisch interessante oder wichtige Faktoren wie z. B. die Situation der Lehrer in den Vordergrund zu stellen. Dies könne gleichzeitig auch vermeiden helfen, dass in bestimmten Bereichen ein blinder Aktionismus entwickelt wird, um auf Forderungen einzelner Verbände oder Interessengruppen zu reagieren.

Entscheidend für die Effizienz des Verfahrens sei auch die Zusammenarbeit mit dem Finanzministerium. Hier müsse Konsens über die finanziellen Rahmenbedingungen herrschen. In diesem Verhältnis bestehe ein erweitertes Potenzial für harte und konstruktive Sachdiskussionen, in der die Stärken der Fachressorts besser dargestellt und eingebracht werden können. Grundsätzlich bestehe hier eine Tradition in der Kommunikation, die durch Leistungsaufträge weiter ausgebaut werden könnte.

III. Leistungsauftrag im neu gegründeten Quasi-Landesbetrieb Forsten (Kapitel 14 10)

1. Entstehung des Leistungsauftrags

Bei der Bewertung des Leistungsauftrags im Bereich Forsten müsse zunächst berücksichtigt werden, dass es aus den Reihen der FDP eine Initiative gab, die öffentliche Verwaltung mehr nach Produkten und Leistungsmengenzahlen auszurichten. Daher sei der Bereich Forsten erfasst worden, um Systeme wie Controlling oder KLR einzuführen. Dies habe nun auch dazu geführt, dass alle Mitarbeiter erfasst wurden, um ihre Tätigkeit bestimmten Produkten zuordnen zu können. So sollte für jedes Produkt der Aufwand pro Stunde ermittelt werden können. Schon Ende 1998 habe so eine Übersicht über den Bereich des Forstens bestanden. Bedeutung für die Umstellung und Funktionsweise der Neuausrichtung habe dabei auch der Wirtschaftsplan gehabt. So sollten Überlegungen angestellt werden, wie einzelne Produktbereiche zu unterteilen sind. Organisatorisch habe hier auch der Deutsche Forstwirtschaftsrat eine Rolle gespielt.

Relevant für die Umstellung seien dabei vor allem politische Felder gewesen, wie die sich aus dem Landeswaldgesetz ergebenden Aufgaben, die Umweltvorsorge, die praxisbezogene Forschung, der Bereich Fortbildungszentrum, die Aufgabe der Daseinsvorsorge oder auch der Waldpädagogik. Dem entspreche nun auch die Unterteilung des Leistungsauftrags.

Der Bereich des Forstens habe sich insoweit gut zur Einführung eines Leistungsauftrags geeignet, da aufgrund der organisatorischen Umstellung und der Einführung eines Produkthaushalts das wirtschaftliche Auftreten auf dem Markt ohnehin existierte. Bei den Details und Rahmenbedingungen des Leistungsauftrags sei zu berücksichtigen, dass 80% der Ausgaben dem Personalbereich zuzuordnen sind. Was die Daten betrifft, so seien auch noch nicht für alle Produkte eine KLR eingeführt worden. Für die Zukunft sei die Einführung einer KLR beim Landesuntersuchungsamt geplant, so dass in diesem Bereich für 2007 evtl. ein Leistungsauftrag entworfen werden könne.

In Bezug auf das Verfahren zur Ausarbeitung der Leistungsaufträge wurde bisher mit dem Finanzministerium zusammengearbeitet. In diesem Zusammenhang seien Struktur und Darstellungsweise des Leistungsauftrags erörtert worden. Die Zusammenarbeit zwischen der Fachabteilung und dem Haushaltsreferat habe sich hier auch als unproblematisch dargestellt. Die dezentrale Ausarbeitung des Leistungsauftrags durch die Fachleute sei vorteilhaft und sollte nicht zentralisiert werden. Hier bestünde die Fachkenntnis über die Geeignetheit bei der Einführung von Produkten. Dies gelte vor allem dann, wenn es um die Kenntnis der fach-gesetzlichen Rahmenbedingungen geht.

Wichtig sei bei der Ausarbeitung auch die technische Unterstützung. Nötig seien eine gute Software und vor allem auch das Vorliegen der relevanten Daten, die die Software erfassen können muss. Als Beispiel sei auch zu beachten, dass drei verschiedene Software-Systeme die für den Budgetbericht notwendigen Daten liefern. Dies würde u. a. dazu führen, dass die notwendigen Daten teilweise erst drei Tage zuvor zusammengestellt werden könnten. Hier müssten noch Verbesserungsvorschläge erarbeitet werden. So sei mehr Zeit für die Bewertung anstatt für die Zusammenstellung der Daten wünschenswert. Gleichwohl sollte aber die Bewertung nach wie vor im Fachressort durchgeführt werden.

2. Inhalt und Systematik

Der erste Leistungsauftrag 2002/2003[243] war eingegliedert in das Vorwort des Kapitels, bei dem zunächst Organisation und Aufgaben dargestellt wurden. Danach wurden einige Ziele wie z. B. „Bereitstellung des umweltfreundlichen Rohstoffs Holz", „Ernte von 800.000 Festmeter Rohholz" oder „Steigerung der Holzqualitäten" aufgelistet. In dieser Aufzählung fanden sich ebenso einige Maßnahmen, die der Verwirklichung einzelner Ziele dienen sollten.

3. Verfahren verwaltungsintern und mit dem Parlament

Der Einsatz des Instruments der Zielvereinbarung sei zwar geplant, jedoch würde sich dies primär auf das Budget beziehen. Hier bestehe noch einiger Abstimmungsbedarf, dieses Instrument werde sich aber noch entwickeln.

---

[243] Haushaltsplan 2002/2003, Einzelplan 14, S. 116 f., s. die Einzelheiten der Darstellung im Anhang; vgl. zur Einführung der Neuen Steuerung im Forstbereich auch schon den Jahresbericht 1998 des *Rechnungshofs*, LT-Drs. 13/3970, S. 46 ff.; vgl. auch die *Koalitionsvereinbarung* vom 28. 4. 2001, S. 38.

Hinsichtlich des Verhältnisses zum Parlament sei wahrscheinlich die Situation interessant, wenn der Leistungsauftrag durch das Parlament verändert werde. Zwar sei eine strategische Steuerung in dem Bereich sehr sinnvoll, gleichwohl müsse darüber nachgedacht werden, welche Daten das Parlament zugrunde legt. Sonst ergebe sich auch das Problem, dass die Umsetzbarkeit eines Leistungsauftrags durch die Regierung u. U. nicht gewährleistet werden kann. Hier bestehe dann ein erheblicher Abstimmungsbedarf mit den Fachressorts. Es dürften auch keine zu konkreten Ziele festgesetzt werden, um nicht den Exekutivvorbehalt der Regierung zu verletzen. Hier müsste deutlich werden, dass das Parlament dazu aufgefordert ist, politische Zielsetzungen vorzunehmen. Soweit könne im Leistungsauftrag auch kein Instrument gesehen werden, mit dem sich der Landtag in die Angelegenheiten der Regierung einmische. Allerdings ist auch das Spektrum der möglichen Anwendungen noch nicht absehbar. Es komme dann doch auf die einzelne Formulierung des Leistungsauftrags an. Auch die Behandlung des Leistungsauftrags beim Budgetbericht habe keine besondere Rolle gespielt. Hier werde insoweit auch kein neuer Druck gesehen, sondern vielmehr eine neue Möglichkeit zur Selbstdarstellung.

Bisher habe sich noch keine Situation gezeigt, die die Notwendigkeit einer Nach-Steuerung erkennen lasse. Wenngleich das für die Zukunft nicht ausgeschlossen werden könne. Insoweit kann auch das Verfahren für überplanmäßige Mittel nach § 37 LHO herangezogen werden. Wenn aber dieser Gedanke weiterentwickelt werde, könnte sinnvoll sein, bei einem neuen Leistungsauftrag im Landesuntersuchungsamt über Reaktionsmöglichkeiten bei plötzlichen Ereignissen wie der BSE-Krise oder der Schweinepest nachzudenken. Hier seien die Instrumente zum Handeln ohnehin grundsätzlich vorhanden.

Die Aufnahme eines Aufforderungsrechts des Parlaments an die Regierung, neue Leistungsaufträge auszuarbeiten, sei unproblematisch. Dies sei auch schon in der bisherigen parlamentarischen Praxis üblich. Entscheidend sei aber, dass es ein vorgelagertes Verfahren vor Verabschiedung des Leistungsauftrags gebe, in dem sich Regierung und Parlament abstimmen könnten.

4. Weiterentwicklung

a. 2004

Im darauf folgenden Haushalt wurde dieser Leistungsauftrag strukturierter aufbereitet dargestellt.[244] So habe man sich in der Weiterentwicklung der Formulierungen des Leistungsauftrags vor allem an dem Wirtschaftsplan orientiert.

b. 2005/2006

Im anschließenden Haushaltsjahr wurde der Leistungsauftrag komplett überarbeitet.[245] Unter Verwendung von Grafiken wurden nun verschiedene Produktbereiche entsprechend dem Wirtschaftsplan differenziert und dazu jeweils Ziele festgelegt. Ebenso wurden die Maßnahmen in Tabellen mit Kennzahlen in den Zusammenhang gestellt, wie z. B. „Durchschnittserlös beim Holzverkauf", Anzahl von „Veranstaltungen" und „Besucherzahlen" oder Anzahl „Ausbildungsplätze".

5. Probleme und Kritik: Anmerkungen in den Interviews

Bei der Bewertung des Leistungsauftrags müsse berücksichtigt werden, dass nun die Notwendigkeit bestehe, Daten zur Messung der Leistungen zu vereinheitlichen, um sie auch vergleichen zu können. Dies verändere die Arbeitsweise. Auch habe der Leistungsauftrag grundsätzlich das Potenzial, die eigenen Leistungen besser darzustellen. So könne u. U. auch das Image verbessert werden. Hier habe es früher nur den Finanzhilfebericht gegeben.

Die Einsatzmöglichkeiten des Leistungsauftrags müssten allerdings noch dadurch verbessert werden, dass die Beteiligten vermehrt in den Umstellungsprozess miteinbezogen werden. Hier bedürfe es noch eines Überzeugungsprozesses. Festzuhalten sei allerdings, dass es nicht mehr um das „ob", sondern nur noch um das „wie" gehe. Für die weitere Einführungsphase sei daher eine Ausweitung der Gespräche in Arbeitsgruppen notwendig und ratsam.

Eine Evaluierung des Leistungsauftrags hänge von der jeweiligen Fachabteilung ab. So sei der Landesbetrieb Forsten eine selbstständige Einheit. Dies stelle sich in anderen Bereichen ganz anders dar, wie z. B. bei der Landespflege, der Wasserwirtschaft, dem Veterinärwesen oder auch der Gewerbeaufsicht. Hier gebe es stärkere Verzahnungen mit dem Haushaltsreferat. Soweit hätte das Referat auch mehr Möglichkeiten zur Evaluierung und zur besseren Überwachung

---

[244] S. Anhang, Haushaltsplan 2004, Einzelplan 14, S. 99 ff.

[245] S. Anhang, Haushaltsplan 2005/2006, Einzelplan 14, S. 101 ff.

der Inhalte. Entscheidend sei aber auch hier wieder, wie grundsätzlich das Verhältnis zwischen Fachabteilung und Haushaltsreferat ist.

IV. Leistungsauftrag zur Förderung der anerkannten Volkshochschulen und Landesorganisationen der Weiterbildung (Kapitel 15 40)

1. Entstehung des Leistungsauftrags

Bei der Einschätzung des Leistungsauftrags sei zunächst zu berücksichtigen, dass er von der politischen Ebene (SPD-Fraktion) initialisiert worden sei. Daraufhin sei die Ministerialverwaltung aufgefordert worden, für die Leistungsaufträge geeignete Bereiche auszuwählen. Auswahl und Ausarbeitung des Leistungsauftrags müssten daher auch vor dem Hintergrund der besonderen politischen Beobachtung gesehen werden.

Die Auswahl des Geschäftsbereichs des Ministeriums für Wissenschaft, Weiterbildung, Forschung und Kultur für einen Leistungsauftrag gehe daher zurück auf einen Wunsch des Parlaments. Bei der Auswahl des Bereichs der Weiterbildung habe es am Anfang eine Rolle gespielt, dass der Bereich für einen Leistungsauftrag besser geeignet schien, da hier die Leistungen der Zuwendungsempfänger (Weiterbildungsstunden und –teilnehmende, hauptberufliches pädagogisches Personal usw.) bei einem feststehenden Zuwendungsbetrag besser gemessen werden könnten. Darüber hinaus haben hier auch die Daten aus dem Bericht des Statistischen Landesamts integriert werden können. Erst später sei dann auch der Bereich der Bildungsfreistellung hinzugezogen worden.

Bei der Ausarbeitung habe sich aber abgezeichnet, dass die Zusammenstellung der Details und der Daten einen zusätzlichen Aufwand bedeute. Die Formulierung des Leistungsauftrags für den Haushaltsplan 2002/2003 habe ungefähr ein bis zwei Tage gedauert. Insbesondere habe sich abgezeichnet, dass die Daten aufgrund der großen Datenmenge nicht zu den gewünschten Terminen (15.1. und 15.7.) zu Verfügung gestellt werden konnten. Somit habe bei den Leistungsberichten auf die Vorjahresdaten zurückgegriffen werden müssen.

In Bezug auf die Umsetzung des beschlossenen Leistungsauftrags sei zu beachten, dass bisher lediglich die Arbeit anderer dargestellt wurde. Die Daten seien bereits vorhanden gewesen, was diesen Bereich als besonders geeignet für die Verwendung in einem Leistungsauftrag erscheinen ließ.

Daher gehe es lediglich um eine neue Form der zusammenfassenden veranschaulichenden Darstellung. Aber auch dafür gebe es innerhalb des Ministeriums bereits „Vorgänger“, wenn Spitzenbeamte wie z. B. der Minister kurzfristig über bestimmte Bereiche informiert werden müssten. Diese Informierungsfunktion könne mit dem Leistungsauftrag verglichen werden. Rein theoretisch könnten alle Kapitel des Einzelplans in entsprechender Art und Weise dargestellt werden.

Die eigentliche Formulierung des Leistungsauftrags und dessen Darstellung sei mit dem Finanzministerium koordiniert worden.

2. Inhalt und Systematik

In den bisherigen Leistungsaufträgen wurden u. a. als Ziele die Förderung der allgemeinen Weiterbildung, die Anerkennung von Veranstaltungen im Rahmen des Bildungsfreistellungsgesetzes und die Sicherung der Grundausstattung der beteiligten Träger festgelegt.[246] So werde insgesamt auch deutlich, dass die beteiligten Träger und ihre Einbindung in die Erfüllung des Leistungsauftrags einen sehr wichtigen Faktor darstellen. So seien folgende Träger neben den Volkshochschulen nach dem Weiterbildungsgesetz anerkannt: die Katholische Erwachsenenbildung, die Evangelische Erwachsenenbildung, das Bildungswerk des Landessportbundes, die Ländliche Erwachsenenbildung und die Bereiche „Arbeit und Leben“ sowie „Anderes Lernen“. Diese seien im Landesbeirat organisiert und hätten über verschiedene Kommissionen ein starkes Mitspracherecht.

3. Datengrundlage

Bei der Bewertung der Daten sei zunächst deren Bedeutung und Qualität hervorzuheben und inwieweit diese in einem Leistungsauftrag zugrunde liegen können. So könne für die Daten aus dem Leistungsauftrag des Kapitels 15 40 auch auf die „Statistischen Berichte“ des Landesamts für Statistik zurückgegriffen werden. Dieses sei nach § 29 Weiterbildungsgesetz zur Erhebung der Daten aus dem Bereich verpflichtet. Diese Erhebung werde von dem Amt herausgegeben und veröffentlicht. Die Aufgaben im Bereich der Weiterbildung, die darin tätigen Träger/Landesorganisationen, die mittelbar vom Leistungsauftrag betroffen sind, und die politischen Zielsetzungen würden auch in der vom Ministerium herausgegebenen Broschüre dargestellt. Insoweit würden sich auch Vergleichsmöglichkeiten mit den Strukturen im Leistungsauftrag ergeben.

Aus diesen Materialien werde deutlich, dass es bei der Frage nach heranziehbaren Daten, die in einen Leistungsauftrag integriert werden können, bereits Materialien und Zusammenstellungen gibt. Hervorzuheben sei dabei auch der Umstand, dass sich die Verpflichtung zur Erhebung dieser Daten aus dem Weiter-

---

[246] S. die Einzelheiten im Anhang; vgl. auch die *Koalitionsvereinbarung* vom 28. 4. 2001, S. 31.

bildungsgesetz ergibt und insoweit der Gesetzgeber selbst für die Bereitstellung der Daten gesorgt habe. Was die Verwertbarkeit der Daten aus dem Statistischen Bericht betrifft, so seien sie grundsätzlich als valide anzusehen. In Einzelfällen könne es jedoch zu Verzerrungen der Statistik kommen, da zum einen bei Grenzfällen, auch die politische Situation des Trägers vor Ort in die Meldung einfließen könne und zum anderen, bei einer so hohen Anzahl an Maßnahmen, Stunden und Teilnahmen Fehlmeldungen nie zu 100% ausgeschlossen werden können.

Dieser Abgrenzungsproblematik werde mit einem Katalog mit Kriterien („Weiterbildungs-ABC") Rechnung getragen, welcher von den beteiligten Organisationen selbst festgelegt werde. Das Risiko eines Missbrauchs sei aber gering, da sich die Organisationen gegenseitig kontrollierten. Würde man hier über alternative Regelungen nachdenken, so müsste wohl die Aufsichts- und Dienstleistungsdirektion (ADD) für die Kontrolle zuständig sein, was dann aber zu einem erhöhten Ressourcenaufwand führen würde.

Was den Ablauf des Verfahrens des Meldens der Daten betrifft, so würden dabei verschiedene Hierarchieebenen durchlaufen. Dies könne ca. 9 Monate dauern. Hier kann sich ein Problem für die zeitgerechte (aktuelle) Berichterstattung über die Erfüllung des Leistungsauftrags ergeben. Auch hier würde eine Umstellung des Berichterstattungsweges einen unverhältnismäßig hohen Ressourcenaufwand notwendig machen. Evtl. wäre eine stichprobenartige direkte Berichterstattung sinnvoll, die dann statistisch hochgerechnet werden müsste, um ein repräsentatives Profil des jeweiligen Parameters zu erreichen. Als weitere Datenquelle im Bildungsfreistellungsbereich gäbe es außerdem die in der LT-Drs. 14/2101 veröffentlichte Unterrichtung der Landesregierung über „Inhalte, Formen, Dauer und Teilnahmestruktur der Bildungsfreistellung" (Grundlage § 9 BFG). Ähnlich wie oben stelle sich aber auch hier bei der Frage nach der Verwertbarkeit der Daten für einen Leistungsauftrag das Problem heraus, dass das Datenmaterial und seine Zusammenstellung sehr komplex und teilweise schwer verständlich seien. Insoweit bestehe bei einer Verwendung dieser Darstellungen die Gefahr, dass gerade das mit dem Leistungsauftrag angestrebte Ziel der Transparenz und Verständlichkeit des Verwaltungshandelns verfehlt werde.

Hinsichtlich der aufgenommenen Indikatoren könne gesagt werden, dass diese auch konkreter gefasst und dazu bestimmte Zahlen eingefügt werden könnten. Dabei stelle sich aber auch hier bei der Ermittlung der Daten das Problem, dass bisher hier eine Reihe von Daten auf freiwilliger Basis angegeben werden. Eine Ausweitung der Datenerhebung kann jeweils nur unter Einbeziehung der Landesorganisationen und der Volkshochschulen erfolgen.

Dieser Aspekt führt aber zu einem weiteren entstehenden Grundproblem. Wenn Daten und Kennzahlen als Zielerreichungsvorgabe festgeschrieben und überprüfbar gemacht werden können, dann würde bei deren Nichterreichung häufig der Ursachenzusammenhang ausgeblendet und es komme möglicherweise zu Schuldzuweisungen im politischen Raum. Bei der Frage nach der Formulierung des Leistungsauftrags und wie mit bestimmten Kriterien die Aussage verdichtet werden kann, müsse wahrscheinlich noch mehr auf die „Perspektive für Sachfremde" abgestellt werden. Bisher vollziehe sich das Verfahren in einer Weise, dass Referatsleiter und Sachbearbeiter mit dem Abteilungsleiter den Leistungsauftrag ausarbeiten und dieser dann über den Geschäftsgang an das Finanzministerium geht. Details würden ggf. mit dem Finanzministerium abgesprochen.

Bei der Frage nach der Unterstützung durch eine zusätzliche zentrale Organisationseinheit müsse beachtet werden, dass die Fachministerien nicht gerne durch eine weitere Verwaltungseinheit vom Parlament belastet werden wollen. Insoweit besteht bereits eine Tradition des Kontrollrechts des Parlaments, die nicht unnötig ausgeweitet werden sollte. Dabei bestünde zudem dann auch die Gefahr, dass politisch besonders wichtige Informationen, die evtl. dem Ansehen des Ministeriums schaden könnten, unkommentiert nach außen gelangen könnten. Dabei ist aber besonders zu berücksichtigen, dass es nicht lediglich um eine einzelne Informationen geht, sondern dass eine Information aus dem Zusammenhang gerissen in die Öffentlichkeit gelangt und der für das Verständnis notwendige Kontext, der sonst mit erläutert werden kann, verloren geht. Hoch verdichtete Zahlen würden insofern auch immer die Gefahr von Missverständnissen in sich bergen.

4. Einzelheiten zum Verfahren/Verhältnis zum Parlament

Was das Verfahren zum Leistungsauftrag betrifft, so erhalte der zuständige Referent die relevanten Daten vom Sachbearbeiter. Diese Daten würden dann aufbereitet und weitergeleitet. Das Verfahren werde inzwischen in Absprache mit dem Finanzministerium weiterentwickelt, so dass eine genauere Selektierung der Daten vorgenommen wird. In diesem Zusammenhang sei es nun bei dem aktuellen Leistungsauftrag zur Aufnahme der Tabellen und der Beschreibung der Leistungsvorgaben als Ziele gekommen.[247]

In Bezug auf das Verhältnis zum Parlament sei mit dem Leistungsauftrag keine wesentliche Änderung zu erkennen, da im Bereich 15 40 ohnehin nicht von

[247] S. S. 218 des neuen Leistungsauftrags, im Anhang.

einer besonderen Steuerungsmöglichkeit gesprochen werden könnte. Hier solle insgesamt mehr auf eine Zusammenarbeit zwischen den Organisationseinheiten geachtet werden.

Grundsätzlich müsse gegenüber dem Parlament aber das Bedürfnis nach Abgrenzung gesehen werden. Auch in diesem Zusammenhang blieben die Kontakte formell. Daneben habe der Haushalts- und Finanzausschuss inhaltlich beim letzten Budgetbericht nur eine vage Diskussion geführt, die sich um die Zielführung drehte. Auch eine verbesserte und strukturiertere Darstellungsweise sei gewünscht worden. Daher sei hervorzuheben, dass Parlament und Regierung noch kein ausreichendes Bewusstsein über die Veränderungen hätten, was das Thema Leistungsaufträge betrifft. Die Wirkungsweise sei hier noch nicht richtig erfasst.

Zukünftig bleibe zu hoffen, dass sich die theoretische Möglichkeit einer verbesserten Selbstdarstellung innerhalb der Leistungsaufträge und einer verbesserten Sicht des Parlaments auf die Regierung realisiere. Die Nutzung der Leistungsaufträge durch das Parlament werde daher auch nicht als eine neue Form der Einmischung in die Regierungsarbeit gesehen. Ebenso sei auch ein Aufforderungsrecht des Parlaments unproblematisch, da es im Wesentlichen einem bereits bestehenden Entschließungsantrag entspreche. So sei z. B. auch schon auf eine Aufforderung zur Sprachförderung von Migranten reagiert worden.

Eine Situation, bei der die Notwendigkeit zu einer Nach-Steuerung aufkommen könnte, sei so nicht zu erkennen. Dies hänge aber von dem Ressorts und Arbeitsbereichen und den festgesetzten Deckungsfähigkeiten ab. Im Übrigen könne auf das Verfahren zu den überplanmäßigen Mitteln verwiesen werden. Eine besondere Problematik sei so nicht zu erkennen.

Die Budgetberichterstattungspflicht sei lediglich insoweit als ein zusätzlicher Druck anzusehen, als der zeitliche Rahmen (halbjährlich) enger werde. Die Bedeutung des Budgetberichts und der Berichterstattung über die Erfüllung der Leistungsaufträge spiegele sich aber in einem erhöhten Arbeitsaufwand wieder. Der entstehe im Wesentlichen schon bei der Ausarbeitung des Leistungsauftrags selbst. Durch den zeitlichen Rahmen bzw. die halbjährliche Berichterstattung (die „Taktung" der Berichte zur Weiterbildung sei jeweils jährlich (WBG) bzw. 2-Jährig (BFG)) entstehe hier ein zusätzlicher Druck. Ein halbjährlicher Bericht würde einen erheblichen Mehraufwand bedeuten und von den Betroffenen möglicherweise als weitere Bürokratisierung aufgefasst werden.

Bei der Frage nach einem Einsatz von Zielvereinbarungen im Zusammenhang mit dem bestehenden Leistungsauftrag, wird auf informelle Kontakte hingewiesen. Hier bestehe meistens Konsens über die angestrebten Ziele der Weiterbildung. Insoweit seien Zielvereinbarungen bisher nicht üblich. Es käme dabei aber auf die Bereitschaft und die Verständigung zwischen den Vereinbarungspartnern an. Der gemeinsame „Werte-Hintergrund" der Beteiligten müsste dabei berücksichtigt werden.

5. Weiterentwicklung

a. 2004

Im Haushalt 2004 wurden die Daten dieses Leistungsauftrags aktualisiert, die Festsetzungen im Übrigen beibehalten.[248]

b. 2005/2006

Für den Haushalt 2005/2006 wurde der Leistungsauftrag komplett überarbeitet und nun vorwiegend in Tabellen und Grafiken dargestellt. Nach einer Darstellung der gesetzlichen Grundlagen und der Aufbauorganisation finden sich die einzelnen Bereiche in verschiedenen Tabellen wieder und werden in den jeweiligen Spalten mit „Oberziel, Leistungsvorgabe, Strategie, Indikatoren" unterschieden.

6. Probleme und Kritik: Anmerkungen in den Interviews

Bei der Frage, welche Bereiche zukünftig noch in einem Leistungsauftrag erfasst werden könnten, müsse zunächst berücksichtigt werden, wie viel zusätzliche Arbeit es macht, die dafür notwendigen Daten zu erfassen.

Eine weitere Problematik könne sich bei der Festsetzung bestimmter Ziele „von oben" ergeben, wie z. B. der Förderung von Französisch als Fremdsprache oder von Kursen zur Beseitigung von Analphabetismus. Wenn Volkshochschulen betroffen sind, sei insoweit immer der Umstand relevant, dass sie autonom organisiert, und dadurch in der Gestaltung ihres Lehrplanes frei seien. Dies müsse daher bei der Festsetzung von Zielen berücksichtigt werden. So könnten z. B. Mittel für sog. „Alpha-Kurse" zwar bereit gestellt werden, das bedeute aber noch nicht, dass diese Mittel dann auch in Anspruch genommen und verausgabt werden, um entsprechende Kurse zu organisieren. Insoweit könnten von politischer Seite lediglich Anreize gegeben werden.

Dies müsse auch bei der Beurteilung des Weiterbildungssystems berücksichtigt werden, Auf Grund der Freiwilligkeit der Teilnahme könne nicht, wie bei Schulpflichtigen mit Zwang eingegriffen werden. Insoweit können immer nur

---

[248] S. die Darstellung im Anhang.

Anreize für eine Teilnahme an Maßnahmen der Weiterbildung geschaffen werden. Das gelte insoweit auch für die Träger der Kurse, die auch aufgrund ihrer Autonomie und dem damit verbundenen Selbstverständnis überzeugt werden müssen „mitzumachen".

Insgesamt stelle sich im Bereich der Weiterbildung die Frage nach der Steuerungskapazität. Hier gebe es sowohl eine fachliche als auch eine rechtliche Autonomie der Zuwendungsempfänger (Landesorganisationen und Volkshochschulen). Für die Zukunft sei daher noch stärker auf die Geeignetheit der jeweiligen Bereiche zu achten. Ansonsten stünden Aufwand und Ergebnis in keinem vernünftigen Verhältnis. Bei den Weiterbildungsträgern seien die Kurse sehr kostenintensiv, was aus betriebswirtschaftlicher Sicht zu einem schlechten Kosten-Nutzen-Verhältnis führen würde. Hier bestehe eine sehr große Nachfrageabhängigkeit. Allerdings dürften die Kurse nicht rein nachfrageorientiert angeboten werden, da der Bildungsauftrag der öffentlich geförderten Weiterbildungsträger insbesondere im Bereich der politischen und gesellschaftlichen Bildung im Vordergrund stehen müsse. Die schwer zu beeinflussende Teilnehmerzahl spiele hingegen aus betriebswirtschaftlicher Sicht eine große Rolle, was bei einem leistungsorientierten Angebot zu einer nicht gewollten Verzerrung des Bildungsangebotes öffentlich geförderter Träger zulasten der politischen und gesellschaftlichen Bildung und zugunsten nachfrageorientierter Angebote (z.B. Sprach- und EDV-Kurse) führen könnte.

Insoweit erscheine es sinnvoller, wenn vorgelagert zunächst das Parlament oder der Haushalts- und Finanzausschuss bei der Regierung anfragen würde, wie und in welchem Bereich ein bestimmtes politisches Ziel umgesetzt werden könnte. Dann könnte auf besserem Wege ein Leistungsauftrag ausgearbeitet werden. Der erste Schritt könnte also durch das Parlament erfolgen, indem es auf die Ziele verweist und dann in einem zweiten Schritt könnte die Regierung die Möglichkeiten und Geeignetheit eines Leistungsauftrags sondieren.

Dabei und bei der Ausformulierung des Leistungsauftrags sei die Zusammenarbeit zwischen dem Fachressort und dem Finanzministerium sehr sinnvoll. Auch eine Hilfestellung durch eine zentrale Organisationseinheit, die beispielsweise beim Finanzministerium angesiedelt sein könnte, wäre z. B. im Bereich der Weiterbildung angesichts der bereits vorhandenen Kompetenzen nicht notwendig, könnte aber hilfreich sein. Auch sei vorstellbar, eine Hilfestellung durch den wissenschaftlichen Dienst des Landtags organisatorisch zu installieren. Entscheidend sei, dass zwischen dem Fachressort und der unterstützenden Organisationseinheit kein Über-/Unterordnungsverhältnis bestehen dürfte.

Die Vereinfachung des Verfahrens wäre aber insbesondere angesichts des Arbeitsaufwands sinnvoll, der durch die Bewältigung und Zusammenstellung der Datenmasse entstehe. Gerade im Haushaltsaufstellungsverfahren bestehe doch ein sehr enger Terminplan. Daher sei es auch sinnvoll, überschaubare Bereiche auszuwählen und auf verwertbare Kennzahlen zu achten, die für die Abgeordneten auch von besonderem Interesse sind. So wäre dann eine strategische Steuerung möglich.

Hervorzuheben sei dabei auch, dass die Gestaltung und Formulierung des Leistungsauftrags einen erheblichen Arbeitsaufwand für den Referenten dargestellt habe. Demgegenüber sei zu beobachten, dass der konkrete Leistungsauftrag bisher im Parlament noch wenig Beachtung gefunden habe. Hier könnte über ein besseres Zusammenspiel zwischen Parlament und Ministerialverwaltung nachgedacht werden, insoweit es um die Auswahl bestimmter politischer Sachbereiche und Ziele geht. Dies sei entscheidend für die Bewertung des zusätzlichen Arbeitsaufwands. Demgegenüber erscheint die Wirksamkeit dieses Steuerungsinstrument noch fragwürdig.

Die Bewertung des bisherigen Leistungsauftrags müsse vor allem auch im Zusammenhang mit der jetzigen Pilotierungsphase gesehen werden. Insoweit bestünden Zweifel an der Geeignetheit des ausgewählten Politikbereichs "Förderung der Weiterbildung". Hier seien vor allem Kennzahlen zu entwickeln und über einen langen Zeitraum zu erfassen, um zu einer Aussagekraft zu gelangen. Daher müssten zunächst in der weiteren Konsequenz Bewertungskriterien zur Beurteilung der Geeignetheit herausgearbeitet werden.

Bei der Einschätzung des Instruments Leistungsauftrag könne zwar festgestellt werden, dass der Leistungsauftrag die Möglichkeit zu einer besseren Selbstdarstellung biete. Je konkreter allerdings die Ziele werden sollten, um so mehr bestehe auch die Möglichkeit der Einschränkung der Arbeit der Regierung. In der Regel sei es aber so, dass die Regierung aufgrund der besseren Informationsposition dem Parlament die strategischen Ziele vorlege. Insgesamt sei eine Problematik zu konkreter Daten aber noch nicht zu erkennen. Lediglich wenn das Parlament eigenständig neue Daten in einen Leistungsauftrag aufnehmen würde, könnte das mit Konflikten verbunden sein. Dann müsste u. U. auch die Validität der Daten hinterfragt werden.

Probleme bei der Formulierung und Umsetzung des Leistungsauftrags wurden bisher kaum gesehen, was vor allem darauf zurückzuführen ist, dass hier im Wesentlichen die notwendigen Daten bereits vorhanden sind. Dies könnte sich ändern, wenn das Parlament einen Änderungsbeschluss herbeiführen sollte. Dann könnte es aber zu dem Problem kommen, dass die beschlossenen Ziele mit den bereitstehenden Ressourcen nicht zu erreichen sind, bzw. eine effektive Beeinflussung der Zielerreichung nicht möglich ist.

Daher sei die Möglichkeit von Eingriffen des Landtages in die Arbeit der Regierung um so stärker, je konkreter die Zielsetzungen festgesetzt würden. Hinsichtlich der Gefahr von „Blockaden" bei der Umsetzung der Leistungsaufträge sei aber festzuhalten, dass die dann gering bleibe, je mehr die Leistungsaufträge auf kooperative Weise zustande kommen.

Auch müsse in der jetzigen Phase berücksichtigt werden, dass die Leistungsaufträge einen zusätzlichen Arbeitsaufwand darstellen, der sich entscheidend im ohnehin schon gefüllten Haushaltsaufstellungsverfahren bemerkbar mache. Hier müsse im konkreten Fall darauf verwiesen werden, dass die EDV bzw. Software zur Erstellung des Leistungsauftrags innerhalb des Haushaltsplans noch erheblich verbesserungsbedürftig sei. Die technische Umsetzung habe noch starke Mängel, die Rahmenbedingungen müssten optimiert werden. Insoweit sei festzuhalten, dass mit dem Leistungsauftrag zwar das Potenzial verbunden ist, die Leistung der Verwaltung besser darzustellen, dies aber in der jetzigen Phase noch zu viel Arbeitsaufwand zur Folge hat. Bei der Darstellung sei im Übrigen zu beachten, dass nachgeordnete Behörden im Leistungsauftrag und im Budgetbericht nur mittelbar dargestellt werden könnten.

Eine Evaluierung zur Kontrollierung der Zielerreichung erscheine notwendig, diese solle aber durch Externe vorgenommen werden. Insbesondere sei es sinnvoll, den Zusammenhang zwischen Leistungsauftrag und Mitteleinsatz zu überwachen. Da aber die bisher bestehenden, bzw. in der Entwicklung befindlichen, Evaluationsinstrumente als ausreichend empfunden werden, wird hier kurzfristig kein weiterer Ausbau angestrebt.

Die Frage nach einem Einsatz des Instruments der Zielvereinbarung habe sich bisher nicht gestellt. Hier gebe es zwar Diskussionen, aber es sei doch festzustellen, dass die Arbeitsabläufe bisher auch so funktionieren.

In Bezug auf eine Fallvariante, nach der auf eine unvorhergesehene Situation reagiert werden und sozusagen „nachgesteuert" werden müsste, sei wahrscheinlich die tatsächliche Entwicklung abzuwarten. In der Regel könne aber davon ausgegangen werden, dass die Träger der Weiterbildung ohnehin schon adäquat auf gesellschaftliche Entwicklungen reagieren.

Eine Ausrichtung von Leistungsaufträgen an der Koalitionsvereinbarung könnte technisch sinnvoll sein. Die Verfahrensweise einer unmittelbaren Umsetzung müsste aber noch ausgearbeitet werden. So stelle die Koalitionsvereinbarung zwar keine ausdrückliche Grundlage bei der Ausarbeitung des Leistungsauftrags dar, jedoch finden sich deren Zielsetzungen auch jetzt schon in der Arbeit der Verwaltung wieder. Die direkte Operationalisierung einer Koalitionsvereinbarung in einem Leistungsauftrag erscheint allerdings noch schwer vorstellbar, wenngleich nicht unmöglich.

Ob der Leistungsauftrag die Sicht auf die eigene Arbeit verändere, sei schwer einzuschätzen. Dabei bestehe das Problem, dass der Bereich der Weiterbildung im Haushaltsplan ohnehin keine herausgehobene Rolle spiele. Insoweit habe sich durch den Leistungsauftrag auch keine Veränderung ergeben. Hier scheint es so zu sein, dass sich dieser Umstand auch nicht in der Zukunft verändern werde. Vielmehr müsse die Möglichkeit einer verbesserten Selbstdarstellung gegenüber der Öffentlichkeit und den Medien anhand der vorhandenen Broschüren und Dokumentationen erfolgen. Diese hätten ausreichend Spielraum, die zur Verfügung stehenden Daten und Leistungen darzustellen.

V. Leistungsauftrag beim Landesamt für Geologie und Bergbau Rheinland-Pfalz (Kapitel 08 03)

1. Entstehung

Mit dem Haushalt 2004 wurde ein neuer Leistungsauftrag für das Landesamt für Geologie und Bergbau (LGB) Rheinland-Pfalz entwickelt.[249] Dieser betraf das Landesamt für Geologie und Bergbau und erstreckte sich hier auf den Aufgabenbereich des Landeserdbebendienstes sowie den Aufgabenbereich als Träger öffentlicher Belange.

Bei der Entstehung des Leistungsauftrags im Jahr 2004 habe sich zunächst die Problematik ergeben, einen Bereich auszuwählen, der auch geeignet ist und über die notwendigen personellen Voraussetzungen verfügt. Insoweit wären grundsätzlich auch die Eichbehörde, der Landesbetrieb Straßen und Verkehr oder Dienststellen der Landwirtschaftsverwaltung in Frage gekommen. Entscheidend sei aber gewesen, dass diese Bereiche von anstehenden bzw. laufenden Verwaltungsorganisationsreformen und der Einführung von KLR und kaufmännischer Buchführung erfasst waren. Insoweit seien die meisten Organisationseinheiten schon sehr mit anderen Aufgaben beschäftigt gewesen. Daher sei dann nur noch das LGB übrig geblieben. Die überschaubare Anzahl der hier Beschäftigten habe zudem auch dafür gesprochen. Daneben sei in der Person des Leiters des LGB ein aus der Privatwirtschaft kommender geeigneter und gegenüber der Thematik aufgeschlossener Ansprechpartner verfügbar gewesen. Zwar habe in diesem Bereich keine Vorkenntnis bestanden, die

---

[249] S. die Einzelheiten im Anhang; vgl. dazu auch *Schmitt/Reinemann*, VM 2004, S. 119.

betroffenen Mitarbeiter seien aber sehr offen gewesen. Daher sei aus der Sicht aller Beteiligten dieser Bereich als am geeignetsten angesehen worden. Allerdings seien auch die anderen Bereiche dann als geeignet für die Einführung von Leistungsaufträgen anzusehen, wenn dort die Einführung der KLR und der kaufmännischen Buchführung sowie die teilweise erheblichen organisatorischen Umstrukturierungen abgeschlossen sind.

Von Seiten des LGB sei dann die Zusage erfolgt, Themen für den Leistungsauftrag vorzuschlagen, die einzelne Dienste und Bereiche konkretisieren. In diesem Zusammenhang habe sich allerdings die Problematik ergeben, genaue Kennzahlen zur Messung der Leistungen zu entwickeln. Hier bestünden nicht wie z. B. im Bereich der Finanzämter Fallzahlen, die sich an Steuerbescheiden orientieren. Daher habe man primär eine erweiterte Beschreibung der einzelnen Tätigkeiten des LGB vorgenommen. Hier sollten so weniger konkrete Zahlen festgestellt werden, sondern die Leistungen vielmehr verbalisiert und insoweit auch konkretisiert werden.

Der konkrete Leistungsauftrag 08 03 beschreibe folglich den Status quo und enthalte keine konkrete Zielerreichungsvorgabe. Dabei sei auch wieder zu berücksichtigen, dass Kennzahlen für Kosten und Dienstleistungen vom Grad der Einführung der KLR abhänge.

Auf Seiten des LGB sei Prof. Dr. Ehses mit dem Leistungsauftrag betraut gewesen. Hier sei auch hervorgehoben worden, dass mit dem Leistungsauftrag der Vorteil gesehen wird, die Leistungen des LGB transparenter zu machen.

Was die Ausarbeitung des Leistungsauftrags betrifft, so erfolge diese zunächst im normalen Haushaltsaufstellungsverfahren. Insoweit könne aber nicht von einem bemerkenswerten zusätzlichen Arbeitsaufwand gesprochen werden. In Zukunft könnten aber Probleme dadurch entstehen, dass sehr konkrete Ziele festgesetzt werden und damit auch Schwachstellen offenbart werden. Dies sei aber ohnehin auch ein allgemeines Problem bei der Einführung der KLR.

Für den Leistungsauftrag 2004 seien Formulierungsvorschläge vom LGB ausgearbeitet worden. Danach seien vom Haushaltsreferat und dem Organisationsreferat Verbesserungsvorschläge erarbeitet worden. Die ersten Fassungen seien noch sehr umfangreich gewesen. Von allen Beteiligten sei dabei nicht nur auf die Perspektive des Parlaments sondern auch weiterer Dritter geachtet worden. („Kann das jemand verstehen, der keine Vorkenntnis hat.“) Dieses Verfahren sei dann per Mail zwischen dem LGB und dem Haushaltsreferat ein- oder zweimal durchgeführt worden. Hier hätten auch keine Probleme bestanden, was die Offenheit des Verfahrens betrifft.

Der verwendete Begriff des Produkts durch das LGB habe sich aus dem dortigen Umstrukturierungsprozess ergeben und sei keine grundsätzliche Entscheidung über die Terminologie.

Bei der Ausarbeitung des Leistungsauftrags und der Zusammenarbeit mit dem Finanzministerium sei der Informationsaustausch sehr konstruktiv und auch sehr wichtig gewesen. Diese Kooperation unter besonderer Einbindung des Fachreferats könnte ggf. ausgebaut werden. Es sei aber bei einer Ausweitung der Leistungsaufträge zu berücksichtigen, dass das Fachressort mit den relevanten Daten am besten umgehen könne. Insoweit bestehe Parallelität zum Haushaltsaufstellungsverfahren. Auch die Erfüllung des Leistungsauftrags bedeute lediglich, die Arbeit fortzusetzen, die ohnehin gemacht wird.

2. Inhalt und Systematik

Schon der ursprüngliche Leistungsauftrag 2004 unterschied Ziele, Maßnahmen und Kennzahlen bzw. Indikatoren, wobei einzelne Leistungen bereits als Produkte beschrieben wurden.[250] Dabei orientierten sich die festgelegten Ziele an den beiden Aufgabenbereichen.

3. Weiterentwicklung 2005/2006

Mit dem Haushalt 2005/2006 wurde die Festsetzungen des Leistungsauftrags grundsätzlich beibehalten und um einige Grafiken erweitert[251], wobei diese Weiterentwicklung unproblematisch gewesen sei.

4. Verfahren mit nachgeordneten Behörden und mit dem Parlament

Im Verhältnis zum Parlament kann mit dem Leistungsauftrag keine neue Form der Einmischung in die Arbeit der Regierung gesehen werden. Das Parlament, einzelne Fraktionen und auch einzelne Abgeordnete hätten auch schon bisher ausreichend Initiative ergriffen, hier könne nichts Neues erkannt werden. Der Leistungsauftrag habe insoweit lediglich eine neue Basis.

Das Instrument der Zielvereinbarung sei im Zusammenhang mit Leistungsaufträgen noch nicht eingesetzt worden. Dies habe bisher noch keinen Sinn ergeben, da aufgrund der noch nicht abgeschlossenen KLR-Einführung noch keine ausreichenden konkreten Daten vorhanden sind. Zu einem späteren Zeitpunkt seien Zielvereinbarungen aber evtl. ein sinnvoll einzusetzendes Instrument.

Eine Situation oder Problematik der Nach-Steuerung wird nicht gesehen. Dies müsste ggf. genauso umgesetzt werden, wie das Verfahren bei über- oder außer-

---

[250] Zu den Einzelheiten s. die Darstellungen im Anhang.

[251] S. die Darstellung im Anhang.

planmäßigen Ausgaben nach § 37 LHO. Auch die Aufnahme eines neuen Zieles in einen Leistungsauftrag und dessen Veränderung im laufenden Haushaltsvollzug dürfte so kein Problem darstellen. Hier müsse im Übrigen auch darauf abgestellt werden, wie umfassend bzw. abstrakt ein Leistungsauftrag formuliert sei. Bei Vorliegen einer generalklauselartigen Formulierung dürfte es dementsprechend weniger Probleme geben. Auch Formulierungen wie „insbesondere“ oder „soll“ könnten hier vielleicht eine flexible Handhabung ermöglichen.

Hinsichtlich des Verhältnisses zum Parlament habe es bisher durch den Leistungsauftrag noch keine neu gestalteten Situationen gegeben. Auch die Überlegung, dem Parlament ein Aufforderungsrecht zur Ausarbeitung neuer Leistungsaufträge, sei nichts Neues, da das Parlament schon bisher entsprechende Initiativen ergreifen kann. Die Berichterstattungspflicht im Rahmen des Budgetberichts kann höchstens insoweit als neu geschaffener Druck angesehen werden, als nun im Leistungsauftrag und dem Bericht darüber eine Verbalisierung erfolgt, die unter besonderer Beobachtung steht. Allerdings müsse hier grundsätzlich gesehen werden, dass Berichterstattung zu den normalen Aufgaben der Regierung gehört und in den normalen Arbeitsprozess integriert ist. Etwas anderes könnte sich dann ergeben, wenn es tatsächlich zu Konflikten mit dem Parlament kommt. Hier erscheint es noch unklar, wie und in welchem Zeitrahmen mit einer absehbaren Nicht-Erreichung von Zielen umzugehen ist und in welcher Form auch dabei gesonderte Berichterstattungspflichten bestehen.

5. Anmerkungen in den Interviews

Bei der Ausarbeitung und Formulierung des Leistungsauftrags sei aus heutiger Sicht keine weitere Hilfestellung notwendig. Insoweit seien die Absprachemöglichkeiten mit dem Finanzministerium ausreichend gewesen.

Die Umsetzung von Elementen oder Zielvorgaben aus Koalitionsvereinbarungen sei bei der Entwicklung von Leistungsaufträgen bislang nicht aufgegriffen worden.

In Bezug auf die Hintergründe der neueren Entwicklung sei allerdings zu beachten, dass die Ausweitung der Flexibilisierungen und Budgetierungen nicht viel Nutzen bringen, wenn die finanziellen Mittel immer weiter zurückgeschraubt werden. Alle geplanten Maßnahmen und Effekte würden so ohnehin minimiert.

Gleichwohl sei mit den Neuerungen aber das Potenzial einer neuen Informierungsmöglichkeit des Parlaments zu erkennen. Dies könne so auch in die Position einer Aufgabenkritik versetzt werden.

Eine Einschränkung der eigenen Arbeit durch zu konkret gefasste Ziele sei bisher nicht zu erkennen, dies könne aber für die Zukunft nicht ausgeschlossen werden.

Hervorgehoben werden könne, dass mit dieser neuen Darstellungsweise der Arbeit der Verwaltung nun die Möglichkeit besteht, die Leistungen der verschiedenen Bundesländer miteinander zu vergleichen. Dies gelte auch für das Leistungsspektrum. (Diese Aussage gelte allerdings nur eingeschränkt für Bereiche wie z. B. den Landeserdbebendienst.) Vor allem aber werde die Sinnhaftigkeit der Tätigkeit offener und überprüfbarer, was aber auch sehr unangenehm werden kann.

Allgemein sei die Abhängigkeit des Instruments Leistungsauftrag von dem Erfolg der KLR-Einführung hervorzuheben. Alle Diskussionen über potenzielle Kosten-, Personal- und Sacheinsparungen und die Ausweitungsmöglichkeiten des Leistungsauftrags seien erst dann sinnvoll, wenn die entsprechenden Daten aus der KLR vorliegen. Dies gelte im Übrigen auch für die Frage nach einer Evaluierung von Leistungsaufträgen. Hier komme es auf die Entwicklung von Daten an.

Inwieweit die Leistungsaufträge dazu dienen können, die eigene Arbeit besser darzustellen, hänge von der jeweiligen Formulierung ab. Dabei sei auch darüber nachzudenken, wer sich eigentlich für die Leistungsaufträge interessiere und ob tatsächlich die Öffentlichkeit so auf den Haushaltsplan aufmerksam gemacht werden kann. Unter diesem Gesichtspunkt sei bisher jedenfalls der Leistungsauftrag noch zu fachspezifisch ausgestaltet. In diesem Zusammenhang sei auch darauf zu verweisen, dass die einzelnen Fachressorts bereits Öffentlichkeitsarbeit betreiben.

Insgesamt sei die jetzige Situation von einer gewissen Wartehaltung geprägt. Es komme auf die KLR-/kaufmännische Buchführungs-Einführung, die Datenermittlung und die Beendigung des organisatorischen Umstrukturierungsprozesses an. All diese Prozesse führten ohnehin schon zu einer Veränderung des Bewusstseins und Verhaltens der Beteiligten. Dies werde daher auch zu einem Umdenken und einem veränderten Blick auf die Leistungsaufträge führen. Ein Konfliktpotenzial müsse aber dann erkannt werden, wenn ein Leistungsauftrag zu restriktiv gefasst werde.

VI. Leistungsauftrag im Kapitel 03 22 Vermessungs- und Katasterverwaltung

1. Entstehung

Bei der Entstehung des Leistungsauftrags für die Vermessungs- und Katasterverwaltung sei zunächst auf die strategische Ausrichtung und die Zukunftsaufgaben geachtet worden. Dabei habe die durch die Gesetze vorgeschriebene Erfüllung der Aufgaben im Vordergrund gestanden. Im weiteren Verlauf habe dann die Digitalisierung von Daten sowie deren Speicherung und Vorhaltung im Mittelpunkt des Interesses gestanden. Hier sei zu berücksichtigen, dass es nicht nur um die interne, sondern auch um die externe Kommunikation gegangen sei. Insoweit konnte festgestellt werden, dass sich der Gebrauch der Daten auch gewandelt hat. Als Nutzer der Daten seien hier neben der Verwaltung also auch die Bürger und die Wirtschaft anzusehen.

Bei der Ausarbeitung und Formulierung der Ziele des Leistungsauftrags habe sich als vorteilhaft erwiesen, dass die Umgestaltung dieses Bereichs der Verwaltung schon lange – noch vor der Mittelbehördenreform - geplant war und eine Aufgabenkritik durchgeführt wurde. Es habe zudem eine Rolle gespielt, dass bei dem Umstellungsprozess die Mitarbeiter miteinbezogen wurden, was maßgeblichen Einfluss auf den Erfolg der Umstellung bei der inneren Modernisierung hatte. Diese Ausgangsbedingungen seien maßgeblich bei der Auswahl für den Leistungsauftrag gewesen. Die Initiative sei 2002 von der Landesregierung ausgegangen, die sich in einem Entschließungsantrag für die Modernisierung und Prozessbeschleunigung ausgesprochen hatte. Daher sei schließlich vom Haushaltsreferat das Kapitel ausgewählt worden, da hier auch die Einführung der KLR weit fortgeschritten und so die Voraussetzungen eher gegeben waren, mit Kennzahlen zu arbeiten.

Dieses Kapitel sei darüber hinaus auch durch den vorangetriebenen Stellenabbau geprägt gewesen, der auf einen Ministerratsbeschluss aus dem Jahr 1998 zurückging. Dementsprechend sollte in dieser Organisationseinheit der Personalabbau ausdrücklich als langfristiges Ziel weiterverfolgt werden. Zudem habe sich die Überzeugung manifestiert, dass der Leistungsauftrag in diesem Kapitel auch die Mitarbeiter und Kunden in den Mittelpunkt stellen sollte.

Bevor nun der Leistungsauftrag konkret ausgearbeitet wurde, habe es über mehrere Jahre hinweg bereits informelle Gespräche gegeben. Auch wurde das Vorwort schon früher in den Haushalt aufgenommen, so dass hier nun der Leistungsauftrag integriert werden konnte. Das Vorwort sei in Zusammenarbeit zwischen dem Landesamt und dem Haushaltsreferat entstanden. Die konkrete Ausgestaltung des Leistungsauftrags sei unter Mitwirkung des Finanzministeriums entwickelt worden, wobei besonders auf die nachvollziehbare Darstellungsweise geachtet wurde.

Zur Vorgeschichte des Leistungsauftrags sei auch zu berücksichtigen, dass im Zusammenhang mit der Aufgabenkritik Workshops mit den Amtsleitern und den Mitarbeitern durchgeführt wurden, die sich mit den Auswirkungen der Reform der Verwaltung befassten und insbesondere dazu dienten, langfristige Ziele und Aufgaben zu identifizieren und zu überlegen, wie diese zu den Mitarbeitern „herunter gebrochen" werden können. Bei diesen Treffen seien die Behördenleiter auch aufgefordert worden, hinsichtlich der Outputs Vorschläge zu machen. Insoweit sei hervorzuheben, dass es bereits ein organisatorisches Verfahren gibt, in dem insbesondere interessierte Mitarbeiter mitwirken und die Ziele und Indikatoren besprechen können. Hierbei falle auch positiv ins Gewicht, dass das Klima der Sitzungen durch eine offene Gesprächsatmosphäre geprägt sei. Nach Abschluss solcher Workshops mit den Amtsleitern würden dann teilweise sog. „Verdichtungsworkshops" durchgeführt, die sich mit der Konkretisierung der zuvor festgelegten Ziele befassen.

2. Inhalt und Systematik

Der Leistungsauftrag wird nach dem Vorwort mit der Beschreibung von Organisation und Aufgaben unterteilt in „Allgemeine Leistungsvorgaben, Gesamtstrategie, Oberziele", „Voraussichtliche Leistungen und Maßnahmen mit ihren Wirkungen" sowie „Kennzahlen und Indikatoren, Preise und Steuerungsgrößen".[252]

3. Zusammenarbeit verwaltungsintern und mit Parlament

Für die Zukunft sei die Überzeugung vorhanden, dass das Instrument der Zielvereinbarung notwendig ist. Dementsprechend seien auch die Ausrichtung nach Kennzahlen und die Verstärkung eines „aufgabenkritischen Elements" geplant. In übrigen sei zu berücksichtigen, dass der Leistungsauftrag selbst schon eine solch konkrete Ausgestaltung habe, dass zwischen dem Ministerium und dem Landesamt keine Zielvereinbarung im Sinne von § 7 Abs. 3 Landeshaushaltsgesetz notwendig sei. In diesem Zusammenhang wird auch auf den Umstand verwiesen, dass der Leistungsauftrag selbst schon das Landesamt adressiert. Zudem sei dieses auch von der Zuweisung der Finanzmittel aus dem Haushaltsplan abhängig. Terminologisch wird hier aber dar-

---

[252] S. die Einzelheiten im Anhang.

auf hingewiesen, dass das Landesamt in einer Zielvereinbarung Partner, bei dem Leistungsauftrag aber Adressat sei. Jedenfalls aber werde bei der Festsetzung der Details zwischen den beiden Einheiten kooperiert.

Bei der Frage nach einem ausdrücklichen Aufforderungsrecht des Parlaments, neue Leistungsaufträge von der Regierung ausarbeiten zu lassen, könne grundsätzlich auf die bereits bestehenden Möglichkeiten der Entschließungsanträge des Landtags verwiesen werden. Dieses Verfahren gestalte sich reibungslos. Insbesondere habe die Regierung bisher immer adäquat auf Wünsche des Parlaments reagieren können. Gleichwohl sei aber bei Überlegungen über eine besondere Aktivität des Parlaments zu berücksichtigen, dass die verschiedenen und teilweise bereits bestehenden Ziele eines Leistungsauftrags nicht in Konflikt miteinander geraten. Insgesamt müsse aber doch auf die Realität abgestellt werden und danach kämen Vorschläge über Maßnahmen in der Regel von der Regierung selbst. Zudem verfügten Abgeordnete meist auch nicht über die entsprechenden Detailkenntnisse um Leistungsaufträge in ihrer letzten Ausgestaltung formulieren zu können.

Eine besondere Problematik der Nach-Steuerung insbesondere strategischer Ziele des Leistungsauftrags durch das Parlament ergebe sich bisher nicht. Hier sei auch auf die regelmäßige Berichtspflicht zu verweisen, die auch einen Ansatz für eine Nach-Steuerung bieten würde. Wenn es in einem Beispielsfall zu einem unvorhergesehenen Ereignis (Notwendigkeit der Veränderung von Kennzahlen oder Zielen) käme, müsse u. U. daran gedacht werden, den Leistungsauftrag im Rahmen der Berichterstattung umzudeuten. Andernfalls müsste ein neuer Beschluss über Änderung oder Neugestaltung des Leistungsauftrags herbeigeführt werden. Insoweit gäbe es aber kein Problem hinsichtlich des Verfahrens zwischen Parlament und Regierung. Sollte es tatsächlich einmal zu einem Wegfall von Zielen kommen, so könne mit Sicherheit davon ausgegangen werden, dass genügend andere wichtige Ziele zur Erreichung vorhanden sind und in den Leistungsauftrag aufgenommen werden könnten.

Hinsichtlich des Verhältnisses zum Parlament bestehe bisher kein Anlass, den Leistungsauftrag als eine Form der Einmischung zu betrachten. Diese Bewertung könnte sich aber ändern, wenn das Parlament damit beginnt, die Kennzahlen zu verändern. Hier müsste die Regierung die Möglichkeit haben, auf die Unmöglichkeit eines Leistungsauftrags verweisen zu können. Dabei werde aber wohl das bestehende Berichtsverfahren ausreichend sein. Grundsätzlich sei aber hervorzuheben, dass Eigeninitiativen bei der Gestaltung von Leistungsaufträgen ein hohes Konfliktpotenzial enthalten, da dieses Organ relativ weit von den fachlichen Rahmenbedingungen der Verwaltung entfernt ist. Eine andere Bewertung der Situation insgesamt ergebe sich auch nicht dadurch, dass im Rahmen der Budgetberichterstattung nun auch noch zusätzlich über die Erfüllung der Leistungsaufträge berichtet werden muss. Dies gehöre zum normalen Alltagsgeschäft.

Daneben wird auch darauf verwiesen, dass es eine halbjährliche Berichtspflicht gibt, bei der auch Nachfragen gestellt werden. Dies diene auch dazu, einen Soll-Ist-Vergleich zu ermöglichen, um zu vermeiden, dass die Ziele nicht erreicht werden. Dazu entfalte die Berichterstattungspflicht gegenüber dem Parlament eine zusätzliche Wirkung, da dies quasi die „höchste" Pflicht darstellt.

Insgesamt werde aber kein Systemwechsel gesehen, der der Regierung eine andere Position gegenüber dem Parlament vermittle. Materiell gesehen werde die Regierung in den Fachgesetzen auch schon durch das Parlament „beauftragt". Mit den Leistungsaufträgen werde insoweit nur noch deutlicher, was sowieso schon an Verpflichtungen besteht. In der weiteren Überlegung müsste aber auf die einzelnen Leistungsaufträge und deren konkrete Ausgestaltung abgestellt werden. Zwar könne die Regierung auch schon bisher durch Entschließungsanträge des Parlaments zum Tätigwerden aufgefordert werden. Dennoch könnte es sich wie oben auch hier wieder als eine neue Situation darstellen, wenn innerhalb eines Leistungsauftrags zu hohe oder unmögliche Ziele zur Erreichung vorgegeben werden. Eine solche „Beauftragung" könnte u. U. zu einer Einschränkung des Spielraums der Regierung führen. Diese Überlegungen stellten sich aus heutiger Sicht aber noch als sehr theoretisch dar.

4. Probleme und Kritik: Anmerkungen in den Interviews

Hinsichtlich der Erfüllung des Leistungsauftrags ist hervorzuheben, dass sich der zusätzliche Aufwand in Grenzen hält, da lediglich die Kennzahlen zu bestimmten vorgegebenen Terminen vorliegen müssen als Kenngröße für den Zielerreichungsgrad. Zur organisatorischen Gestaltung bei der Ausformulierung und Gestaltung des Leistungsauftrags werde eine Zentralisierung des Verfahrens nicht für notwendig gehalten. Entscheidend verfüge das Fachressort über die wichtigen Daten und Fakten aber auch Visionen. Gleichwohl werde die bisherige Unterstützung durch das Finanzministerium bei einzelnen Fragen der Darstellung begrüßt. Dabei sei auch zu berücksichtigen, dass es zur Zeit noch um die Pilotierungsphase mit den damit verbundenen Anfangsschwierigkeiten gehe.

In der Bewertung des Leistungsauftrags müsse zunächst darauf abgestellt werden, von wem in welchem Verfahren die Ziele festgesetzt werden. Das bisherige Verfahren zeige allerdings auf, dass hier eine Möglichkeit zur Selbstdarstellung besteht, die gegenüber Parlament, Bürger und Medien der Transparenz und der „Akzeptanzhilfe“ dienen kann. Die Darstellung im Haushaltsplan und im Rahmen des Budgetberichts ermögliche zudem auch eine schnellere Informationsvermittlung, die vor allem für die Medien von Vorteil sein dürfte.

Hinsichtlich der Diskussion über Festlegung von Zielen, insbesondere von strategischen Zielen, wird hier auch auf den Umstand verwiesen, dass eine Koalitionsvereinbarung regelmäßig auf fünf Jahre vereinbart wird und daher nur eingeschränkt herangezogen werden kann.

VII. Kapitel 05 04 Justizvollzugsanstalten

1. Entstehung

Der in Kapitel 05 04 ausgebrachte Leistungsauftrag enthalte die Prüfung des Einsatzes neuer Steuerungselemente für die Arbeitsbetriebe in den Justizvollzugsanstalten. In diesem Zusammenhang wird zwangsläufig auch die Einführung einer KLR für diesen Bereich geprüft. Bundesweit gibt es bereits ein Modell zur Einführung der KLR in Justizvollzugsanstalten mit einem entsprechenden Produktrahmenplan. Allerdings decke sich dessen Anwendungsbereich nicht mit dem Bereich, in dem die KLR eingeführt werden soll, da die Arbeitsbetriebe nur einen kleinen Ausschnitt der Aufgaben einer Justizvollzugsanstalt beinhalten. Ihnen wurden daher im bundesweiten Produktrahmenplan auch keine eigenen Produkte zugewiesen. Zu prüfen sei, ob eine KLR ausschließlich für die Arbeitsbetriebe eingeführt werden sollte, oder ob es hier nicht sinnvoller sei, den Gesamtbereich einer Justizvollzugsanstalt zu erfassen.

Besonders müsse berücksichtigt werden, dass im Bereich der Justizvollzugsanstalten ein ständiger Zielkonflikt zwischen der Gefangenenbehandlung und damit dem Resozialisierungsauftrag des Strafvollzugs einerseits sowie dem Sicherheitsaspekt andererseits entstehen kann. Sinn und Zweck der Beschäftigung der Gefangenen sei vor allem auch die Erlernung der Gestaltung eines Arbeitsalltags. Hier gehe es um Resozialisierung, aber auch um die Vermeidung von Konfliktpotenzial durch Nichtbeschäftigung der Gefangenen. Auch in den Justizvollzugsanstalten stelle die Arbeitslosigkeit ein Problem dar. Daher könne nicht davon ausgegangen werden, dass die Arbeitsbetriebe in den Justizvollzugsanstalten durchgehend nach wirtschaftlichen Grundsätzen handeln können.

Für die Struktur und Zielsetzung des Leistungsauftrags sei zu dem bedeutsam, dass manche Betriebe als Eigenbetriebe und andere als Unternehmerbetriebe geführt würden. Dazu gebe es auch noch die Arbeitstherapie und Wirtschaftsbetriebe zur Eigenversorgung. Bei den Unternehmerbetrieben würden letztlich an Fremdunternehmer Flächen vermietet und dann die Gefangenen als Arbeitskräfte quasi „ausgeliehen". Zur weiteren Beurteilung müsse außerdem der Auftrag der beruflichen und schulischen Bildung herangezogen werden. Hier stelle sich die Frage, ob berufliche Bildung der Arbeitsverwaltung zugeordnet werden sollte. Insoweit gehe es hier auch um die Ausbildung in einer Berufsschule, von daher sei mit weiteren Institutionen (z. B. IHK, Agentur für Arbeit) zusammenzuarbeiten und Besonderheiten zu berücksichtigen.

In der betrieblichen Organisation würden in Justizvollzugsanstalten die Aufgaben Arbeits- und Wirtschaftsverwaltung getrennt wahrgenommen. Dies könne zu Problemen führen, wenn die KLR nicht überall angewendet werden kann. Denn vereinzelt könnten Kosten nicht eindeutig zugeordnet und auch Kennzahlen nicht klar definiert werden, da die Arbeitsbereiche nicht immer klar abtrennbar seien.

Weiterhin sei die Situation auch dadurch geprägt, dass einzelne Justizvollzugsanstalten unterschiedliche Interessen verfolgten bzw. nicht einheitliche Rahmenbedingungen hätten. So gebe es z. B. bei in einer Justizvollzugsanstalt eine Bäckerei, die die anderen Justizvollzugsanstalten beliefert, während eine andere Justizvollzugsanstalt für die berufliche Ausbildung zuständig sei. Unterschiede bei den Justizvollzugsanstalten würden sich auch dadurch ergeben, dass einige Gefangene mit langen Freiheitsstrafen haben, was sich z. B. im Bereich der beruflichen Fortbildung oder auch für den Sicherheitsaspekt auswirke. Dies gelte ebenso bei Justizvollzugsanstalten, in denen kurzzeitige Freiheitsstrafen vollstreckt werden, wo den Gefangenen nicht viel Zeit zum Erlernen der Arbeitsabläufe zur Verfügung steht, so dass hier keine Arbeiten, die längerer Einarbeitungszeit bedürfen, durchgeführt werden können. Wieder andere Probleme würden bei Justizvollzugsanstalten auftreten, in denen Untersuchungshaft vollzogen wird.

Die Einführung der KLR setzt eine deren Anforderungen erfüllende DV-Technik voraus, die noch nicht flächendeckend vorhanden ist. Teilweise werde in den Justizvollzugsanstalten noch veraltete Software (IBM AS/400) genutzt, die allerdings demnächst abgelöst werde. Die Umstellung auf eine neue IT-Technologie in den Gesamtbereichen der Justizvollzugsanstalten sei noch in der Planungsphase. Für das in Rede stehende Projekt sei es unabdingbar, dass eine für die KLR benötigte EDV mit dieser neuen EDV kompatibel ist. Evtl. mögliche Zwischenlösungen zur Voraberprobung einer KLR müssen unter finanziellen Gesichtspunkten betrachtet und geprüft werden. Zwischen diesen beiden Sachverhalten bestünden jedenfalls untrennbare Abhängigkeiten.

Insgesamt müsse die Ausgestaltung und Formulierung des Leistungsauftrags in besonderem Maße vor dem Hintergrund gesehen werden, dass die Neuorganisation der Arbeitsbetriebe noch in der Prüfungsphase sei. Bei der noch anstehenden konkreten Planung einer Einführung der KLR müsse mit Problemen, vor allem bei der Zuordnung von Tätigkeiten und Kosten gerechnet werden.

Als es aufgrund der Vorgabe aus dem Finanzministerium zur Ausgestaltung des Leistungsauftrags kam, habe es sich angeboten, auf das Projekt „Neustrukturierung der Arbeitsverwaltung" zurückzugreifen. Dieses Projekt sei als Auftrag an die Fachhochschule Mainz unter Leitung von Prof. Reiss vergeben worden. Dadurch sollte das Verfahren der Datenermittlung und der Ziel-/Standardsdefinierung erleichtert werden. Es sollte dabei von der Fragestellung ausgegangen werden, wie einerseits die Beschäftigungslage der Gefangenen effizienter und verbessert werden, andererseits aber auch ggf. eine wirtschaftlichere Betriebsführung erreicht werden kann.

Flankierend sollte auch die Verbesserung der beruflichen Bildung berücksichtigt werden. Bei diesem Aspekt sei hervorzuheben, dass durch die Reformen auf Seiten der Arbeitsagentur und des Europäischen Sozialfonds die Förderrichtlinien geändert werden. Insoweit beeinflusst auch das Förderverhalten der Arbeitsagentur die Arbeitslosigkeit in den Justizvollzugsanstalten. Möglicherweise sei in diesem Zusammenhang auch an Umstrukturierungsprozesse zu denken, deren Notwendigkeit bei Formulierung des Leistungsauftrags noch nicht bekannt waren, da die Förderpraxis der Arbeitsagentur sich erst später geändert habe und die Entwicklung insoweit noch nicht absehbar ist. Bedeutsam seien hier auch eventuelle Ergebnisse einer bundesweiten Arbeitsgruppe, die das Förderverhalten des Bundeswirtschaftsministeriums beeinflussen könnte. Diese seien jedoch noch nicht hinreichend abzusehen.

Unter diesen Rahmenbedingungen sei eine Projektgruppe bestehend aus Mitarbeitern des Ministeriums und vier Arbeitsinspektoren sowie dem bei der Fachhochschule angesiedelten IFAMS gebildet worden, die sich im Rahmen der Neuorganisation der Arbeitsverwaltungen zunächst mit der Einführung der KLR und allgemein mit der Frage beschäftigte, wie „bessere" Arbeit mit weniger Aufwand erzielt werden könne. Hierbei sei auch zu beachten, dass Einnahmen der Justizvollzugsanstalten, soweit vorhanden, im Landeshaushalt unter Einnahmen zu verbuchen seinen. Die Arbeit in dieser Gruppe berücksichtige daher auch die Erkenntnis, dass ein flexibleres Handeln die Planung in den Arbeitsbetrieben erleichtern könne. So habe es z. B. eine Situation gegeben, in der der Titel „Materialeinkäufe" erschöpft gewesen sei und wegen eines Großauftrags für Gitter überplanmäßige Mittel notwendig gewesen seien. Das sei zwar kein unüberwindbares Hindernis gewesen. Dennoch solle nun eine flexiblere Arbeitsweise angestrebt und die Darstellung der eigenen Leistungen ermöglicht werden. Hier habe sich auch die Schwierigkeit gezeigt, bestimmte Faktoren darzustellen.

In dieser Zeit sei nun die Anfrage zur Ausgestaltung des Leistungsauftrags fast zeitgleich mit der Beauftragung des Projekts an Prof. Reiss gekommen. Daraufhin sei zwischen dem Fachreferat, dem Haushaltsreferenten und Herrn Keilmann die sinnvollste Ausgestaltung des Leistungsauftrags erörtert worden. In dem Verfahren sei auch deutlich geworden, dass von vornherein nicht immer klar bestimmbar ist, ob bestimmte Produkte auch Gewinne erwirtschaften können. So bestehe die Gefahr, dass mit der Aufnahme neuer konkreter Produkte die Erwartungen zu hoch getrieben werden. Hier müsse immer sehr sorgfältig auf die Sinnhaftigkeit und Geeignetheit der Festsetzungen in einem Leistungsauftrag geachtet werden.

2. Inhalt und Systematik

Der neue Leistungsauftrag im Kapitel 05 04 ist an das Vorwort des Kapitels angefügt und stellt in verschiedenen Grafiken zunächst die Situationsanalyse hinsichtlich der Beschäftigungssituation und der Überschussentwicklung in den Justizvollzugsanstalten dar.[253] Danach werden Ziele wie die „Sicherung und Steigerung des Beschäftigungslage der Gefangenen" sowie die „Erhöhung des Umsatzes und Gewinnsteigerung der Arbeitsbetriebe..." und als Maßnahmen die „Gewinnung zusätzlicher Aufträge" oder die „Produktivitätssteigerung" durch den „Einsatz neuer Steuerungsinstrumente" festgesetzt.

3. Zielvereinbarungen/Verhältnis zum Parlament

Hinsichtlich des Instruments von Zielvereinbarungen bestehe grundsätzlich noch Erörterungsbedarf, mit wem hier in welchem Umfang Festlegungen getroffen werden könnten. Hier müsse zunächst noch weiter sondiert werden. Denkbar könnten aber Zielvereinbarungen zwischen dem Haushaltsreferat und den Justizvollzugsanstalten mit bestimmten Kennzahlen – wenn vorhanden – sein. Für den vorliegend formulierten Leistungsauftrag stellt sich in diesem Zusammenhang auch die Frage, wie z. B. der Gewinn einer Justizvollzugsanstalt zu berechnen sei. Derartige Details dürften indes lösbar sein, zumal zweimal jährlich ein Treffen mit den Anstaltsleitern stattfindet, bei denen auch derartige Probleme erörtert werden könnten. Bei der bisherigen Formulierung des Leistungsauftrags habe das Instrument der Zielvereinbarung im Blick auf deren weitere Umsetzung aber noch keine Rolle gespielt. Auch sei bei der Festlegung des Leis-

253 S. die Einzelheiten im Anhang.

tungsauftrags noch nicht an die hierzu in der Koalitionsvereinbarung angestrebten Ziele gedacht worden.

Was das Verhältnis zum Parlament betrifft, so könne grundsätzlich davon ausgegangen werden, dass zu enge Vorgaben den Spielraum der Exekutive einengen könnten. Insoweit müsse im Rahmen der Haushaltsaufstellung sowohl bei dem Vorschlag durch die Exekutive sowie bei der Beratung im Parlament auf eine sinnvolle und umsetzbare Zielvorgabe hingewirkt werden. In der gewachsenen Berichtspflicht werde aber keine Veränderung des Verfahrens zwischen den beiden Organen gesehen. Die Kommunikation habe hier eine funktionierende lange Tradition. Hier wachse zwar der Erklärungsdruck mit der Häufigkeit der Berichte, dies schaffe aber für alle Beteiligten mehr Klarheit.

Wie bereits oben angesprochen, sei es allerdings denkbar, dass das Parlament eine Ausweitung der Leistungsaufträge wünscht und dazu die Regierung z. B. über Entschließungsanträge auffordert. Das müsse man indes im Rahmen der verfassungsmäßigen Vorgaben akzeptieren.

Auf etwa notwendige Nach-Steuerungen wegen der Veränderung politischer Zielsetzungen könnte zunächst im Rahmen der Berichtspflichten reagiert werden. Dies hänge jedoch auch entscheidend vom Zeitpunkt eines unvorhergesehenen Ereignisses ab. Grundsätzlich werde hier aber kein Problem gesehen, ggf. einen Leistungsauftrag auch zu verändern.

4. Probleme und Kritik: Anmerkungen der Interviewpartner

Wegen der etwaigen Notwendigkeit einer Zentralisierung des Verfahrens bei der Formulierung des Leistungsauftrags sei grundsätzlich auf die bisherigen positiven Erfahrungen zu verweisen. Dabei sei allerdings zu berücksichtigen, dass sich Anzahl und Umfang der Leistungsaufträge noch im Rahmen halten. Diese Bewertung könnte sich ändern, wenn es zu einer erheblichen Ausweitung der Leistungsaufträge käme. Festzuhalten sei aber, dass die Hilfestellung durch das Finanzministerium insbesondere bei den Formulierungen und grafischen Darstellungen sinnvoll gewesen sei.

In der Bewertung des Leistungsauftrags sei festzustellen, dass auf diesem Wege auch eine Möglichkeit zur verbesserten Darstellung der eigenen Leistungen geschaffen wurde. Es müsse jedoch auch künftig darauf geachtet werden, dass einzelne Aspekte durch die Darstellung nicht zu einer falschen Bewertung der Situation oder Überbetonung führten. Insoweit fehle es noch an genügend Erfahrungen. Hervorgehoben werden könne, dass in diesem Verfahren auch im Rahmen der Budgetberichterstattung auf etwaige Probleme und bestehenden Handlungsbedarf im eigenen Arbeitsbereich hingewiesen werden kann. Primär sei aber zu den Inhalten von Leistungsaufträgen festzuhalten, dass hiermit ein Mittel der Selbstdarstellung gegeben ist, in dem nun auch auf wirtschaftliche Rahmenbedingungen hingewiesen werden könne. Die eigene Leistung werde nun messbarer und auch nachvollziehbarer.

Eine Evaluierung oder Weiterentwicklung des vorliegenden Leistungsauftrags steht in engem Zusammenhang mit der Einführung der KLR und moderner IT-Technologie in den Justizvollzugsanstalten und kann erst im Rahmen der Umsetzung dieser Organisationsmaßnahmen näher beurteilt werden.

VIII. Gesamtbetrachtung

Die bisherigen Leistungsaufträge waren in ihrer Ausgestaltung und Aussagekraft zunächst durch die Pilotierungsphase geprägt. Dies hatte eine teilweise sehr unterschiedliche Darstellung der Informationen zur Folge. Auch aufgrund der Tatsache, dass bisher noch keine Ziele vom Landtag vorgegeben wurden, konnten die dargestellten Leistungen und Maßnahmen noch nicht in einen strategischen Zusammenhang gestellt werden. Vielmehr waren die bisherigen Bestrebungen bei der Ausarbeitung der Leistungsaufträge darauf gerichtet, das Verfahren überhaupt einmal in der Praxis umzusetzen und in vorsichtigen ersten Schritten den Blick auf die eigentlich erbrachten Leistungen der eigenen Verwaltungstätigkeit zu richten. Daher verfügen die bisherigen Darstellungen in den Leistungsaufträgen auch über sehr unterschiedliche Ansätze von Standardisierungen und Differenzierungen zu Zielen, Maßnahmen, Kennzahlen oder gesetzlichen und organisatorischen Rahmenbedingungen. Gemessen an der Vorgabe von § 7b Abs. 3 LHO können die Darstellungen in den Leistungsaufträgen inhaltlich zudem erheblich mehr auf die Kosten und beabsichtigten Wirkungen von Verwaltungsleistungen und dazu auf konkrete Zielgrößen bezogen werden.

Insoweit zeigen die konkreten Leistungsaufträge, dass mit diesem Instrument das Potenzial zur Verwirklichung Neuer Steuerung und Kontrolle vorhanden ist, machen aber gleichwohl auch die Notwendigkeit zur Weiterentwicklung der Darstellung und des Verfahrens auf Seiten der Verwaltung wie auch des Parlaments deutlich.

IX. Zusammenfassung

Wie in der Einleitung zu den Interviews bereits angedeutet, waren die Ausführungen und Anmerkungen sehr von der subjektiven Wahrnehmung geprägt. Dabei mag auch eine Rolle gespielt haben, inwieweit es bereits vorher eine inhaltliche Befassung mit dem Instrument des Leistungsauftrags gegeben hat. Zusammenfassend kann aber jedenfalls festgestellt werden, dass von den meisten

Beteiligten eine verstärkte Informationsvermittlung über die strategischen Vorstellungen des Parlaments gewünscht wurde. Nur so wird die Chance gesehen, dass die Darstellungen im Haushalt auch der verbesserten Selbstdarstellung dienen können.

C. Workshop: Status quo des Leistungsauftrags aus der Sicht der Vertreter des Parlaments und weiterer Vertreter

I. Einleitung

Am 16. Februar 2005 fand im Landtag in Mainz der Workshop mit dem Thema „Stand und Perspektiven des Leistungsauftrags" unter Leitung von Prof. Hill statt.[254] Die Veranstaltung wurde im Zusammenhang mit dem Forschungsprojekt durchgeführt und konnte auf die Kooperationsvereinbarung zwischen FÖV und DHV einerseits und dem Landtag andererseits gestützt werden.[255] Teilnehmer auf dem Podium waren Vertreter aller Fraktionen aus dem Haushalts- und Finanzausschuss[256] sowie der Staatssekretär im Finanzministerium Rheinland-Pfalz, Professor Dr. Deubel, der Haushaltsreferent im Finanzministerium Rheinland-Pfalz, Dr. Keilmann, der stellvertretende Leiter des Wissenschaftlichen Dienstes des Landtages Rheinland-Pfalz, Dr. Edinger und der Direktor beim Landtag Hessen, von Unruh. Im Plenum waren zahlreiche Vertreter der Ministerien bzw. Verwaltungen aber auch von anderen Bundesländern. Eröffnet wurde die Veranstaltung mit der Begrüßung durch Landtagspräsident Grimm.

Nach der Begrüßung stellten zunächst Staatssekretär Deubel und dann die vier Vertreter der Fraktionen ihre Position dar, woraufhin dann Prof. Hill 10 Thesen zur Diskussion vorlegte. Nach einer ersten Diskussionsrunde referierten Edinger, Keilmann und Von Unruh ihre Positionen. Nach einer abschließenden Diskussionsrunde und der Zusammenfassung durch Prof. Hill, bedankte sich der Direktor des Landtags, Prof. Dr. Gebauer, noch einmal für die Zusammenarbeit zwischen dem Landtag und den Institutionen in Speyer.

Zur besseren Verwertung der Ergebnisse sollen im Folgenden kurz die Anmerkungen der Beteiligten abweichend von der chronologischen Reihenfolge systematisch dargestellt werden.

---

[254] S. *Präsident des Landtags Rheinland-Pfalz (Hrsg.):* Stand und Perspektiven des Leistungsauftrags in Rheinland-Pfalz.

[255] Veranstalter waren das FÖV, der Landtag Rheinland-Pfalz und das Ministerium der Finanzen.

[256] Astrid Schmitt, SPD, Vorsitzende des Haushalts- und Finanzausschusses, ihr Stellvertreter und der Vorsitzende der Rechnungsprüfungskommission, Hans-Josef Bracht, CDU, der Vorsitzende der FDP-Fraktion, Werner Kuhn und Ise Thomas, Vorsitzende der Fraktion BÜNDNIS 90/DIE GRÜNEN.

II. Vertreter des Parlaments

1. Abgeordnete Regierungsfraktionen

a. Schmitt

Die Abgeordnete Schmitt von der Regierungsfraktion der SPD verwies zunächst darauf, wie neu und noch wenig akzeptiert diese Neue Steuerungsform sei. Sie deutete auf die Entstehung des Instruments in der Schweiz und die Notwendigkeit zur Ausarbeitung von Steuerungsinstrumenten aus parlamentarischer Sicht, wenn insbesondere das klassische Budgetrecht beachtet wird. Daher müsse es aus ihrer Position, aber auch für die Öffentlichkeit im Allgemeinen, Ziel für die Transparenz und Aussagekraft sein, die Verwaltung „konkret nach Zielen, Leistungen und Wirkungen" zu steuern. Demzufolge würden Instrumente zur Zielbestimmung und Überprüfung der Zielerreichung benötigt.

Insoweit sieht sie im Leistungsauftrag nach § 7b LHO ein den kameralen Haushalt ergänzendes Instrument, das – entsprechend seinem Wortlaut - die Möglichkeit eröffnet, einen Auftrag zu erteilen, der für bestimmte Aufgaben Kosten- und Leistungsziele beschreibt. Bei der Verwirklichung der Reform, verfolge sie die Absicht, politische Ziele schwerpunktmäßig besser darzustellen, dazu Kapitel zu verkleinern bzw. abzuschaffen und vor allem mit den Leistungsaufträgen zentrale politische Vorhaben quantifizierbar darzustellen.

Dabei verwies sie beispielhaft auch auf den Leistungsauftrag 03 22, der ihrer Meinung nach noch weitere andere Kennzahlen enthalten könnte.[257] Demgegenüber seien die Kennzahlen im Leistungsauftrag 14 10 aus ihrer Sicht verwertbarer, insoweit dort Informationen über „die Zahl der Auszubildenden und der Beschäftigten sowie die Höhe des Holzeinschlags" enthalten sind. Gleichwohl stellte sie aber fest, dass sich die Leistungsaufträge weiterentwickeln und verbessern. Insoweit sei ein Prozess im Gange. Besonders wichtig sei es, die zentralen politischen Ziele in den Leistungsaufträgen abzubilden. Hier müsse aber bei der weiteren Vorgehensweise auf die Verhältnismäßigkeit zwischen Aufwand und Nutzen geachtet werden. Auch das Berichtswesen müsse hinsichtlich der Kennzahlenausrichtung und -vereinheitlichung verbessert werden, um die Lesbarkeit und Verständlichkeit erleichtern. In Bezug auf die Entstehung der Leistungsaufträge verwies sie auf die Zusammenarbeit zwischen Parlament bzw.

---

[257] „Aber man kann beispielsweise nicht das ersehen, was mit der Umstellung, der Digitalisierung der Geodokumente beabsichtigt ist, wie dies geschehen soll. Das sind jetzt erste Kennzahlen. Dies zeigt sich auch für die digitalen Karten, die für diesen Bereich vorgegeben sind (Anlage 15)."

den Regierungsfraktionen und den Ministerien. Gleichwohl könne das Instrument aber stärker im Rahmen des Haushaltsberatungsverfahrens zum Einsatz kommen. Hier könnten vor allem die Vertreter außerhalb des Haushaltsbereichs verfahrensmäßig integriert werden. Insgesamt müssten die Kennzahlen und Zielgrößen nachprüfbar gestaltet werden. Daneben bedürfe es aber auch der Verstärkung der Akzeptanz als Steuerungsinstrument. Bei der Frage nach der Instrumentalisierung von Leistungsaufträgen zur Verwirklichung von Koalitionsvereinbarungen und zur Möglichkeit der Nach-Steuerung verwies sie auf deren Fernziel-Charakter.[258] Diese Dimensionen seien zwar grundsätzlich wünschenswert, aber in der jetzigen Situation müssten erstmal weitere Zwischenschritte unternommen und geeignete Umsetzungsmöglichkeiten erkundet werden.

b. Kuhn

Der Abgeordnete Kuhn von der Regierungsfraktion der FDP verwies zunächst auf den Modernisierungscharakter des Steuerungsinstruments und dass die Idee dazu schon in Zeiten der Opposition entstanden war. Auch heute werde in dem Leistungsauftrag ein Instrument gesehen, dass sowohl Regierungsfraktionen als auch die Opposition gleichermaßen begrüßten, was sich auch in den gemeinsamen Beschlüssen zeige. Für das weitere Vorgehen müsse nun das Spektrum der Leistungsaufträge erweitert werden. Dies gelte für die Anzahl der Leistungsaufträge als auch für das Verfahren selbst.

Hervorzuheben sei aber schon jetzt, die Verbesserung der Haushaltstransparenz und der Aufgaben- und Ausgabensteuerung. Dabei verwies Kuhn darauf, dass nicht nur die Oppositionsfraktionen ein Bedürfnis hätten, über die Tätigkeit der Regierung Informationen zu bekommen. Auch die Regierungsfraktionen hätten nicht nur die Aufgabe im Haushaltsverfahren auf Aufstellung und Verabschiedung des Haushalts, sondern wollten auch eine Überprüfbarkeit und Nachvollziehbarkeit des Erfolgs, auch um ggf. nachbessern oder nachsteuern zu können. So würde die Rolle des Parlaments insgesamt mit Wirkung für Oppositions- aber auch die Regierungsfraktionen betont.

Darüber hinaus werde auch die Informierung der Öffentlichkeit und interessierter Gruppen positiv verändert, da die Informationen aus dem bisherigen Haushalt schwer zugänglich waren. Dies diene auch dem Demokratiegedanken, da so eine verstärkte Beteiligung und Identifikation am (quantifizierbaren) Regierungshandeln ermöglicht werde. Auch dazu sei allerdings eine Standardisie-

[258] Zudem wurde auch die Problematik externer Faktoren z. B. im Bereich des Arbeitsmarktes und die Möglichkeit der Abbildung solcher Einflüsse in Kennzahlen angesprochen.

rung der Leistungsaufträge mit einem Kennzahlensystem notwendig. Hier könnte ein allgemein geltender Teil und ein fachspezifischer Teil unterschieden werden. Dabei müsse aber auch auf den Abgleich mit den kameralen Daten geachtet werden.

Insgesamt stelle sich die Frage nach der Grenze des Einsatzes von Leistungsaufträgen, sowohl was die Anzahl aber auch was die Tiefe der Kennzahlen angeht. So zeige der Leistungsauftrag 06 02, wie schwierig es sei, Ziele zu quantifizieren. Daher müsse vor allem auf die politische Nachvollziehbarkeit und auf die die Ziele beeinflussenden Faktoren abgestellt werden. Die Ausweitung der Leistungsaufträge müsse jedenfalls im Verhältnis zu dem Nutzen stehen, der mit den neuen Informationen erwartet werden kann.

2. Abgeordnete Oppositionsfraktionen

a. Bracht

Von Seiten der Opposition warf der Vertreter der CDU, der Abgeordnete Bracht, die Frage auf, inwieweit der Leistungsauftrag ein ausreichendes Kontrollinstrument der Oppositionsfraktionen zur Erledigung der Kontrollfunktion des Parlaments und damit der Opposition sein könne. Zunächst bestehe aufgrund des verfassungsmäßigen Auftrags eine große Übereinstimmung der Regierungsfraktionen mit der Opposition, was das Bedürfnis nach Information betrifft. Dann aber müsse für die Opposition notwendigerweise berücksichtigt werden, dass Regierungsfraktionen und Regierung einen informellen Fluss und Kontakte untereinander haben. Aufgrund der gemeinsam gestalteten Politik habe dies auch Auswirkung auf die Haushaltspläne, wenn z. B. die Eckwertebeschlüsse betroffen seien.

Demgegenüber habe aber die Landesregierung wenig Interesse daran, der Opposition mit Informationen über ihre Planungen und Ziele zu versorgen. Insoweit sei die Kontrollfunktion beeinträchtigt. Dabei verwies er aber darauf, dass der Wille zum Einsatz der Leistungsaufträge gemeinsam von Regierung und Opposition getragen wurde, um nicht nur die Steuerungsmöglichkeiten zu verbessern, sondern auch um die Transparenz zu erhöhen. Daher sei es nun auch an allen Beteiligten, Kompromissbereitschaft zu zeigen und dem Handlungsbedarf gemäß den Beschlüssen des Parlaments nachzugeben.

Wenn die mit dem Leistungsauftrag verbundenen Chancen aber genutzt würden, so könnte die Opposition Informationen über Planungen und Ziele der Regierung erhalten und so besser kontrollieren. Klarheit und Transparenz könnten auch über Abläufe und Strukturen des Regierungshandelns geschaffen werden.

Dazu verwies er noch mal auf den verfassungsmäßigen Auftrag des Parlaments, die Regierung zu kontrollieren, der bisher mit der einzeltitelbezogenen Darstellung der Ausgaben im Haushaltsplan insgesamt gut gewährleistet worden sei. Da diese Form der Kontrolle mit der Ausweitung der Budgetierung eingeschränkt worden sei, biete der Leistungsauftrag hier die Chance zur Kompensation, wenn er auch ein Mindestmaß an Inhalt habe. Hierzu nannte Bracht die schon bisher unterschiedlichen Leistungsaufträge, die teilweise sehr konkret gestaltet seien. Entscheidend sei aber, dass die Ziele eines Leistungsauftrags klar formuliert werden, wie das im Leistungsauftrag 06 02 nur unzureichend erfolgt sei. Zur Verdeutlichung zitierte Bracht aus der Drucksache der Landesregierung zur Aufgabenkritik[259], wonach es Ziel der Leistungsaufträge sei, „die von der Politik vorgegebenen Ziele, Perspektiven, Motivationen möglichst kennzahlenorientiert darzustellen und abzubilden, um sie nach Ablauf der vorgegebenen Zeit auf ihren Realisierungs- und Umsetzungsgrad überprüfen zu können." Dies mache deutlich, wie wichtig für die Nachprüfbarkeit ein konkret formuliertes Ziel sei.

Insgesamt sei das gemeinsame Vorgehen von Regierung und Opposition zu begrüßen, der Leistungsauftrag diene auch beiden. Erforderlich werde allerdings noch eine Zwischensteuerung, die über den informellen Charakter beim Budgetbericht hinausgehen müsse. Auch hier müsse weniger verbalisiert und mehr kennzahlenorientiert dargestellt werden. Der Vorteil des Instruments Leistungsauftrag hänge daher von der Ausgestaltung des einzelnen Leistungsauftrags ab.

b. Thomas

Die Vertreterin von BÜNDNIS 90/Die Grünen, die Abgeordnete Thomas, verwies zunächst grundsätzlich auf die Vorteile der Verbindung von Fach- und Finanzverantwortung. Diese seien auch in dem Leistungsauftrag enthalten. Bei aller Gemeinsamkeit zwischen den Regierungs- und den Oppositionsfraktionen gebe es auch genügend unterschiedliche Interessen. So habe von ihrer Seite auch schon der Wunsch bestanden, auf die Initiativmöglichkeiten des Parlaments bei Leistungsaufträgen näher einzugehen. Die Vorteile des Leistungsauftrags lägen aber jedenfalls in der Verbesserung der bisherigen Situation, z. B. bei dem realen Einfluss auf die Ausgestaltung einzelner Haushaltspositionen aus Sicht der Parlamentarier. Hier bringe die Output-Steuerung mehr Einfluss als die Input-Orientierung. Anzustreben sei aber, dass die Leistungsaufträge konkret, transparent, visionär und politisch seien, was bei den jetzigen Ausgestaltungen noch

[259] LT-Drs. 14/3738, S. 33.

nicht gegeben sei; diese variieren noch sehr stark. Visionär müssten die „zentralen Kernpunkte eines politischen Programms, auf einen Leistungsauftrag“ „in Zielgrößen, Zielvereinbarungen und Kennzahlen“ gefasst und herunter gebrochen werden.

In der Vorgehensweise bestätigte Thomas aber die Notwendigkeit zu üben und des Diskurses, da es ja auch an Vorbildern und Orientierungsmöglichkeiten mangele. Dies gelte z. B. auch für die Möglichkeit von Initiativen aus dem Parlament. Hier bestünde das Interesse an Leistungsaufträgen mit bestimmten Aufgaben-, Tätigkeits- und Programmbereichen innerhalb des Haushalts. Bisher sei aber noch nicht die Situation gegeben gewesen, einzelne Leistungsaufträge in ihren Details zu verändern, da zunächst gemeinsam gehandelt werden sollte.

Im Übrigen sei auch die Informierung anderer Fachleute außerhalb des Haushalts- und Finanzausschusses über die Möglichkeiten des Instruments Leistungsauftrag sehr schwierig. Hier bestünde noch Nachholbedarf, was die Aufklärung betrifft. So sei auch ein gemeinsames Verfahren mit allen Beteiligten zu intensivieren. Auch daher sollten die Beteiligungs- und Initiativmöglichkeiten bei den Leistungsaufträgen ausgeweitet werden.

3. Edinger

Edinger vom Wissenschaftlichen Dienst des Landtags betonte unter Verweis auf das BVerfG die Wichtigkeit und Bedeutung des parlamentarischen Budgetrechts. Dieses sei bei der Ausweitung von Deckungsfähigkeiten, Flexibilisierungen und Übertragbarkeiten gefährdet. Dies gelte für die Regierungs- wie für die Oppositionsfraktionen. Die Wirksamkeit des Budgetrechts erfordere daher in unverzichtbarer Art und Weise die Transparenz des Haushaltsgebarens und einen Ausgleich bei Einschränkung der bisherigen Darstellungspflichten. Der Leistungsauftrag müsse nun daher entsprechend den Beschlüssen des Parlaments die Aussagefähigkeit des Haushaltsplans durch eine gestraffte, nach Politikfeldern ausgerichtete Veranschlagung und die Integration der von der Landesregierung entwickelten Kapitelvorworte verbessern. Dann sei der Leistungsauftrag ein wichtiges Element zur Sicherung des parlamentarischen Budgetrechts.

Rechtlich sei der Leistungsauftrag „Teil des Haushaltsplans und damit eine gesetzliche Bestimmung und kein Kontrakt, also kein Vertrag zwischen Parlament und Regierung, sondern Gesetz.“ Demgegenüber seien Kontraktmanagement und Zielvereinbarungen verwaltungsinterne Instrumente, insoweit sie den Bürgern gegenüber - wie auch der Haushaltsplan - keine Außenwirkung hätten. Entscheidend sei die Steuerungswirkung als Zielvorgabe, deren Erreichung keine rechtlichen, sondern wenn, politische Konsequenzen für die Exekutive hätte.

Zu diesem Zweck diene die Informierung durch die halbjährlichen Budgetberichte. Bei der Berichterstattung bestehe aber noch Erweiterungsbedarf, was z. B. die Rechnungslegung betreffe.

III. Vertreter des Bereichs der Regierung und Verwaltung

1. Deubel

Aus der Sicht der Regierung betonte Staatssekretär Deubel die Entstehung des Instruments von parlamentarischer Seite in einer Zeit der angespannten Haushaltslage und verwies auf die Einbettung des Instruments in den Prozess der Budgetierung und der Ausweitung der KLR. Der Leistungsauftrag biete den Vorteil seiner individuellen Gestaltung und der Bezugnahme auf Details wie Zeit, Volumen, Ziele und Strategien. Präzise könnten konkrete Vorhaben, Projekte, Mengen und Volumen dargestellt werden. Dies steigere nicht nur aus der Sicht des Parlaments, sondern auch aus der Sicht der Regierung die Transparenz. Dies diene auch der Arbeit mit den nachgeordneten Bereichen, was die Klarheit über anzustrebende Ziele betrifft. Darüber hinaus werde auch dem gesteigerten Bedürfnis der Öffentlichkeit nach Information Rechnung getragen.

Bei der Ausgestaltung der Leistungsaufträge können Visionen integriert und aus politischen Programmen hergeleitet und konkretisiert werden. Die Erreichung politisch gesteckter Ziele werde so mess- und nachprüfbarer. Als Vorstufe für die Transparenz dienen inzwischen auch die Kapitelvorworte, die die Outputs mit den voraussichtlichen Kosten, Leistungen und den erwarteten Wirkungen darstellen sollen. Insoweit bestünden bereits Effizienz- und Effektivitätsaussagen auf der Grundlage von Kennzahlen und Indikatoren, was sehr von den jeweiligen Ressorts abhänge. Deubel betonte die Ergebnisse der Leistungsaufträge durch die Qualitätssteigerung im Bereich 04 04, 14 10 sowie 15 40 und der Verbesserung des Ausbildungsstandes der Lehrer im Bereich 09 19.

Bei der Bewertung des Instruments sei zu berücksichtigen, dass die Politik erwarte, dass die Leistungsaufträge immer stärker konkretisiert und auch nachvollziehbar und messbar ausgestaltet würden. Vor diesem Hintergrund seien auch die neuen Leistungsaufträge weiter ausgebaut worden. Nun sei festzustellen, dass die darin beschriebenen Ziele teilweise weit, aber manchmal auch eng beschrieben werden. Hier hob Deubel hervor, dass eine Abhängigkeit von Parlament und Ministerien bestünde, insoweit diese die Wichtigkeit und Notwendigkeit bestimmten. Daneben spiele auch die Eigeninitiative der Bereiche eine Rolle, „die die Aufträge sozusagen selbst formulieren“ und dann das Verfahren bei Ministerien, Kabinett und Landtag durchlaufen. Was daneben das Berichtswesen betrifft, so sei bei dem jetzigen Interesse ein halbjährlicher Rhythmus und die kurze und knappe Darstellung der Erfüllung der Leistungsaufträge sinnvoll. Insgesamt würden die Leistungsaufträge in den nächsten Jahren weiterentwickelt und in den Ressorts ausgebracht, die bereits Erfahrungen sammeln konnten. Was die Vergleichbarkeit von Outputs und Kennzahlen mit anderen Bundesländern betrifft, so könne dies wohl nicht flächendeckend, sondern nur in einzelnen Bereichen erfolgen. Ggf. müssten dazu auch Vergleichsringe gebildet werden. Ähnliche Probleme bestünden auf kommunaler Ebene. Diese müsste im Übrigen miteinbezogen werden, wenn man die Leistungen von Ländern vergleichen wollte, da hier eine Arbeitsteilung bestehe.

Bei der weiteren Einführung der Leistungsaufträge sei aus Gründen der Verhältnismäßigkeit von einer flächendeckenden Anwendung abzusehen und auf ausgewählte Bereiche zu beschränken, da oft nur 5-10% der Bereiche überhaupt politisch interessant seien. Ein anderer interessanter Punkt sei aber die Möglichkeit „übergreifender" Leistungsaufträge. So sei z. B. die Schwerpunktthematik „Demografie" von politischem Interesse, könnte aber nicht auf einen Bereich beschränkt werden. Hier müsse man von einem sog. „Querschnittsthema" sprechen, was ggf. einen „Querschnittsleistungsauftrag" erfordere. Dies könnte auch den Vorteil bringen, dass sich Bereiche mit Einzelthemen befassten, für die sie sich bisher nicht zuständig fühlten. Daher sei es sinnvoll, sich an Themen zu orientieren, anstatt flächendeckend alles mit Leistungsaufträgen abdecken zu wollen.

2. Keilmann

Keilmann verwies auf das Verfahren beim Zustandekommen der Leistungsaufträge. Danach vollzieht sich die Aufstellung der Leistungsaufträge am bisherigen Haushaltsverfahren, um möglichst wenig zusätzlichen Aufwand zu erzeugen. Dementsprechend werde der Entwurf zunächst von der zuständigen Organisationseinheit erstellt, der dann durch das Finanzministerium geprüft werde. Danach werde er als Ministervorlage an die Landesregierung weitergeleitet, damit diese die Leistungsaufträge im Haushaltsplan beschließen kann. Danach beginne das parlamentarische Verfahren mit der Beratung in den Fachausschüssen. Was den Budgetbericht betrifft, so sei die Berichterstattung über die Leistungsaufträge hier günstig eingerichtet, insoweit die Erfüllung gut dargestellt werden könne. Dazu würden neben den verbalen Darstellungen nun auch die leistungsorientierten Kennzahlen und Zielgrößen ausgebaut. Dabei würde nicht nur nach dem Erreichten, sondern auch nach den nächsten Zielen gefragt. Zwar habe es bisher noch keine Änderungen an den Leistungsaufträgen gegeben, dabei sollten diese aber nur in Abstimmung mit dem Ressort vorgenommen werden. Denn schließlich verfügten diese über die notwendigen Kennzahlen und den sich aus dem kameralen Teil ergebenden Voraussetzungen hinsichtlich des finanziellen Hintergrunds. Die beiden Teile müssten in jedem Fall in Übereinstimmung bleiben.

Keilmann betonte die Anwendungsmöglichkeiten der Zielvereinbarungen bei der Umsetzung der Leistungsaufträge, wie sie in § 7 Abs. 3 LHG geregelt sind. Daneben sei das Instrument der KLR zwar sinnvoll anzuwenden, gleichwohl sollte aber dies nur verwaltungsintern und nicht neben den Leistungsaufträgen zum Einsatz kommen. Aus der Sicht des Parlaments sei es sinnvoll, die übergeordneten Bereiche und Mechanismen zu behandeln. In der Terminologie der Produkte sei dies der Produktplan, ggf. Produktbereich oder Produktgruppen. Daher sei es z. B. sinnvoll, auf die Festlegungen in der Koalitionsvereinbarung abzustellen. Hier fänden sich sowohl allgemeine Themen, aber auch detaillierte Zielvorgaben. Dementsprechend könnten Leistungsaufträge auch zeitlichen Wirkungs- und Berichterstattungsrahmen von fünf Jahren haben, die in kürzere Zwischenschritte unterteilt werden können.

Ingesamt sei der Gewinn an Transparenz zu begrüßen, da ein erheblich leichterer Einstieg in die Thematik der Ausgaben und Aufgaben über die finanziellen Aspekte hinaus ermöglicht werde. Damit sei eine verbesserte Kontrolle der Exekutive verbunden. Als Steuerungsinstrument müsse aber darauf geachtet werden, eine Detailsteuerung zu vermeiden und auf einer übergeordneten Ebene zu bleiben. Jedenfalls müsse bei deren Ausgestaltung immer auf die Übereinstimmung mit den kameralen Daten geachtet werden. Zur Weiterentwicklung und weiteren Umsetzung des Instruments sei die Einrichtung einer Task-Force sinnvoll, die den Beteiligten in den Ministerien als auch im Parlament zur Seite stehen könnte. Diese könnte dann auch bei der Frage nach der Möglichkeit von Umschichtungen und Umsteuerungsmöglichkeiten, wie z. B. bei der BSE-Krise, zum Einsatz kommen.

3. Fuckner

Ministerialdirigent Fuckner, Zentralabteilungsleiter im Innenministerium Rheinland-Pfalz, machte auf zusätzliche Aspekte bei der Festsetzung von Zielen in Leistungsaufträgen aufmerksam. So sei es trivial, wenn etwas festgelegt wird, dass ohnehin erreicht werde. Demgegenüber könnte aber auch illusionäre Ziele aufgenommen werden, wie z. B. die Verbesserung der Lage auf dem Arbeitsmarkt bzw. einen Beitrag dazu zu leisten. Daher müssten Ziele operationalisierbar ausgestaltet werden, wenn sie überprüfbar sein sollen, sonst handele es sich um Scheinziele. Schließlich aber könnten Ziele als gefährlich oder interessant eingestuft werden, wenn die Regierung in bestimmten Bereichen tatsächlich festgelegt und überprüft werden kann. Solche eigentlich politischen Ziele sollten genauer betrachtet und als sinnvolle Zielvorgaben gesucht werden, wenngleich das Problem aus Regierungssicht bestehe, der Opposition nicht zu viele Informationen vermitteln zu wollen. Darüber hinaus müsse auch berücksichtigt werden, dass sich teilweise Entwicklungen vollziehen, die erheblich schneller seien als eine Haushaltsperiode. Hier könnten Ziele sehr schnell überholt werden. Insoweit sei über „projektbegleitendes" Tätigwerden und dementsprechend neue Formen der Zusammenarbeit zwischen Parlament und Regierung nachzudenken.

4. Kentenich

Kentenich, leitender Regierungsdirektor vom Finanzamt Trier, verwies auf die Zusammenhänge zwischen den übergeordneten und nachgeordneten Bereichen. So sei auf der Ortsebene ein Interesse an Kennzahlen vorhanden, wenn es z. B. um Qualitätssteigerungen gehe. Darüber hinaus aber, wolle man auch wissen, an welchen Strategien bei der Festlegung von Zielvereinbarungen man sich orientieren und welche Details für die übergeordnete Ebene wichtig sein sollen.[260]

IV. Weitere Statements

1. von Unruh

von Unruh berichtete über die vergleichbare Entwicklung in Hessen und betonte zunächst das unterschiedliche Interesse von Regierungs- und Oppositionsfraktion an Informationen über das Regierungshandeln. Auch in Hessen sollen nun Zielvorgaben und Ergebnisse in den Vordergrund gestellt werden.[261] Die Vorschläge würden dabei ebenfalls von der Verwaltung ausgearbeitet. In Hessen bestehe noch keine Klarheit über die endgültige Reichweite der Anwendungsmöglichkeiten ergebnisorientierter Steuerung. Ebenso gäbe es eine Diskussion über das Ausmaß und die Tiefe der Berichterstattung gegenüber dem Parlament. In der weiteren Entwicklung soll nun beim Landtag ein „Budgetbüro" errichtet werden, um allen Beteiligten beratend zur Seite zu stehen.

---

[260] „Ich glaube nicht, dass es dazu ausreicht, dass wir wissen, falls wir den Haushaltsplan lesen und verstehen, wo das Geld hingeht, sondern dass Sie wirklich einmal sagen, was Sie wollen." „Wir brauchen diese klaren Hinweise, was wollen Sie, und dann werden wir versuchen, das über Ziele abzubilden."

[261] „Das Parlament bestimmt das `Was´ des Verwaltungshandelns, die Exekutive das `Wie´."

2. Baehr

Ministerialrätin Dr. Baehr vom Finanzministerium Schleswig-Holstein machte deutlich, dass auch die dortige Situation vergleichbar sei. Dort würden die Festsetzungen „zusätzliche Erläuterungen" genannt, die als gelbe Seiten zum Haushalt zusätzlich abgedruckt würden. Momentan gebe es diese in einer Modellbehörde für jeden Einzelplan. Für die Kennzahlen werde ein standardisiertes Formular bereitgestellt, das sich in der jeweils aktuellsten Fassung aus den Verwaltungsvorschriften zu § 7a LHO-SH ergebe. Inzwischen seien alle von der Neuerung erfassten Verwaltungen aufgefordert, solche Kennzahlen mit Mengen und Qualitäten zu konkretisieren. Auch gebe es schon eine Definition von Outcomes, da eine Behindertenschule die Prozentzahl für die Chancen im „normalen" Unterricht oder Berufsalltag gemessen hat.

Auch im Berichtswesen erhalte das Parlament die Informationen über die Kennzahlen in standardisierter Form. Gleichwohl finde aber noch keine ausgiebige Diskussion statt, da wahrscheinlich noch zu wenige Vergleichsmöglichkeiten bestehen. Dies zeige, dass bei der Einführung die Auswahl politisch unproblematischer Bereiche in der Versuchsphase sinnvoll ist, aber das Interesse wohl erst in anderen Bereichen wachsen werde. In der Einführungsphase würden zunächst auch noch Kennzahlen und Ziele ausgewählt, die noch leicht zu erreichen seien. Dies müsse sich im Laufe der Zeit noch entwickeln. Was das Verfahren betrifft, so arbeiten die Fachausschüsse mit dem Finanzausschuss inzwischen zusammen und werden auch beide über die Berichte informiert. Allerdings war Baehr der Meinung, dass das Instrument der KLR nicht nur verwaltungsintern, sondern auch für das Parlament wichtige Informationen und Kennzahlen liefern könne.

3. Schill

Aus der Sicht des Rechnungshofs Rheinland-Pfalz begrüßte die leitende Ministerialrätin Schill das Instrument des Leistungsauftrags, da so ein weiterer Prüfungsmaßstab zur Erfolgskontrolle geliefert werde. Dazu müssten die bisherigen tatsächlichen Leistungsaufträge in der Ausgestaltung und Konkretisierung aber noch weiterentwickelt werden. Dabei bestünde aber auch die Gefahr, dass lediglich das festgesetzt werde, was ohnehin erreicht werde und nicht das, was optimalerweise erreicht werden sollte. Dies wäre dann keine Unterstützung für die Arbeit des Rechnungshofs. Dazu müssten die Leistungsaufträge auch noch mehr mit den zur Verfügung stehenden Mitteln verknüpft werden. Zudem sei aber auch die Belastbarkeit von Kennzahlen und den mit der Ermittlung zusammenhängenden Kostenwand zu hinterfragen. Hier müsse auf die Verhältnismäßigkeit geachtet werden.

V. Hill

Prof. Hill stellte zunächst zehn Thesen zum Thema Leistungsauftrag als Anregung für die Diskussion vor. Zunächst betonte Hill die Wirkung des Leistungsauftrags für die Weiterentwicklung des Verhältnisses zwischen Parlament und Regierung, was als wertvolle Pionierleistung angesehen werden könne. Zudem könnten die Inhalte der Leistungsaufträge als eine Wertschätzung der Arbeit der Verwaltungen durch das Parlament betrachtet werden. Insoweit bestehe eine günstige zeitnahe Darstellungsmöglichkeit, die auch der Transparenz diene. Weiterhin müsste die Funktion der Leistungsaufträge in den Vordergrund gestellt und auf die Veränderungsmöglichkeiten abgestellt werden. Dabei sei das Kosten-Nutzen-Verhältnis der neuen Informationen für die politische Steuerung zu berücksichtigen. Daneben müssten Leistungsaufträge in eine strategische und politische Steuerung eingebettet sein, die einen Spielraum im operativen Bereich belässt.

Hinsichtlich des Berichtswesens müsse bei den Kennzahlen auf die politische Ausrichtung und auf die Wirkungen geachtet werden. Hier komme es daher auf den Empfängerhorizont des Parlaments an. Dazu könnten die Berichte zukunftsorientierter ausgestaltet werden, damit die Politik Perspektiven in diese Richtung entwickelt. So sollte darüber hinaus der Leistungsauftrag nicht lediglich eine Fortschreibung des Bestehenden bleiben, sondern noch nicht erreichte Ziele der Politik festlegen. Dazu könnten ggf. auch politikfeldübergreifende und ressortübergreifende Leistungsaufträge entwickelt werden. Daneben müsste bei der Ausarbeitung der Kennzahlen und Qualitätskriterien der Modernisierungsgedanke im Auge behalten und Innovationspotenziale erschlossen werden. Auch könnten die Leistungsaufträge so gestaltet werden, dass – ähnlich wie bei den sog. „Bürgerhaushalten“ auf kommunaler Ebene – auch auf Landesebene das Interesse der Öffentlichkeit gestärkt wird. Ebenso könnte für die Landesverwaltung ein Anreiz geschaffen werden, mit den Leistungsaufträgen im Wettbewerb mit anderen Behörden quasi als Musterverwaltung dazustehen. Schließlich könnte mit den Leistungsaufträgen die rheinland-pfälzische Verwaltung und das neu steuernde und kontrollierende Parlament im deutschlandweiten Vergleich zu den modernsten in Deutschland entwickelt werden.

Im weiteren Verlauf des Workshops betonte Hill die Notwendigkeit der Festsetzung strategischer Schwerpunkte durch das Parlament, wie z. B. die Bevölkerungsentwicklung, das E-Government, der Bürokratieabbau oder das Landesentwicklungsprogramm. Dabei verwies Hill auf die in der Privatwirtschaft entwickelte Thematik des „Beyond Budgeting", die von dem eingefahrenen jährlichen Verfahren weggehe und die unterjährige Steuerung bevorzuge, da so besser auf aktuelle dynamische Entwicklungen Rücksicht genommen werden könne.

Hinsichtlich der Darstellung der Leistungsaufträge hob Hill Kapitel 09 19 zur Weiterbildung hervor, der insoweit einen vorbildlichen Standard mit Anzahl der Weiterbildungsstunden oder auch die Zahl der Teilnehmer enthalte. Gefragt seien insoweit Oberziele, Leistungsvorgaben und Strategieindikatoren. Hier könnten aber noch weitere Konkretisierungen vorgenommen werden, wie z. B. welche Bevölkerungsgruppen teilgenommen haben, und wie diese wiederum differenziert werden könnten. Aber auch hier käme es auf den damit verbundenen Aufwand an. Politisch könnten dabei auch Schwerpunkte wie der Spracherwerb von Migranten interessant sein als Integrationsaufgabe.

VI. Zusammenfassung

Insbesondere die Äußerungen der Parlamentarier im Verlauf des Workshops haben deutlich gemacht, dass grundsätzlich das Steuerungs- und Kontrollpotenzial des Instruments „Leistungsauftrag" auch in den bisherigen konkreten Leistungsaufträgen gesehen und anerkannt wird. Gleichwohl wird aber darauf hingewiesen und gefordert, dass der Anwendungsbereich ausgeweitet werden und die Art und Weise der Ausgestaltung verbessert werden müsse, damit vor allem auch die Möglichkeit der Kontrolle erweitert werden kann. Bei einer vorsichtigen Weiterentwicklung der Leistungsaufträge könnte auch Aufwand-Nutzen-Verhältnis hinreichend beachtet werden.

D. Verfassungsrechtliche Aspekte

Wie bereits dargestellt, haben die Entwicklungen im Bereich des Haushaltsverfahrens Einfluss auf die Steuerungs- und Kontrollmöglichkeiten des Parlaments genommen. Die beschriebene Ausgestaltung der Neuen Steuerung betrifft insoweit auch die Funktionen und Positionen der beiden Organe von Parlament und Regierung im gewaltenteilig organisierten Staat, wenngleich im allgemeinen daraufhin verwiesen wird, dass die weiteren Entwicklungen erst noch abgewartet werden müssten.[262] Aber auch für die spätere Frage nach Weiterentwicklungsansätzen sollen hier kurz die beschriebenen Entwicklungen in den verfassungsrechtlichen Zusammenhang gestellt werden.

I. Einleitung: Grundsatz der Gewaltenteilung und -verschränkung

Das Haushaltsverfahren zwischen Parlament und Regierung mit der Verwirklichung des parlamentarischen Budgetrechts ist integriert in das System der gegenseitigen Kontrolle der beiden Organe im gewaltenteilig organisierten Staat. Daher soll kurz dessen Entstehung und Reichweite dargestellt werden.

1. Von der Gewaltenteilung zur Gewaltenverschränkung

Der Grundsatz der Gewaltenteilung resultiert v. a. aus dem Rechtsstaatsprinzip, welches den rechtlich gebundenen Staat prägt.[263] Dieser Rechtsstaat wird in seinen Kompetenzen und Befugnissen, und damit in seiner Macht, begrenzt und stellt somit das Gegenteil zu einem Willkür-Staat dar, in dem der Mensch der hoheitlichen Macht ohnmächtig gegenüber steht.[264] Daher wurde der Rechtsstaat auch als Gegenpol zur Herrschaft absoluter Monarchen entwickelt. In einem Rechtsstaat sollte die staatliche Macht auf verschiedene und vor allem vom Monarchen unabhängige Träger der Gewalt verteilt werden. In der weiteren Entwicklung sollten diese Träger der Gewalt zudem vom Volk legitimiert werden;

---

[262] So könne es nicht sein, dass die Exekutive einen Rollenwechsel zum „bloßen Auftragnehmer" des Parlaments zu durchlaufen habe, *Bühler*, VM 2002, S. 277 f., und weiter: „Haushaltsgesetze seien eben keine auf Leistung und Gegenleistung beruhenden Kontrakte, mit denen das Parlament für seine Mittelbereitstellung eine Gegenleistung in Form von Outputs und Outcomes verlangen könne. Vielmehr hätte die Verwaltung einen ihr von der Verfassung zugestandenen gestalterischen Freiraum, durch den sie ja auch nicht dazu verpflichtet werden kann, die Haushaltsansätze voll auszuschöpfen." S. a. *Hill*, DÖV 2001, S. 795.

[263] Vgl. *Di Fabio*, in: *HStR II*, § 27, Rn. 1; s. *Hesse*, Grundzüge des Verfassungsrechts der Bundesrepublik Deutschland, Rn. 499, der darüber hinaus den Zusammenhang mit der freiheitssichernden, demokratischen und bundesstaatlichen Ordnung betont.

[264] S. *Di Fabio*, in: *HStR II*, § 27, Rn. 2.

insoweit besteht auch die Verflochtenheit mit dem Demokratieprinzip.[265] Zur weiteren Konkretisierung des Rechtsstaates sollte daher die Ausübung staatlicher Gewalt ausdrücklich und nachvollziehbar in Gesetzen festgeschrieben werden und nur nach diesen Gesetzen zulässig sein. Daher sollte zunächst hoheitliche Macht verrechtlicht und begrenzt werden, auch wenn sie auf einer demokratischen Mehrheitsentscheidung beruht.

In der weiteren Ausgestaltung dieser rechtlichen Ordnung des Rechtsstaats wurde dann der Gewaltenteilungs- und –verschränkungsgrundsatz entwickelt. Dieses Prinzip sollte den gemäßigten und rechtlich gebundenen Staat garantieren. Dazu wurden in der ursprünglich von Montesquieu entwickelten Ausgestaltung Exekutive, Legislative und Judikative unterschieden.[266] Dabei orientierte sich die rechtlich verbindliche Trennungslinie zwischen den Einheiten an der Machtverteilung in der Monarchie, nämlich zwischen dem vollziehenden Monarchen und der legislativen Versammlung, die in der weiteren Entwicklung vorwiegend aus dem Bürgertum bestand. Mit dem Verschwinden der Monarchie und der weiteren Demokratisierung wurden im heutigen Parlamentarismus auch die Machtgrenzen verschoben.[267] Exekutive und Legislative werden nun nicht mehr streng voneinander getrennt, sondern es fand eine Verschränkung zwischen den beiden Machtzentren statt.[268] Dadurch wurde die Regierung zu einem ausführenden Organ des Parlaments, wobei hier nun zu einem Organ der Parlamentsmehrheit, welches die Regierung wählt und trägt. Demgegenüber ging die früher entwickelte Aufgabe der Kontrolle auf die Parlamentsminderheit, die Opposition über.[269]

In dieser neuen Konstellation der Verschränkung der beiden Gewalten bekam schließlich auch die judikative Gewalt besondere Bedeutung. Sie musste vor dem Hintergrund dieser gewaltenverschränkenden Entwicklung ganz besonders unabhängig bleiben und in dieser Position auch geschützt werden. Dies führte in

---

265 S. *Di Fabio*, in: *HStR II*, § 27, Rn. 1.

266 S. *Imboden*, Montesquieu und die Gewaltentrennung. Zur Bedeutung von John Locke, vgl. *von Danwitz*, Der Staat 35 (1996), S. 331 ff.

267 S. *Hesse*, Grundzüge des Verfassungsrechts der Bundesrepublik Deutschland, Rn. 482.

268 Vgl. *BVerfGE* 3, S. 225 (247).

269 Vgl. dazu noch weitergehend *von Danwitz*, Der Staat (1996), S. 332: „Vielmehr hat die umfassende Demokratisierung der Staatsverfassung das der Gewaltenteilung zugrundeliegende Koordinatensystem grundlegend verändert, das an den Dualismus der real vorhandenen, originären politischen Machtträger anknüpfte. Gewaltenteilungsrechtlich gehört es seither zum guten Ton, an das Diktum von Richard Thomas über die Entschiedenheit zu erinnern, mit der das parlamentarische Regierungssystem einen *gewaltenvereinigenden* parlamentarischen Monismus etabliert hat." (Kursiv vom Verf.)

der Konsequenz zu der Bestärkung des Grundsatzes der Unabhängigkeit der Gerichte.[270]

2. Grundsatz der Gewaltenteilung und -verschränkung in der verfassungsmäßigen Ordnung des Grundgesetzes

Die konkrete Ausgestaltung des Grundsatzes der Gewaltenteilung im Grundgesetz ergibt sich zunächst aus Art. 20 Abs. 2[271]: „Alle Staatsgewalt geht vom Volke aus. Sie wird vom Volke in Wahlen und Abstimmungen und durch besondere Organe der Gesetzgebung, der vollziehenden Gewalt und der Rechtsprechung ausgeübt."[272] Daraus wird deutlich, dass die genannten Funktionen auf verschiedene „besondere" Organe verteilt werden müssen. Was Inhalt dieser Zuweisung ist, muss demgegenüber im Gesamtzusammenhang aller Regelungen des Grundgesetzes erschlossen werden.[273]

In der Ausgestaltung des Grundgesetzes[274] hat der Grundsatz der Gewaltenteilung und -verschränkung eine eigene Form bekommen, nach der der legislativen und der exekutiven Gewalt Rechte und Vorbehaltsbereiche zugeordnet werden.[275] Dabei sind das Modell des Rechtsstaats und der Grundsatz der Gewaltenteilung in der Ordnung des Grundgesetzes allerdings nicht unabänderlich oder abgeschlossen, sondern können in Abhängigkeit der jeweiligen Entwicklung verändert werden.[276] So wird im Zusammenhang mit der Konkretisierung des

---

[270] S. Art. 97 Abs. 1 GG, Art. 121 Landesverfassung RP.

[271] S. Art. 77 Abs. 1 Landesverfassung RP.

[272] Vgl. zur Entstehung und der Bedeutung des Begriffs der Gewalt in diesem Zusammenhang *Di Fabio*, in: *HStR II*, § 27, Rn. 2 f.

[273] *BVerfGE* 3, S. 225 (247): „Freilich ist Gewaltenteilung ein tragendes Ordnungsprinzip des Grundgesetzes. Seine Bedeutung liegt in der politischen Machtverteilung, dem Ineinandergreifen der drei Gewalten und der daraus resultierenden Mäßigung der Staatsherrschaft. Dieses Prinzip ist jedoch nirgends rein verwirklicht." Vgl. *Schnapp*, in: *von Münch/Kunig*, Art. 20, Rn. 41.

[274] Über Art. 28 Abs. 1 S. 1 GG mit Wirkung auf die Landesverfassung; vgl. Art. 77 Verfassung RP und die neueren Änderungen in Art. 89a. und 89b Verfassung RP, dazu LT-Drs. 13/5066.

[275] *BVerfGE* 30, S. 1, (28): „Denn dieses Prinzip verlangt nicht eine strikte Trennung der Gewalten, sondern lässt zu, dass ausnahmsweise Rechtsetzung durch Organe der Regierung und Verwaltung oder Regierung und Verwaltung durch Organe der Gesetzgebung ausgeübt werden können. Das Prinzip der Gewaltenteilung erlaubt auch, dass Rechtsschutz gegenüber Maßnahmen der Exekutive ausnahmsweise nicht durch Gerichte, sondern durch vom Parlament bestellte oder gebildete, unabhängige Institutionen innerhalb des Funktionsbereichs der Exekutive gewährt wird. Wesentlich ist, dass in diesem Fall noch die ratio der Gewaltenteilung, nämlich die wechselseitige Begrenzung und Kontrolle staatlicher Macht, erfüllt ist."

[276] Vgl. vor dem Hintergrund der aktuellen Entwicklung auch *Hill*, ZG 1998, S. 114 f.: „Es gibt nicht den Rechtsstaat an sich, sondern immer nur in einer bestimmten historischen Situa-

Grundsatzes der Gewaltenteilung aus dem Grundgesetz meist auf die sog. „Kernbereichstheorie" des BVerfGs[277] verwiesen[278], wonach keine Gewalt in den Kernbereich der anderen eingreifen und dazu auch nicht vom Gesetzgeber ermächtigt werden darf.[279] Bei der Frage nach dem Inhalt des exekutiven Kernbereichs[280] wird zwar im Allgemeinen darauf verwiesen, dass die Exekutive verantwortlich für die Organisation, das Binnenverfahren und das Personal sein muss.[281] Auch wird unter Geschäftsleitungsgewalt die Binnensteuerung der Exekutive verstanden, die mit den Instrumenten der aktionslenkenden Verwaltungsvorschriften und der amtlichen Weisungen arbeitet. Jedoch geht es bei dem Bereich der Exekutive nicht nur um den ausdrücklichen Vollzug von Gesetzen[282], vielmehr um die allgemeine Wahrnehmung von Aufgaben auf allen Tätigkeitsfeldern.[283] Gleichwohl wird insgesamt aber darauf hingewiesen, dass die Reichweite nicht lediglich dadurch bestimmt werden könne, dass der Vollzug all

tion legitimierte, geeignete und akzeptable rechtsstaatliche Ausprägungen. Für die Zukunft geht es darum, die Nachteile der „alten" Steuerung zu beseitigen und die Vorteile der „neuen" Steuerung zum Tragen zu bringen. Fraglich war und ist, ob traditionelle gebundene Entscheidungen der Verwaltung wirklich eine problem- und zeitgerechte Gesetzesverwirklichung zuließen und vermeintlich bestimmte gesetzliche Regelungen geeignet waren, komplexen Sachlagen gerecht zu werden."

277 *BVerfGE* 67, S. 100, (130, 139), wo es zunächst heißt: „Die Verantwortung der Regierung gegenüber Parlament und Volk (...) setzt notwendigerweise einen `Kernbereich exekutiver Eigenverantwortung´ voraus (...), der einen auch von parlamentarischen Untersuchungsausschüssen grundsätzlich nicht ausforschbaren Initiativ-, Beratungs- und Handlungsbereich einschließt."; vgl. *Herzog*, in: *MD*, Art. 20, Rn. 115; vgl. in Anwendung auf den Haushaltsvollzug *Mandelartz*, Das Zusammenwirken von Parlament und Regierung beim Haushaltsvollzug, S.198.

278 Vgl. auch *Schneider*, Die Verwaltung, Beiheft 4/2001, S. 186.

279 S. *BVerfGE* 34, S. 52 (59): „Der Kernbereich der verschiedenen Gewalten ist unveränderbar. Damit ist ausgeschlossen, dass eine der Gewalten die ihr von der Verfassung zugeschriebenen typischen Aufgaben preisgibt."

280 Vgl. *Zimmer*, Funktion – Kompetenz – Legitimation, S. 224.: „Vollzugskompetenz bedeutet die Herrschaft über die Alternative", und *Bartlsberger*, VVDStRL 33 (1975), S. 249: „Entscheidungsmöglichkeit zwischen mehreren Handlungsalternativen".

281 Vgl. auch *Osssenbühl*, Der Vorbehalt des Gesetzes und seine Grenzen S. 33: „Vollzugsgewalt, Organisationsgewalt, Normsetzungsgewalt, Komplementärgewalt", die er als „Restkompetenzen bezeichnet; s. dazu auch *BVerfGE* 9, S. 281 f.; vgl. auch Art. 86 S. 2 GG; *Böckenförde*, Die Organisationsgewalt im Bereich der Regierung.

282 S. *Mandelartz*, Das Zusammenwirken von Parlament und Regierung beim Haushaltsvollzug, S. 198, der auf die konkrete Anwendung des Gesetzes als Inhalt des Kernbereichs exekutivischer Funktionen verweist, die strukturbedingt sei, „da die Geschäfte der laufenden Verwaltung am besten von einem Organ wahrgenommen werden können, das über eine gewisse Alltagsroutine verfügt und sich auf kontinuierlich gesammelte Erfahrungen stützen kann."

283 Zum Begriff der Regierung *Stern*, Staatsrecht II, § 39; vgl. auch Kuhl, Der Kernbereich der Exekutive, S. 141 ff.

das umfasse, was nicht dem legislativen oder judikativen Bereich zugeordnet werden könne und was als „unmittelbares staatliches Tätigwerden" anzusehen ist.[284] Stattdessen wird immer wieder betont[285], dass sich bei der Konkretisierung des Exekutivvorbehalts Reichweite und Umfang nur schwer oder auch kaum abschließend bestimmen lassen.[286]

Auch ist in der weiteren Entwicklung der Rechtsprechung des *BVerfGs* keine abschließende scharfe Trennungslinie zwischen den Gewalten erkennbar geworden, was u. a. darauf zurückzuführen ist, dass beide Organe Legitimation beanspruchen können.[287] Zwar ist mit dem Grundsatz der „funktionsgerechten Organstruktur" ein Hinweis für die ggf. immer wieder neu vorzunehmende Konkretisierung der Gewaltenteilung gegeben worden[288], wenn dabei auch gleichzei-

---

[284] *Hesse*, Grundzüge des Verfassungsrechts der Bundesrepublik Deutschland, Rn. 530.

[285] Zum Verwaltungsvorbehalt vgl. *Ossenbühl*, Der Vorbehalt des Gesetzes und seine Grenzen, S. 29 f.

[286] S. *BVerfGE* 9, S. 268, 279 f.: „Nicht jede Einflussnahme des Parlaments auf die Verwaltung bedeutet schon einen Verstoß gegen die Gewaltenteilung. Selbst eine gewisse Gewichtsverlagerung auf Kosten der Exekutive zugunsten des Parlaments ist in der parlamentarischen Demokratie unbedenklich. Erst wenn zugunsten des Parlaments ein Einbruch in den Kernbereich der Exekutive erfolgt, ist das Gewaltenteilungsprinzip verletzt." Vgl. *Schneider*, Die Verwaltung, Beiheft 4/2001, S. 186, wonach die frühere Debatte über den Verwaltungsvorbehalt nur „geringen Ertrag" gebracht habe; vgl. *Schröder*, DVBl. 1984, S. 818.; vgl. zu den Schwierigkeiten bei der Bestimmung des Regierungsbegriffs *Frotscher*, Regierung als Rechtsbegriff, S. 267 ff.; vgl. dazu auch das Urteil des *Verfassungsgerichtshofs NRW* vom 9. 2. 1999, NJW 1999, S. 1243 ff., der die organisatorische Zusammenlegung von Innen- und Justizministerium durch einen Organisationserlass der Landesregierung für verfassungswidrig erklärte.

[287] *E* 49, S. 89 (125): „Die konkrete Ordnung der Verteilung und des Ausgleichs staatlicher Macht, die das Grundgesetz gewahrt wissen will, darf nicht durch einen aus dem Demokratieprinzip fälschlich abgeleiteten Gewaltenmonismus in Form eines allumfassenden Parlamentsvorbehalts unterlaufen werden. Aus dem Umstand, dass allein die Mitglieder des Parlaments unmittelbar vom Volk gewählt werden, folgt nicht, dass andere Institutionen und Funktionen der Staatsgewalt der demokratischen Legitimation entbehren. Die Organe der gesetzgebenden, der vollziehenden und der rechtsprechenden Gewalt beziehen ihre institutionelle und funktionelle demokratische Legitimation aus der in Art. 20 Abs. 2 GG getroffenen Entscheidung des Verfassungsgebers. Auch die unmittelbare personelle demokratische Legitimation der Mitglieder des Parlaments führt nicht schlechthin zu einem Entscheidungsmonopol des Parlaments. Die verfassungsgebende Gewalt hat in Art. 20 Abs. 2 und 3 GG auch die Exekutive als verfassungsunmittelbare Institution und Funktion geschaffen; die Verfahren zur Bestellung der Regierung verleihen ihr zugleich eine mittelbare personelle demokratische Legitimation des Art. 20 Abs. 2 GG (...)" Vgl. *E* 68, S. 1 (86 f.).

[288] S. dazu *BVerfGE* 68, S. 1 (86), unter Verweis auf Art. 20 Abs. 2 GG: „Die dort als Grundsatz normierte und organisatorische und funktionelle Unterscheidung und Trennung der Gewalten dient zumal der Verteilung von politischer Macht und Verantwortung sowie der Kontrolle der Machtträger; sie zielt auch darauf ab, dass staatliche Entscheidungen möglichst richtig, das heißt von den Organen getroffen werden, die dafür nach ihrer Organisation, Zusam-

tig ein System gegeben sein soll, das sowohl auf Trennung und Beschränkung als auch auf Zuordnung, Verschränkung und Balancierung angelegt ist.[289] Im Ergebnis ist daher aber der Grenzbereich zwischen Legislative und Exekutive nicht klar zu trennen.[290]

II. Gewaltenaufteilung im Haushaltsverfahren

Als ein Teil der Ausgestaltung des Grundsatzes der Gewaltenteilung und -verschränkung ist das Haushaltsverfahren anzusehen.[291] Zu dessen Konkretisierung wurden die Rechte und Pflichten von Parlament und Regierung in der Haushaltsverfassung in den Art. 109-115 des Grundgesetzes festgelegt. Hervorzuheben sind dabei das zunächst das klassische Budgetrecht des Parlaments sowie das Recht der Regierung auf Initiative und Vollzug des Haushalts.

1. Budgetrecht als Kontrollinstrument des Parlaments

Wie oben dargestellt, hatte das Budgetrecht des Parlaments aufgrund seiner Entwicklung seine wichtigste Bedeutung zunächst als Kontrollrecht, mit dem das Finanzgebaren der Regierung kontrolliert werden sollte.[292] Dies ist heute

---

mensetzung, Funktion und Verfahrensweise über die besten Voraussetzungen verfügen und sie will auf eine Mäßigung der Staatsgewalt insgesamt hinwirken." und weiter auf S. 87: „Die grundsätzliche Zuordnung der Akte des auswärtigen Verkehrs zum Kompetenzbereich der Exekutive beruht auf der Annahme, dass institutionell und auf Dauer typischerweise allein die Regierung in hinreichendem Maße über die personellen, sachlichen und organisatorischen Möglichkeiten verfügt, auf wechselnde äußere Lagen zügig und sachgerecht zu reagieren und so die staatliche Aufgabe, die auswärtigen Angelegenheiten verantwortlich wahrzunehmen, bestmöglich zu erfüllen."

[289] *BVerfGE* 34, S. 52 (59): „Nicht absolute Trennung, sondern gegenseitige Kontrolle, Hemmung und Mäßigung der Gewalten ist dem Verfassungsaufbau des Grundgesetzes zu entnehmen." m. w. N.; s. a. *Schnapp*, in: *von Münch/Kunig*, Art. 20, Rn. 41, unter Verweis auf *Hesse*, Grundzüge des Verfassungsrechts der Bundesrepublik Deutschland, Rn. 482.

[290] Vgl. *Schneider*, Die Verwaltung, Beiheft 4/2001, S. 186.

[291] S. zu Haushaltsverfahren und Gewaltenteilung *Maunz*, in: *MD*, Art.110, Rn. 1 ff.

[292] So das *BVerfGE* 67, S. 100, (130), zum Grundsatz der Gewaltenteilung im Allgemeinen: „Das parlamentarische Regierungssystem wird grundlegend auch durch die Kontrollfunktion des Parlaments geprägt. Der Grundsatz der Gewaltenteilung, der zu den tragenden Organisationsprinzipien des Grundgesetzes gehört und dessen Bedeutung in der politischen Machtverteilung, dem Ineinandergreifen der drei Gewalten und der daraus resultierenden Mäßigung der Staatsgewalt liegt (...), gebietet gerade im Hinblick auf die starke Stellung der Regierung, zumal wegen mangelnder Eingriffsmöglichkeiten des Parlaments in den der Exekutive zukommenden Bereich unmittelbarer Handlungsinitiative und Gesetzesanwendung, eine Auslegung des Grundgesetzes dahin, dass parlamentarische Kontrolle *wirksam* sein kann." (Kursiv im Original). Ergänzend dazu sind auch einige haushaltsrechtliche Grundsätze verfassungsrechtlich verankert: Vorherigkeit in Art. 110 Abs. 2 S. 1 GG, Einheit und Vollständigkeit in

v. a. in Art. 110 Abs. 2 S. 1 GG verankert: „Der Haushaltsplan wird für ein oder mehrere Rechnungsjahre, nach Jahren getrennt, vor Beginn des ersten Rechnungsjahres durch das Haushaltsgesetz festgestellt."[293] In seiner konkreten Weiterentwicklung müssen dazu dem Parlament ausreichend Informationen zur Verfügung gestellt werden, aus denen sich abschließend die Finanzen der Regierung ablesen lassen.[294] Die Aufweichung der dazu entwickelten Haushaltsgrundsätze beeinträchtigt dementsprechend auch die Kontrollmöglichkeiten des Parlaments. Dies hat zur Folge, dass mit jedem weiteren Schritt in dieser Entwicklung, der Einführung der Budgetierung und der dezentralen Ressourcenverantwortung ein entsprechender Ausgleich geschaffen werden muss. Sonst wäre es für die Regierung zusammen mit der Regierungsmehrheit im Parlament möglich, die zwingend notwendige Aussagekraft des Haushalts zu vermindern. Wenn demgegenüber die Ausübung einer Neuen Steuerung nicht nur zur Verbesserung der Effektivität der Steuerung, sondern auch zur Verbesserung der Kontrolle dienen soll, so muss in diesem Zusammenhang gewährleistet werden, dass das Parlament ausreichend Informationen über die finanziell wirksame Tätigkeit der Regierung erhält. Die dazu notwendige Informationsvermittlung muss auch effektiv erfolgen können und entsprechend transparent gestaltet werden. Es bedarf daher für eine wirksame Kontrolle der Information über strategische Ziele bzw. Zielvorgaben und deren Verwirklichung durch die Regierung. Daher muss die Regierung diese Informationen liefern, wenn die Kontrolldefizite gemindert werden sollen. Dazu sind auch vergleichbare Informationen über die Qualität und Quantität von Leistungen, beabsichtigte und erreichte Wirkungen und die dafür aufgewendeten Kosten heranzuziehen.

Art. 110 Abs. 1 S. 1 GG, Haushaltsausgleich in Art. 110 Abs. 1 S. 2 GG, Jährlichkeit in Art. 110 Abs. 2 GG, Bepackungsverbot in Art. 110 Abs. 4 S. 1 GG.

[293] Vgl. Art. 116 Landesverfassung RP.

[294] S. zur neuesten Rspr. bei der Ausübung der Kontrollfunktion im Bereich des Haushalts *BVerfGE* 92, S. 130 ff.

2. Budgetrecht als Steuerungsinstrument des Parlaments

Zur Konkretisierung des Budgetrechts als Steuerungsinstrument des Parlaments hat das BVerfG ausgeführt[295]: „Die Kompetenz zur Feststellung des Haushaltsplans liegt nach Art. 110 Abs. 2 GG ausschließlich beim Gesetzgeber. Dieser trifft mit der Entscheidung über den Haushaltsplan, der ein Wirtschaftsplan und zugleich ein staatsleitender Hoheitsakt in Gesetzesform ist, eine wirtschaftliche Grundsatzentscheidung für zentrale Bereiche der Politik während des Planungszeitraumes." So wird mit dem Haushalt durch das Parlament über die Ausgaben entschieden und nicht nur die zur Kontrolle notwendigen Informationen vermittelt[296], wobei diese Ausgaben vor dem Hintergrund des für die Haushaltsperiode geplanten Regierungsprogramms getätigt werden sollen.[297] Diese Kompetenz darf das Parlament auch nicht delegieren.[298] So hat das BVerfG schon frühzeitig zu den einzelnen Befugnissen des Bundestages im Haushaltsverfahren Stellung genommen und die notwendigen Einflussmöglichkeiten betont.[299] In der späteren Rechtsprechung hat es dabei vor allem auch die Position des einzelnen Abgeordneten und die Möglichkeit zur Änderung des vorgelegten Entwurfs hervorgehoben.[300] Neben den Befugnissen des Parlaments zurÄnde-

---

295 *E* 45, S. 1 (32).

296 *Mahrenholz*, in: *AK*, Art. 110, Rn. 14: „Im parlamentarischen System ist das Budget vermöge der Politik, die die Regierung mit dem Haushalt durchzuführen in der Lage ist, in erster Linie ein Instrument der Machterhaltung der jeweiligen Regierungsmehrheit." Vgl. *Hoffmann-Riem*, DÖV 1999, S. 226.

297 Vgl. *Ockermann*, Die Rolle des Parlaments bei der Modernisierung der öffentlichen Verwaltung, S. 94 ff.; s. a. das Urteil des *VerfGH NRW* vom 3. Mai 1994, DVBl. 1994, S. 860 f.

298 S. a. *Ockermann*, Die Rolle des Parlaments bei der Modernisierung der öffentlichen Verwaltung, S. 94 ff.

299 *BVerfGE* 1, S. 144 (161): „Art. 110 Abs. 2 und Satz 1 und 2 GG schreiben vor, dass der Haushaltsplan vor Beginn des Rechnungsjahres durch Gesetz festgestellt wird und in Einnahme und Ausgabe auszugleichen ist. Das hierdurch als Rechtssatz ausgesprochene Gebot des Haushaltsausgleichs richtet sich nicht nur an die Bundesregierung, sondern auch an Bundestag und Bundesrat. Die Bestimmung ist darüber hinaus eine ernste Mahnung zur Sparsamkeit an alle am Gesetzgebungsverfahren beteiligten Organe. (...) Denn Art. 110 Abs. 2 bezieht sich nur auf den Gesetzesbeschluss, durch den der Haushaltsplan festgestellt wird, berührt jedoch das Initiativrecht aus der Mitte des Bundestages nicht."

300 *E* 70, S. 324, 355 ff.: „c) Das Budgetrecht des Bundestages wird von den Abgeordneten insgesamt durch Verhandlung und Beschlussfassung im Plenum (Art. 42 GG) und – nach Maßgabe der Geschäftsordnung und der hierzu ergehenden Beschlüsse des Bundestages – in den Ausschüssen wahrgenommen. Daraus folgt, dass der einzelne Abgeordnete nach Art. 38 Abs. 1 i. V. m. Art. 77 Abs. 1 Satz 1 und Art. 110 Abs. 2 Satz 1 GG ein eigenes Recht auf Beurteilung des Haushaltsentwurfs der Bundesregierung und der hierzu geschäftsordnungsmäßig eingebrachten Änderungsanträge hat. Der Abgeordnete soll nach diesen Verfassungsbestimmungen seine Vorstellungen über die Verwendungsmöglichkeiten der Haus-

rung besteht für das Organ gleichzeitig auch bis zu einem gewissen Grad die Pflicht, die von der Regierung vorgeschlagenen Ausgaben zu bewilligen.[301] Davon sind Fälle erfasst, wonach z. B. Ausgaben verfassungsrechtlich begründet sind, Ausgaben auf Ansprüche Dritter zurückzuführen sind, Ausgaben aufgrund von Fachgesetzen erforderlich sind oder in einer früheren Legislaturperiode für einen noch andauernden Zweck genehmigt wurden.

Die oben dargestellte parlamentarische Realität und die aktuellen Umgestaltungen stellen die Erfüllung dieser Vorgaben in Frage, da die Einführung der Neuen Steuerung und die damit verbundene Budgetierung zu einem Steuerungsverlust führen.[302] Die konkrete Ausgestaltung der Neuen Steuerung in der Zukunft und die Steuerung durch Leistung, Wirkungen und Strategien wird daher erst noch zeigen müssen, inwieweit sie zu einer Kompensation oder Minderung dieser Defizite geeignet ist.

3. Recht der Regierung: Haushaltsinitiative, Haushaltsvollzug und Exekutivvorbehalt

a. Reichweite des geschützten Bereichs

Das Recht zur Initiative umfasst die Aufstellung und die Einbringung des Haushalts im Parlament.[303] Im Unterschied zur grundsätzlichen Regelung in Art. 76 Abs. 1 GG ergibt sich aus Art. 110 Abs. 3 GG, dass die Budgetinitiative ausschließlich der Regierung zusteht und die Kompetenz umfasst, den Haushaltsentwurf im Parlament mit dem Haushaltsgesetz vorzulegen. Davon unbenommen bleiben die Möglichkeiten des Haushaltsgesetzgebers, die Vorlagen

---

haltsmittel darlegen und dadurch die Entscheidung über den Haushaltsplan beeinflussen können (vgl. *BVerfGE* 45, 1 (38)).“
Vgl. auch *Heun*, in: *Dreier*, Art. 110, Rn. 36; *Jarass*, in: *Jarass/Pieroth*, Art. 110, Rn. 11, unter Verweis auf *BVerfGE* 70, S. 324 (355); *Heintzen*, in: *von Münch/Kunig*, Art. 110, Rn. 37: „Initiativmonopol heißt nicht, dass der Bundestag sich in einer Ratifikationslage befindet und den ihm vorgelegten Entwurf nur annehmen oder ablehnen kann; Änderungen sind, in den von Art. 113 gezogenen Grenzen (...) zulässig“.

[301] S. *Lange*, Der Staat Band 11 (1972), S. 313 ff.

[302] Vgl. *Mehde*, Neues Steuerungsmodell und Demokratieprinzip, S. 300 ff., 325, und 588: „Für die Annahme einer Kompensation durch die im Modell vorgesehene Outputsteuerung findet sich innerhalb der h. M. kein argumentativer Anknüpfungspunkt, da die Verbindlichkeit der normativ vorgegebenen Steuerungsinstrumente nicht unter einem Effektivitätsvorbehalt steht.“

[303] Vgl. *BVerfGE* 1, S. 144 (153) unter Verweis auf *Triepel*, AöR 39 (1920) S. 476: „Dem Wesen der Gesetzesinitiative entsprechend kann der Initiant verlangen, dass das Gesetzgebungsorgan sich mit seinem Vorschlag beschäftigt. Es muss darüber beraten und Beschluss fassen.“

des Haushalts zu ändern, wie sich auch aus dem Zusammenhang mit Art. 113 Abs. 1 GG „die von der Bundesregierung vorgeschlagenen Ausgaben“ ablesen lässt.[304] Der Vollzug, der sich an die Verabschiedung des Haushaltsplans anschließt, ist auch dem Organ Regierung übertragen. Dadurch kann die Regierung zwar die vorgesehenen Ausgaben leisten und Verpflichtungen eingehen, gleichwohl hat sie aber die vorgeschriebenen Grenzen einzuhalten. Inhaltlich ist sie aber nicht zur Umsetzung der Vorgaben verpflichtet. Ihr obliegt vielmehr ein Spielraum, der aber durch die Vorgaben der Fachgesetze eingeschränkt wird. Hinsichtlich der verfassungsrechtlichen Grundlagen des Vollzugs enthalten die Normen der Haushaltsverfassung grundsätzlich zwar Regelungen, die detaillierte Aussagen zu Kompetenzzuweisungen machen. Dabei ist aber zu berücksichtigen, dass dies kein festes Spektrum von Einzelregelungen ist, sondern der Gesamtrahmen, das Gesamtsystem, zu beachten ist.[305] So kann als rechtliche Grundlage für den Haushaltsvollzug kaum Art. 110 GG herangezogen werden, da dort lediglich der Inhalt und das Verfahren der Haushaltsgesetzgebung geregelt werden. So finden sich zunächst für die Zuordnung der parlamentarischen Kompetenzen im Haushaltsverfahren ausdrückliche Regelungen in Art. 110 und 114 GG. Demgegenüber muss aber der darin nicht enthaltene Vollzug des Haushalts im Umkehrschluss der Regierung zugeordnet werden, so dass als Rechtsgrundlage für den Vollzug von Haushaltsgesetz und Haushaltsplan auf die allgemeinen Grundsätze der Gewaltenteilung abzustellen ist.[306] Zudem ist die Regierung bei der Umsetzung der Vorgaben durch allgemein gehaltene Prinzipien gebunden und hat beim Vollzug des Haushalts u. a. die Grundsätze von Wirtschaftlichkeit und Sparsamkeit zu beachten. Insoweit ist der Regierung bei der Umsetzung der Vorgaben des Haushalts auch der Spielraum überlassen, um diese Grundsätze befolgen zu können.[307] Die Absicherung dieser Rahmenbedingungen erfolgt durch das Haushaltsgrundsätzegesetz und die Haushaltsordnungen.

---

[304] *Piduch*, Bundeshaushaltsrecht, Art. 110, Rn. 15, unter Verweis auf *BVerfGE* 1, S. 144 (161).

[305] Vgl. dazu *BVerfGE* 45, S. 1 (31): „Art. 112 GG (Haushaltsüberschreitung) darf nicht isoliert betrachtet und aus sich heraus ausgelegt werden. Inhalt und Grenzen der darin geregelten Kompetenz des Bundesministers der Finanzen lassen sich nur aus dem Gesamtzusammenhang der demokratisch-parlamentarischen Verfassung, insbesondere dem Gefüge der finanz- und haushaltsrechtlichen Bestimmungen des Grundgesetzes ermitteln.“

[306] *Maunz*, in: *MD*, Art. 110, Rn. 69 f.

[307] *Kisker*, in: *HStR IV*, § 89, Rn. 52.

b. *Aktuelle Entwicklung*

Im Zusammenhang mit der aktuellen Entwicklung wurde von Vertretern der Exekutive vorgebracht, dass mit den Neuerungen Probleme entstehen könnten.[308] Dabei wird u.a. die Position vertreten, dass die Regierung frei bleiben müsse, ob und inwieweit sie die von ihr selbst vorgeschlagenen - und dann vom Parlament beschlossenen - Ansätze des Haushaltsplans tatsächlich in Anspruch nehme. Diese Freiheit müsse sie demzufolge auch behalten, wenn nach der Einführung Neuer Steuerungselemente Ansätze im Haushalt ganz oder teilweise auf Initiative des Parlaments zurückgehen.[309] Unter Bezugnahme auf das Rollenverhältnis wird auch argumentiert, dass die Regierung in der Steuerung der Verwaltung eigenständig sei und nicht als bloßer Auftragnehmer des Parlaments gesehen werden könne.[310]

Die Ausgestaltung des Instruments des Leistungsauftrags in § 7b LHO kann insoweit nicht zur Stützung dieser Argumentation herangezogen werden. Das Instrument an sich hat – wie oben dargestellt – keine Veränderung der Position der Regierung herbeigeführt. Abgesehen davon kann die Nutzung des Instruments durch das Parlament im Einzelfall in den Exekutivbereich der Regierung eingreifen. Insoweit bleibt zunächst theoretisch die Gefahr verfassungswidrigen Verhaltens durch das Parlament bei Festsetzungen in den Leistungsaufträgen bestehen, die auch bereits jetzt beim Erlass von Gesetzen im Allgemeinen durch das Parlament nicht ausgeschlossen werden können. Auch wenn also die konkrete Ausgestaltung einzelner Leistungsaufträge in das Recht der Regierung auf Haushaltsvollzug eingreifen und so den verfassungsrechtlich gewährleisteten Gewaltenteilungsgrundsatz verletzen könnte[311], ist aber zu berücksichtigen, dass der Haushaltsplan mit den darin enthaltenen Leistungsaufträgen von der Regierung selbst aufgestellt und formuliert wird. Von Seiten des Parlaments können

---

[308] S. *Edinger*, Änderungen der Landeshaushaltsordnung Rheinland-Pfalz, S. 27 f.; vgl. *Schneider*, Die Verwaltung, Beiheft 4/2001, S. 186 ff.; *Kube*, DÖV 2000, S. 814 ff.

[309] S. die Zitate bei *Hill*, DÖV 2001, S. 794.

[310] *Hill*, DÖV 2001, S. 794, unter Verweis auf den Chef der Staatskanzlei des Landes Bremen Es handele nicht „auf Bestellung" im Sinne eines marktmäßig organisierten Austauschverhältnisses, die Beziehung von Parlament und Regierung sei nicht von Leistung und Gegenleistung geprägt; vgl. *Bühler*, VM 2002, S. 277 f.

[311] Vgl. auch *Schmitt/Reinemann*, VM 2004, S. 118:„RP beschreitet bei der Beschreibung von Zielen natürlich kein völliges Neuland. Auch in der Vergangenheit wurden die Regierungen durch parlamentarische Entschließungen – gerade auch im Zusammenhang mit der Verabschiedung des Haushaltsplanes – vielfältig politisch gebunden. Dies geht oft bis ins Detail."

lediglich Ergänzungen und Modifizierungen vorgenommen werden, die im parlamentarischen Verfahren mit der Regierung ausgehandelt werden.[312]

Daneben stellt sich, wie oben erörtert, bei der Neuen Steuerung die Frage nach der Möglichkeit des Parlaments, auch im laufenden Haushaltsjahr die Leistungsaufträge „nach"-steuern zu können. Hier könnte es zu einem Konflikt mit dem verfassungsmäßigen Recht der Regierung auf Haushaltsvollzug kommen.[313] Dabei ist aber zunächst zu berücksichtigen, dass auch in der bisherigen Ausgestaltung des Verhältnisses zwischen Parlament und Regierung eine Beteiligung des Parlaments am Haushaltsvollzug vorgesehen war.[314] So ist z. B. die Exekutive von der Zustimmung des Parlaments oder seiner Ausschüsse abhängig, wenn es um die Ausübung von gesperrten und noch nicht endgültig erteilten Ausgaben oder Verpflichtungsermächtigungen geht.[315] Dies wird nicht als Beeinträchtigung des Haushaltsvollzugs, sondern als Vervollständigung der vorherigen Feststellung des Haushaltsplans gesehen.[316] Zudem wurde neuerdings auch in der Rechtsprechung argumentiert, dass der „Verzicht auf parlamentarische Regelungsdichte bei der gesetzlichen Feststellung des Haushaltsplans" so „durch eine intensive parlamentarische Mitwirkung beim Haushaltsvollzug" kompensiert werden müsse.[317] Allerdings besteht auch für das Ausmaß dieser Zustimmungsvorbehalte eine Grenze. Dabei wird argumentiert, dass eine häufige Kooperation aufgrund solcher Anlässe das Kontrollverhältnis verändern könnte, so dass dem Kontrolleur der rechte „Biss" fehlt.[318]

---

312 *Edinger*, Änderungen der Landeshaushaltsordnung Rheinland-Pfalz, S. 27 f.: „Es gibt die Sorge, dass der Landtag mit Leistungsaufträgen zu sehr in den Bereich der Exekutive eingreift. Ich teile diese Sorge nicht. Denn die Regierung stellt selbst den Haushalt auf. Damit formuliert sie auch ihre Leistungsaufträge selbst."

313 Vgl. den Bericht der *Arbeitsgruppe „Budgetrecht der Parlamente"* der *Konferenz der Präsidentinnen und Präsidenten der deutschen Landesparlamente*, LT-Drs. 14/3210, S. 2; s. dazu die *Enquete-Kommission des Niedersächsischen Landtags*, Nds. LT-Drs. 14/3730, S. 56 ff.; vgl. zur früheren Diskussion *Goltz*, DÖV 1965, S. 605 ff.; *Hoffmann*, Haushaltsvollzug und Parlament.

314 Vgl. *Mandelartz*, Das Zusammenwirken von Parlament und Regierung beim Haushaltsvollzug; vgl. *Hill*, DÖV 2001, S. 794 ff., 796.

315 Vgl. § 22 LHO.

316 *Kisker*, in: *HStR IV*, § 89, Rn. 55, Fn. 103: „nachgeholte parlamentarische Bewilligung"

317 *VerfGH RP*, DÖV 1997, S. 250; vgl. *Anschütz-Thoma*, Handbuch des Staatsrechts, Band 2, S. 397: „Nur das Bewusstsein, dass das Parlament den Staat zwar mitleiten, jedoch nicht mitverwalten soll, wird es vor Einmischungen in die Verwaltung behüten, die weder dieser noch ihm förderlich sind."

318 Vgl. *Kisker*, in: *HStR IV*, § 89, Fn. 104; s. auch *Schneider*, Die Verwaltung 2001/Beiheft 4, S. 187: Gefahr der „Mischung von Fremd- und Selbstkontrolle".

Auch wenn eine abschließende Bewertung beim jetzigen Stand der Entwicklungen schwer möglich ist, wird vorerst auf das Regel-Ausnahme-Verhältnis abzustellen und ein Verfahren zur etwaigen Nach-Steuerung von Leistungsaufträgen in das reguläre Nachtrags-Haushaltsverfahren zu integrieren sein, vgl. § 33 LHO. Voraussetzung für Nachtragshaushaltsgesetze sind v. a. Abweichungen bei den erwarteten Steuereinnahmen, die die Anpassung der Festsetzungen im Haushaltsplan notwendig machen. Eine zukünftige Situation, in der sich die tatsächlichen Verhältnisse so abweichend entwickeln, dass einzelne Leistungsaufträge verändert und nach-gesteuert werden sollten, kann insoweit mit den Voraussetzungen für das Nachtragshaushaltsverfahren verglichen werden.

III. Zusammenfassung

Aus der Sicht des Verfassungsrechts ist festzustellen, dass die dargestellten Entwicklungen eine Beeinträchtigung der Steuerungs- und Kontrollposition des Parlaments und damit des parlamentarischen Budgetrechts darstellen. Insoweit stellt die Ausgestaltung Neuer Instrumente wie der des Leistungsauftrags eine Notwendigkeit und grundsätzlich verfassungskonforme Möglichkeit zur Ergänzung dieser Entwicklung dar.

E. Ansätze für Weiterentwicklungen

Auch wenn die bisher unternommenen Schritte bei der Entwicklung der Neuen Steuerung in Rheinland-Pfalz durch das Instrument des Leistungsauftrags als Beitrag zur Verbesserung der Steuerungs- und Kontrollsituation angesehen werden können, stellt sich gleichwohl die Frage, inwieweit und an welcher Stelle noch Maßnahmen zur Weiterentwicklung ergriffen werden können. Ausgangspunkt für solche Überlegungen bleibt auch dabei vor allem die Position des Parlaments im Haushaltsverfahren unter dem Gesichtspunkt der Effektivität und der Wirksamkeit seiner Steuerungs- und Kontrollfunktion.

I. Das Ideal einer Parlamentarischen Steuerungsordnung

Bei einer Neugestaltung des Steuerungsverhältnisses zwischen Regierung und Parlament hat sich schon frühzeitig angeboten, diese neue Ausrichtung und Ausgestaltung des Verfahrens in einer sog. „Parlamentarischen Steuerungsordnung, (PStO)“ quasi „aus einem Guss“ zu ordnen und zu regeln.[319] Eine solche vergleichbare Rahmenordnung war bereits in der Schweiz mit dem „Muster-Rahmenerlass WoV“ entwickelt worden.[320] Insoweit könnte eine PStO für alle Beteiligten in einem geregelten Verfahren die Rechte und Pflichten bei der Umsetzung der Neuen Steuerung wie z. B. im Bereich der Berichterstattung, der unterjährigen Steuerung, des Controllings, gestalten.[321]

---

[319] S. *Hill*, DÖV 2001, S. 804: „Rahmen“ bzw. „systematische Grundlage“. Dazu ausführlich *ders. (Hrsg.)*, Parlamentarische Steuerungsordnung; *Keilmann*, Rahmenentwurf zum Mustergesetz einer Parlamentarischen Steuerungsordnung, S. 135 ff., 141 ff.; s. a. *Jessen*, Neuere Ansätze parlamentarischer Steuerung und Kontrolle, S. 3, 7 f.

[320] S. *Mastronardi*, Schweizerischer Muster-Rahmenerlass, S. 1 ff.; vgl. *Brühlmeier/Haldemann/Mastronardi /Schedler*, New Public Management für das Parlament: Ein Muster-Rahmenerlass WoV, S. 133 ff.

[321] Vgl. *Jessen*, Neuere Ansätze parlamentarischer Steuerung und Kontrolle, S. 7.

Allerdings ist in der jetzigen Phase der Entwicklung der Leistungsaufträge in Rheinland-Pfalz davon auszugehen, dass der Prozess noch nicht weit genug entwickelt ist.[322] Bisher sind nur wenige Organisationseinheiten von der Steuerung durch Leistungsaufträge erfasst und noch nicht hinreichend viele Mitarbeiter in der Verwaltung als auch Vertreter im Parlament mit den Aspekten dieses neuen Verfahrens vertraut. Für eine solch detaillierte Steuerungsordnung müssten demgegenüber erheblich mehr Vertreter von Regierung und Parlament über das neue Verfahren aufgeklärt und integriert werden.[323]

II. Ausgangspunkt

Wie oben dargestellt, haben die Veränderungen in Haushaltsplan und Haushaltsverfahren zu einer Beeinträchtigung der Steuerungs- und Kontrollfunktion geführt. Vor diesem Hintergrund lässt sich zum jetzigen Zeitpunkt sagen, dass der rheinland-pfälzische Leistungsauftrag als parlamentarisches Steuerungs- und auch Kontrollinstrument Ansätze enthält, die zur Minderung dieser Defizite geeignet sind. Dabei ist aber entscheidend, dass die Anzahl und die konkrete Ausgestaltung der aktuellen Leistungsaufträge nur den Ansatz zur Verbesserung der Situation bilden können. Von einer Kompensation kann insoweit nicht gesprochen werden. In der weiteren Entwicklung muss es daher darum gehen, die oben mit der Einführung der Neuen Steuerung und der Leistungsaufträge dargestellten Vorteile stärker zur Entfaltung zu bringen.

In diesem Zusammenhang ist aber auch zu berücksichtigen, dass die Aussagekraft des neuen rheinland-pfälzischen Haushaltsplans auch durch die Ausweitung und verstärkte Nutzung weiterer Informationsinstrumente wie z. B. der Kosten- und Leistungsrechnung (§ 7 Abs. 3 LHO) und der Wirtschaftlichkeitsuntersuchungen (§ 7 Abs. 2 LHO) gesteigert werden soll.[324] Dies bedeutet, dass

---

[322] S. auch die Übersicht der Statements zu dieser Diskussion bei *Jessen*, Neuere Ansätze parlamentarischer Steuerung und Kontrolle, S. 128 ff.; s. den *Antrag aller Fraktionen im rheinland-pfälzischen Landtag*, LT-Drs. 14/2890 (Berichtigung 14/2903); vgl. dazu auch die ausführlichen Empfehlungen der *Enquete-Kommission des Hessischen Landtags*, Hess. LT-Drs. 15/4000, S. 48 ff., wonach eine Änderung der hessischen LHO für eine PStO abgelehnt wird, da noch nicht genügend praktische Erfahrungen vorliegen.

[323] Vgl. *Jessen*, Neuere Ansätze parlamentarischer Steuerung und Kontrolle, S. 8.

[324] S. *Deubel/Keilmann*, VM 2005, S. 240 f.; s. den Stand der Entwicklung in den Budgetberichten, zuletzt LT-Drs. 14/3998, S. 4 f.; s. a. LT-Drs. 14/3738, S. 32: „Es soll nicht dem ansonsten typischen Ansatz gefolgt werden, sämtliche Geschäftsprozesse flächendeckend z. B. mit der Doppik oder der Kosten- und Leistungsrechnung, mit Produkthaushalten oder mit Leistungsaufträgen oder mit allem gleichzeitig zu überziehen. Es kann in dem einen Fall günstig sein, das doppische Rechnungswesen einzuführen, in einem anderen Fall, das kamerale Rechnungswesen um die Kosten- und Leistungsrechnung (KLR) zu erweitern oder in wie-

bei der Bewertung des Entwicklungsprozesses des rheinland-pfälzischen Haushaltsplans und –verfahrens der Leistungsauftrag nicht gesondert, sondern im Gesamtzusammenhang mit allen Steuerungsinstrumenten gesehen werden muss.[325]

Entscheidend ist dabei aber auch, dass in der jetzigen Situation die Erwartung bestehen kann, dass das Instrument des Leistungsauftrags in der Anwendung noch ausgeweitet und der Aussagegehalt und die „Qualität" der Leistungsaufträge noch verbessert sowie das gesamte Verfahren noch effektiver ausgestaltet werden können. Aus der Sicht des Parlaments ist dabei im Übrigen auch noch einmal festzuhalten, dass unabhängig von der Entwicklung und dem Erfolg der Neuen Steuerung dem Parlament die Möglichkeit verblieben ist, zur früheren Vorgehensweise zurückkehren zu können, vgl. § 6 Abs. 4 LHG.[326]

Insgesamt ist die grundsätzliche Ausweitung und auch die Verfeinerung der Anwendung der Leistungsaufträge von Seiten der Regierung als auch dem Parlament[327] nicht umstritten.[328] Gleichwohl wird von allen Seiten und Beteiligten darauf hingewiesen, dass zwischen dem Aufwand bei der Ausarbeitung von

---

der einem anderen Fall Leistungsaufträge auszubringen, um politische Bereiche besser leistungs- oder kennzahlenorientiert darstellen zu können." S. dazu auch die *Enquetekommission „Verwaltungsmodernisierung in Rheinland-Pfalz"*, LT-Drs. 13/6223, mit Verweis auf die Wirtschaftlichkeitsuntersuchungen nach § 7 Abs. 2 LHO und der Durchführung kaufmännischer neben kameralistischer Buchführung gemäß § 71a LHO.

[325] Vgl. *Schmitt/Reinemann*, VM 2004, S. 117, wonach der Einfluss des Parlaments durch einen „Mix von Instrumenten der Global- und Feinsteuerung erhalten bleiben" müsse.

[326] S. *Hill*, DÖV 2001, S. 804; *Schmitt/Reinemann*, VM 2004, S. 117.

[327] Vgl. den *Antrag aller Fraktionen des Landtags* vom 5. 2. 2004, LT-Drs. 14/2890 (Berichtigung 14/2903):
„III. Der Landtag fordert die Landesregierung auf, bei der Aufstellung des Doppelhaushalts 2005/2006 folgende Gesichtspunkte zu berücksichtigen:
– Bei der Veranschlagung soll nach und nach eine stärkere Orientierung an einzelnen politischen Zielen und den entsprechenden administrativen Leistungen erreicht werden.
– Die politischen Zielsetzungen der einzelnen Ressorts sind zu den jeweiligen Einzelplänen und Kapiteln in Schwerpunkten aufzuzeigen und es ist darzulegen, wie diese Ziele erreicht werden sollen. Dadurch soll mehr Transparenz für das Parlament und die Öffentlichkeit hergestellt werden.
– Leistungsaufträge nach § 7b LHO sowie Informationen zu bisherigen Leistungen und zur bisherigen Zielerreichung können die politische Aussagefähigkeit des Haushaltsplanes verbessern. Grundsätzlich sind zentrale politische Vorhaben in Leistungsaufträgen mit quantifizierten Zielvorgaben abzubilden, soweit die Zielerreichung messbar ist. Der Landtag erwartet, dass entsprechend dem in § 7 des Landeshaushaltsgesetzes vorgegebenen Verfahren für das Haushaltsjahr 2005 weitere Leistungsaufträge hinzukommen. Über die vorgesehenen Leistungsaufträge erbittet er künftig eine Information in den nach § 6 Abs. 6 des Landeshaushaltsgesetzes erforderlichen Berichten."

[328] Vgl. auch *Enquete-Kommission „Verwaltungsmodernisierung in Rheinland-Pfalz"*, LT-Drs. 13/6223, S. 15.

neuen sowie der Verbesserung bestehender Leistungsaufträge und dem Nutzen für das Parlament ein sinnvolles Verhältnis bestehen muss.[329] So ist die Ermittlung der notwendigen Daten für die Kennzahlen ein zusätzlicher Aufwand für die Verwaltung, der dem Gewinn an Information und Transparenz erst gegenübergestellt werden muss.[330]

Im Folgenden sollen daher einzelne Aspekte herausgegriffen und unter dem Gesichtspunkt der möglichen Weiterentwicklung erörtert werden. Dabei soll vor allem berücksichtigt werden, dass – wie zu Beginn dargestellt – Haushaltsplan und Haushaltsverfahren für das Parlament eine Steuerungs- und Kontrollfunktion erfüllen sollen, die es jetzt auf neu gesteuerte Art und Weise zu entwickeln gilt. Kurz gefasst bedarf es daher dazu: Mehr transparente Darstellungen und Festsetzungen in mehr Leistungsaufträgen, mit mehr Leistungen, mehr Wirkungen und der Ausrichtung der Leistungen an einer vom Parlament festgesetzten Strategie.[331]

III. Ansätze für Weiterentwicklungen

1. Allgemein

a. *Verstärkung von Aufklärungsmaßnahmen*

Wie sich aus den Interviews und den Beiträgen beim Workshop ergeben hat, besteht bei allen Beteiligten auf Parlaments- wie auf Regierungsseite sehr großer Aufklärungs- und Informationsbedarf über die Wünsche und Möglichkeiten als auch die Grenzen des Einsatzes des Leistungsauftrags.[332] Hier könnten Workshops zu konkreten Aufgabenbereichen insbesondere auch für die Ausarbeitung von Querschnittsleistungsaufträgen, die sich auf mehrere Organisationseinheiten beziehen, die Praxis erleichtern und verbessern.[333] So könnten Aufklärungsmaßnahmen die Skepsis und etwaige Unsicherheiten zu beseitigen helfen.[334]

---

[329] Vgl. auch *Keilmann*, Perspektiven des Haushalts- und Finanzmanagements aus der Sicht der Landesregierung, S. 137 f.

[330] S. Stenografische Mitschrift des Workshops; in: *Präsident des Landtags Rheinland-Pfalz (Hrsg.)*: Stand und Perspektiven des Leistungsauftrags in Rheinland-Pfalz.

[331] S. abwägend *Deubel/Keilmann*, VM 2005, S. 243.

[332] Vgl. dazu auch *Jessen*, Neuere Ansätze parlamentarischer Steuerung und Kontrolle, S. 130 ff.

[333] S. a. *Bolay*, VM 2005, S. 80 ff.

[334] Vgl. zur Führungsaufgabe der Steuerung zielgerichteter Veränderungsprozesse innerhalb von Organisationen das Konzept des „Change Managements – Management des Wandels" *Nolte*, VerwArch. 2005, S. 256 ff.; s. zur Einbeziehung von Mitarbeitern bei Reformen

Für die Unterstützung bei der Formulierung und Ausarbeitung der Darstellung könnte eine Task-Force helfen, vergleichbar mit der bei der Einführung der Kosten- und Leistungsrechnung, die im Ministerialbereich die individuellen Probleme berücksichtigen kann.[335] So gibt es objektive Probleme bei der Zielbeschreibung und Leistungsbemessung, wenn es um die Darstellung der Wirkungen von Verwaltungsleistungen geht.[336] Mit einer verbesserten Aufklärung der Verwaltung insbesondere hinsichtlich der operativen Aufgabe bei der Steuerung könnte der Einsatz von Zielvereinbarungen zur Verwirklichung der Leistungsaufträge ausgeweitet und verbessert werden.[337] Dazu müssten die betroffenen Verwaltungseinheiten stärker über die Anwendungsmöglichkeiten informiert werden. So könnte das Erreichen der angestrebten Ziele effektiviert und die Potenziale der Organisationseinheiten besser aktiviert und eingebunden werden.[338] Bei der zielgerichteten Steuerung und Gestaltung von Veränderungsprozessen im Sinne eines „Change Managements" soll dementsprechend auf die Organisationskultur und –identität eingewirkt und nicht nur die Veränderung selbst, sondern u. a. auch die Akzeptanz der Notwendigkeit der Veränderung gefördert werden.[339] Mit der Organisation des Wandels wird dabei zudem auch die Verantwortlichkeit für die Erfolge der Veränderung geklärt. Zu diesem Zweck sind daher die Ziele und Maßnahmen festzulegen, den Problemen gegenüberzustellen und die Reichweite der Maßnahmen sowie die einzusetzenden Ressourcen zu

---

Hill/Frey, VM 1997, S. 7 ff.; vgl. zu den Umsetzungsstrategien *Schneider*, Das Neue Steuerungsmodell als Innovationsplus für Verwaltungsorganisation und Verwaltungsrecht, S. 120 ff., der neben der Notwendigkeit von Aufklärung auf die Vorteile von Lenkungsgruppen verweist, die einen Innovationsprozess transparent und partizipativ gestalten können, um potenzielle Ängste vor Veränderungen zu vermeiden und vielmehr Neugierde zu wecken.

[335] *Keilmann*, in: *Präsident des Landtags Rheinland-Pfalz (Hrsg.):* Stand und Perspektiven des Leistungsauftrags in Rheinland-Pfalz, S. 68; *Keilmann*, Perspektiven des Haushalts- und Finanzmanagements aus der Sicht der Landesregierung, S. 136 f.; vgl. die Vorschläge zur Verbesserung in Hessen durch den *Rechnungshof Hess.* LT-Drs. 14/4370, S. 122, 124.

[336] *Schmitt/Reinemann*, VM 2004, S. 119; s. dazu ausführlich *Ast*, VerwArch. 2003, S. 575, 578 f.

[337] S. dazu die *Enquetekommission „Verwaltungsmodernisierung in Rheinland-Pfalz"*, LT-Drs. 13/6223, S. 15: „Gegenüber den nachgeordneten Behörden müssen von den obersten Landesbehörden verstärkt Instrumente entwickelt werden, die die Steuerung der Verwaltungen erleichtern. Dabei sind wesentliche Aspekte der Qualität von Verwaltungsdienstleistungen wie z. B. Wirtschaftlichkeit, Bearbeitungsdauer, Rechtmäßigkeit, Zufriedenheit, Bürgerbeteiligung zu berücksichtigen. Dies setzt aber eine intensive Diskussion zwischen Verwaltungen, Handlungspartnern und der Politik voraus, welche Erwartungen an die Qualität der einzelnen Dienstleistungen bestehen."

[338] Vgl. *Hill*, VM 1999, S. 76.

[339] Vgl. *Bolay*, VM 2005, S. 80 ff.

bestimmen.[340] Diese ausdrückliche Thematisierung kann dazu beitragen, dass ausdrückliche oder unterschwellige Widerstände verhindert werden, indem der Verlauf des Veränderungsprozesses transparent gemacht und die Beteiligten in den Ablauf integriert und für die Veränderung gewonnen werden.[341]

b. Parlamentarische Aufforderung

Die mit den Leistungsaufträgen beabsichtigte Steuerung als auch die für die Kontrolle notwendige Informationsvermittlung, die sich insbesondere an die Opposition im Parlament richtet, könnte noch weitergehend gefördert und sichergestellt werden, wenn das Parlament verstärkt in den Weiterentwicklungsprozess eingebunden wird. Auch wenn daneben aufgrund der jahrelangen Praxis nicht davon ausgegangen werden muss, besteht theoretisch die Möglichkeit, dass je nach aktueller politischer Lage die Regierung ein Interesse daran haben könnte, nur unzureichend Informationen über Leistungsaufträge zu vermitteln. Ebenso könnte in einer sehr zugespitzten Situation auch die Motivation bestehen, dass Leistungsaufträge nicht in bestimmten Bereichen oder zu bestimmten Themen ausgearbeitet werden.[342] Auch wenn es dabei auf das Gesamtsspektrum der Leistungsaufträge ankommt, besteht insoweit ein Gefährdungspotenzial, dass nicht genügend Leistungsaufträge ausgearbeitet werden und auf diese Weise die Regierung bestimmen könnte, in welchem Ausmaß und in welchen Bereichen mit den Leistungsaufträgen die Steuerungs- und Kontrollfunktion des Parlaments ausgeübt und wahrgenommen werden kann.

Hier könnte jedoch die ausdrückliche und im Verfahren ausgestaltete Möglichkeit des Parlaments, die Regierung auffordern zu können, Leistungsaufträge in bestimmten Bereichen auszuarbeiten, sinnvoll zum Einsatz kommen.[343] Dies würde zunächst im Gesamtverhältnis zwischen Parlament und Regierung keine Veränderung darstellen, da ein Auffordern des Parlaments schon jetzt zum Spektrum möglicher Handlungsalternativen gehört. Angesichts der beschriebenen Notwendigkeit zur Weiterentwicklung des Verfahrens wäre dies aber eine sinnvolle Ergänzung zum Initiativmonopol der Regierung.

---

[340] *Nolte*, VerwArch. 2005, S. 256.

[341] S. *Nolte*, VerwArch. 2005, S. 265 f.

[342] S. auch *Jessen*, Neuere Ansätze parlamentarischer Steuerung und Kontrolle, S. 3.

[343] Vgl. dazu *Keilmann*, Vorstellung des ersten Rahmenentwurfs einer Parlamentarischen Steuerungsordnung, S. 140; vgl. auch *Lienhard*, Staats- und verwaltungsrechtliche Grundlagen für das New Public Management in der Schweiz, S. 320 ff., insbes. S. 321 f.

Damit könnte auch dazu beigetragen werden, dass der Leistungsauftrag als Steuerungsinstrument in Bereichen zur Anwendung kommt, die politisch interessant sind. Auch könnte das Parlament auf diese Weise eine Entscheidung über das Aufwand-Nutzen-Verhältnis treffen, die sonst u. U. der Verwaltung überlassen bleibt. Im weiteren Verfahren müsste die Ablehnung einer solchen Aufforderung – wie oben – auch wieder begründet werden. Diese Begründung könnte dann Informationen liefern, die der Wahrnehmung der Kontrollfunktion dienen könnten.

Das Verhältnis von Parlament und Regierung bei den Leistungsaufträgen ist zwar nicht unmittelbar vergleichbar, hat aber aufgrund des Initiativmonopols[344] Parallelen zu dem Verhältnis von Rat und Kommission im EG-Vertrag. Daher könnte eine Regelung normiert werden, mit der das Recht zur Budgetinitiative auf Seiten der Regierung gewahrt bliebe. In Anlehnung an Art. 208 EG[345] könnte ein „Aufforderungsrecht" des Parlaments folgendermaßen ausgestaltet werden[346]:

> „Der Landtag kann die Landesregierung auffordern, Vorschläge für Leistungsaufträge zur Verwirklichung bestimmter Kosten- und Leistungsziele auszuarbeiten."

2. Weiterentwicklung der Steuerung

Bei den Überlegungen zur Weiterentwicklung der Steuerung kann auch die Rechtsprechung des BVerfGs herangezogen werden, die in dem Haushaltsplan das „Regierungsprogramm in Zahlen" sieht. Insoweit bietet sich die Möglichkeit, ein „Regierungsprogramm in Worten und Taten" auf die aktuellen Verhältnisse zu beziehen.

a. Steuerung der Leistungen

aa. Allgemein

Bei der Frage, inwieweit die Leistungsaufträge die Steuerung von Leistungen der Verwaltung unterstützen, ist zunächst auf den bisherigen Umfang der Darstellungen hinzuweisen. Die Anzahl und das Ausmaß der Leistungsaufträge und

---

[344] Vgl. *BVerfGE* 70, S. 324 (357): „Einbringungsmonopol".
[345] Wortlaut: „Art. 208 (Aufforderung an die Kommission): Der Rat kann die Kommission auffordern, die nach seiner Ansicht zur Verwirklichung der gemeinsamen Ziele geeigneten Untersuchungen vorzunehmen und ihm entsprechende Vorschläge zu unterbreiten."
[346] Dies könnte ggf. als Absatz 5 in § 7b LHO aufgenommen werden.

ihrer Darstellungen geben zwar einen ersten Eindruck über den Umfang der von der Verwaltung erbrachten Leistungen, sind aber nur als ein kleiner Ausschnitt des gesamten Tätigkeits- und Leistungsspektrums anzusehen. Dabei stellt sich auch wieder die Frage, inwieweit die einzelnen Bereiche überhaupt geeignet und politisch interessant für eine Aufnahme in Leistungsaufträge sind. Zudem wird der Grad von Steuerung und Kontrolle in der weiteren Entwicklung auch durch strategische Festsetzungen bestimmt werden können. Zur Weiterentwicklung der Steuerung der Leistungen ist demzufolge die grundsätzliche Ausweitung der Anzahl der Leistungsaufträge notwendig. Denn nur wenn die Aktivitäten der Verwaltung und der anvisierten Ziele soweit wie möglich dargestellt werden, kann durch die Politik eine Prioritätensetzung erfolgen, wobei insgesamt auch darauf zu achten ist, dass das Ausmaß der Darstellungen nicht zur Unübersichtlichkeit führt. Insoweit kommt es bei der Auswahl weiterer Bereiche für Leistungsaufträge insbesondere darauf an, die nach außen wirksame Tätigkeit der Verwaltung und deren Einbettung in die Gesamtentwicklungen zu erfassen.[347] Gleichwohl ist dabei – wie im Workshop mehrfach gefordert – das Aufwand-Nutzen-Verhältnis zu berücksichtigen.

bb. Weiterentwicklung der Organisation der Leistungssteuerung durch transparente und standardisierte Informationsvermittlung/VV zu § 7b LHO

Für die Steuerungsfunktion ist es wichtig, dass die Informationen über die Leistungen der Verwaltung in den Darstellungen der Leistungsaufträge einfach erkennbar und transparent dargestellt werden.[348] Wenn die Politik steuern und entscheiden soll, muss sie die dafür notwendigen Informationen effektiv vermittelt bekommen. Insoweit bedarf es einer Verbesserung der Transparenz der Leistungsaufträge.[349] Die eigentliche Steuerungsfunktion kann insbesondere auch dadurch verbessert und gewährleistet werden, dass Informationen darüber vermittelt werden, inwieweit überhaupt Gestaltungs- und Steuerungsspielräume bestehen und ob die Möglichkeit zur Veränderung oder Nutzung von Alternativen

---

[347] Vgl. *Hill*, VOP 1998, S. 22; vgl. *Enquete-Kommission „Verwaltungsmodernisierung in Rheinland-Pfalz"*, LT-Drs. 13/6223, S. 15.

[348] Vgl. Verwaltungsvorschrift des Finanzministeriums mit den Vorgaben zur vereinfachten Darstellung in den Budgetberichten, zuletzt im Ministerialblatt der Landesregierung vom 6. April 2004, S. 91, 100 f.

[349] Vgl. *Senatsverwaltung für Inneres*, Gestaltungs- und Kontrollmöglichkeiten des Abgeordnetenhauses von Berlin anhand eines Politischen Kontraktmanagements, S. 31 ff.; s. dazu auch *KGSt.*, B 5/1993, S. 34 f.

gegeben sind.[350] Daneben kann die Darstellung von Informationen und Details der Leistungen der Verwaltung in Ausmaß und Detailgenauigkeit stark variieren. Daher besteht die Gefahr, dass die Informationen in einer Weise dargestellt werden, dass lediglich den Mindestanforderungen an eine Informationsvermittlung Rechnung getragen wird und eine bloße Aneinanderreihung von Zielen und Maßnahmen erfolgt, was die Vermittlung der relevanten Zusammenhänge erschweren kann.[351] Dementsprechend kommt es bei der Auswahl der „richtigen" Daten und Informationen darauf an, solche auszuwählen, die so grundlegend sind, dass sie für die Ausübung der Steuerungsfunktion unabdingbar sind.[352]

Zu diesem Zweck ist die Kooperation von Politik und Verwaltung notwendig, bei der eine Übereinkunft über die Beschränkung auf Informationen erzielt werden muss, die für die Politik wichtig sind und ihre Einflussmöglichkeiten deutlich machen und offenbaren.[353] Hierzu müssen einzelne Politikfelder und Kennzahlen ausgewählt werden. Wie oben dargestellt, wird dazu in Hessen bei der Landtagsverwaltung ein sog. „Budgetbüro" eingerichtet, dass sich damit beschäftigt, wie die Darstellungen der Regierung im Haushaltsplan bei der Formulierung von Produkten so ausgestaltet werden können, dass das Parlament möglichst einfach die relevanten Informationen erhält.[354] Organisatorisch könnte ei-

---

[350] *Hill*, VOP 1998, S. 22; s. dazu auch das Standard-Muster im MinBl., S. 100, und der dortigen Fußnote 2), wo auf die Darstellungsweise für Zielerreichung, Zielübererfüllung und die Erforderlichkeit von Erläuterungen bei negativen Zielabweichungen von bis zu oder über 15 % kategorisiert und im letzteren Fall auf die Notwendigkeit von Vorschlägen für Gegensteuerungsmaßnahmen verwiesen wird.

[351] Vgl. *Kretschmer*, Empfiehlt es sich, die informationelle Zusammenarbeit zwischen Parlament und Regierung gesetzlich zu regeln?, S. 111.

[352] Vgl. *KGSt.*, B 12/1997, S. 11. Vgl. auch *Tebbe*, VOP-Sonderheft 1/2001, S. 20 f., mit dem Verweis auf die Notwendigkeit sog. „Kernkennzahlen".

[353] S. *Edinger*, Haushaltsreform und parlamentarisches Budgetrecht in Rheinland-Pfalz, S. 21.

[354] S. *von Unruh*, in: *Präsident des Landtags Rheinland-Pfalz (Hrsg.)*, Stand und Perspektiven des Leistungsauftrags in Rheinland-Pfalz, S. 72; vgl. auch den Bericht der *Hessischen Enquetekommission*, Hess. LT-Drs. 15/4000, S. 53. Dort wird auch auf die veränderte Steuerungsmethodik eines Haushaltsverfahrens verwiesen, das sich an Outputs orientiert. Daher sei ein „vollzugsbegleitendes Verwaltungscontrolling" notwendig, welches die Informationsvermittlung an die politischen Entscheidungsträger gewährleisten soll. Zu diesem Zweck müsse auf solche Daten abgestellt werden, die Aufschluss über die „finanzielle und politische Effizienz von Verwaltungseinheiten und Verwaltungsleistungen" geben. Für die politische Ebene müsse aber lediglich auf „Führungsgrößen und Kennzahlen in verdichteter Form" abgestellt werden, um Überforderungen zu vermeiden. Um den Zugriff des Parlaments auf diese Daten zu ermöglichen, schlägt die Enquete-Kommission daher vor, für und beim Landtag eine monatlich zu aktualisierende Datenbank zu institutionalisieren und verweist dazu auf die Erfahrungen beim amerikanischen Kongress und den Parlamenten in den USA ("Congressional Budget Office, Congressional Budget Act of 1974, SEC. 201 (2 U.S.C. 601); z. B. Georgia General Assembly: Legislative Budget Office (LBO)."; s. a. die Berliner Vorschläge eines Control-

ne solche Arbeit auch durch einen parlamentarischen Strategie- bzw. Steuerungs-Ausschuss erfolgen, der mit den jeweiligen Regierungsvertretern zusammen arbeitet.[355]

Zudem ist inhaltlich darauf zu achten, dass die Transparenz dadurch gesteigert wird, dass Grafiken verwendet und Daten und Informationen systematisch dargestellt werden.[356] Da die Bedeutung von Daten und Informationen oft erst dadurch vermittelt werden kann, dass sie anderen Daten gegenübergestellt und mit ihnen verglichen werden können, ist u. U. auch darauf zu achten, Vergleichsmöglichkeiten von anderen Verwaltungen, privater Seite oder der Vergangenheit zu eröffnen; dies kann sich auch durch die Verwendung anderer Quellen ergeben.[357]

Darüber hinaus könnte aber vor allem eine vorgegebene Standardisierung dazu beitragen, die Verständlichkeit der Inhalte der Leistungsaufträge zu verbessern. Wenn die Informationen grundsätzlich in einem einheitlichen Schema vermittelt werden, kann hier von Seiten des Parlaments eine Routine und Praxis entwickelt werden, die zur Verbesserung der Effektivität des Verfahrens beitragen kann. Bei den bisherigen Leistungsaufträgen sind teilweise solche Standardisierungen schon eingeleitet worden. Dabei ist bei der Festlegung von Standards grundsätzlich auf die Vorstellungen des Parlaments abzustellen, das sich – wie gleich noch darzustellen ist – dazu auch geäußert haben muss. Unterstützt werden könnte eine solche Standardisierung ggf. auch durch die Festlegung von bestimmten Informationen in der VV-LHO, die es im Übrigen schon zu anderen Vorschriften der LHO gibt. So könnten in einer Verwaltungsvorschrift zu § 7b LHO die Anforderungen an die Systematik und den (Mindest-) Informationsgehalt zusammengefasst werden[358], die gleichzeitig auch den operativen Spielraum der Exekutive beschreibt.

---

lingstabs als parlamentarischer Steuerungsdienst, *Senatsverwaltung für Inneres*, Gestaltungs- und Kontrollmöglichkeiten des Abgeordnetenhauses von Berlin anhand eines Politischen Kontraktmanagements, S. 31.

[355] Vgl. dazu auch den „Parlamentarischen Dienst" bei *Lienhard*, Staats- und verwaltungsrechtliche Grundlagen für das New Public Management in der Schweiz, S. 333 ff.

[356] *Hill*, VOP 1998, S. 22.

[357] S. *Hill*, VOP 1998, S. 22; vgl. zu diesem Zweck auch das Bertelsmann-Projekt des Leistungsauftrags 04 04.

[358] Vgl. auch die Empfehlung der *Enquete-Kommission des Hessischen Landtags*, Hess. LT-Drs. 15/4000, S. 48 ff.; s. zu den Aspekten für und gegen die Ausweitung von Verwaltungsvorschriften *Rüter*, ZG 2000, S. 68 ff., 72 ff., wobei er auch auf die Besonderheit der VV-LHO hinweist; dazu auch *Sachverständigenrat „Schlanker Staat"*, Abschlussbericht Band 1, S. 74 ff.; vgl. zur aktuellen Diskussion über den Sinn und Zweck von Normierungen *König*, VerwArch. 2005, S. 44 ff.

Vor diesem Hintergrund sollten die Informationen Auskunft über die finanziellen, aktuellen, qualitativen und quantitativen[359] Leistungen der Verwaltung geben (**„FAQ²-Informationen" über Verwaltungsleistungen**). Wie bereits schon jetzt mit den Vorworten gewährleistet, könnte auch zur besseren Informierung auch der Öffentlichkeit der Leistungsauftrag mit einer Präambel oder einem Vorspruch versehen werden, aus dem die Ausgangslage der jeweiligen Organisationseinheit deutlich wird.[360] Dies könnte für alle Beteiligten Klarheit und Sicherheit hinsichtlich der notwendigen und optimalen Anforderungen an die Darstellungen in den Leistungsaufträgen schaffen.[361] Mit dieser Darstellungsweise würde darüber hinaus auch die oben beschriebene Informationsvermittlung für den Bund und auch für die anderen Bundesländer unterstützt, insoweit es auch um den Landesvollzug und die Auswirkungen von Bundesgesetzen geht. Daher könnte in die VV-LHO zu § 7b[362] folgende Regelung aufgenommen werden:

> „Bei der Ausgestaltung der Leistungsaufträge sind nach den Darstellungen über die gesetzlichen Rahmenbedingungen und die Organisation des jeweiligen Kapitels zunächst vorhandene strategische Festsetzungen des Parlaments mit einzubeziehen. Die sich anschließenden Inhalte der Leistungsaufträge sollen dann vor allem auch Aussagen über die Leistungen der Verwaltung und die beabsichtigten Wirkungen enthalten. Für die weitere Beschreibung der Verwaltungsleistungen sollen vor allem folgende Aspekte berücksichtigt werden:
> - die Verwaltungsleistungen in finanzieller Hinsicht
> - die Verwaltungsleistungen in aktueller Hinsicht
> - die Verwaltungsleistungen in qualitativer und quantitativer Hinsicht"[363]

---

[359] Vgl. § 7 Abs. 2 S. 1 LHG.

[360] Vgl. dazu auch *Hill*, Gesetzesvorspruch, S. 34; vgl. auch für das Kontraktmanagement in der Kommunalverwaltung *Hill/Rembor*, Die innovative Verwaltung, Heft 5/95, S. 43: „Geschäftsgrundlage" bzw. „Kontext für das Handeln der Verwaltung".

[361] Vgl. dazu die Aussagen der *Enquete-Kommission in Hessen*, Hess. LT-Drs. 15/4000, S. 48 ff.

[362] Daneben könnte auch § 7 Abs. 2 LHG entsprechend ergänzt werden.

[363] S. den *Antrag aller Fraktionen im rheinland-pfälzischen Landtag*, LT-Drs. 14/2890 (Berichtigung 14/2903); vgl. auch den Vorschlag der *Enquete-Kommission „Verwaltungsmodernisierung in Rheinland-Pfalz"*, LT-Drs. 13/6223, S. 14.

b. *Entwicklung eines Konsenses über die Steuerung der Wirkungen*

Bei der Frage nach möglichen Ansätzen für Weiterentwicklungen ist hervorzuheben, dass die Festsetzungen in den Leistungsaufträgen zudem verstärkt Einzelheiten über Wirkungen enthalten könnten.[364] Zwar gibt es dazu vereinzelt Ansätze, wie z. B. beim Bertelsmann-Projekt über die Verbesserung der Zufriedenheit der Steuerbürger[365], gleichwohl könnte die Wirkungsorientierung der Leistungsaufträge noch erheblich ausgeweitet werden. Dabei kann sich – wie oben beschrieben – mit der Aufnahme von beabsichtigten Wirkungen in die Leistungsaufträge das Problem der Messbarkeit der Wirkungen und auch der Darstellung von Kausalitäten ergeben.[366] Die Gefahr ist hier groß, dass vor allem unterschwellig (Schuld-) Zuweisungen insbesondere für das Nicht-Erreichen von erwünschten Wirkungen erfolgen.[367]

Daher bedarf es hier eines Kommunikationsprozesses zwischen Parlament und Regierung, der solche unterschwelligen Zuweisungen ausschließt.[368] Sinnvoll erscheint es, Erwartungshaltungen in Bezug auf Kausalitäten – also die Zusammenhänge zwischen Verwaltungsleistungen und Wirkungen – ausdrücklich in die Festsetzungen der Leistungsaufträge aufzunehmen.[369] Wenn in der weiteren Praxis Erfahrungen über die beabsichtigten Wirkungen gesammelt werden konnten, besteht dann die Möglichkeit, die Verwaltungsleistungen verstärkt an

---

364 *Hill*, Einführung in das 3. Kolloquium „Verwaltung als Adressat und Akteur“, S. 30: „Fraglich ist indes, ob es sich der Staat auf Dauer, auch in Verantwortung vor zukünftigen Generationen, leisten kann, die Wirkungen seines Handelns außer acht zu lassen, und ob nicht Reflexion und Lernen auch zum notwendigen Geschäft von Politik und Verwaltung gehören. Insofern erinnert man sich wieder an ältere Gedanken und versucht, diesmal vielleicht frühere Fehler zu vermeiden und mit einer anderen Einstellung und einer veränderten politischen Kultur an die Diskussion und Berücksichtigung von Wirkungen staatlichen Handelns heranzugehen.“ S. a. die Begründung bei der Vorlage von § 7 LHG 2005/2006, LT-Drs. 14/3460, S. 25: „Mit dieser Regelung wird ein verstärktes Ausrichten staatlichen Handelns auf Leistungen und Wirkungen verfolgt. (…) Schwerpunkt soll dabei sein, über Kennzahlen sowie eine Kosten- und Leistungsrechnung zu mehr Kosten- und Wirkungstransparenz des Verwaltungshandelns zu kommen.“

365 S. Anhang, Leistungsauftrag 04 04.

366 S. dazu *Hill*, Einführung in das 3. Kolloquium „Verwaltung als Adressat und Akteur“, S. 119; vgl. *Bühler*, VM 2002, S. 278: „Gleichwohl bleiben die praktischen Schwierigkeiten, eine kausale Ursache-Wirkungs-Beziehung herzustellen und darauf aufbauend Ressourcen zuzuordnen und Verantwortlichkeiten zu definieren.“

367 *Ast*, VerwArch. 2003, S. 574 ff., 578 f., 590 f.

368 *Ast*, VerwArch. 2003, S. 578 f., 586.

369 Vgl. dazu auch Art. 89b Abs. 3 S. 1 Verfassung RP, in dem im Zusammenhang mit der Ausgestaltung von Unterrichtungsrechten und –pflichten zwischen Landtag und Landesregierung festgeschrieben wurde: „Das Nähere regeln Landtag und Landesregierung durch Vereinbarung.“

den Wirkungen zu orientieren und in eine umfassendere strategische Steuerung einzubinden. Auch könnte das Parlament den Prozess beschleunigen und in einer Aufforderung zur Ausarbeitung von Leistungsaufträgen nach der Möglichkeit der Aufnahme bestimmter erwünschter Wirkungen von Verwaltungsleistungen nach § 7b Abs. 3 LHO fragen.[370]

c. *Ausgestaltung und Festsetzung einer strategischen Steuerung*

Das Potenzial des Leistungsauftrags als parlamentarisches Steuerungsinstrument kann dann zur Entfaltung gebracht werden, wenn die Darstellungen und Festsetzungen in einen strategischen Zusammenhang gestellt werden, was sich grundsätzlich auch aus den Regelungen selbst ergibt, vgl. § 7 Abs. 2 S. 3 LHG.[371] Dazu ist u. a. als Erkenntnis aus den Interviews zunächst notwendig, dass das Parlament für die Regierung erkennbar eine Strategie festsetzt, an der sich die Leistungsaufträge orientieren sollen.[372] Zur ausdrücklichen Festsetzung einer Strategie bzw. von Budgetzielen im neu gesteuerten Haushaltskreislauf gibt es bereits weitgehende und konkret ausgearbeitete Vorschlä-

---

[370] Vgl. auch die *Enquetekommission „Verwaltungsmodernisierung in Rheinland-Pfalz"*, LT-Drs. 13/6223, S. 14: „Die Frage, ob bestimmte Wirkungen eingetreten oder Ziele effektiv und effizient erreicht wurden, überprüft die Verwaltung von sich aus selten." S. a. *Jessen*, Neuere Ansätze parlamentarischer Steuerung und Kontrolle, S. 131.

[371] So für Rheinland-Pfalz auch *Schmitt/Reinemann*, VM 2004, S. 117; vgl. zur kommunalen Ebene *KGSt*. B 5/1993, S. 35: „Am Beginn des Kontraktmanagements steht ein doppelter Vorgang: Die Politik setzt der Verwaltung Ziele, d. h. sie trifft Was-Entscheidungen und delegiert die Wie-Entscheidungen im Rahmen politisch definierter Bedingungen auf die Verwaltung. Als Gegenleistung fordert sie von der Verwaltung lückenlose Rechenschaftslegung über den Vollzug der Was-Entscheidungen."

[372] Vgl. die LT-Drs. 14/3738, zur Aufgabenkritik und Leistungsaufträgen, S. 33, und dem Ziel der Leistungsaufträge „die von der Politik vorgegebenen Ziele, Perspektiven, Motivationen möglichst kennzahlenorientiert darzustellen und abzubilden, um sie nach Ablauf der vorgegebenen Zeit auf ihren Realisierungs- und Umsetzungsgrad überprüfen zu können." S. a. *Ast*, VerwArch. 2003, S. 585; *Hoffmann-Riem*, Finanzkontrolle der Verwaltung durch Rechnungshof und Parlament, S. 86: „Eine Steuerung unter Berücksichtigung politischer Prioritäten ist darauf angewiesen, dass die Produktbeschreibungen und Leistungskennzahlen Maßstabsfunktion der Budgetverteilung erhalten. Ein Parlament, das dies sichert, gewinnt ein wirksames Steuerungsinstrument zurück, muss aber auch bereit sein, zu der politischen Verantwortung zu stehen, die mit jeder politischen Prioritätensetzung verbunden ist. Das Parlament müsste daher anstreben, die Eckdatenfestlegung bei Sparprogrammen auch im Hinblick auf andere als Sparziele als politische, gegebenenfalls als strategische Entscheidung zu verstehen." Vgl. *Reichard*, Internationale Trends im kommunalen Management, S. 19: schwierige Frage der „Änderbarkeit des Politikerverhaltens in Richtung strategischer Steuerung" in Bezug auf die kommunale Ebene.

ge.[373] Für die Situation in Rheinland-Pfalz könnten hier jedoch vorsichtige erste Schritte unternommen werden. In Anlehnung an die Regierungserklärung des Bundeskanzlers von 1969[374] könnte das auch mit den Worten ausgedrückt werden: „Mehr ausdrückliche Strategie wagen!"[375]

aa. Festsetzung der Strategie

Der Leistungsauftrag ist ein parlamentarisches Steuerungsinstrument. Inhalt dieser Steuerungsleistung soll v. a. auch die Verfolgung politischer Ziele durch die Regierung sein.[376] Dazu muss die Regierung durch das Parlament über die zu verfolgenden Ziele und die Strategien informiert werden.[377] Damit die Leistungsaufträge auf die Verfolgung einer Strategie ausgerichtet werden können, muss eine Strategie den Leistungsaufträgen vorangestellt werden.[378] Bei der Ausarbeitung der Leistungsaufträge muss daher diese Strategie bzw. das darin verfolgte politische Ziel aber schon bekannt sein.[379] Demzufolge hat das Parlament in einem Verfahren die Strategie festzusetzen und der Regierung mitzuteilen. Dies kann gesondert erfolgen, so dass die Regierung bei der Vorlage der Leistungsaufträge im regulären Haushaltsverfahren Vorschläge für Leistungsaufträge unterbreitet, aus denen sich ergibt, wie die zuvor festgesetzten Strategien operativ umgesetzt bzw. wie die politischen Zielvorgaben erreicht werden sollen.

---

[373] Vgl. *Senatsverwaltung für Inneres*, Gestaltungs- und Kontrollmöglichkeiten des Abgeordnetenhauses von Berlin anhand eines Politischen Kontraktmanagements, S. 34 f.

[374] *Regierungserklärung von Bundeskanzler Brandt* vom 28. Oktober 1969, BTag, Stenogr. Berichte 1969, S. 20:„Wir wollen mehr Demokratie wagen. Wir werden unserer Arbeitsweise öffnen und dem kritischen Bedürfnis nach Information Genüge tun. Wir werden darauf hinwirken, dass durch Anhörungen im Bundestag, durch ständige Fühlungnahme mit den repräsentativen Gruppen unseres Volkes und durch eine umfassende Unterrichtung über die Regierungspolitik jeder Bürger die Möglichkeit erhält, an der Reform von Staat und Gesellschaft mitzuwirken."

[375] Vgl. *Trzaskalik*, Grundfragen der Budgetierung, S. 36: „Was die Parlamente brauchen, sind nicht neue Steuerungsinstrumente, sondern Mut zur politischen Entscheidung."

[376] Vgl. in diesem Zusammenhang auch *Mastronardi*, Schweizerischer Muster-Rahmenerlass, S. 11.

[377] S. *Ast*, VerwArch. 2003, S. 585; vgl. dazu *Senatsverwaltung für Inneres*, Gestaltungs- und Kontrollmöglichkeiten des Abgeordnetenhauses von Berlin anhand eines Politischen Kontraktmanagements, S. 34 f.: „Strategiephase" mit einem „Budgetzielkatalog" mit dem politischen Programm für einen bestimmten Planungszeitraum; s. *Hill*, VOP 1998, S. 22, für die kommunale Ebene.

[378] Vgl. *Schmitt/Reinemann*, VM 2004, S. 118; *Bühler*, VM 2002, S. 275, mit dem Hinweis auf den amerikanischen „performance plan".

[379] Vgl. *Ast*, VerwArch. 2003, S. 585.

Die konkrete Entwicklung einer strategischen Steuerung ist Aufgabe des Parlaments und der Politik.[380] Daher kann sich die ausdrückliche Festsetzung der strategischen Steuerung idealerweise zunächst an der Koalitionsvereinbarung bzw. dem Regierungsprogramm und so an übergeordneten politischen Zielen orientieren.[381] In der weiteren Ausgestaltung ist es somit die strategische Aufgabe des Parlaments, haushaltsjährlich die zu verfolgenden politischen Ziele ausdrücklich festzulegen, die die Verwaltung durch die Leistungsaufträge in einzelnen Maßnahmen verfolgen soll. Dabei können auch Aussagen über zu erreichende Zielgrößen aufgenommen werden[382], wobei in der weiteren Entwicklung auch politische Kennzahlen und Indikatoren zur Messbarkeit der Strategieverwirklichung entwickelt werden könnten.[383] Die bereits bestehenden Festsetzungen können so haushaltsjährlich überprüft und konkretisiert werden.[384] Besonders zu berücksichtigen ist dabei auch eine deutliche Unterscheidung von der operativen Steuerung, die der Regierung überlassen bleiben muss. Insgesamt kann die strategische Steuerung des Parlaments so die gesamte der Tätigkeit der Regierung insbesondere auch die Erfüllung der gesetzlichen Verpflichtungen bei den Festsetzungen mit einbeziehen.

Zeitlich müsste diese Festsetzung der strategischen Steuerung rechtzeitig vor Ausarbeitung der Leistungsaufträge im Haushaltsverfahren erfolgen und könnte am sinnvollsten im Zusammenhang mit der Vorlage des Budgetberichts der Regierung über die aktuelle Erfüllung der Leistungsaufträge umgesetzt werden. Dann wäre das Parlament über die bisherige Effektivität der Leistungsaufträge und ihres Potenzials zur Verfolgung bestimmter politischer Ziele informiert.

---

[380] S. *Schneider*, Die Verwaltung, Beiheft 4/2001, S. 187.

[381] Vgl. den *Antrag aller Fraktionen im rheinland-pfälzischen Landtag*, LT-Drs. 14/2890, Punkt III (Berichtigung 14/2903) .

[382] S. dazu auch *Pröhl*, VOP-Sonderheft 2001, S. 8.

[383] Vgl. *Hill*, Einführung in das 3. Kolloquium „Verwaltung als Adressat und Akteur", S. 119; *Chmel*, Das Neue Berliner Verwaltungsmanagement, S. 153.

[384] Dabei kann ggf. - wie oben beschrieben – auch mit den folgen Fragen vorgegangen werden:
- Was soll für die Bürger in diesem Jahr erreicht werden?
- Was muss dafür getan werden?
- Wie muss es getan werden?
- Welche Ressourcen müssen dafür eingesetzt werden?

bb. Einzelne Aspekte einer effektiven Ausgestaltung der strategischen Steuerung

(1) Verbesserung der Aufgabenverteilung zwischen Parlament und Regierung durch Unterscheidung von strategischer und operativer Steuerung

Aus Gründen der Effektivität müssen die beiden Organe ihre Tätigkeitsbereiche beschränken.[385] Wenn das Parlament quasi in die operative Steuerung, die der Regierung vorbehalten ist, hineinwirkt, gehen die mit der Neuen Steuerung verbundenen „Effektivitätsvorteile" verloren.[386] Daher müssen beide Organe eine strategische und operative Identität entwickeln.[387] Die in den Leistungsaufträgen niedergelegte Aufgabenerfüllung muss eine Unterscheidung zwischen diesen beiden Bereichen erkennbar machen. Dazu sind auf beiden Seiten verstärkt Aufklärungsmaßnahmen durchzuführen, so dass sich das Parlament bei der Festsetzung der Strategie auf politische Ziele und Visionen und die Verwaltung in den Leistungsaufträgen auf deren Umsetzbarkeit und operativen Ziele konzentrieren.

(2) Organisatorische Aspekte zur strategischen Steuerung

(a) Verbesserung der regelmäßigen Kommunikation von Parlament und Regierung durch Errichtung eines (strategischen) Ausschusses

Auch wenn die Errichtung eines strategischen Ausschusses, in dem Vertreter des Parlaments mit Regierungsvertretern über die Realisierung strategischer Ziele beraten, Teil der visionären Ausgestaltung einer PStO ist[388], kann doch die Installation eines solchen Gremiums, z. B. als Unterausschuss des Haushalts- und Finanzausschuss, einen erheblichen Beitrag zur Verbesserung des Kommu-

---

[385] *Hill*, DÖV 2001, S. 803; vgl. *Naschold*, Zur Binnenmodernisierung des Staates am Beispiel Deutschlands, S. 88; s. a. *Schneider*, Das Neue Steuerungsmodell als Innovationsplus für Verwaltungsorganisation und Verwaltungsrecht, S. 126: „Trennung der strategischen Zielvorgaben vom operativen Ausführungsgeschäft". S. *Hoffmann-Riem*, Finanzkontrolle der Verwaltung durch Rechnungshof und Parlament, S. 78; vgl. *KGSt.*, B 5/1993, S. 35: „...liegt die Trennlinie zwischen Politik und Verwaltung nicht eindeutig auf der Hand.", für das NSM der kommunalen Ebene. Vgl. zu den betroffenen Interessen von Parlament und Regierung *Friesenhahn*, VVDStRL 16 (1958), S. 36 ff.; vgl. *Schmitt/Reinemann*, VM 2004, S. 119.

[386] Vgl. *Ast*, VerwArch. 2003, S. 587 ff.

[387] S. *Schneider*, Die Verwaltung, Beiheft 4/2001, S. 186 ff.; vgl. auch *Brink/Reinemann*, VM 2002, S. 266.

[388] S. *Keilmann*, Vorstellung des ersten Rahmenentwurfs einer Parlamentarischen Steuerungsordnung, S. 136: „Dialogpflicht" im Rahmen der PStO in Verbindung mit einer „kooperativen Zusammenarbeit".

nikationsverhältnisses leisten.[389] Dies würde bereits einen Informationsaustausch darüber ermöglichen, welches die strategischen Interessen des Parlaments sind und zu welchen wirkungsorientierten Leistungen die Verwaltung in der Lage ist.[390]

(b) Ausgestaltung der strategischen Steuerung durch Kernhaushalt und Betriebshaushalt

Weiterhin kann zur Verbesserung der Effektivität der Haushalt in Kern- und Betriebshaushalte aufgeteilt werden[391], was teilweise schon bisher umgesetzt wurde.[392] Der Kernhaushalt kann so der strategischen Steuerung dienen, die sich

---

389 Vgl. dazu den Vorschlag von *Keilmann*, Rahmenentwurf zum Mustergesetz einer Parlamentarischen Steuerungsordnung, S. 142, unter Verweis auf § 82 der Geschäftsordnung des Landtags, für einen Unterausschuss des Haushalts- und Finanzausschusses, und unter Verweis auf § 69 Abs. 3 der GO-LT, bei einer Einsetzung eines speziellen Fachausschusses, der ggf. mit dem Haushalts- und Finanzausschuss zusammenarbeiten könnte; s. dazu auch *Grotheer-Hüneke*, Perspektiven des Haushalts- und Finanzmanagements aus der Sicht des Landtags, S. 154.

390 Vgl. zur Notwendigkeit des Dialogs von Parlament mit Regierung/Verwaltung *Schmitt/Reinemann*, VM 2004, S. 116 ff., 118, und *Brink/Reinemann*, VM 2002, S. 265 ff.; vgl. auch *Kretschmer*, Empfiehlt es sich, die informationelle Zusammenarbeit zwischen Parlament und Regierung gesetzlich zu regeln?, S. 99 ff.; vgl. *KGSt*. B 5/1993, S. 34 f. zur Einschätzung der Situation auf kommunaler Ebene: „Die Praxis zeigt, dass die Dienststellen wenig darin geübt sind, ihre Leistungen in steuerungsgeeigneter Form zu beschreiben. Oft sind sie davon auch nicht gerade begeistert, macht die Definition der Leistungen sie doch kontrollierbarer. Von zentraler Stelle wird ihnen jedoch signalisiert, dass man ohne definierte Leistungen in Zukunft kein Budget mehr erhält. In dieser schwierigen Übergangssituation kommt auf den Zentralen Steuerungsbereich eine wichtige Aufgabe zu, deren Umfang derzeit noch unterschätzt wird. Es gilt – zumindest solange die Fachbereiche dieser Aufgabe aus eigener Kraft nicht gewachsen sind -, im Dialog mit ihnen an der Definition der Leistungen mitzuwirken. In vielen Verwaltungsbereichen (...) ist es schwierig, die Leistungen kurzfristig in positiver Form zu definieren. Dann bleibt nur die Möglichkeit, sich vorübergehend damit zu helfen, dass man
- das gegenwärtige Leistungsniveau festschreibt,
- festlegt, dass das gegenwärtige Leistungsniveau um nicht mehr als die Größe x oder nicht ohne politische Zustimmung unterschritten werden darf
- bei bestimmten Leistungen (...) Standards festlegt, die vom Fachbereich einzuhalten sind."
S. dazu auch für die Schweiz *Schedler*, Politikentwicklung: Die Rolle der Politik im Veränderungsprozess, S. 50: „WoV will die politische Kultur verändern. Die heute bisweilen vorzufindenden Konkurrenzverhältnisse zwischen Parlament und Regierung sollen zwar nicht vollständig abgeschafft, jedoch soll eine einfachere Kommunikation zwischen den beiden Gremien möglich werden."

391 S. *Deubel*, Flexible Budgetierung, S. 79; *Keilmann*, Ausgabensteuerung in Rheinland-Pfalz – Budgetierung und erste Leistungsaufträge, S. 445 f.

392 Vgl. z. B. den Leistungsauftrag 08 03, s. Anhang; s. dazu auch *Deubel/Keilmann*, VM 2005, S. 236 ff.

an den politischen Vorgaben orientiert. Dazu wäre dann eine speziell dafür eingesetzte Verwaltung notwendig, welche die politischen Vorgaben konkretisieren und dem notwendigen Finanzvolumen gegenüberstellen könnte. Demgegenüber würde der Vollzug dieser konkretisierten Vorgaben in der Fachverwaltung vorgenommen. Dies könnte auch mit Leistungsaufträgen verbunden werden, vgl. § 26 Abs. 1 S. 6 LHO. Die Fachressorts wären dann in der Position, die zugeteilten Mittel als Auftraggeber weiterzugeben und in dieser Position wählen zu können, inwieweit die Mittel an Private oder an die in den Betriebshaushalten organisierte öffentliche Verwaltung weitergegeben werden; dies kann ggf. im Wege der Ausschreibung und Vergabe geschehen. Auch insoweit würde an dieser Stelle das Element des Wettbewerbs eingeführt und zur Entfaltung gebracht werden können, da nun die Leistungen der Verwaltung besser verglichen werden können.[393]

(3) Weiterentwicklung des Verfahrens: Festsetzung der parlamentarischen Strategie mit Aufforderung zur Ausarbeitung weiterer Leistungsaufträge im Zusammenhang mit der Budgetberichterstattung

Bei einer Weiterentwicklung des Verfahrens könnte daher, wie bereits erörtert, zunächst auf das Verfahren der Budgetberichterstattung der Landesregierung abgestellt werden. Gerade wenn dabei das Parlament die Informationen über die Erfüllung der Leistungsaufträge erhält, kann es seine Strategie festsetzen oder anpassen. Auf dieser Basis wäre dann die Verwaltung darüber informiert, wie sie die Leistungsaufträge in der Weiterentwicklung an den strategischen Festsetzungen ausrichtet. Gleichzeitig mit Festsetzung dieser Strategie könnte der Landtag ggf. zur Ausarbeitung weiterer oder der Änderung bestehender Leistungsaufträge auffordern. Daraufhin könnte im Rahmen des regulären Haushaltsverfahrens die Regierung den Haushaltsplan vorlegen und dabei auch die neuen Entwürfe für Leistungsaufträge mit einbringen, welche dann wieder vom Parlament mit dem Haushaltsplan beschlossen werden. Innerhalb des weiteren Vollzugs können die Erreichung der Zielerreichungsvorgaben und die Umsetzung der Strategie verfolgt und dann wieder - wie zu Beginn des Verfahrens - weiterentwickelt werden.

[393] *Keilmann*, Ausgabensteuerung in Rheinland-Pfalz – Budgetierung und erste Leistungsaufträge, S. 445.

d. Weiterentwicklung einer Nach-Steuerung

Wie oben dargestellt, ist als Teil der idealen Neuen Steuerung auch eine unterjährige Nach-Steuerung vorzusehen[394], wie dies auch in der PStO vorgesehen ist.[395] So könnte im Anschluss an die Weiterentwicklung der strategischen Steuerung die unterjährige Überprüfung der (strategischen) Festsetzungen auch mit einer Überprüfung der bisherigen Leistungsaufträge und der Feststellung der Notwendigkeit zur Veränderung dieser bisherigen Festsetzungen verbunden werden.[396] Auch dies könnte organisatorisch durch einen Strategie-Ausschuss erfolgen.

Zum jetzigen Zeitpunkt der Entwicklung, besteht allerdings noch erheblich mehr Informationsbedarf über den Ablauf des Verfahrens bei Vertretern des Parlaments und der Verwaltung.[397] Zudem kann sich auch das Bedürfnis nach zusätzlichen Steuerungsmaßnahmen verändern, wenn auf Seiten des Parlaments das Bewusstsein hinsichtlich einer haushalts-jährlichen strategischen Steuerung wächst. Daher müssten als nächste Schritte weitere Aufklärungsmaßnahmen durchgeführt und eine Sensibilisierung für die unterjährige Steuerung auch im Bereich der Leistungsaufträge geschaffen werden. Gleichwohl könnte eine Nach-Steuerung und Veränderung der Festsetzungen in den Leistungsaufträgen schon jetzt in dem Verfahren zur Erlass von Nachtragshaushaltsgesetzen integriert werden, was zudem die Übereinstimmung mit den veränderten kameralen Festsetzungen gewährleisten würde.

e. Weiterentwicklung des parlamentsinternen Verfahrens bei der Behandlung der Leistungsaufträge: Zusammenführung von Fach- und Haushaltpolitik

Bei der Behandlung der Leistungsaufträge kann die Zusammenarbeit zwischen den Fachausschüssen mit dem Haushalts- und Finanzausschuss verstärkt werden.[398] Dies kann dazu beitragen, dass die etwaige Gefahr einer zu starken

---

394 Vgl. *VerfGH Rheinland-Pfalz*, DÖV 1997, S. 246 ff., 250: „intensive parlamentarische Mitwirkung am Haushaltsvollzug".

395 S. a. das Interview zum Leistungsauftrag 04 04: „Die Staatsleitung müsse immer in der Position zur strategischen Steuerung sein." Vgl. *Keilmann*, Vorstellung des ersten Rahmenentwurfs einer Parlamentarischen Steuerungsordnung, S. 137 ff., 140.

396 Vgl. auch das Schweizer „Interventionsinstrumentarium", s. *Lienhard*, Staats- und verwaltungsrechtliche Grundlagen für das New Public Management in der Schweiz, S. 318 ff.

397 Vgl. dazu *Brink/Reinemann*, VM 2002, S. 270.

398 Vgl. *Ast*, VerwArch. 2003, S. 590; s den Bericht der *Arbeitsgruppe „Budgetrecht der Parlamente" der Konferenz der Präsidentinnen und Präsidenten der deutschen Landesparlamen-*

Position des Haushalts- und Finanzausschusses und das In-den-Vordergrund-stellen von ökonomischen Argumenten bei politischen Entscheidungen vermieden werden.[399] Zudem kann die Entwicklung des finanziellen Bewusstseins auf Seiten der Vertreter der Fachpolitik unterstützt werden, wenn sie noch stärker in die Berichterstattung über den Haushaltsvollzug und in das neu gesteuerte Haushaltsverfahren eingebunden werden.[400]

f. Zusammenfassung

Wenn die bestehende Situation weiterentwickelt wird, indem Strategien mit der Ausrichtung von Leistungen und Wirkungen an Zielen festgesetzt, die Darstellung der Leistungen in ihrer Transparenz verbessert, die Wirkungsorientierung verstärkt und das Verfahren weiter konkretisiert wird, kann der Leistungsauftrag als parlamentarisches Instrument die beschriebenen Steuerungsdefizite weiter mindern.

3. Weiterentwicklung der Kontrolle

Der Leistungsauftrag ist v. a. als parlamentarisches Steuerungsinstrument entstanden und entwickelt worden. Auch wenn diese Entwicklung vor dem Hintergrund der Verstärkung der Defizite im Haushaltsverfahren stattgefunden hat, ist die Zielrichtung dieses Instruments primär hinsichtlich seiner Steuerungsfunktion zu sehen.[401] Demgegenüber ist der Einsatz als ein parlamentarisches Kontrollinstrument in der Information über die Steuerungsleistung der Regierung zu sehen. Die dadurch ermöglichte Form der Kontrolle ist daher deutlich von der bisherigen im Haushaltsverfahren vorgesehenen Kontrolle der finanziellen Tätigkeit der Regierung zu unterscheiden.[402]

---

te am 17./18. Mai 2004, LT-Drs. 14/3210, S. 3; vgl. *Edinger*, Haushaltsreform und parlamentarisches Budgetrecht in Rheinland-Pfalz, S. 24.

399 Vgl. *Senatsverwaltung für Inneres*, Gestaltungs- und Kontrollmöglichkeiten des Abgeordnetenhauses von Berlin anhand eines Politischen Kontraktmanagements, S. 31 f.; s. a. *Bogumil*, Die Umgestaltung des Verhältnisses von Politik und Verwaltung, S. 500; ebenso zum Verhältnis Haushaltsausschuss/Fachausschüsse *Hauser*, Perspektiven des Haushalts- und Finanzmanagements aus der Sicht des Bundesrechnungshofes, S. 178.

400 Vgl. *Schmitt/Reinemann*, VM 2004, S. 119; *Osner*, VOP Sonderheft 1/2001, S. 33 ff.; s. dazu auch den Bericht der *Arbeitsgruppe „Budgetrecht der Parlamente" der Konferenz der Präsidentinnen und Präsidenten der deutschen Landesparlamente* am 17./18. Mai 2004, veröffentlicht in der LT-Drs. 14/3210, S. 1 ff., 3, Punkt E.

401 Vgl. auch *Kretschmer*, Empfiehlt es sich, die informationelle Zusammenarbeit zwischen Parlament und Regierung gesetzlich zu regeln?, S. 110 ff.; s. zu der Entwicklung im Berichtswesen *Edinger*, Perspektiven des Haushalts- und Finanzmanagements aus Sicht des Landtags, S. 144.

402 S. auch *Schneider*, Die Verwaltung, Beiheft 4/2001, S. 188.

In diesem Zusammenhang soll gleichwohl nach Möglichkeiten der Weiterentwicklung der Kontrollfunktion bei der Anwendung des Instruments des Leistungsauftrags gefragt werden, da der Leistungsauftrag wie andere Instrumente auch dem Ausgleich der beschriebenen Kontrolldefizite dienen soll, vgl. § 20a Abs. 1 LHO. Über die Beurteilung des Leistungsauftrags hinaus besteht zusätzlich zu den bisherigen Überlegungen beispielsweise auch die Möglichkeit der Ausweitung der Informationsvermittlung zwischen Parlament und Rechnungshof.[403]

Bei der Frage nach der Reichweite der möglichen Kontrolle ist zunächst zu berücksichtigen, dass die Leistungsaufträge idealerweise v. a. Informationen über die finanzwirksame Tätigkeit der Regierung und über die Zwecke bzw. Ziele bei der Verwendung von Finanzmittel enthalten sollten.[404] Auch dazu ist es daher notwendig zu verdeutlichen, welche strategischen Ziele die Regierung mit dem Einsatz der Steuergelder verfolgt und inwieweit und wodurch diese Ziele erreicht werden bzw. erreicht werden sollen. Denn die Ausfüllung der Kontrollfunktion durch die Opposition im Parlament ist nur gewährleistet, wenn die Leistungsaufträge mit Informationen angereichert sind, aus denen „hinreichend" Aufschluss über die (finanzwirksame) Tätigkeit der Regierung hervorgeht.

Wie oben dargestellt, hat zunächst der Prozess der Budgetierung dazu geführt, dass die Kontrollfunktion nicht mehr wie bisher über den haushaltsrechtlichen Spezialitätsgrundsatz ausgeübt werden kann. Die bisherigen Leistungsaufträge haben demgegenüber noch nicht den Informationsgehalt, mit dem sich sagen ließe, dass hier eine wirksame Minderung festgestellt werden könnte. Es sollte daher sichergestellt werden, dass die Leistungsaufträge dauerhaft ausreichende Informationen enthalten, mit denen sich die Tätigkeit der Regierung nachvollziehen lässt.[405] Gleichwohl wird erst die weitere Praxis der Leistungsaufträge zeigen, inwieweit die darin enthaltenen Darstellungen v. a. auch in Verbindung

---

[403] Vgl. § 88 Abs. 3 LHO: „Der Rechnungshof äußert sich auf Ersuchen des Landtags oder der Landesregierung gutachtlich zu Fragen, die für die Haushalts- und Wirtschaftsführung von Bedeutung sind." Vgl. dazu auch den Bericht der *Hessischen Enquetekommission*, Hess. LT-Drs. 15/4000, S. 53; s. a. *Schneider*, Empfiehlt es sich, die Befugnisse der Rechnungshöfe neu zu regeln?, S. 87 ff.

[404] Vgl. auch *Brink/Reinemann*, VM 2002, S. 268 f.; vgl. *Hebeler*, Verwaltungsrundschau 2002, S. 77.

[405] S. a. *Zentrale Koordinierungsstelle für die Reform des Haushalts- und Rechnungswesens im Hessischen Ministeriums der Finanzen*, Landesverwaltung Hessen 2000, S. 3: „Die Einzelveranschlagung nach Ausgabezwecken kann, sollen die o. g. Verfassungsgrundsätze gewahrt werden, daher nur durch eine Einzelveranschlagung nach Leistungszwecken (Kontrakte mit dem Parlament über Art und Umfang der von der Verwaltung zu erstellenden Leistungen und der dafür vom Parlament zur Verfügung gestellten Ressourcen) abgelöst werden."

mit den Budgetberichten eine solche Plausibilität erreichen oder gewährleisten können. Diese Ausführungen gelten insoweit auch für die Steuerungsfunktion des Parlaments. Die Ausübung dieser Funktion ist nur dann gewährleistet, wenn die Leistungsaufträge auch ausreichend Information über das „Steuerungspotenzial und die –tätigkeit“ der Regierung enthalten. Insoweit gelten hier für die Weiterentwicklung dieselben Vorschläge wie oben bei der Weiterentwicklung der Steuerungsfunktion durch die VV-LHO.

In diesem Zusammenhang kann darüber hinaus auch überlegt werden, ob die Einschränkungen im Budgetrecht des Parlaments es notwendig machen, dass das Parlament die Flexibilisierungen im Haushaltsvollzug wieder rückgängig macht.[406] Dabei könnte sich allerdings als problematisch erweisen, dass die Exekutive in ihrer Sicherheit bei der Ausführung der Gesetze und der allgemeinen Tätigkeit zu sehr beeinträchtigt wird.[407] Daher wird teilweise vorgeschlagen, einen solchen Mechanismus auf zukünftige Sachverhalte zu begrenzen. Sonst wäre der ordnungsgemäße Vollzug des Haushalts durch die Regierung und Bewältigung laufender Vorgänge nicht mehr gewährleistet.[408] Der jetzige Stand der Entwicklung ergibt jedoch noch keine Anhaltspunkte für die Notwendigkeit solcher Maßnahmen.

Ergänzend kann aber in der weiteren Entwicklung die Informationsvermittlung über die strategischen Ziele weiter ausgestaltet werden. Da der Beschluss über die Leistungsaufträge, welche dann an den strategischen Festsetzungen ausgerichtet sind, im bisherigen Haushaltsverfahren erfolgt, erhält die Opposition im Parlament auch neue Informationen und kann auch in diesem Zusammenhang die strategischen Überlegungen und Festsetzungen bewerten und kritisieren.[409]

---

[406] S. § 6 Abs. 4 LHG, sowie *Schmitt/Reinemann*, VM 2004, S. 117: „Das Parlament muss eingreifen können, wenn die Flexibilisierung des Mitteleinsatzes dazu führt, dass politische Ziele des Parlamentes nicht mehr verfolgt werden.“

[407] S. *Meyer*, DÖV 2000, S. 456, unter Verweis auf die damalige Regelung des Rückholrechts auf der kommunalen Ebene in Mecklenburg-Vorpommern, das er als „Damoklesschwert“ bezeichnet, das über dem Hauptausschuss bzw. dem Bürgermeister hänge und so die Entscheidungsfreude lähme.

[408] Vgl. *Meyer*, DÖV 2000, S. 456.

[409] Vgl. *Schneider*, Die Verwaltung, Beiheft 4/2001, S. 188. Zu den Informationspflichten einer Landesregierung gegenüber dem Parlament am Beispiel Sachsens s. a. *Schröder*, SächsVBl. 2004, S. 151 ff., zur Situation in Brandenburg *Neßler*, LKV 1995, S. 12 ff.; vgl. auch die Empfehlung der *Präsidentinnen und Präsidenten der deutschen Landesparlamente* zum Informationsrecht des Abgeordneten und des Parlamentes sowie zu den Informationspflichten der Regierung ZParl 1992, S. 573 ff.; vgl. auch *Storr*, ZG 2005, S. 45 ff.

4. Zusammenfassung

Wenn die bestehende Situation weiterentwickelt wird, kann der Leistungsauftrag als parlamentarisches Steuerungs- und Kontrollinstrument geeignet sein, die beschriebenen Defizite zu vermindern. Eine umfassende Bewertung muss aber darüber hinaus die Anwendung des Leistungsauftrags in den Zusammenhang mit dem gesamten neu gestalteten Haushaltsplan stellen.

F. Zusammenfassung, Thesen

Teil A.:

- Haushaltsplan und Haushaltsverfahren erfüllen v. a. eine Steuerungs- und Kontrollfunktion, die das Budgetrecht des Parlaments gewährleisten sollen. In der heutigen Aufteilung der Aufgaben werden die Kontrollfunktion im Wesentlichen von der Oppositionsfraktion im Parlament und die Steuerungsfunktion von der Regierungsfraktion im Zusammenspiel mit der von ihr gestützten Regierung wahrgenommen. Die Unterteilung des Haushaltsverfahrens und die Aufteilung der Aufgaben von Initiative und Vollzug auf die Regierung sowie den Beschluss des Haushalts auf das Parlament dienen der Sicherung der Wahrnehmung der beschriebenen Funktionen. Dies gilt ebenso für das Haushaltsrecht und die Haushaltsgrundsätze.
- Die Entwicklung und heutige Praxis des Haushaltsverfahrens ist allerdings nur noch eingeschränkt dazu geeignet, die beschriebenen Funktionen zu erfüllen, was vor allem auf die sehr detaillierten und input-orientierten Darstellungen des Haushaltsplans, die Ausweitung der zulässigen Ausnahmeregelungen von den Haushaltsgrundsätzen und die tatsächliche Behandlung des Haushalts bei den Beratungen im Parlament zurückzuführen ist.
- Das u. a. als Reaktion auf diese Situation entwickelte Neue Steuerungsmodell erfordert demgegenüber eine dezentrale Entscheidungs- und (Finanz-)Mittelverantwortung (Budgetierung) in Verbindung mit einer zentralen Neuen Steuerung, die sich an den Leistungen der Verwaltung und ihren Wirkungen orientiert. In der Umsetzung führt dieser Umgestaltungsprozess notwendigerweise zu einem weiteren Verlust an Aussagekraft der Darstellungen im Haushaltsplan, da der Verwaltung mehr Spielraum im Umgang mit den Finanzmitteln eingeräumt werden soll. Dieser Steuerungs- und Kontrollverlust soll durch Zielvereinbarungen und Kontrakte mit der jeweiligen Verwaltungsebene bzw. Organisationseinheit kompensiert werden, in denen die zu erreichenden Ziele anhand von Kennzahlen und Indikatoren festgesetzt werden sollen. Dabei können als Zielerreichungsvorgaben die Verwaltungsleistungen und beabsichtigten Wirkungen festgesetzt und nach einer bestimmten Strategie mit politischen Zielen ausgerichtet werden. Dies ermöglicht darüber hinaus die Durchführung einer Aufgabenkritik.
- Der Bund hat mit dem Haushaltsrechts-Fortentwicklungsgesetz den Rahmen für die Umgestaltung des Haushaltsverfahrens geöffnet. Vor diesem Hintergrund wurde das rheinland-pfälzische Haushaltsrecht reformiert und zunächst die Budgetierung in § 6 LHG ausgestaltet sowie mit einer Berichtspflicht in

§ 20a Abs. 2 LHO verbunden. Als neues parlamentarisches Steuerungsinstrument wurde in § 7b LHO der Leistungsauftrag aufgenommen, der bei der Ausweitung der Flexibilisierungen im Haushaltsplan eingesetzt werden kann. Die Steuerungsleistung ergibt sich dabei aus den Darstellungen innerhalb der Leistungsaufträge, die Zielerreichungsvorgaben hinsichtlich des Umfangs, der Kosten, der Qualität oder Wirkungen von Verwaltungsleistungen enthalten können, und der Informationsvermittlung über den Grad der Zielerreichung in den von der Regierung vorzulegenden Budgetberichten nach §§ 7b Abs. 4 i. V. m. 20a Abs. 2 LHO.

- Die hier vermittelten Informationen können aufgrund der (auch) politischen Verwertbarkeit eine Minderung des zuvor eingetretenen Informationsverlustes darstellen. Verfahrenstechnisch wurde das Instrument des Leistungsauftrags in das bisherige Haushaltsverfahren integriert, was in der Konsequenz dazu führte, dass die Regierung die Leistungsaufträge ausgestaltet und vorlegt, woraufhin das Parlament darüber beschließen kann. Ebenso ist die Erfüllung der Leistungsaufträge in den Vollzug des Haushalts integriert.

- Der Leistungsauftrag hat insoweit das Potenzial, ein Instrument für das Parlament darzustellen, bei dem die Leistungen der Verwaltung finanziell, aktuell, qualitativ und quantitativ haushaltsjährlich gesteuert werden können. Dies gilt auch für die Wirkungen von Verwaltungsleistungen. Zudem wird mit den neuen Darstellungen auch die Möglichkeit einer strategischen Steuerung des Parlaments sowie eine Aufgabenkritik ermöglicht. Von den beschriebenen positiven Effekten durch die neue Informationsvermittlung können zudem auch die Öffentlichkeit als auch der Bund sowie die anderen Bundesländer profitieren.

Teil B.:

- Aus den Interviews ergibt sich, dass durch die bisherige Anwendung und die Darstellungen in den Leistungsaufträgen die Verwaltung zur Konzentration auf ihre Leistungen und deren Messbarkeit unterstützt wird. Bis zum jetzigen Zeitpunkt ist der Einsatz der Leistungsaufträge davon geprägt, die Tätigkeit der öffentlichen Verwaltung überhaupt leistungsorientiert darzustellen. Ansätze einer wirkungsorientierten Steuerung sind bisher kaum erkennbar. Teilweise wird eine verstärkte Informierung und Kommunikation mit der Politik erwartet.

- Die in der Verwaltung an der Ausarbeitung der Leistungsaufträge Beteiligten erwarten mehrheitlich, dass die in den Leistungsaufträgen dargestellten eigenen Leistungen auch einer strategischen Steuerung des Parlaments mit politischen Zielvorgaben dienen sollen. Daher wird darauf verwiesen, dass die Ausweitung der Leistungsaufträge auch auf solche Bereiche am sinnvollsten ist, die im Interesse des Parlaments stehen.

- Insgesamt wird bei der Integration des Leistungsauftrags als parlamentarisches Steuerungsinstrument ein zusätzlicher Arbeitsaufwand gesehen, wenngleich bei der Umsetzung die Integration in das bisherige Verfahren als grundsätzlich geeignet angenommen wird. Dabei in der Regel aber darauf verwiesen, dass eine solche Neugestaltung erst nach einiger Zeit komplikationslos funktionieren kann.

Teil C.:

- Im Rahmen des Workshops wurde v. a. deutlich, dass Vertreter des Parlaments für eine grundsätzliche Ausweitung bei der Anwendung der Leistungsaufträge waren, wenn gleichzeitig das Aufwand-Nutzen-Verhältnis beachtet werde. Insgesamt sollten die Darstellungen und Inhalte der Leistungsaufträge verbessert und die Informationen vermehrt in einen politischen Zusammenhang gestellt werden. Zudem wurde nach Möglichkeiten der Unterstützung des Weiterentwicklungsprozesses durch das Parlament gefragt.

Teil D.:

- Die gewaltenteilig organisierte Ordnung des Grundgesetzes erfordert eine wirksame Ausgestaltung des Budgetrechts des Parlaments im Haushaltsverfahren hinsichtlich seiner Steuerungs- und Kontrollfunktion. Ergänzend dazu schreibt die Verfassung vor, dass der Regierung das Recht zur Initiative und dem Vollzug des Haushalts überlassen bleiben muss. Ebenso besteht grundsätzlich ein Kernbereich der Exekutive, der nach der Rechtsprechung des BVerfGs in der jeweiligen Situation zu bestimmen ist.

- Mit der Aufweichung der Haushaltsgrundsätze und der Umgestaltung des Haushalts wurde auch die verfassungsrechtliche Position des Parlaments beeinträchtigt. Demgegenüber kann im jetzigen Stadium die Möglichkeit Neuer Steuerung und Kontrolle durch das Parlament theoretisch geeignet sein, die beschriebenen Defizite zu mindern. Ebenso besteht die lediglich die Möglichkeit, dass durch diese neue Form der parlamentarischen Steuerung im Einzelfall die verfassungsrechtliche Position der Regierung unzulässig berührt wird. In der weiteren Entwicklung ist auch eine Mitwirkung des Parlaments beim Haushaltsvollzug durch eine Nach-Steuerung verfassungsrechtlich nicht grundsätzlich ausgeschlossen.

Teil E.:

- Eine Weiterentwicklung der bestehenden Situation könnte an mehreren Punkten ansetzen:
- Langfristig empfiehlt sich die Integration einer Parlamentarischen Steuerungsordnung in das Verfahren mit der umfassenden Regelung von Rechten und Pflichten der Beteiligten.
- Der Leistungsauftrag als parlamentarisches Steuerungs- und Kontrollinstrument ist im Zusammenhang mit weiteren Instrumenten wie z. B. der KLR und Wirtschaftlichkeitsuntersuchungen zu sehen und bewerten („Mix von Grob- und Feinsteuerung"). Insgesamt empfehlen sich in der jetzigen Situation die Ausweitung der Anwendung und die Verfeinerung der Darstellungen der Leistungsaufträge.
- Die Wirksamkeit des Leistungsauftrags kann durch verstärkte Aufklärungsmaßnahmen gesteigert werden. Dies gilt gegenüber Vertretern der Verwaltung wie des Parlaments.
- Der Einsatz des Leistungsauftrags als parlamentarisches Steuerungsinstrument kann durch die Ausgestaltung und Integration eines „Aufforderungsrechts" des Parlaments in das Verfahren verbessert werden, mit dem die Regierung zur Ausarbeitung weiterer Leistungsaufträge aufgefordert werden kann und welches das Initiativmonopol der Regierung bei der Vorlage der Leistungsaufträge berücksichtigt. Dies würde auch eine Entscheidung über tatsächlich politisch interessante Bereiche sowie das Aufwand-Nutzen-Verhältnis ermöglichen.
- Zur Weiterentwicklung der Transparenz und auch des Kontrollpotenzials der Leistungsaufträge empfiehlt sich die Standardisierung der Darstellungen. Dazu könnten mit dem Erlass einer Verwaltungsvorschrift zu § 7b LHO die betroffenen Organisationseinheiten mehr Klarheit und Anleitung über wichtigen Informationen und den Aufbau von Leistungsaufträgen erhalten. Die Verwaltung kann in einer VV-LHO zu § 7b bei der Ausgestaltung der Leistungsaufträge angeleitet werden, die Informationen über Verwaltungsleistungen standardisiert in finanzieller, aktueller, quantitativer und qualitativer Hinsicht darzustellen (=**„FAQ²-Informationen über Verwaltungsleistungen"**) und auch auf Wirkungen und strategische Vorgaben zu beziehen.
- Damit die Leistungsaufträge auch mit mehr Wirkungen über Verwaltungsleistungen versehen sind, bedarf eines verstärkten Aufklärungs- und Kommunikationsprozesses zwischen Politik und Verwaltung über die Zusammenhänge und Kausalitäten von Verwaltungsleistungen und beabsichtigten Wirkungen. Dies kann einen Konsens über die Aufnahme von Wirkungen unterstützen und

ausdrückliche oder unterschwellige (Schuld-)Zuweisungen für das Nichterreichen von Wirkungen ausschließen.

- Weiterhin könnte das Parlament eine strategische Steuerung entwickeln und eine Strategie mit politischen Zielen, die von der Regierung mit den Leistungsaufträgen angestrebt werden sollen, festsetzen. Daran könnte sich die Regierung bei der Ausgestaltung der Leistungsaufträge orientieren. In der Ausgestaltung dieser strategischen Festsetzungen könnte das Parlament haushaltsjährlich die Koalitionsvereinbarung bzw. das Regierungsprogramm konkretisieren. Diese Festsetzung der Strategie könnte im Zusammenhang mit der Informationsvermittlung über die Erfüllung von Leistungsaufträgen im Rahmen der Budgetberichterstattung erfolgen, so dass die Regierung daran anschließend die Umsetzung dieser strategischen Vorgaben in den Leistungsaufträgen des nächsten Haushaltsplans prüfen könnte. Dies würde auch die Entfaltung des Kontrollpotenzials der Neuen Steuerung unterstützen. In der Weiterentwicklung des Verfahrens könnten auch die Strategiefestsetzung und die Aufforderung zur Ausgestaltung bestimmter Leistungsaufträge (s. o.) miteinander verbunden werden.

- Zur weiteren Verbesserung der Effektivität der strategischen Steuerung des Parlaments müssen Parlament und Regierung langfristig eine strategische und eine operative Aufgabenteilung verwirklichen. Auch dies erfordert Aufklärungsmaßnahmen über die jeweiligen Bereiche. Daneben kann die strategische Steuerung des Parlaments auch durch die Einrichtung eines strategischen Ausschusses, ggf. als Unterausschuss des Haushalts- und Finanzausschusses unterstützt werden, mit dem die Kommunikation zwischen Vertretern der beiden Organe in diesem Bereich erleichtert wird. Eine zusätzliche Verbesserung des Verfahrens kann auch die verstärkte Unterteilung des Hauhalts in Kern- und Betriebshaushalte darstellen. Wenn zusätzlich zu der haushaltsjährlichen strategischen Steuerung noch ein Bedürfnis zur unterjährigen Steuerung entstehen und die Notwendigkeit zur Veränderung der Festsetzungen in den Leistungsaufträgen angenommen werden sollte, könnte dies in das Nachtragshaushaltsverfahren integriert werden.

Literaturverzeichnis

Aufsätze, Monographien:

Adamaschek, Bernd:
Partizipation, Die Bedeutung von Teamstrukturen für die Organisationskultur, VOP Sonderheft 1/2001, S. 37-39.

Anschütz, Gerhard/Thoma, Richard (Hrsg.):
Handbuch des Staatsrechts, Band 2, Tübingen 1932, Nachdruck 1998, 791 Seiten.

Ast, Susanne:
Verwaltungsreform ohne Ziel? – Zur Notwendigkeit eines ganzheitlichen Planungs- und Steuerungsansatzes bei der Einführung des Neuen Steuerungsmodells -, VerwArch. 2003, S. 574-592.

Bals, Hansjürgen:
Neues kommunales Finanz- und Produktmanagement, Erfolgreich steuern und budgetieren, Heidelberg München Berlin 2004, 272 Seiten.

Banner, Gerhard:
Steuerung kommunalen Handelns, in: *Roth, Roland/Wollmann, Hellmut (Hrsg.):* Kommunalpolitik, Politisches Handeln in den Gemeinden, Opladen 1994, S. 350-361.

Banner, Gerhard:
Die internationale Entwicklung im kommunalen Management und ihre Rezeption in Deutschland, in: *Banner, Gerhard/Reichard, Christoph:* Kommunale Managementkonzepte in Europa, Anregungen für die deutsche Reformdiskussion, Köln 1993, S. 185-196.

Bartlsperger, Richard:
Organisierte Einwirkungen auf die Verwaltung – Zur Lage der zweiten Gewalt, VVDStRL Heft 33 (1975), S. 221-271.

Belzer, Volker:
Konsolidierung der Haushalte, in: *Blanke, Bernhard/Bandemer, Stephan von /Nullmeier, Frank/Wewer, Göttrik (Hrsg.):* Handbuch zur Verwaltungsreform, 3. Aufl., Wiesbaden 2005, S. 374-382.

Beyme, Klaus von:
Die großen Regierungserklärungen der deutschen Bundeskanzler von Adenauer bis Schmidt, München 1979, 396 Seiten.

Bleckmann, Albert:
Der Gesetzesbegriff des Grundgesetzes – Zur Funktion des Haushaltsplans im Subventionsrecht, DVBl. 2004, S. 333-342.

Böckenförde, Ernst-Wolfgang:
Die Organisationsgewalt im Bereich der Regierung, 3. Aufl., Berlin 1996, 348 Seiten.

Böhm, Monika:
Fortentwicklung des Haushaltsrechts, NVwZ 1998, S. 934-936.

Bogumil, Jörg:
Die Umgestaltung des Verhältnisses von Politik und Verwaltung, in: *Blanke, Bernhard/Bandemer, Stephan von/Nullmeier, Frank/Wewer, Göttrik (Hrsg.):* Handbuch zur Verwaltungsreform, 3. Aufl., Wiesbaden 2005, S. 494-503.

Bogumil, Jörg:
Die Umgestaltung des Verhältnisses zwischen Rat und Verwaltung – das Grundproblem der Verwaltungsmodernisierung, VerwArch. 2002, S. 129-148.

Bogumil, Jörg:
Binnenmodernisierung des Staates am Beispiel Deutschlands – Entwicklungsstand und Implementationsstategien, in: *Naschold, Frieder/Bogumil, Jörg:* Modernisierung des Staates, New Public Management in deutscher und internationaler Perspektive, 2. Aufl., Opladen 2000, S. 135-232.

Bolay, Friedrich W.:
Zielorientiertes Planen und Managen von Modernisierungsprozessen in der öffentlichen Verwaltung, VM 2005, S. 80-85.

Bolay, Friedrich W.:
Betriebswirtschaft und öffentliche Verwaltung: Anmerkungen zu einigen populären Missverständnissen, in: *Benz, Angelika/Füchtner, Natascha (Hrsg.):* Einheit und Vielfalt – Verwaltung im Wandel, Speyerer Forschungsberichte 222, S. 37-47.

Breisig, Thomas:
Zielvereinbarungskonzepte, Begriff und Hintergrund, VM 1999, S. 337-339.

Brink, Stefan/Reinemann, Hilmar:
Parlamente im Prozess der Verwaltungsmodernisierung, Zum Abschlussbericht der Enquete-Kommission „Verwaltungsmodernisierung in Rheinland-Pfalz", VM 2002, S. 265-272.

Brühlmeier, Daniel/Haldemann, Theo/Mastronardi, Philippe/Schedler, Kuno:
Politische Planung, Mittelfristige Steuerung in der wirkungsorientierten Verwaltungsführung, Bern Stuttgart Wien 2001, 174 Seiten.

Brühlmeier, Daniel/Haldemann, Theo/Mastronardi, Philippe/Schedler, Kuno:
New Public Management für das Parlament: Ein Muster-Rahmenerlass WoV, in: *Jessen, Kai-Olaf:* Neuere Ansätze parlamentarischer Steuerung und Kontrolle, Speyerer Forschungsbericht 223, Speyer 2001, S. 133-139.

Bühler, Bernd M.:
Von Outputs zu Outcomes, Internationale Erfahrungen mit outcome-orientierter Steuerung, VM 2002, S. 273-278.

Buschor, Ernst:
Der Beitrag der Evaluationen zur wirksameren Verwaltungsführung, VM 1996, S. 141-143.

Chmel, Andreas:
Das Neue Berliner Verwaltungsmanagement, Konzeption und Umsetzung sowie rechtliche Betrachtung eines politischen Kontraktmanagements, Berlin 1999, 427 Seiten.

Clauß, Thomas:
Budgetierung im Neuen Steuerungsmodell, Der Budgetierungsprozeß, VM 1999, S. 298-300.

Dahm, Sabine:
Das Neue Steuerungsmodell auf Bundes- und Landesebene sowie die Neuordnung der öffentlichen Finanzkontrolle in der Bundesrepublik Deutschland, Berlin 2004, 396 Seiten.

Danwitz, Thomas von:
Der Grundsatz funktionsgerechter Organstruktur; Verfassungsvorgaben für staatliche Entscheidungsstrukturen und ihre gerichtliche Kontrolle, Der Staat 35 (1996), S. 329-350.

Delwing, Dieter/Windlin, Hans:
„New Public Management“: Kritische Analyse aus staatsrechtlicher und staatspolitischer Sicht, Schweizerisches Zentralblatt für Staats- und Verwaltungsrecht (ZBl.) 1996, S. 183-203.

Deubel, Ingolf:
Flexible Budgetierung, in: *Hill, Hermann/Klages, Helmut (Hrsg.):* Die Rolle des Parlaments in der Neuen Steuerung, Düsseldorf 1998, S. 73-80.

Di Fabio, Udo:
Gewaltenteilung, in: *Isensee, Josef/Kirchhof, Paul (Hrsg.):* Handbuch des Staatsrechts der Bundesrepublik Deutschland, Band II: Verfassungsstaat, 3. Aufl., Heidelberg 2004, 1079 Seiten, § 27.
(zitiert: *Di Fabio*, in: *HStR II*, § 27)

Edinger, Florian:
Perspektiven des Haushalts- und Finanzmanagements aus Sicht des Landtags, *Hill, Hermann (Hrsg.):* Bestandsaufnahme und Perspektiven des Haushalts- und Finanzmanagements, Baden-Baden 2005, S. 141-149.

Edinger, Florian:
Änderungen der Landeshaushaltsordnung Rheinland-Pfalz (Leistungsauftrag und Sicherung des Budgetrechts des Landtags), in: *Hill, Hermann (Hrsg.)*: Parlamentarische Steuerungsordnung: Tagung vom 12. und 13. Oktober 2000, Speyer 2001, S. 15-30.

Edinger, Florian:
Haushaltsreform und parlamentarisches Budgetrecht in Rheinland-Pfalz, in: *Der Präsident des Landtages Rheinland-Pfalz (Hrsg.):* Haushaltsreform und parlamentarisches Budgetrecht in Rheinland-Pfalz, Heft 15 der Schriftenreihe des Landtags Rheinland-Pfalz, Mainz 2001, S. 7-28.

Edinger, Florian:
Privatisierung und parlamentarische Verantwortung, ZG 2000, S. 132-139.

Engels, Dieter:
Neues Haushalts- und Rechnungswesen: Konsequenzen für den Bundesrechnungshof, ZG 2001, S. 101-115.

Färber, Gisela:
Budgetierung – Möglichkeiten, praktische Erfahrungen, Folgen für das Parlament, StWissStPr. 1997, S. 61-77.

Finanzministerium Rheinland-Pfalz:
Einführung in die Standardisierte Kosten- und Leistungsrechnung Rheinland-Pfalz, Ministerium der Finanzen - Referat 422 -, 16 Seiten.

Friesenhahn, Ernst:
Parlament und Regierung im modernen Staat, VVDStRL Heft 16, 1958, S. 9-73.

Frotscher, Werner:
Regierung als Rechtsbegriff, Kiel 1973, 352 Seiten.

Garcon, Stefan:
Der ergebnisorientierte Produkthaushaltsplan der Stadt Bitburg – Konzeptionelle Überlegungen und Vorgehensweise -, in: *Hill, Hermann (Hrsg.):* Bestandsaufnahme und Perspektiven des Haushalts- und Finanzmanagements, Baden-Baden 2005, S. 87-105.

Gebauer, Klaus-Eckart:
„Auf ein Wort...“, VM 2003, S. 169.

Glauben, Paul J.:
Privatisierung als Preisgabe parlamentarischer Hausgüter, ZParl 1998, S. 496-509.
Göke, Wolfgang:
Empfiehlt es sich, die Befugnisse des Parlaments im Rahmen von Auslagerungen und Privatisierungen neu zu regeln?, in: *Hill, Hermann (Hrsg.):* Parlamentarische Steuerungsordnung, Speyerer Forschungs-berichte 220, Speyer 2001, S. 71-86.
Goltz, Horst:
Mitwirkung parlamentarischer Ausschüsse beim Haushaltsvollzug, DÖV 1965, S. 605-616.
Graf, Martin:
Gewaltenteilung und neue Bundesverfassung, Schweizerisches Zentralblatt für Staats- und Verwaltungsrecht (ZBl.) 2000, S. 1-15.
Graf, Rainer/Rohn, Stephan:
Erfolgreiche Aufgabenkritik in der Landesverwaltung, VM 2004, S. 317-323.
Grotheer-Hüneke, Marlis:
Perspektiven des Haushalts- und Finanzmanagements aus der Sicht des Landtags – Ein Bericht aus der Praxis der Bremischen Bürgerschaft (Landtag der Freien Hansestadt Bremen), in: *Hill, Hermann (Hrsg.):* Bestandsaufnahme und Perspektiven des Haushalts- und Finanzmanagements, Baden-Baden 2005, S.151-156.
Grimm, Christoph:
Budgetierung und parlamentarische Kontrolle, in: *Magiera, Siegfried/Kremp, Werner /Lüder, Klaus (Hrsg.):* Haushaltsplanung /Budgeting in Deutschland und in den USA, Trier 2000, S. 89-103.
Gröpl, Christoph:
Verfassungsrechtliche Fragen einer Flexibilisierung und Dezentralisierung der Personalbewirtschaftung, DÖV 2003, S. 231-238.
Gröpl, Christoph:
Haushaltsrecht und Reform: Dogmatik und Möglichkeiten der Fortentwicklung der Haushaltswirtschaft durch Flexibilisierung, Dezentralisierung, Budgetierung, Ökonomisierung und Fremdfinanzierung, Tübingen 2001.
Gröpl, Christoph:
Das Haushaltsrechts-Fortentwicklungsgesetz, NVwZ 1998, S. 1251-1259.

Gusy, Christoph:
Privatisierung und parlamentarische Kontrolle, ZRP 1998, S. 265-270.

Harringer, Reinhold:
Das Globalbudget als Zentral- und Schwachstelle im Modell der „Wirkungsorientierten Verwaltung", Schweizerisches Zentralblatt für Staats- und Verwaltungsrecht (ZBl.) 2000, S. 505-525.

Hauser, Norbert:
Perspektiven des Haushalts- und Finanzmanagements aus der Sicht des Bundesrechnungshofes, in: *Hill, Hermann (Hrsg.):* Bestandsaufnahme und Perspektiven des Haushalts- und Finanzmanagements, Baden-Baden 2005, S. 175-181.

Hebeler, Timo:
Die Budgetierung und das Budgetrecht, Verwaltungsrundschau 2002, S. 76-80;

Heinz, Rainer:
Kommunales Management, Überlegungen zu einem KGSt-Ansatz, Stuttgart 2000, 218 Seiten.

Heller, Robert F.:
Haushaltsgrundsätze für Bund, Länder und Gemeinden: systematische Gesamtdarstellung, Heidelberg 1998, 405 Seiten.

Hesse, Joachim Jens/Ellwein, Thomas:
Das Regierungssystem der Bundesrepublik Deutschland, Band 1, 8. Aufl., Opladen/Wiesbaden 1997, 575 Seiten.

Hesse, Konrad:
Grundzüge des Verfassungsrechts der Bundesrepublik Deutschland, 20. Aufl., Heidelberg 1995, 319 Seiten.

Heun, Werner:
Die Verantwortlichkeit der Haushaltsbewirtschafter, DÖV 1995, S. 182-187.

Heun, Werner:
Staatshaushalt und Staatsleitung, Das Haushaltsrecht im parlamentarischen Regierungssystem des Grundgesetzes, Baden-Baden 1989, 541 Seiten.

Hill, Hermann:
Good Governance – Konzepte und Kontexte –, in: *Schuppert, Gunnar Folke (Hrsg.):* Governance-Forschung, Vergewisserung über Stand und Entwicklungslinien, Schriftenreihe zur Governance-Forschung, Band 1, Baden-Baden, 2005, S. 220-250.

Hill, Hermann (Hrsg.):
Bestandsaufnahme und Perspektiven des Haushalts- und Finanzmanagements, Baden-Baden 2005, 195 Seiten.

Hill, Hermann:
Better Budgeting, Beyond Budgeting – anwendbar für den öffentlichen Sektor?, in: *Hill, Hermann (Hrsg.):* Bestandsaufnahme und Perspektiven des Haushalts- und Finanzmanagements, Baden-Baden 2005, S. 63-73.

Hill, Hermann (Hrsg.):
Aufgabenkritik, Privatisierung und Neue Verwaltungssteuerung, Dokumentation der Referate einer Tagung an der DHV vom 2. – 4. April 2003, Band 1 der Schriftenreihe Verwaltungsressourcen und Verwaltungsstrukturen, Baden-Baden 2004, 183 Seiten.

Hill, Hermann:
Aufgabenkritik, Privatisierung und Neue Verwaltungssteuerung – Einführung und Bilanz -, in: *Hill, Hermann (Hrsg.):* Aufgabenkritik, Privatisierung und Neue Verwaltungssteuerung, Dokumentation der Referate einer Tagung an der DHV vom 2. – 4. April 2003, Band 1 der Schriftenreihe Verwaltungsressourcen und Verwaltungsstrukturen, Baden-Baden 2004, S. 9-17.

Hill, Hermann:
Public Relations und Strategisches Management im öffentlichen Sektor, in: *Marga Pröhl, Claudia Olk, Henrik Riedel (Hrsg.):* Kommunikationswege in der öffentlichen Verwaltung, S. 88 – 95/2003.

Hill, Hermann:
Zur Rechtsdogmatik von Zielvereinbarungen in Verwaltungen, NVwZ 2002, S. 1059-1063;

Hill, Hermann:
Zur „Methode der offenen Koordinierung“ in der EU, in: *Sommermann, Karl-Peter/Ziekow, Jan (Hrsg.)*: Perspektiven der Verwaltungsforschung, Berlin 2002, S. 139-162.

Hill, Hermann (Hrsg.):
Parlamentarische Steuerungsordnung: Tagung vom 12. und 13. Oktober 2000, Speyer 2001, Speyerer Forschungsbericht Nr. 220, 188 Seiten.

Hill, Hermann:
Zur Sicherung des parlamentarischen Budgetrechts im Neuen Steuerungsmodell, DÖV 2001, S. 793-804.

Hill, Hermann:
Über Binnenmodernisierung zu Good Governance, VOP 12/2000, S. 9-12, auch in: *Hill/Klages (Hrsg.):* Good Governance und Qualitätsmanagement – Europäische und internationale Entwicklungen -, Speyerer Arbeitsheft 132, S. 1-10.

Hill, Hermann:
Einführung in das 3. Kolloquium „Verwaltung als Adressat und Akteur", in: *Hill, Hermann/Hof, Hagen (Hrsg.):* Wirkungsforschung zum Recht II, Baden-Baden 2000, S. 27-39.

Hill, Hermann:
Zur Veränderung von Handlungsspielräumen durch Kontraktmanagement, Verwaltung und Management 1999, Heft 2, S. 75–78; auch in: *Ziekow, Jan (Hrsg.)*: Handlungsspielräume der Verwaltung, Schriftenreihe der Hochschule Speyer, Band 132, Berlin 1999, S. 139 – 148.

Hill, Hermann:
Gesetzgebung und Verwaltungsmodernisierung, ZG 1998, S. 101-116.

Hill, Hermann:
Einfach politisch – Reformbaustelle Rat, Komplexität des Informationsmanagements bisher nur in Ansätzen gelöst, VOP 1998, S. 20-22.

Hill, Hermann:
Abbau des Regulierungsdickichts - Neue Akzente für die Rechtsetzung, in: *Jann, Werner/König, Klaus/Landfried, Christine/Wordelmann, Peter (Hrsg.):* Politik und Verwaltung auf dem Weg in die transindustrielle Gesellschaft, Carl Böhret zum 65. Geburtstag, Baden-Baden 1998, S. 357 - 364.; auch in: Rechtsstaat - Finanzverfassung - Globalisierung: neue Balance zwischen Staat und Bürger; Symposium 10. - 12. Dezember 1997, Hanns-Martin-Schleyer-Stiftung, Bd. 51, Köln 1998, S. 129 - 137.

Hill, Hermann:
Neue Organisationsformen in der Staats- und Kommunalverwaltung, in: *Schmidt-Aßmann, Eberhard/Hoffmann-Riem, Wolfgang (Hrsg.):* Verwaltungsorganisationsrecht als Steuerungsressource, Baden-Baden 1997, S. 65-101.

Hill, Hermann:
Vom Ergebnis zur Wirkung des Verwaltungshandelns, Die innovative Verwaltung, Heft 1/97, S. 28 - 31.

Hill, Hermann:
Integratives Verwaltungshandeln – Neue Formen von Kommunikation und Bürgermitwirkung, DVBl 1993, S. 973-982.

Hill, Hermann (Hrsg.):
Gesetzesvorspruch, Verbesserter Zugang des Bürgers zum Recht, Speyer 1988, 78 Seiten.

Hill, Hermann/Frey, Michaela
Motivationsinstrumente für eine Innovation der öffentlichen Verwaltung, in: Verwaltung und Management 1997, S. 7 – 13.

Hill, Hermann/Hof, Hagen
Wirkungsforschung zum Recht II. Verwaltung als Adressat und Akteur, Baden-Baden 2000.

Hill, Hermann/Klages, Helmut (Hrsg.):
Die Rolle des Parlaments in der Neuen Steuerung, Düsseldorf 1998.

Hill, Hermann/Rembor, Ralph-Peter:
Einstieg in das Kontraktmanagement in der Kommunalverwaltung, Die innovative Verwaltung, Heft 5/95, S. 42 - 46.

Hoegner, Maria/Groß, Gerhard:
Die Reform der Neuorganisation der Landesverwaltung Rheinland-Pfalz, DÖV 2000, S. 1040-1045.

Hoffmann, Reinhard:
Haushaltsvollzug und Parlament, Tübingen 1972, 59 Seiten.

Hoffmann-Riem, Wolfgang:
Finanzkontrolle der Verwaltung durch Rechnungshof und Parlament, in: *Schmidt-Aßmann, Eberhard/Hoffmann-Riem, Wolfgang (Hrsg.):* Verwaltungskontrolle, Baden-Baden 2001, S. 73-88.

Hoffmann-Riem, Wolfgang:
Finanzkontrolle als Steuerungsaufsicht im Gewährleistungsstaat, DÖV 1999, S. 221-227.

Imboden, Max:
Montesquieu und die Lehre der Gewaltentrennung, Vortrag gehalten vor der Berliner Juristischen Gesellschaft am 27. Mai 1959, Berlin 1959, 25 Seiten.

Jessen, Kai-Olaf:
Neuere Ansätze parlamentarischer Steuerung und Kontrolle, Speyerer Forschungsberichte Nr. 223, Speyer 2001, 154 Seiten.

Keilmann, Ulrich:
Perspektiven des Haushalts- und Finanzmanagements aus der Sicht der Landesregierung, in: *Hill, Hermann (Hrsg.):* Bestandsaufnahme und Perspektiven des Haushalts- und Finanzmanagements, Baden-Baden 2005, S. 131-139.

Keilmann: Ulrich:
Ausgabensteuerung in Rheinland-Pfalz – Budgetierung und erste Leistungsaufträge, in: *Horváth, Péter (Hrsg.):* Performance Controlling,Strategie, Leistung und Anreizsysteme effektiv verbinden, Stuttgart 2002, S. 431-447.

Keilmann, Ulrich:
Vorstellung des ersten Rahmenentwurfs einer Parlamentarischen Steuerungsordnung, in: *Hill, Hermann (Hrsg.):* Parlamentarische Steuerungsordnung, Speyerer Forschungsberichte 220, Speyer 2001 S. 135-146.

Keilmann, Ulrich:
Rahmenentwurf zum Mustergesetz einer Parlamentarischen Steuerungsordnung, in: *Jessen, Kai-Olaf:* Neuere Ansätze parlamentarischer Steuerung und Kontrolle, Speyerer Forschungsberichte Nr. 223, Speyer 2001, S. 141-148.

Keilmann, Ulrich:
Personalausgabenbudgetierung, Die Entwicklung in Rheinland-Pfalz seit 1996,
Teil 1: Der Aufbau, VM 2001, S. 160-164;
Teil 2: Die Weiterentwicklung, VM 2001, S. 241-246;
Teil 3: Die Abschlussanalyse der Erprobungsphase, VM 2001, S. 311-314;
Teil 4 und Schluss: Die Ausweitung, VM 2001, S. 374-379.

Keilmann, Ulrich:
Die Personalausgabenbudgetierung in Rheinland-Pfalz – Eine abschließende Betrachtung und Bewertung der Modellphase unter besonderer Berücksichtigung der Prüfungsergebnisse des Landesrechnungshofes Rheinland-Pfalz -, DÖV 2000, S. 8-13.

Keilmann, Ulrich/Deubel, Ingolf:
Der rheinland-pfälzische Weg der betriebswirtschaftlichen Ausrichtung der Landesverwaltung, VM 2005, S. 236-243.

Keilmann, Ulrich/Hermonies, Felix:
Der Leistungsauftrag, Vorläufige Bilanz eines bislang bundesweit einmaligen neuen Steuerungsmodells in Rheinland-Pfalz, Verwaltung und Management 2004, S. 306-310.

Kircher, Wilhelm:
Vom Leistungsauftrag der deutschen Volksschule, Ein Bericht zum 2. Reichslager der Reichsfachschaft Volksschulen, München 1942, 123 Seiten.

Kirchhof, Ferdinand
Das Haushaltsrecht als Steuerungsressource, - Neue Steuerungstechniken im Staatshaushalt zum Abbau seines strukturellen Defizits -, DÖV 1997, S. 749-757.

Kisker; Gunter:
Staatshaushalt, in: *Isensee, Josef/Kirchhof, Paul (Hrsg.):* Handbuch des Staatsrechts der Bundesrepublik Deutschland, Band IV: Finanzverfassung - bundesstaatliche Ordnung, 2. Aufl., Heidelberg 1999, 1345 Seiten, § 89. (zitiert: *Kisker*, in: *HStR IV*, § 89)

Klages, Helmut:
Verwaltungsmodernisierung, „harte“ und „weiche“ Aspekte, 3. Aufl., Speyer 1999, Speyerer Forschungsberichte Nr. 172, 244 Seiten.

König, Klaus:
Markt und Wettbewerb als Staats- und Verwaltungsprinzipien, DVBl. 1997, S. 239-248.

König, Michael:
Kodifizierung von Leitlinien der Verwaltungsmodernisierung, VerwArch. 2005, S. 44-69.

Kommunale Gemeinschaftsstelle für Verwaltungsvereinfachung (KGSt):
Strategisches Management III: Zielbezogene Budgetierung, Bericht Nr. 10/2000, 50 Seiten.

Kommunale Gemeinschaftsstelle für Verwaltungsvereinfachung (KGSt):
Strategisches Management I: Leitbild für Politik und Verwaltungsführung, Bericht Nr. 8/2000, 44 Seiten.

Kommunale Gemeinschaftsstelle für Verwaltungsvereinfachung (KGSt):
Zwischenbilanz zur produktbezogenen Steuerung, Ein Diskussionsbeitrag, Bericht Nr. 12/1997, 26 Seiten.

Kommunale Gemeinschaftsstelle für Verwaltungsvereinfachung (KGSt):
Das Neue Steuerungsmodell: Begründung Konturen Umsetzung, Bericht Nr. 5/1993, Köln 1993, 40 Seiten.

Konzendorf, Götz:
Aufgabenkritik in Rheinland-Pfalz, in: *Hill, Hermann (Hrsg.):* Aufgabenkritik, Privatisierung und Neue Verwaltungssteuerung, Dokumentation der Referate einer Tagung an der DHV vom 2. – 4. April 2003, Band 1 der Schriftenreihe Verwaltungsressourcen und Verwaltungsstrukturen, Baden-Baden 2004, S. 37-47.

Kretschmer, Gerald:
Empfiehlt es sich, die informationelle Zusammenarbeit zwischen Parlament und Regierung gesetzlich zu regeln?, in: *Hill, Hermann (Hrsg.):* Parlamentarische Steuerungsordnung, Speyerer Forschungsberichte 220, Speyer 2001, S. 99-114.

Kube, Hanno:
Neue Steuerung im Haushaltsrecht – Ein Kompetenzengefüge außer Balance?, DÖV 2000, S. 810-818.

Kuhl, Thomas:
Der Kernbereich der Exekutive, Baden-Baden 1993, Göttingen Diss., 172 Seiten.

Lange, Klaus:
Die Abhängigkeit der Ausgabenwirtschaft der Bundesregierung von der parlamentarischen Budgetbewilligung, Der Staat Band 11 (1972), S. 313-330.

Lienhard, Andreas:
Staats- und verwaltungsrechtliche Grundlagen für das New Public Management in der Schweiz, Analyse – Anforderungen – Impulse, Bern 2005, 510 Seiten.

Linck, Joachim:
Budgetierung, Abdankung der Parlamente und kommunalen Vertretungen?, ZG 1997, S. 1-16.

Lüder, Klaus:
Vom Ende der Kameralistik, Speyerer Vorträge Heft 74, Vortrag im Sommersemester 2003, Speyer 15. Juli 2003, Speyer 2003, 24 Seiten.

Lüder, Klaus:
Verpasste Chance – Das Haushaltsrechts-Fortentwicklungsgesetz vom 22. 12. 1997 und seine Konsequenzen für die Reform des öffentlichen Rechnungswesens -, DÖV 1998, S. 285-287.

Mäding, Heinrich:
Öffentliche Haushalte zwischen demokratischer Steuerung und administrativer Effizienz, in: *Blanke, Bernhard/Bandemer, Stephan von/Nullmeier, Frank/Wewer, Göttrik (Hrsg.):* Handbuch zur Verwaltungsreform, 3. Aufl., Wiesbaden 2005, S. 341-351.

Magiera, Siegfried/Kremp, Werner/Lüder, Klaus (Hrsg.):
Haushaltsplanung/Budgeting in Deutschland und in den USA, Trier 2000, 110 Seiten.

Mandelartz, Herbert:
Das Zusammenwirken von Parlament und Regierung beim Haushaltsvollzug, Ein Beitrag zum parlamentarischen Regierungssystem der Bundesrepublik Deutschland, Frankfurt am Main 1980, 344 Seiten.

Mastronardi, Philippe:
Schweizerischer Muster-Rahmenerlass: New Public Management für das Parlament, in: *Hill, Hermann (Hrsg.):* Parlamentarische Steuerungsordnung, Speyer 2001, S. 1-14.

Mastronardi, Philippe:
Gewaltenteilung unter NPM, Zum Verhältnis von Parlament und Regierung, Schweizerisches Zentralblatt für Staats- und Verwaltungsrecht (ZBl.) 1999, S. 449-464.

Mastronardi, Philippe/Stadler, Patrik:
Demokratietaugliche WoV: Das Solothurner Modell, Schweizerisches Zentralblatt für Staats- und Verwaltungsrecht (ZBl.) 2003, S. 393-417.

Mehde, Veith:
Neues Steuerungsmodell und Demokratieprinzip, Berlin 2000, 636 Seiten.

Mehde, Veith:
Ausübung von Staatsgewalt und Public Private Partnership, VerwArch. 2000, S. 540-565.

Mosimann, Hans-Jakob:
New Public Management zwischen theoretischem Programm und praktischer Umsetzung, Schweizerisches Zentralblatt für Staats- und Verwaltungsrecht (ZBl.) 2000, S. 337-355.

Mutius, Albert von:
Die Steuerung des Verwaltungshandelns durch Haushaltsrecht und Haushaltskontrolle, VVDStRL Heft 42, 1983, S. 147-215.

Naschold, Frieder:
Zur Binnenmodernisierung des Staates am Beispiel Deutschlands – Hintergründe, Leitbild und Maßnahmen, in: *Naschold, Frieder/Bogumil, Jörg*: Modernisierung des Staates, New Public Management in deutscher und internationaler Perspektive, 2. Aufl., Opladen 2000, S. 79-133.

Naschold, Frieder/Bogumil, Jörg:
Modernisierung des Staates, New Public Management in deutscher und internationaler Perspektive, 2. Aufl., Opladen 2000, 251 Seiten.

Nawrath, Axel/Rosauer, Uwe:
Steuerung des Verwaltungshandelns durch Haushaltsrecht am Beispiel des Bundes, ZG 1998, S. 352-361.

Neßler, Volker:
Art. 56 III Bbg.Verf. – Ein Beitrag zu den Informationsbeziehungen zwischen Regierung und Parlament, LKV 1995, S. 12-16.

Nolte, Rüdiger:
Changemanagement in der öffentlichen Verwaltung – „Management des Wandels“ – Veränderungsprozesse im Kontext der Reformbewegung des New Public Management und des Neuen Steuerungsmodells -, VerwArch. 2005, S. 243-266.

Ockermann,Jürgen:
Die Rolle des Parlaments bei der Modernisierung der öffentlichen Verwaltung, in: *Hill, Hermann/Klages, Helmut (Hrsg.):* Die Rolle des Parlaments in der Neuen Steuerung, Düsseldorf 1998, S. 91-108.

Osner, Andreas:
Organisationswandel, Von der vertikalen zur horizontalen Verwaltungsführung, VOP Sonderheft 1/2001, S. 33-36.

Ossenbühl, Fritz:
Der Vorbehalt des Gesetzes und seine Grenzen, in: *Götz, Volkmar/Klein, Hans Hugo/Starck, Christian:* Die öffentliche Verwaltung zwischen Gesetzgebung und richterlicher Kontrolle, Göttinger Symposium, München 1985, S. 1-35.

Osterloh, Lerke:
Budgetierung und parlamentarisches Budgetrecht aus juristischer Sicht, StWissStPr 1997, S. 79-86.

Patzig, Werner:
Haushaltsrecht des Bundes und der Länder, Grundriss, Loseblattsammlung, Baden-Baden 1981.

Präsident des Landtags Rheinland-Pfalz (Hrsg.):
Stand und Perspektiven des Leistungsauftrags in Rheinland-Pfalz – Workshop zur politischen Steuerung durch Zielvorgaben im Haushalt im Landtag Rheinland-Pfalz am 16. Februar 2005, Schriftenreihe des Landtags Rheinland-Pfalz Heft 28, Mainz 2005, 92 Seiten.

Präsident des Landtags Rheinland-Pfalz (Hrsg.):
Haushaltsreform und Parlamentarisches Budgetrecht in Rheinland-Pfalz, Mainz 2001, Schriftenreihe des Landtags Rheinland-Pfalz Heft 15, 129 Seiten.

Präsident des Landtags Rheinland-Pfalz (Hrsg.):
Symposium: Budgetierung und Budgetrecht des Parlaments, 31. Oktober 1996 im Plenarsaal des Landtags Rheinland-Pfalz, 52 Seiten.

Präsidentinnen und Präsidenten der deutschen Landesparlamente:
Empfehlung zum Informationsrecht des Abgeordneten und des Parlamentes sowie zu den Informationspflichten der Regierung, ZParl 1992, S. 573-582.

Pröhl, Marga:
Von der Binnenmodernisierung zur Politikreform, Strategisches Management zur Bündelung kommunalen Handelns, VOP Sonderheft 1/2001, S. 6-8.

Pünder, Hermann:
Zur Verbindlichkeit der Kontrakte zwischen Politik und Verwaltung im Rahmen des Neuen Steuerungsmodells, DÖV 1998, S. 63-71.

Reichard, Christoph:
Internationale Trends im kommunale Management, in: *Banner, Gerhard/Reichard, Christoph:* Kommunale Managementkonzepte in Europa, Anregungen für die deutsche Reformdiskussion, Köln 1993, S. 3-24.

Rüter, Klaus:
Weniger Vorschriften in Rheinland-Pfalz, ZG 2000, S. 68-74.

Sachverständigenrat „Schlanker Staat" (Hrsg.):
Abschlussbericht Band 1, 2. Aufl., Bonn 1998, 244 Seiten.

Sarrazin, Thilo:
Finanzpolitik als schöpferische Zerstörung, Gestaltungschancen der Budgetierung im Zeichen der Finanzkrise, VM 1996, S. 260-265.

Schedler, Kuno:
Politikentwicklung: Die Rolle der Politik im Veränderungsprozess, in: *Schedler, Kuno/Kettiger, Daniel (Hrsg.) unter der Mitarbeit von Siegel, John Philipp*: Modernisieren mit der Politik, Ansätze und Erfahrungen aus Staatsformen, Bern Stuttgart Wien 2003, S. 43-61.

Schmitt, Astrid/Reinemann, Hilmar:
Haushaltsreform und Budgetrecht in Rheinland-Pfalz, Stand und Perspektiven, VM 2004, S. 116-119

Schneider, Jens-Peter:
Regulierung staatsinterner Selbstregulierung am Beispiel des Haushaltswesens, in: Regulierte Selbstregulierung als Steuerungskonzept des Gewährleistungsstaates: Ergebnisse des Symposiums aus Anlass des 60. Geburtstages von Wolfgang Hoffmann-Riem, Die Verwaltung, Beiheft 4/2001, S. 177-190.

Schneider, Jens-Peter:
Das Neue Steuerungsmodell als Innovationsplus für Verwaltungsorganisation und Verwaltungsrecht, in: *Schmidt-Aßmann, Eberhard/Hoffmann-Riem, Wolfgang (Hrsg.):* Verwaltungsorganisations-recht als Steuerungsressource, Baden-Baden 1997, S. 103-138.

Schröder, Meinhard:
Der Verwaltungsvorbehalt, DVBl. 1984, S. 814-823.

Schröder, Rainer:
Die verfassungsrechtlichen Informationspflichten der Staatsregierung gegenüber dem Landtag und der Entwurf eines sächsischen Parlamentsinformationsgesetzes, SächsVBl. 2004, S. 151-155.

Schuppert, Gunnar Folke:
Die Steuerung des Verwaltungshandelns durch Haushaltsrecht und Haushaltskontrolle, VVDStRL Heft 42, 1983, S. 216-327.

Seidler, Hanns H.:
Globalhaushalte und ihre rechtlichen Schranken, KJ 1996, S. 75-87.

Senatsverwaltung für Inneres:
Gestaltungs- und Kontrollmöglichkeiten des Abgeordnetenhauses von Berlin anhand eines Politischen Kontraktmanagements, Berlin, 17. April 1999.

Sensburg, Patrick Ernst:
Der kommunale Verwaltungstrakt, Rechtliche Einordnung kommunaler Zielvereinbarungen, Baden-Baden 2004, 300 Seiten.

Sinning, Heidi/Wiedenhöft, Katrin:
Kulturwandel, Bürgerorientierung am Beispiel der Stadt Nürtingen, VOP Sonderheft 1/2001, S. 40-42.

Stach, Birgit/Friedrichs, Stefan:
Maßnahmen und Wirkungen zukunftsorientiert bewerten, Evaluation und Zielüberprüfung im Strategischen Management, VOP Sonderheft 1/2001, S. 27-29.

Sterck, Miekatrin/Scheers, Bram:
Deckt der Name die Sache? – Zu einer Verfeinerung des Begriffes „ergebnisorientiertes Haushaltswesen", in: *Hill, Hermann (Hrsg.):* Bestandsaufnahme und Perspektiven des Haushalts- und Finanzmanagements, Baden-Baden 2005, S. 11-33

Stern, Klaus:
Das Staatsrecht der Bundesrepublik Deutschland, Band II: Staatsorgane, Staatsfunktionen, Finanz- und Haushaltsverfassung, Notstandsverfassung, München 1980, 1544 Seiten.

Storr, Stefan:
Die Pflicht der Landesregierungen zur Unterrichtung der Landtage in parlamentarischen Regierungssystemen, ZG 2005, S. 45-65.

Tebbe, Günter:
Kernkennzahlen in der Kommunalverwaltung, Wettbewerb und Qualitätsmanagement im öffentlichen Sektor, VOP Sonderheft 1/2001, S. 20-21.

Tomuschat, Christian:
Die parlamentarische Haushalts- und Finanzkontrolle in der Bundesrepublik Deutschland, Der Staat Band 19, 1980, S. 1-28.

Trzaskalik, Christoph:
Grundfragen der Budgetierung, in: *Präsident des Landtags Rheinland-Pfalz (Hrsg.)*: Budgetierung und Budgetrecht des Parlaments, Symposium vom 31. Oktober 1996, S. 34-37.

Verbraucherzentrale Bundesverband (Hrsg.):
Verbraucherschutzindex der Bundesländer, Zur Verbraucherpolitik auf Landesebene, Abschlussbericht von BRIDGES Public Affairs & Management GmbH, Berlin 2004, 56 Seiten, unveröffentlicht.

Zentrale Koordinierungsstelle für die Reform des Haushalts- und Rechnungswesens im Hessischen Ministerium der Finanzen:
Thesen, Vorschläge und Begründungen zur Haushaltsrechtsfortentwicklung, Wiesbaden 1999, 11 Seiten.

Zimmer, Gerhard:
Funktion – Kompetenz – Legitimation, Gewaltenteilung in der Ordnung des Grundgesetzes, Berlin 1979, 456 Seiten.
Zimmermann, Ewald:
Das neue Steuerungsmodell (NSM) – das Ende einer Vision?, Verwaltungsrundschau 1999, S. 394-396.

Kommentare:
Alternativkommentar:
Kommentar zum Grundgesetz für die Bundesrepublik Deutschland, Neuwied, Loseblattsammlung, Stand: 2002, *Herausgeber: Denninger, Erhard/Hoffmann-Riem, Wolfgang/Schneider, Hans-Peter/Stein, Ekkehart.*
(zit.: *Bearbeiter*, in: *AK*)
Bonner Kommentar zum Grundgesetz:
Gesamtherausgeber *Dolzer, Rudolf,* Loseblattsammlung, Heidelberg.
(zit.: *Bearbeiter*, in: *BK*)
Dreier, Horst (Hrsg.):
Grundgesetz, Kommentar,
Band II, Art. 20-82, Tübingen 1998, 1654 Seiten.
Band III, Art. 83 – 149, Tübingen 2000, 1640 Seiten.
(zit.: *Bearbeiter*, in: *Dreier*)
Jarass, Hans D./Pieroth, Bodo:
Grundgesetz für die Bundesrepublik Deutschland, Kommentar, München 2004.
(zit.: *Bearbeiter*, in: *Jarass/Pieroth*)
von Mangoldt, Hermann/Klein, Friedrich/Starck, Christian:
Das Bonner Grundgesetz,
Band 2: Artikel 20 bis 78, 4. Aufl., München 2000.
Band 3: Artikel 79-146, 4. Aufl., München 2001.
(zit.: *Bearbeiter*, in: *v. Mangoldt/Klein/Starck*, GG III)
Maunz/Dürig:
Grundgesetz, Kommentar von *Maunz, Theodor/Dürig, Günter, u.a.*, Loseblattsammlung, München, Stand: Januar 2005.
(zit.: *Bearbeiter*, in: *MD*)

von Münch, Ingo/Kunig, Philip (Hrsg.):
Grundgesetz-Kommentar,
Band 2 (Art. 20 bis 69), 4./5. neubearbeitete Auflage, München 2001.
Band 3 (Art. 70 bis 146 und Gesamtregister), 4./5. neubearbeitete Auflage, München 2003.
(zit.: *Bearbeiter*, in: *von Münch/Kunig*)

Piduch, Erwin Adolf:
Bundeshaushaltsrecht, Kommentar zu den Artikeln 91a, 91b, 104a, 109 bis 115 des Grundgesetzes und zur Bundeshaushaltsordnung mit rechtvergleichenden Hinweisen auf das Haushaltsrecht der Länder und ihrer Gemeinden, Loseblattsammlung, Stuttgart, Berlin, Köln, Mainz, Stand: August 2003.

Sonstiges:
Koalitionsvereinbarung von SPD und F.D.P. vom 28. 4. 2001, im Internet vom 21. September 2005 unter:
http://www.spd-rlp.de/content/politik/koalitionsvereinbarung/download.php

Anhang: Die Leistungsaufträge

Übersicht:

1. Leistungsauftrag in der Steuerverwaltung (Kapitel 04 04)

    a. Haushaltsplan 2002/2003

    b. Haushaltsplan 2004

    c. Haushaltsplan 2005/2006

2.. Leistungsauftrag im Schulbereich (Kapitel 09 19)

    a. Haushaltsplan 2002/2003

    b. Haushaltsplan 2005/2006

3. Leistungsauftrag im neu gegründeten Quasi-Landesbetrieb Forsten (Kapitel 14 10)

    a. Haushaltsplan 2002/2003

    b. Haushaltsplan 2004

    c. Haushaltsplan 2005/2006

4. Leistungsauftrag zur Förderung der anerkannten Volkshochschulen und Landesorganisationen der Weiterbildung (Kapitel 15 40)

    a. Haushaltsplan 2002/2003

    b. Haushaltsplan 2004

    c. Haushaltsplan 2005/2006

5. Leistungsauftrag beim Landesamt für Geologie und Bergbau Rheinland-Pfalz (Kapitel 08 03)

    a. Haushaltsplan 2004

    b. Haushaltsplan 2005/2006

6. Leistungsauftrag im Kapitel 03 22 Vermessungs- und Katasterverwaltung

    Haushaltsplan 2005/2006

7. Kapitel 05 04 Justizvollzugsanstalten

    Haushaltsplan 2005/2006

8. Kapitel 06 02 Leistungsauftrag zur arbeitsmarktpolitischen Förderung

    Haushaltsplan 2005/2006

(Die folgenden Darstellungen und Abbildungen wurden im Original mit den Vorworten den jeweiligen Haushaltsplänen entnommen.)

1.a. Leistungsauftrag in der Steuerverwaltung (Kapitel 04 04), Haushaltsplan 2002/2003

04 Ministerium der Finanzen

04 04 Oberfinanzdirektion Koblenz und Finanzämter

Titel Untertitel	FZ	Zweckbestimmung	Ansatz 2001 Ist 2000	Ansatz 2002	Ansatz 2003
				Angaben in EUR	

Kapitelvorwort

In Rheinland-Pfalz exisiert - im Gegensatz zu größeren Bundesländern - nur eine Oberfinanzdirektion als Mittelbehörde in der Finanzverwaltung. Sie fungiert als Landes- und Bundesbehörde; der Oberfinanzpräsident ist damit sowohl Bundes- wie auch Landesbeamter.

Die Besitz- und Verkehrsteuerabteilung leitet die Durchführung der Aufgaben, für deren Erledigung die 37 Finanzämter zuständig sind. Sie ist in 5 Gruppen eingeteilt, von denen 2 überwiegend Querschnitts- und allgemeine Verwaltungsaufgaben wahrnehmen. Sie führt die Fachaufsicht über 37 Finanzämter. Als örtliche Landesbehörden sind die Finanzämter für die Verwaltung der Steuern mit Ausnahme der Zölle und bundesgesetzlich geregelten Verbrauchsteuern zuständig. Für die Steuern, deren Festsetzung und Erhebung den Gemeinden übertragen ist, u.a. die Grundsteuer und die Gewerbesteuer, stellen sie die Besteuerungsgrundlagen verbindlich fest.
Die Erhebung der Steuern erfolgt in einem integrierten, automatisierten Verfahren bei den Finanzkassen, die zu zentralen Finanzkassen an den Standorten Daun, Idar-Oberstein, Montabaur und Pirmasens zusammengeführt wurden. Die Steuerverwaltung hat auch die bisherigen Regierungshauptkassen übernommen, die als Sachgebiete in die jeweiligen örtlichen Finanzämter integriert worden sind.
Die Überlegung, dass nur in größeren Gruppen die notwendige Branchen- und Prüfungserfahrung gesammelt, betreut und rationell eingesetzt werden könne, führte zu einer Organisation der Betriebsprüfung in 6 Großbetriebsprüfungsstellen , 22 Bezirksprüfungsstellen für die Prüfung der gewerblichen Mittel- und Kleinbetriebe und 5 Stellen für die Prüfung der land- und forstwirtschaftlichen Betriebe. Der Steuerfahndungsdienst und die Verfolgung der Steuerstraftaten und -ordnungswidrigkeiten ist auf 5 Finanzämter konzentriert.

Haushaltsvermerke:

Personal-, Sach- und Betriebsmittel dürfen unentgeltlich durch die Stiftung Rheinland-Pfalz für Kultur in Anspruch genommen werden.

Leistungsauftrag der Steuerverwaltung
Situationsbeschreibung:
Die Steuerverwaltung ist heute mit einer Vielzahl voneinander abhängigen und sich dynamisch entwickelnden Ansprüchen externer und interner Anspruchsgruppen konfrontiert. Zu den externen Anspruchsgruppen zählen einerseits die "Auftraggeber", d.h. der Gesetzgeber bzw. die Politik. Die Auftraggeber stellen Ansprüche an eine richtige, zeitnahe und vollständige Erfüllung des spezifischen Leistungsauftrages. Zu den externen Anspruchsgruppen gehören aber auch die Bürger sowie andere Personen und Institutionen, die mit der Verwaltung in Kontakt treten; hier steht eine möglichst gute, schnelle und umfangreiche Dienstleistung im Vordergrund. Zu den internen Anspruchsgruppen zählen zum einen die Verwaltungsmitarbeiter, mit dem Anspruch auf eine leistungsgerechte Arbeitswelt. Weiterhin gehören zu den internen Anspruchsgruppen die Vorgaben des Haushaltes, auf eine möglichst sparsame und wirtschaftliche Erfüllung des Ressourcen-Einsatzes.

Ziele:
Aus dieser komplexen Anspruchslage heraus, verfolgt das Land insbesondere folgende Ziele:
1. Sicherung und Steigerung der Qualität der Arbeit in der Steuerverwaltung,
2. Verbesserung der Risikosteuerung im Veranlagungsverfahren,
3. Erhöhung der Zufriedenheit der Steuerbürgerinnen und -bürger.

Maßnahmen:
Um die Ziele zu erreichen ist der Einsatz und die Fortentwicklung des Projekts "Leistungsvergleich zwischen Finanzämtern" vorgesehen. Weiterhin wird die Systematik der Kontrolle der Steuererklärungen verbessert. Durch eine verstärkte Aus- und Fortbildung in der Finanzverwaltung soll die Qualifizierung der Mitarbeiter erreicht werden. Die Überprüfung, inwieweit das einzelne Finanzamt dem gesetzlichen Auftrag gerecht wird, erfordert ein turnusmäßiges Berichtswesen, das neben der quantitativen Information des Arbeitsfortganges auch Zahlen enthält, die Aufschluss über die qualitative Arbeit des Finanzamts geben. Ein solches Kennzahlensystem ermöglicht eine umfassendere Information darüber, inwieweit ein Amt seinem gesetzlichen Auftrag nachkommt, als es heute durch den rein quantitativ orientierten Veranlagungsfortgang möglich ist.

Indikatoren:
Neben der umfangreichen Kennzahlenerfassung und -analyse aus dem Leistungsvergleich der Finanzämter sind insbesondere schwerpunktmäßig zu nennen:
1. Durchschnittliche Bearbeitungsdauer,
2. Zufriedenheit der Steuerbürgerinnen und -bürger,
3. Durchschnittliches Mehrergebnis durch die intensive Überprüfung von Steuererklärungen, Zahl der für die Steuerbürgerinnen und -bürger erfolgreichen Einsprüchen und Klagen,
4. Zahl der Fortbildungsveranstaltungen, Zahl der Teilnehmerinnen und Teilnehmer, insbesondere bei Veranstaltungen zum Thema Kommunikation / Serviceorientierung.

1.b. Leistungsauftrag in der Steuerverwaltung (Kapitel 04 04), Haushaltsplan 2004

- 43 -

Kap. 04 04 Oberfinanzdirektion Koblenz und Finanzämter

In Rheinland-Pfalz existiert - im Gegensatz zu größeren Bundesländern - nur eine Oberfinanzdirektion als Mittelbehörde in der Finanzverwaltung. Sie fungiert als Landes- und Bundesbehörde; der Oberfinanzpräsident ist damit sowohl Bundes- wie auch Landesbeamter.

Die Besitz- und Verkehrsteuerabteilung leitet die Durchführung der Aufgaben und führt die Fachaufsicht über 26 Finanzämter. Sie ist in 4 Gruppen eingeteilt, von denen 2 überwiegend Querschnitts- und allgemeine Verwaltungsaufgaben wahrnehmen. Als örtliche Landesbehörden sind die Finanzämter für die Verwaltung der Steuern mit Ausnahme der Zölle und bundesgesetzlich geregelten Verbrauchsteuern zuständig. Für die Steuern, deren Festsetzung und Erhebung den Gemeinden übertragen ist, u.a. die Grundsteuer und die Gewerbesteuer, stellen sie die Besteuerungsgrundlagen verbindlich fest.
Die Erhebung der Steuern erfolgt in einem integrierten, automatisierten Verfahren bei den Finanzkassen, die zu zentralen Finanzkassen an den Standorten Daun, Idar-Oberstein, Montabaur und Pirmasens zusammengeführt wurden. Die Steuerverwaltung hat auch die bisherigen Regierungshauptkassen übernommen, die als Sachgebiete in die jeweiligen örtlichen Finanzämter integriert worden sind.
Die Überlegung, dass nur in größeren Gruppen die notwendige Branchen- und Prüfungserfahrung gesammelt, betreut und rationell eingesetzt werden könne, führte zu einer Organisation der Betriebsprüfung in 6 Großbetriebsprüfungsstellen, 22 Bezirksprüfungsstellen für die Prüfung der gewerblichen Mittel- und Kleinbetriebe und 5 Stellen für die Prüfung der land- und forstwirtschaftlichen Betriebe. Der Steuerfahndungsdienst und die Verfolgung der Steuerstraftaten und -ordnungswidrigkeiten ist auf 5 Finanzämter konzentriert.

Leistungsauftrag der Steuerverwaltung

Die Steuerverwaltung ist heute mit einer Vielzahl voneinander abhängigen und sich dynamisch entwickelnden Ansprüchen externer und interner Anspruchsgruppen konfrontiert. Zu den externen Anspruchsgruppen zählen einerseits die "Auftraggeber", d.h. der Gesetzgeber bzw. die Politik. Die Auftraggeber stellen Ansprüche an eine richtige, zeitnahe und vollständige Erfüllung des spezifischen Leistungsauftrages. Zu den externen Anspruchsgruppen gehören aber auch die Bürger sowie andere Personen und Institutionen, die mit der Verwaltung in Kontakt treten; hier steht eine möglichst gute, schnelle und umfangreiche Dienstleistung im Vordergrund. Zu den internen Anspruchsgruppen zählen zum einen die Verwaltungsmitarbeiter, mit dem Anspruch auf eine leistungsgerechte Arbeitswelt. Weiterhin gehören zu den internen Anspruchsgruppen die Vorgaben des Haushaltes, auf eine möglichst sparsame und wirtschaftliche Erfüllung des Ressourcen-Einsatzes.

Ziele:

Aus dieser komplexen Anspruchslage heraus, verfolgt das Land insbesondere folgende Ziele:

1. Sicherung und Steigerung der Qualität der Arbeit in der Steuerverwaltung,
2. Verbesserung der Risikosteuerung im Veranlagungsverfahren,
3. Erhöhung der Zufriedenheit der Steuerbürgerinnen und -bürger.

Maßnahmen:

Um die Ziele zu erreichen ist der Einsatz und die Fortentwicklung des Projekts "Leistungsvergleich zwischen Finanzämtern" vorgesehen. Weiterhin wird die Systematik der Kontrolle der Steuererklärungen verbessert. Durch eine verstärkte Aus- und Fortbildung in der Finanzverwaltung soll die Weiterqualifizierung der Mitarbeiter erreicht werden. Die Überprüfung, inwieweit das einzelne Finanzamt dem gesetzlichen Auftrag gerecht wird, erfordert ein turnusmäßiges Berichtswesen, das neben der quantitativen Information des Arbeitsfortganges auch Zahlen enthält, die Aufschluss über die qualitative Arbeit des Finanzamts geben. Ein solches Kennzahlensystem ermöglicht eine umfassendere Information darüber, inwieweit ein Amt seinem gesetzlichen Auftrag nachkommt, als es heute durch den rein quantitativ orientierten Veranlagungsfortgang möglich ist.

Neben der umfangreichen Kennzahlenerfassung und -analyse aus dem Leistungsvergleich der Finanzämter sind insbesondere schwerpunktmäßig zu nennen:

1. Durchschnittliche Bearbeitungsdauer,
2. Zufriedenheit der Steuerbürgerinnen und -bürger,
3. Durchschnittliches Mehrergebnis durch die intensive Überprüfung von Steuererklärungen, Einspruchsbearbeitung (Einspruchsquote, Abhilfen, Entscheidungen, Rücknahmequote)
4. Zahl der Fortbildungsveranstaltungen, Zahl der Teilnehmerinnen und Teilnehmer, insbesondere bei Veranstaltungen zum Thema Kommunikation / Serviceorientierung.

Aktueller Stand:
Die Ergebnisse aus dem Leistungsvergleich können erst Zug um Zug in einen Leistungsauftrag umgesetzt werden.

- Es sind noch nicht alle Arbeitsbereiche der Finanzämter erfasst. Seit 01.01.2003 sind lediglich die Arbeitnehmer- und Veranlagungsstellen (ohne Körperschaftsteuer) komplett in das Projekt integriert. Die Vollstreckungsstellen wurden wegen anderer Kennzahlensysteme im Projekt FISCUS zunächst wieder herausgenommen. Ab 1.1.2004 werden 3 Betriebsprüfungs- und Körperschaftssteuerstellen pilotiert. Bußgeld- und Strafsachenstellen, Steuerfahndung, Grunderwerbsteuer, Bewertung usw. fehlen noch ganz.
- Der „Kernaufgabenbereich" der Finanzverwaltung, d.h. die Arbeitnehmer- und Veranlagungsstellen – sind ab 1.1.2003 in den Leistungsvergleich einbezogen. Valide Daten liegen allerdings frühestens Anfang 2005 vor. Eine Steuerung über einen Leistungsauftrag ist erst möglich, wenn valide Zahlen gegeben sind.
- Weiterhin ist geplant, ab dem Jahr 2005 Zielvereinbarungen mit den Finanzämtern abzuschließen. Der Leistungsvergleich ist ein operatives Controlling für die Arbeitsebene. Eine Zielvereinbarung mit der gesamten Steuerverwal-

tung ist möglich, wenn auf der Ebene der Ämter flächendeckend Zielvereinbarungen getroffen sind.

Steuerverwaltung:

Ausgabevolumen Hj. 2002 bis 2004

HGr.		2002 Ist	2003 Soll + Reste	2004 Ansatz
		in Mio Euro		
4	Personalausgaben	297,77	295,04	297,74
5	Sachausgaben (bis 2002: mit DIZ)	48,44	36,57	37,43
6	Zuweisungen / ab 2003: mit LDI	0,01	9,35	7,40
7+8	Investitionen	11,61	9,32	4,47
9	Besondere Finanzierungsausgaben	4,29	5,12	5,83
		362,12	355,41	352,88
	Veränderung in %		-1,85	-0,71

Steuerverwaltung: Sächliche Verwaltungsausgaben (HGr. 5)

nach Gruppen:	**Sachausgaben**	2002 Ist	2003 Soll + Reste	2004 Ansatz
		in Mio Euro		
511	Geschäftsbedarf, Ausstattung	11,73	11,82	11,20
517	Bewirtschaftung der Grundstücke	4,45	4,74	4,49
518	Mieten und Pachten	14,65	15,01	14,85
525	Aus- und Fortbildung	1,27	1,63	1,34
526	Sachverständige, Gerichtskosten u.a.	0,70	1,45	0,60
527	Dienstreisen	2,30	2,49	2,22
533	Werkverträge, insbes. Fiscus GmbH	1,91	1,80	2,08
549	Globale Minderausgaben		-3,30	
	sonstige Sachausgaben	0,98	0,94	0,65
547	DIZ (nur in 2002)	[10,67]		
		37,77	36,57	37,43
	Veränderungen in %		-3,17	2,35

Aus- und Fortbildung

	Sachausgaben	2002 Ist	2003 Soll + Reste	2004 Ansatz
		in Mio Euro		
	Im Epl. 04 insgesamt:	*1,33*	*1,74*	*1,43*
	davon entfallen auf Steuerverwaltung:			
525	Aus- und Fortbildung	1,27	1,63	1,34
	Veränderungen in % gegenüber 2002		28,61	5,78

Aus- und Fortbildung Einzelplan 04 - Hj. 1998 bis 2004

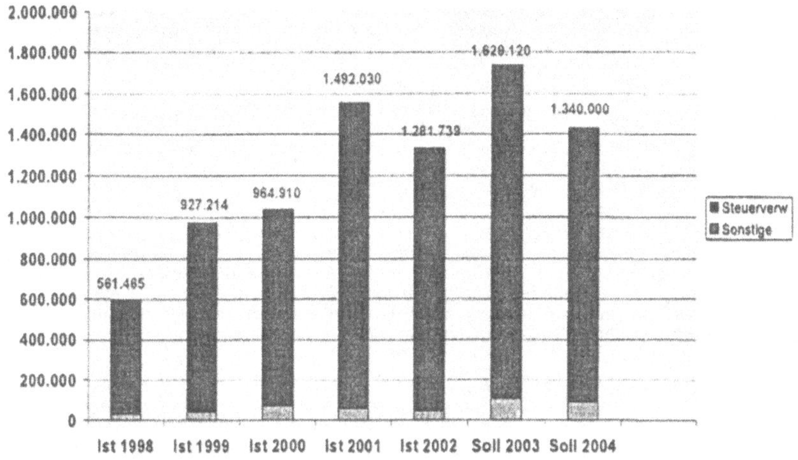

1.c. Leistungsauftrag in der Steuerverwaltung (Kapitel 04 04), Haushaltsplan 2005/2006

Kap. 04 04 Oberfinanzdirektion Koblenz und Finanzämter

Die Oberfinanzdirektion (OFD) in Koblenz ist Mittelbehörde sowohl der Bundes- als auch der Landesfinanzverwaltung. Die OFD Koblenz gliedert sich deshalb in Bundesabteilungen und Landesabteilungen.

Bundesabteilungen sind die Zoll- und Verbrauchsteuerabteilung sowie die Bundesvermögensabteilung. Landesabteilungen sind die Besitz- und Verkehrsteuerabteilung, die Zentrale Besoldungs- und Versorgungsstelle (ZBV) und der Geschäftsbereich Bundesbau. Der Oberfinanzpräsident als Leiter der Behörde ist sowohl Bundes- als auch Landesbeamter.

Für den Bereich der Landesfinanzverwaltung ist die OFD dem Ministerium der Finanzen nachgeordnet.

Die Besitz- und Verkehrsteuerabteilung der OFD Koblenz fungiert als Mittelbehörde zwischen dem Ministerium der Finanzen und den Finanzämtern. Die Besitz- und Verkehrsteuerabteilung gliedert sich in zwei Stabsstellen, vier Gruppen und die Zentrale Datenverarbeitung der Finanzverwaltung (ZDFin). Von den vier Gruppen beschäftigen sich zwei mit Personal, Organisation und Haushalt. Zwei weitere Gruppen, die Gruppen Innendienst und Außendienste, arbeiten im steuerfachlichen Bereich und üben die Fachaufsicht über die 26 Finanzämter aus.

Finanzämter in Rheinland-Pfalz

In Rheinland-Pfalz gibt es 26 Finanzamtsbezirke. Einen Überblick über die Zuständigkeiten gibt die Landesverordnung über die Zuständigkeiten der Finanzämter (FAZVO).

Als örtliche Landesbehörden sind die Finanzämter für die Verwaltung der Steuern mit Ausnahme der Zölle und bundesgesetzlich geregelten Verbrauchsteuern zuständig. Für die Steuern, deren Festsetzung und Erhebung den Gemeinden übertragen ist, u.a. die Grundsteuer und die Gewerbesteuer, stellen sie die Besteuerungsgrundlagen verbindlich fest.
Die Erhebung der Steuern erfolgt in einem integrierten, automatisierten Verfahren bei den Finanzkassen, die zu zentralen Finanzkassen an den Standorten Daun, Idar-Oberstein, Montabaur und Pirmasens zusammengeführt wurden. Die Steuerverwaltung hat auch die bisherigen Regierungshauptkassen übernommen, die als Sachgebiete in die jeweiligen örtlichen Finanzämter integriert worden sind.
Die Überlegung, dass nur in größeren Gruppen die notwendige Branchen- und Prüfungserfahrung gesammelt, betreut und rationell eingesetzt werden könne, führte zu einer Organisation der Betriebsprüfung in 6 Großbetriebsprüfungsstellen, 22 Bezirksprüfungsstellen für die Prüfung der gewerblichen Mittel- und Kleinbetriebe und 5 Stellen für die Prüfung der land- und forstwirtschaftlichen Betriebe. Der Steuerfahndungsdienst und die Verfolgung der Steuerstraftaten und -ordnungswidrigkeiten ist auf 5 Finanzämter konzentriert.

Modernisierung der rheinland-pfälzischen Steuerverwaltung

Die rheinland-pfälzische Landesregierung hat seit Beginn der 90er Jahre wiederholt und aufeinander aufbauend politische Impulse zur Modernisierung der Landesverwaltung gegeben. Die haushaltsrechtlichen Grundsätze der Wirtschaftlichkeit und Sparsamkeit erfordern wirksame Maßnahmen zum wirtschaftlichen Einsatz der Sach- und Personalressourcen. So sucht auch die Steuerverwaltung ständig nach Wegen, die Effizienz und Effektivität der Finanzämter durch konzeptionelle, strukturelle und organisatorische Maßnahmen kontinuierlich zu erhöhen.

Nachfolgend sind die wichtigsten Schritte der vergangenen Jahre hin zu einer modernen und leistungsstarken Steuerverwaltung aufgezeigt

Ganzheitliche Bearbeitungsweise ("Finanzamt 2000")

Das Kernstück eines Finanzamts ist der Veranlagungsbereich. Früher waren dort für die Bearbeitung der Steuererklärungen (Prüfung, Datenerfassung, Veranlagung, Bescheiderstellung) verschiedene Stellen zuständig. Mit der Entwicklung der ganzheitlichen Bearbeitung des Steuerfalls durch einen Bearbeiter (Verfahren "Finanzamt 2000") konnten die Arbeitsabläufe beschleunigt und die Bearbeitungszeiten erheblich verkürzt werden. Was zunächst in einigen Finanzämtern in einem Pilotversuch ausgiebig getestet wurde, befindet sich seit Anfang 1995 im landesweiten Einsatz. Ergänzt wurde dieses Verfahren im darauffolgenden Jahr durch die Einführung der zentralen Bescheiderstellung und Bescheidversendung bei der Oberfinanzdirektion in Koblenz.

Service-Center

Seit 1998 tragen die in allen Finanzämtern eingerichteten Service-Center zur weiteren Verbesserung der Serviceleistungen und mehr Bürgernähe bei. Diese zentralen Stellen sind ganztägig geöffnet und mit kompetenten Ansprechpartnern besetzt. Dort werden allgemeine Fragen beantwortet, Formulare ausgegeben, Steuererklärungen angenommen und auch konkrete Hilfestellungen in Steuerfragen gegeben.

Existenzgründerservice

Ende 1999 wurde in allen Finanzämtern eine Existenzgründer-Beratung eingeführt. Ziel dieser Beratung ist, Jungunternehmern gerade in der Anfangszeit eine gezielte Beratung anzubieten, um Fehler auf steuerlichem Gebiet zu vermeiden. Als zentrale Anlaufstelle wurde in jedem Finanzamt ein Ansprechpartner benannt, der alle typischen Fragen steuerlicher Art, die im Zusammenhang mit den ersten Schritten in die Selbständigkeit auftreten, umfassend und kompetent beantwortet. Damit soll eine Atmosphäre geschaffen werden, die Eigeninitiative engagiert fördert.

Zentralisierung der Finanzkassen

Zur Effizienzsteigerung und Kostenreduzierung wurden die vormals 13 Finanzkassen, die für die Abwicklung der Kassengeschäfte der Finanzämter zuständig sind, auf 4 verbleibende Finanzkassen zentralisiert. Eine sorgfältige Wirtschaftlichkeitsanalyse ergab, dass mit dieser Maßnahme bei einer Kostenverteilung auf 10 Jahre eine Einsparung von insgesamt etwa 15 Millionen Euro zu erwarten ist. Unter Berücksichtigung örtlicher Gesichtspunkte und vorhandener Aufnahmekapazitäten wurden somit die Finanzkassen im Zeitraum von 1999 bis 2001 in mehreren Teilschritten in den Finanzämtern Daun, Montabaur-Diez, Pirmasens-Zweibrücken und Idar-Oberstein zusammengeführt.

Elektronische Steuererklärung (ELSTER)

ELSTER (ELektronische STeuerERklärung) ist ein bundesweites Projekt, mit dem seit 1999 Steuererklärungsdaten (zurzeit Einkommensteuer, Umsatzsteuer, Gewerbesteuer und Anmeldesteuern) elektronisch von den Steuerpflichtigen übermittelt werden können. Daneben bietet die Steuerverwaltung seit 2002 auch "ElsterFormular" an. Jeder Bürger kann sich diese kostenlose Software aus dem Internet herunterladen oder auf CD-ROM beim Finanzamt abholen, um damit seine Einkommensteuererklärung am Bildschirm ausfüllen. Eine Berechnung der zu zahlenden Steuer ist zudem integriert. Die eingegebenen Daten werden auf Stimmigkeit geprüft und wie bei ELSTER auf elektronischem Wege und sicher verschlüsselt zum Finanzamt übertragen.

Leistungsvergleich zwischen Finanzämtern

Das von der Bertelsmann-Stiftung gemeinsam mit Finanzämtern aus Bayern und Sachsen entwickelte Projekt "Leistungsvergleich zwischen Finanzämtern" wurde in Rheinland-Pfalz zum 1. Januar 2000 zunächst als Transferprojekt in vier Pilotfinanzämtern gestartet. Ziel des Projektes ist es, durch Leistungsmessung und Vergleich herauszufinden, wie noch effizienter gearbeitet werden kann. Hierzu werden die erzielten Leistungen in vier Zieldimensionen miteinander verglichen: Auftragserfüllung, Kundenzufriedenheit, Mitarbeiterzufriedenheit und Wirtschaftlichkeit. Im Oktober 2001 unterzeichneten dann die Finanzminister der Länder Bayern, Rheinland-Pfalz, Sachsen und Thüringen einen Kooperationsvertrag mit der Verpflichtung, den Leistungsvergleich gemeinsam weiter zu entwickeln mit dem Ziel, bis Ende 2004 alle Finanzämter der beteiligten Länder und alle geeigneten Arbeitsbereiche einzubeziehen.

Bereits im Dezember 2001 wurde in allen rheinland-pfälzischen Finanzämtern eine Mitarbeiterbefragung und im Mai 2002 eine Kundenbefragung durchgeführt. Dabei erhielten sie von insgesamt

13.130 an der Befragung teilgenommenen Steuerpflichtigen die Durchschnittsnote 1,93. Ein gutes Ergebnis, das gleichwohl zu weiteren Verbesserungen im Hinblick auf Service und Bürgernähe anspornt. Im Juli 2002 wurde in 18 weiteren Finanzämtern mit der Datenerhebung für die Zieldimensionen Auftragserfüllung und Wirtschaftlichkeit begonnen; die restlichen Finanzämter folgten ab Jahresbeginn 2003.

Dieses Projekt hat die Bemühungen der Steuerverwaltung um ein Qualitätsmanagement bereits spürbar vorangebracht und es wurde deutlich, in welchen Bereichen und in welcher Form Handlungsbedarf besteht. Der Leistungsvergleich führt neben Leistungsverbesserungen auch zu einer Angleichung der Bearbeitungsqualität zwischen den Ämtern. Die aus dem Vergleich resultierende Wettbewerbssituation wird die Steuerverwaltung noch besser und noch bürgernäher werden lassen.

Strukturreform der rheinland-pfälzischen Steuerverwaltung

Ein wichtiger Schritt zur Reform der rheinland-pfälzischen Steuerverwaltung war der mit Wirkung vom 1. Januar 2003 erfolgte Neuzuschnitt der Finanzamtsbezirke mit der Zusammenlegung von Finanzämtern.

Folgende Finanzämter wurden dabei zusammengeführt:
Altenkirchen und Hachenburg zum **Finanzamt Altenkirchen-Hachenburg**,
Bingen und Alzey zum **Finanzamt Bingen-Alzey**,
Bitburg und Prüm zum **Finanzamt Bitburg-Prüm**,
Kusel und Landstuhl zum **Finanzamt Kusel-Landstuhl**,
Montabaur und Diez zum **Finanzamt Montabaur-Diez**,
Pirmasens und Zweibrücken zum **Finanzamt Pirmasens-Zweibrücken**,
Sankt Goarshausen und Sankt Goar zum **Finanzamt Sankt Goarshausen-Sankt Goar**,
Simmern und Zell zum **Finanzamt Simmern-Zell**,
Speyer und Germersheim zum **Finanzamt Speyer-Germersheim**,
Wittlich und Bernkastel-Kues zum **Finanzamt Bernkastel-Wittlich**,
Worms und Kirchheimbolanden zum **Finanzamt Worms-Kirchheimbolanden**.

Die Zahl der Finanzamtsbezirke wurde damit landesweit von 37 und 26 reduziert. Eine wesentliche Vorgabe dabei war der selbst gesetzte Anspruch, auch künftig in gleichem Umfang wie bisher für die Bürgerinnen und Bürger da zu sein und die Präsenz der Steuerverwaltung in der Fläche nach wie vor zu erhalten. Somit wurden keine Standorte aufgegeben und die Ämter, die ihre Eigenständigkeit abgaben, fungieren nunmehr als Außenstellen der neuen Ämter, mit Verbleib der publikumsintensiven Arbeitsbereiche vor Ort.

Ebenfalls mit Wirkung vom 1. Januar 2003 wurden die Grunderwerbsteuerstellen auf landesweit vier Finanzämter in Landau, Mayen, Trier und Worms-Kirchheimbolanden zentralisiert. Bislang waren in allen Finanzämtern in diesem Bereich überwiegend nur Bruchteilarbeitsgebiete vorhanden, in denen so gut wie keine Flexibilität und keine Spielräume zur Optimierung der Arbeitsorganisation bestanden.

Insgesamt können aufgrund der Ämterfusionen und der Zentralisierung der Grunderwerbsteuerstellen langfristig im Wege der natürlichen Fluktuation etwa 100 Stellen abgebaut werden. Unmittelbare Konsequenzen ergaben sich zunächst im Bereich der Leitungsebene und den Geschäftsstellen sowie durch erforderliche Versetzungen bei der Zentralisierung der Grunderwerbsteuerstellen. Alle personellen Maßnahmen erfolgten sozialverträglich und im Einvernehmen mit den Betroffenen und der Personalvertretung.

Leistungsauftrag der Steuerverwaltung

Die Steuerverwaltung ist heute mit einer Vielzahl voneinander abhängigen und sich dynamisch entwickelnden Ansprüchen externer und interner Anspruchsgruppen konfrontiert. Zu den externen Anspruchsgruppen zählen einerseits die "Auftraggeber", d.h. der Gesetzgeber bzw. die Politik. Die Auftraggeber stellen Ansprüche an eine richtige, zeitnahe und vollständige Erfüllung des spezifischen Leistungsauftrages. Zu den externen Anspruchsgruppen gehören aber auch die Bürger sowie andere Personen und Institutionen, die mit der Verwaltung in Kontakt treten; hier steht eine möglichst gute, schnelle und umfangreiche Dienstleistung im Vordergrund. Zu den internen Anspruchsgruppen zählen zum einen die Verwaltungsmitarbeiter, mit dem Anspruch auf eine leistungsgerechte Arbeitswelt. Weiterhin gehören zu den internen Anspruchsgruppen die Vorgaben des Haushaltes, auf eine möglichst sparsame und wirtschaftliche Erfüllung des Ressourcen-Einsatzes.

Ziele:

Aus dieser komplexen Anspruchslage heraus, verfolgt das Land insbesondere folgende Ziele:
1. Sicherung und Steigerung der Qualität der Arbeit in der Steuerverwaltung,
2. Verbesserung der Risikosteuerung im Veranlagungsverfahren,
3. Erhöhung der Zufriedenheit der Steuerbürgerinnen und -bürger.

Maßnahmen:

Um die Ziele zu erreichen, sind der Einsatz und die Fortentwicklung des Projekts "Leistungsvergleich zwischen Finanzämtern" vorgesehen. Weiterhin wird die Systematik der Kontrolle der Steuererklärungen verbessert. Durch eine verstärkte Aus- und Fortbildung in der Finanzverwaltung soll die Weiterqualifizierung der Mitarbeiter erreicht werden. Die Überprüfung, inwieweit das einzelne Finanzamt dem gesetzlichen Auftrag gerecht wird, erfordert ein turnusmäßiges Berichtswesen, das neben der quantitativen Information des Arbeitsfortganges auch Zahlen enthält, die Aufschluss über die qualitative Arbeit des Finanzamts geben. Ein solches Kennzahlensystem ermöglicht eine umfassendere Information darüber, inwieweit ein Amt seinem gesetzlichen Auftrag nachkommt, als es heute durch den rein quantitativ orientierten Veranlagungsfortgang möglich ist.

Sachstand und Ausblick auf weitere länderübergreifende Planungen:

In Rheinland-Pfalz wurde das Projekt „Leistungsvergleich zwischen Finanzämtern" am 01.01.2000 als Transferprojekt gestartet und die bis dahin in Bayern und Sachsen mit Unterstützung der Bertelsmann-Stiftung entwickelten Kennzahlen und Erhebungsinstrumente an rheinland-pfälzische Verhältnisse angepasst und stufenweise eingesetzt. In der ersten Ausbaustufe sind folgende Arbeitsbereiche im „Leistungsvergleich zwischen Finanzämtern" integriert:

- Arbeitnehmerstelle (ANSt)
- Allgemeine Veranlagungsstelle (ohne Körperschaftsteuerstelle)
- Rechtsbehelfsstelle (RbSt)
- Service-Center

Die zunächst einbezogene Vollstreckungsstelle wurde wegen der Einführung des Automations-Systems FISCUS bis auf weiteres vom Leistungsvergleich ausgenommen.

In vier Pilotfinanzämtern (Finanzamt Alzey (seit 01.01.2003: FA Bingen-Alzey), Finanzamt Frankenthal, Finanzamt Trier und Finanzamt Wittlich (seit 01.01.2003: FA Bernkastel-Wittlich))* wurden verschiedene Kunden- und Mitarbeiterbefragungen durchgeführt sowie die Zieldimensionen Wirtschaftlichkeit und Auftragserfüllung in den Pilotversuch eingeführt.

Ab Mai 2001 wurde der „Leistungsvergleich zwischen Finanzämtern" auf alle rheinland-pfälzischen Finanzämter übertragen. Am 04. Oktober 2001 unterzeichneten die Finanzminister der beteiligten Bundesländer Bayern, Rheinland-Pfalz, Sachsen und Thüringen einen Kooperationsvertrag, in dem sich die Partner verpflichten, den „Leistungsvergleich zwischen Finanzämtern" gemeinsam weiter zu entwickeln mit dem Ziel, bis Ende 2004 alle Finanzämter der beteiligten Länder und alle geeigneten Arbeitsbereiche einbezogen zu haben.
Im November 2004 soll der Vertrag zwischen den vier Bundesländern verlängert und mit Mecklenburg-Vorpommern als neuem Partnerland abgeschlossen werden.

In allen Finanzämtern wurden Befragungen von Kunden und Mitarbeitern durchgeführt:

- Dezember 2001 Mitarbeiterbefragung
- Mai 2002 Befragung der Besucher der ANSt und der Service-Center
- November 2003 Postalische Befragung der Steuerberater und der Lohnsteuerhilfevereine

Zum 01.07.2002 bzw. zum 01.01.2003 begannen die übrigen Finanzämter mit der Datenerhebung zu den Zieldimensionen Auftragserfüllung und Wirtschaftlichkeit in den Aufgabenbereichen Arbeitnehmerstelle, Veranlagungsstelle (ohne Körperschaften), Rechtsbehelfsstelle sowie Service-Center.

Inzwischen wurden weitere Kennzahlen für die Rechtsbehelfsstellen entwickelt, die seit 01.01.2004 erhoben werden.

In den Aufgabenbereichen Betriebsprüfung und Körperschaftsteuerstelle begann am 01.01.2004 in den Finanzämtern Bernkastel-Wittlich, Frankenthal und Trier eine Pilotphase, in der länderübergreifend entwickelte Kennzahlen auf ihre Praxistauglichkeit geprüft werden.

Laut Beschluss der Länderübergreifenden Lenkungsgruppe werden als Nächstes die Kennzahlen für die Aufgabenbereiche Bußgeld- und Strafsachenstelle sowie für die Steuerfahndung entwickelt. Weitere Aufgabenbereiche werden folgen.

Für 2004 wurden Zielvereinbarungen mit insgesamt 11 Finanzämtern abgeschlossen. Zuvor wurden in Zusammenarbeit mit Vertretern der Pilotfinanzämter die maßgeblichen zu vereinbarenden Schlüsselkennzahlen festgelegt.

Die Umwidmung des Leistungsvergleichs in einen Leistungsauftrag kann erst erfolgen, wenn sowohl in der zeitlichen als auch in der quantitativen Dimension genügend valide Daten vorliegen. Dazu gehört auch, dass alle Bereiche eines Finanzamts einbezogen werden können und flächendeckend Zielvereinbarungen abgeschlossen sind.

Steuerverwaltung

Übersicht über die Ausgaben

HGr.	nach Ausgabengruppen gegliedert:	2004 Ansatz	2005 Ansatz	2006 Ansatz
			In Mio Euro	
4	Personalausgaben	297,74	299,46	297,20
5	Sachausgaben	37,43	36,91	37,05
6	Zuweisungen	8,23	10,64	10,60
7+8	Investitionen	4,47	4,51	4,83
9	Besondere Finanzierungsausgaben	5,84	6,55	7,05
	Insgesamt:	353,71	358,07	356,73
	Veränderung in %		+ 1,2 %	- 0,4 %

Kap.	nach Kapitel gegliedert:			
04 04	OFD und Finanzämter	251,25	251,53	247,93
04 05	Zentr. Datenverarbeitung der Fin.verw.	20,44	22,46	22,62
04 23	Fachhochschule f. Finanzen u. LFS	3,18	3,27	3,26
04 02	Versorgung, Ruhegehälter, Beihilfen	78,84	80,81	82,92
	Insgesamt:	353,71	358,07	356,73

Sächliche Verwaltungsausgaben (HGr. 5)

in Mio Euro

	nach Gruppen gegliedert:	2004 Ansatz	2005 Ansatz	2006 Ansatz
511	Geschäftsbedarf, Ausstattung	11,20	11,77	11,80
517	Bewirtschaftung der Grundstücke	4,49	4,73	4,73
518	Mieten und Pachten	14,85	15,32	15,40
525	Aus- und Fortbildung	1,34	1,38	1,38
526	Sachverständige, Gerichtskosten u.a.	0,60	0,62	0,65
527	Dienstreisen	2,22	2,26	2,26
533	Werkverträge	2,08	0,05	0,05
	sonstige Sachausgaben	0,67	0,78	0,78
		37,43	36,91	37,05
	Veränderungen in %		- 1,4 %	+ 0, 4 %

Personalausgabenbudget Steuerverwaltung

		2004	2005	2006
422	Bezüge der Beamten	176,44	175,84	172,92
425	Vergütungen der Angestellten	40,44	40,91	39,51
426	Löhne der Arbeiter	2,50	2,53	2,49
432	Versorgungsbezüge	52,80	54,10	55,40
441	Beihilfen	23,00	23,50	24,30
453	Trennungsgeld	0,70	0,58	0,58
div.	Sonstige Personalausgaben	1,86	2,00	2,00
919	Finanzierungsfonds, Zuführungen	3,62	4,37	4,87
	Personalausgaben-Budget-Gesamtsumme	301,36	303,83	302,07

Investitionen im Bereich der Steuerverwaltung

Ausstattung der Finanzämter mit moderner Datenverarbeitung

Kap. 04 05 Tit. 812 68	2002 Ist	2003 Ist	2004 Ansatz	2005 Ansatz	2006 Ansatz
EDV-Ausgaben	8,78	6,69	2,00	3,37	3,53

Bis zum Jahr 2004 sind bei allen Finanzämtern die vorhandenen technisch veralteten Großrechner-Terminals durch vernetzte Personalcomputer abgelöst worden. Inzwischen sind alle Finanzämter mit modernem PC- Equipment ausgestattet. Mit den in den Haushaltsjahren 2005 und 2006 veranschlagten Ausgaben sind sowohl Restbeschaffungen für die DV-Komplettausstattung als auch Ersatz- und Neubeschaffungen vorgesehen.

2.a. Leistungsauftrag im Schulbereich (Kapitel 09 19), Haushaltsplan 2002/2003

- 93 -

09 Ministerium für Bildung, Frauen und Jugend

09 19 Schulen - Allgemein -

Titel Untertitel	FZ	Zweckbestimmung	Ansatz 2001 Ist 2000	Ansatz 2002	Ansatz 2003
			Angaben in EUR		

Vorwort zu Kapitel 09 19 - Schulen - Allgemein -

Das Kapitel 09 19 wurde im Rahmen der Organisationsänderung der Landesregierung von Kapitel 15 19 umgesetzt.

In diesem Kapitel sind Haushaltsmittel für schulartübergreifende Maßnahmen veranschlagt, insbesondere für

1. *Lernmittelfreiheit, Schülerbegabtenförderung,*
2. *Reisekosten der Lehrer,*
3. *Prüfungsvergütungen,*
4. *die Veröffentlichungen von Schulgesetzen und Herausgabe von Schulprospekten,*
5. *die Förderung des Schulsports,*
6. *Schullandheimaufenthalte, Schulwanderungen und Lehrfahrten,*
7. *staatspolitischer Unterricht und Erziehung,*
8. *die Zuweisungen für Schulbauten,*
9. *die Durchführung von Schulversuchen,*
10. *die Zuschüsse an die Freien Waldorfschulen,*
11. *die Zuschüsse der EU an rheinland-pfälzischen Projekten,*
12. *die Förderung internationaler pädagogischer Beziehungen,*
13. *Qualitätsmanagement,*
14. *Systembetreuung, Anwendungsbetreuung,*
15. *Versorgungs - und Beihilfeausgaben für den gesamten Schulbereich,*
16. *Kosten für EDV Anwendung im Schulbereich*

Neu veranschlagt sind Mittel für

- *Ganztagsschulen*
- *Projekt "Erweiterte Selbständigkeit an Schulen"*
- *Hochbegabtenförderung / Internationale Schulen.*

Leistungsauftrag im Kapitel 09 19

Situationsbeschreibung:

Der Einsatz von modernen Kommunikationstechniken an unseren Schulen ist in den letzten Jahren kontinuierlich ausgebaut worden, um die Vermittlung dieser neuen Techniken an die Schülerinnen und Schüler zu gewährleisten. Voraussetzung für den sinnvollen Einsatz im Unterricht ist der entsprechende Ausbildungsstand der Lehrkräfte.

Ziel:
Das Land verfolgt das Ziel den Ausbildungsstand der Lehrkräfte stufenweise zu verbessern. Insgesamt wird über 13.000 Lehrkräften die projektorientierte Fortbildung auf diesem wichtigen Gebiet ermöglicht. In Kooperation mit der Firma INTEL werden flächendeckend Fortbildungskurse nach dem jeweiligen Kenntnisstand der Lehrkräfte angeboten. Die Firma INTEL stellt dabei die Schulungsmaterialien und die Software zur Verfügung, das Land ist verantwortlich für die Organisation der Kurse und die Honorare für die Kursleitung. Das Projekt hat insgesamt eine Laufzeit von 3 Jahren und hat im Jahre 2001 begonnen. Geplant ist folgender Ablauf:

2001	*4.000*
2002	*7.000*
2003	*2.000*

Grundlage:

Dem Projekt liegt ein Kooperationsvertrag mit der Firma INTEL zugrunde, dessen Zielsetzung auch in die Koalitionsvereinbarung von SPD und FDP vom 28.04.2001 Eingang gefunden hat.

Maßnahmen

Vorgesehen sind differenzierte und abgestufte Schulungsangebote für alle Teilnehmerinnen und Teilnehmer sowie spezielle Angebote für die Kursleiterinnen und Kursleiter des INTEL-Projekts, die in regionalisierten Fortbildungskursen auf ihre angehende Rolle als Mutiplikatoren in Medienfragen vorbereitet werden sollen.

Verwaltungs- und Sachausgaben

Im Doppelhaushalt 2002/2003 sind für die Umsetzung des Leistungsauftrages veranschlagt:

Ausgaben

Kapitel: 0919
Titel: 547 01 Kosten für EDV Anwendung im Schulbereich

1. für das Projekt INTEL (Leistungsauftrag)

2002	2003
529.187 EUR	171.282 EUR

2. für die Kosten für EDV-Anwendung im Schulbereich allgemein:

2002	2003
45.013 EUR	45.018 EUR

3. Insgesamt

2002	2003
574.200 EUR	216.300 EUR

Einnahmen
keine

Gesamtausgaben des Projektes INTEL	*991.905 EUR*
davon im Jahre 2001	*291.436 EUR*

2.b. Leistungsauftrag im Schulbereich (Kapitel 09 19), Haushaltsplan 2005/2006

- 93 -

Vorwort zu Kapitel 09 19

In diesem Kapitel sind Haushaltsmittel für schulartübergreifende Maßnahmen veranschlagt, insb. für

1. Lernmittelfreiheit, Schülerbegabtenförderung,
2. Reisekosten der Lehrer,
3. Prüfungsvergütungen,
4. die Veröffentlichungen von Schulgesetzen und Herausgabe von Schulprospekten,
5. die Förderung des Schulsports,
6. Schullandheimaufenthalte, Schulwanderungen und Lehrfahrten,
7. staatspolitischer Unterricht und Erziehung,
8. die Zuweisungen für Schulbauten,
9. die Durchführung von Schulversuchen,
10. die Zuschüsse an die Freien Waldorfschulen,
11. die Zuschüsse der EU an rheinland-pfälzischen Projekten,
12. die Förderung internationaler pädagogischer Beziehungen,
13. Qualitätsmanagement,
14. Systembetreuung, Anwendungsbetreuung,
15. Versorgungs - und Beihilfeausgaben für den gesamten Schulbereich,
16. Kosten für EDV Anwendung im Schulbereich
17. Ganztagsschulen einschließlich des Investitionsprogramms des Bundes "Zukunft Bildung und Betreuung"
18. Projekt "Erweiterte Selbständigkeit an Schulen"
19. Hochbegabtenförderung / Internationale Schulen.

Leistungsauftrag INTEL II

Allgemeine Leistungsvorgaben, Gesamtstrategien und Oberziele

- Es muss dafür Sorge getragen werden, dass jede Schülerin und jeder Schüler nach Verlassen der Schule für die zukünftige Arbeitswelt in einer Informations- und Wissensgesellschaft vorbereitet sein muss. Das kann nur geschehen, in dem die neuen Technologien in einer angemessen Art im Unterricht aller Schulen berücksichtigt werden. Der Einsatz von modernen Kommunikationstechniken an unseren Schulen ist in den letzten Jahren kontinuierlich ausgebaut worden, um die Vermittlung dieser neuen Techniken an die Schülerinnen und Schüler zu gewährleisten.
- Um die neuen Technologien in den Unterricht der Schulen zu integrieren, bedarf es einer schulart- und fachbezogenen Qualifizierung aller Lehrkräfte auch im Rahmen der Qualitätsprogramme der Schulen. Voraussetzung hierzu ist eine zunehmende Ausstattung der Schulen (zurzeit 12 Schüler/innen pro Computer) und didaktisch - methodische Unterrichtskonzepte, die in Modellversuchen (wie z.B. Semik), aber auch durch die Arbeit der pädagogischen Serviceeinrichtungen und länderübergreifend durch „Schulen ans Netz" zur Verfügung stehen.
- Voraussetzung für den sinnvollen Einsatz im Unterricht ist der entsprechende Ausbildungsstand der Lehrkräfte. Im Rahmen einer projektorientierten Fortbildung soll dies ermöglicht werden, so dass der Ausbildungsstand der Lehrkräfte stufenweise verbessert wird.

Im Rahmen eines Kooperationsprojekts mit der Firma INTEL wurden im Zeitraum 2001 bis 2004 insgesamt 13.000 Lehrkräfte qualifiziert, hierfür wurden 991.905 € aus Landesmitteln aufgewendet.

Da sich diese Kooperation als überaus erfolgreich dargestellt hat – was auch auf den im Haushalt 2002/2003 ausgebrachten Leistungsauftrag zurückgeführt wird, soll auch die Fortführung des Projekts mit einem Leistungsauftrag begleitet werden.

Voraussichtliche Leistungen, Leistungsumfang und Leistungsumsetzung

Die Firma INTEL hat Materialien mit Lernpfaden in einer Online-Trainingsplattform sowie ein Medienpaket in einem neuen Kooperationsprojekt "Intel® Lehren für die Zukunft – online trainieren und gemeinsam lernen" integriert.

Das Land übernimmt die Organisation und zahlt die Honorare für Moderatoren, die regional noch fehlende Voraussetzungen schaffen sollen und möglichst schulintern die Online-Fortbildung begleiten werden.

Es wird angestrebt, bis zu 3.000 Kräfte zu schulen.

Geplanter Schulungsumfang:

2005	bis zu 2000 Lehrkräfte
2006	bis zu 1000 Lehrkräfte

Übersicht über den zeitlichen Ablauf des Kooperationsprojektes:

2. Halbjahr 2004	Anmeldungen und Vorbereitung der Moderatoren sowie der 1. Gruppe
1. Halbjahr 2005	Durchführung der Fortbildung für die erste Gruppe; Nachmeldungen und Vorbereitung der 2. Gruppe
2. Halbjahr 2005	Durchführung der Fortbildung für die 2. Gruppe; Nachmeldungen und Vorbereitung der 3. Gruppe
1. Halbjahr 2006	Durchführung der Fortbildung für die 3. Gruppe
2. Halbjahr 2006	Nachbereitung (Evaluation)

Rechtsgrundlage:
Dem Projekt wird ein Kooperationsvertrag mit der Firma INTEL zugrunde liegen, dessen Zielsetzung ebenfalls der Koalitionsvereinbarung der rheinland-pfälzischen Landesregierung entspricht.

Maximaler finanzieller Rahmen:

Insgesamt	160.000 €
davon im Jahre 2004 (Vorbereitung)	25.000 €
davon im Jahre 2005	90.000 €
davon im Jahre 2006	45.000 €

Die Mittel sind bei Kapitel 09 19 Titel 547 01 veranschlagt.
Einnahmen werden nicht erzielt.

Kennzahlen und Indikatoren, Steuerungsgrößen

- Anzahl der Schulungsmaßnahmen
- Anzahl der geschulten Kräfte
- Kosten je geschulter Kraft

3.a. Leistungsauftrag im neu gegründeten Quasi-Landesbetrieb Forsten (Kapitel 14 10) Haushaltsplan 2002/2003

- 115 -

14 Ministerium für Umwelt und Forsten

14 10 Landesforsten Rheinland-Pfalz

Titel Untertitel	FZ	Zweckbestimmung	Ansatz 2001 Ist 2000	Ansatz 2002	Ansatz 2003
			Angaben in EUR		

Kapitel 14 10 - Landesforsten Rheinland-Pfalz

Die Landesforstverwaltung, bisher eine hoheitliche produktorientierte Verwaltung, soll sich zu einer kundenorientierten staatlichen Verwaltung für Sachgüter und Dienstleistungen weiterentwickeln. Um mehr Flexibilität im Verwaltungsablauf und mehr Transparenz im Rechnungswesen zu erreichen, werden die mittlere und die untere Verwaltungsebene, dies sind die Zentralstelle der Forstverwaltung und die Forstämter, entsprechend einem Landesbetrieb nach § 26 LHO in dem Kapitel 14 10 zusammengefasst und entsprechend einem Landesbetrieb geführt.

Organisation

Die Landesforsten Rheinland-Pfalz sind wie folgt organisiert:

Abteilung Forsten im Ministerium für Umwelt und Forsten

Die Abteilung Forsten nimmt die Aufgaben der Obersten Forst- und Jagdbehörde wahr.
Sie leitet die Landesforsten Rheinland-Pfalz. Ihr obliegen forst- und jagdpolitische Führungsaufgaben.
Die oberste Forstbehörde wird von einem Landeswaldausschuss, die oberste Jagdbehörde vom Landesjagdbeirat beraten.
Die Abteilung Forsten ist weiterhin in Kapitel 14 01 veranschlagt.

Zentralstelle der Forstverwaltung

Die Zentralstelle der Forstverwaltung wurde auf Grund des Artikel 1 § 9 des Landesgesetzes zur Reform und Neuorganisation der Landesverwaltung vom 12. Oktober 1999 (GVBl. 1999, S. 325 ff) mit Wirkung zum 01.01.2000 durch Zusammenlegung der Forstdirektionen der ehemaligen Bezirksregierungen Koblenz, Trier und Rheinhessen-Pfalz gebildet.
Zusätzlich wurden das Forstliche Bildungszentrum Rheinland-Pfalz in Hachenburg, die Forstliche Versuchsanstalt in Trippstadt und das Zentrum für Benutzerservice und Informationstechnologie der Landesforsten Rheinland-Pfalz in Emmelshausen organisatorisch in die Zentralstelle der Forstverwaltung eingegliedert.

Die Zentralstelle der Forstverwaltung gliedert sich in die Fachbereiche
- Produktion - (Forsteinrichtung, technische und biologische Produktion, Arbeitssicherheit)
Für den Aufgabenbereich der Forsteinrichtung wurde in Koblenz eine Außenstelle der Zentralstelle gebildet.
- Marketing - (Holzmarketing, Holzmarktservice, Non-Profit-Marketing),
- Dienstleistung - (Obere Forst- und Jagdbehörde des Landes, forstliche Förderung im Körperschafts- und Privatwald, Waldnaturschutz),
- Ressourcenverwaltung - (Personal, Organisation, Haushalt, Controlling, Betriebswirtschaft, Liegenschaften, Information und Kommunikation),
- Gebietsreferate,
- Forschungsanstalt für Waldökologie und Forstwirtschaft (FAWF) und
- Forstliches Bildungszentrum (FBZ).

Die Zentralstelle der Forstverwaltung nimmt nach Maßgabe der Rechts- und Verwaltungsvorschriften des Landes die bisherigen Aufgaben der Forstdirektionen und der zusätzlich eingegliederten Behörden wahr.
Dies sind insbesondere:
- die Aufgaben der oberen Forst- und Jagdbehörde,
- Planungs-, Durchführungs- und Kontrollaufgaben bei der Bewirtschaftung des Staatswaldes,
- die nach dem Landeswaldgesetz übertragenen Aufgaben für Körperschafts- und Privatwald,
- die Förderung der Forstwirtschaft,
- die umfassende Information, überörtliche Koordination, örtliche Beratung sowie die allgemeine Aufsicht und Kontrolle der Forstämter.

Aufgaben der Forschungsanstalt für Waldökologie und Forstwirtschaft

- Intensivierung der Erkenntnisse über die Möglichkeiten einer nachhaltigen, möglichst optimalen Erfüllung und Sicherung der Funktionen der Wälder,
- Mitwirkung bei der Aufklärung der Ursachen von Waldschäden und, soweit möglich, bei deren Abwendung,
- Durchführung forstlicher Versuche und Testreihen,
- Veröffentlichung von Versuchsergebnissen und deren Vermittlung an die forstliche Praxis aller Waldbesitzer,
- Betriebsfördernde und praxisnahe Umsetzung von wissenschaftlichen Erkenntnissen nach Prüfung ihrer Eignung für den individuellen örtlichen Anwendungsbereich und Mitwirkung bei deren Einführung,
- Strategieentwicklung und Umsetzung zur Förderung der Verwendung und des Images des Rohstoffes Holz aus nachhaltiger Waldwirtschaft.

Aufgaben des Forstlichen Bildungszentrums

- Praxisbezogene Aus- und Fortbildung von Mitarbeitern der Landesforstverwaltung, des Körperschafts- und Privatwaldes sowie von Forstunternehmern und Dritten,
- Aus- und Fortbildung zur Forstwirtin/zum Forstwirt für alle Waldbesitzer,
- Bildungsplanung und forstfachliche Beratungen für alle Waldbesitzarten,
- Pädagogische Betreuung im Rahmen der Freiwilligen Ökologischen Jahres.

Aufgaben des Zentrums für Benutzerservice und Informationstechnologie

- Planung, Beschaffung und Sicherung der Funktionsfähigkeit der in den Landesforsten Rheinland-Pfalz eingesetzten Informations- und Kommunikationstechnik
- Sicherung, Pflege und Verteilung der zentralen Datenbestände der Forstlichen Datenverarbeitung incl. Durchführung der

Waldarbeiterverlohnung
- Mitarbeit bei der Entwicklung und Erarbeitung von neuen DV-Konzeptionen
- DV-Anwenderbetreuung
- Schulung hinsichtlich der in den Landesforsten Rheinland-Pfalz eingesetzten Hard- und Software
- Schulung von neuen DV-Verfahren für den gesamten Bereich der Landesforsten Rheinland-Pfalz.

Forstämter

Die Landesfläche ist in 88 staatliche Forstämter mit insgesamt rund 570 staatlichen Forstrevieren gegliedert. Daneben bestehen private Forstämter und Forstreviere und rund 60 kommunale Forstreviere sowie 2 Bundesforstämter.
Die staatlichen Forstämter sind untere Forstbehörden.
Sie haben als weitere Aufgaben

- den Staatswald nach den Zielsetzungen des Landeswaldgesetzes zu bewirtschaften,
- beim Körperschafts- und Privatwald durch aktive Betreuung, Beratung und Bewirtschaftung mitzuwirken,
- Landespflegearbeiten im Wald durchzuführen,
- im Rahmen der Waldpädagogik über die Wirkungen des Waldes die Menschen zu informieren.

Neben den in den Stellenplänen dargestellten Stellen stehen für die Beschäftigung von Waldarbeitern im Staatsforstbetrieb 770 Beschäftigungsmöglichkeiten zur Verfügung; davon 90 für die Beschäftigung von Forstwirtschaftsmeistern.

Aufgaben der Landesforsten Rheinland-Pfalz

Die wesentlichen Aufgaben der Landesforsten Rheinland Pfalz bestehen in:
- Erstellen von Betriebsplänen für den Staatswald sowie für den Körperschafts- und Privatwald nach Wahl des Waldbesitzers, Kontrollaufgaben bei von Dritten erstellten Betriebsplänen, Erheben von Daten aus Betriebsplänen,
- Erstellen forstlicher Beiträge zum Landesentwicklungsprogramm, den forstlichen Raumordnungsplänen und von Plänen zur Sicherung der Wirkungen des Waldes, Erteilen von Genehmigungen zur Umwandlung und Erstaufforstung,
- Stellungnahmen zu Flächennutzungsplänen, Festlegen von Ausgleichsmaßnahmen,
- Festsetzen und Erheben einer Walderhaltungsabgabe,
- Erlass von Rechtsverordnungen zur Erklärung von Waldgebieten zu Schutzwald und Naturwaldreservaten,
- Anordnung und Durchführung von Schutzmaßnahmen, Berechnen von Ausgleichsleistungen,
- Sperren von Wegen auf Antrag, Erteilen von Ausnahmegenehmigungen für das Betreten, Reiten und Befahren von Wegen im Staatswald,
- Durchführen der Forstaufsicht,
- Aufgaben nach dem Polizei- und Ordnungsbehördengesetz: Forstpolizei, Hilfsbeamte der Staatsanwaltschaft, Verfolgen von Ordnungswidrigkeiten,
- Bildung und Geschäftsführung Landeswaldausschuss,
- Bewirtschaftung des Staatswaldes einschl. vorbildlicher Wildbewirtschaftung
- Vertragliche Übernahme der Holzverwertung und sonstiger Arbeiten im Körperschaftswald
- Erstellen des Wirtschaftsplanes für die Körperschaft
- Beratung, Anleitung, Unterstützung sowie fallweise bzw. ständige Mitwirkung bei der Waldbewirtschaftung
- Durchführen der von der Landespflegebehörde geplanten Maßnahmen im Wald,
- Einteilung der Forstamtsbezirke und Einrichtung der Forstämter,
- Beraten der Waldbesitzenden bei der Abgrenzung und Bildung von Forstrevieren,
- Unterstützung bei der Bildung und Arbeit forstwirtschaftlicher Zusammenschlüsse,
- Aus- und Fortbildung der Waldarbeiterinnen und Waldarbeiter,
- Fachliche Fortbildung der sonstigen im Wald Beschäftigten und der Waldbesitzenden,
- Bewilligen und Abrechnen von Fördermitteln,
- Abrechnen und Erheben der Kosten des staatlichen Revierdienstes, Auszahlen der Erstattungsbeträge bei kommunalem Revierdienst,
- Waldpädagogik.

Leistungsauftrag der Landesforsten

Rheinland-Pfalz ist mit rund 828.000 ha, das sind 42 % der Landesfläche, eines der waldreichsten Länder der Bundesrepublik Deutschland. Davon entfallen auf den Waldbesitz der Gemeinden und übrigen Körperschaften 48 %, des Landes 26 %, von Privaten 23 % und des Bundes 3 %.

Bereitstellung des umweltfreundlichen Rohstoffs Holz und sonstiger natürlicher Waldprodukte im Staatswald
Bewirtschaftung des Staatswaldes in Form der naturnahen Waldwirtschaft,

Ernte von 800.000 Festmeter Rohholz, Gewinnung von Weihnachtsbäumen und Schmuckreisig,

Steigerung der Holzqualitäten durch waldbauliche Maßnahmen, Sicherung der nachhaltigen Nutzungsmöglichkeiten.

Schützen der natürlichen Lebensgrundlagen
Regelkonformes Flächenmanagement von Schutzgebieten

- Wasserschutzgebiete	*30.000 ha,*
- Bodenschutzwald	*54.600 ha,*
- Klimaschutzwald	*15.800 ha,*
- Immissionsschutzwald	*18.500 ha,*
- Naturpark	*106.000 ha,*
- Naturschutzgebiete	*6.300 ha,*
- Biosphärenreservat	*23.500 ha,*
- Naturwaldreservate	*1.600 ha,*
- Erholungswald	*127.300 ha,*
- Biotoptypen	*3.600 ha.*

Fachlich versierte Betreuung der Schutzgebiete und -soweit erforderlich- Erweiterung von Schutzgebieten.

Sicherung der Leistungsfähigkeit des Naturhaushalts

- Vermeidung von Kahlschlägen,
- Bodenschutzkalkung im Staatswald auf 10.000 Hektar,
- Förderung der Bodenschutzkalkung bei anderen Waldbesitzern auf 15.000 Hektar,
- Verzicht auf den Einsatz von chemischen Mitteln im Wald,
- Förderung der Verwendung bodenpfleglicher Maschinen,
- Verwendung umweltfreundlicher Treib- und Schmiermittel, Förderung der Umstellung bei etwa 1.500 Maschinen und Geräten,
- Erhaltung genetischer Ressourcen von Baum- und Straucharten durch die Anlage und Unterhaltung von Samenplantagen auf 81,5 Hektar,

Erhaltung, Pflege und Entwicklung naturnaher, arten- und strukturreicher Wälder.

Entwicklung und Stärkung des Wissens über das Ökosystems Wald und seiner nachhaltigen Nutzung
- Durchführung einer Vielzahl von Veranstaltungen im Wald,
- Beteiligung an der Aktion kinderfreundliches Rheinland-Pfalz,
- Durchführung der Kampagne Treffpunkt Wald (Schwerpunkt 2-Jahres Turnus),
- Kooperationen mit Schulen und Kindergärten,
- Unterstützung des Hunsrückhauses und der Jugendfreizeitstätte Hattgenstein,
- Unterstützung von 2 Waldjugendherbergen,
- Betreibung von 3 Waldjugendheimen mit der Schutzgemeinschaft Deutscher Wald,
- Durchführung von Waldjugendspielen für rd. 700 Schulklassen,
- Erstellung von Informationsbroschüren,
- Unterhaltung von 3 Wald-Wild-Mobilen,
- Pflege und Weiterentwicklung des Internetauftritts der Landesforsten,

Weiterentwicklung vorhandener Standards.

Beitrag zur Bekämpfung der Jugendarbeitslosigkeit, Fortbildung im Arbeitsschutz und Sicherung von Arbeitsplätzen im ländlichen Raum
- Einstellung von Auszubildenden (deutlich über dem nachhaltigen Bedarf),
- Fortbildung von privaten Waldbesitzern und Angehörigen der Feuerwehren im Arbeitsschutz,
- Fortbildung eigenen Personals zu geprüften Natur- und Landschaftspflegern,

Beibehaltung der bisherigen Standards.

Unterstützung anderer Waldbesitzer
Beratung, Anleitung, Unterstützung sowie fallweise oder ständige Mitwirkung körperschaftlicher und privater Waldbesitzer bei der Bewirtschaftung ihres Waldbesitzes,

- Staatliche Beförsterung auf 351.000 Hektar Körperschaftswald,
- Beratung und Anleitung auf 152.000 Hektar Privatwald,

Erhaltung des Standards bei der Beförsterung und Unterstützung.

Einnahmen erwirtschaften die Landesforsten aus dem Verkauf von Holz, forstlichen Nebennutzungen, aus der Verpachtung von Jagd-, forstfiskalischen Fischerei- und Abbaurechten sowie aus Wildbret und Abschusserlaubnissen.
Die Körperschaften und Privaten ersetzen dem Land die Personalkosten für die Durchführung der forstbetrieblichen Aufgaben.

Entwicklungen und Dienstleistungen aus dem Bereich der Informationstechnologie der Landesforsten werden an andere interessierte Landesforstverwaltungen und sonstige Dritte verkauft.

Die Bewirtschaftung des Waldes trägt im ländlichen Raum nicht unerheblich zur Erzielung von Einkommen für Waldbesitzer, Arbeitnehmer, Unternehmern der Forst- und Holzwirtschaft, aber auch im Fremdenverkehr bei.

3.b. Leistungsauftrag im neu gegründeten Quasi-Landesbetrieb Forsten (Kapitel 14 10) Haushaltsplan 2004

Kapitel 14 10 – Landesforsten Rheinland-Pfalz

Die Landesforstverwaltung wird zu einer kundenorientierten staatlichen Verwaltung für Sachgüter und Dienstleistungen weiterentwickelt. Um mehr Flexibilität im Verwaltungsablauf und mehr Transparenz im Rechnungswesen zu erreichen, werden die mittlere und die untere Verwaltungsebene, dies sind die Zentralstelle der Forstverwaltung und die Forstämter, entsprechend einem Landesbetrieb nach § 26 LHO in dem Kapitel 14 10 zusammengefasst und entsprechend einem Landesbetrieb geführt.

Organisation

Die Landesforsten Rheinland-Pfalz sind wie folgt organisiert:

Abteilung Forsten im Ministerium für Umwelt und Forsten
Die Abteilung Forsten nimmt die Aufgaben der Obersten Forst- und Jagdbehörde wahr.
Sie leitet die Landesforsten Rheinland-Pfalz. Ihr obliegen forst- und jagdpolitische Führungsaufgaben.
Die oberste Forstbehörde wird von einem Landeswaldausschuss, die oberste Jagdbehörde vom Landesjagdbeirat beraten.
Die Abteilung Forsten ist weiterhin in Kapitel 14 01 veranschlagt.

Zentralstelle der Forstverwaltung
Die Zentralstelle der Forstverwaltung nimmt nach Maßgabe der Rechts- und Verwaltungsvorschriften des Landes die bisherigen Aufgaben der Forstdirektionen und der zusätzlich eingegliederten Behörden wahr.

Dies sind insbesondere:

- die Aufgaben der oberen Forst- und Jagdbehörde,
- Planungs-, Durchführungs- und Kontrollaufgaben bei der Bewirtschaftung des Staatswaldes,
- die nach dem Landeswaldgesetz übertragenen Aufgaben für Körperschafts- und Privatwald,
- die Förderung der Forstwirtschaft,
- die umfassende Information, überörtliche Koordination, örtliche Beratung sowie die allgemeine Aufsicht und Kontrolle der Forstämter.

Aufgaben der Forschungsanstalt für Waldökologie und Forstwirtschaft

- Intensivierung der Erkenntnisse über die Möglichkeiten einer nachhaltigen, möglichst optimalen Erfüllung und Sicherung der Funktionen der Wälder,
- Mitwirkung bei der Aufklärung der Ursachen von Waldschäden und, soweit möglich, bei deren Abwendung,
- Durchführung forstlicher Versuche und Testreihen,
- Veröffentlichung von Versuchsergebnissen und deren Vermittlung an die forstliche Praxis aller Waldbesitzer,
- Betriebsfördernde und praxisnahe Umsetzung von wissenschaftlichen Erkenntnissen nach Prüfung ihrer Eignung für den individuellen örtlichen Anwendungsbereich und Mitwirkung bei deren Einführung,
- Strategieentwicklung und Umsetzung zur Förderung der Verwendung und des Images des Rohstoffes Holz aus nachhaltiger Waldwirtschaft.

Aufgaben des Forstlichen Bildungszentrums
- Praxisbezogene Aus- und Fortbildung von Mitarbeitern der Landesforstverwaltung, des Körperschafts- und Privatwaldes sowie von Forstunternehmern und Dritten,
- Aus- und Fortbildung zur Forstwirtin/zum Forstwirt für alle Waldbesitzer,
- Bildungsplanung und forstfachliche Beratungen für alle Waldbesitzarten,
- Pädagogische Betreuung im Rahmen der Freiwilligen Ökologischen Jahres.

Aufgaben des Zentrums für Benutzerservice und Informationstechnologie

- Planung, Beschaffung und Sicherung der Funktionsfähigkeit der in den Landesforsten Rheinland-Pfalz eingesetzten Informations- und Kommunikationstechnik
- Sicherung, Pflege und Verteilung der zentralen Datenbestände der Forstlichen Datenverarbeitung incl. Durchführung der Waldarbeiterverlohnung
- Mitarbeit bei der Entwicklung und Erarbeitung von neuen DV-Konzeptionen
- DV-Anwenderbetreuung
- Schulung hinsichtlich der in den Landesforsten Rheinland-Pfalz eingesetzten Hard- und Software
- Schulung von neuen DV-Verfahren für den gesamten Bereich der Landesforsten Rheinland-Pfalz.

Forstämter

Die Landesfläche ist in 45 staatliche Forstämter mit insgesamt rund 560 staatlichen Forstrevieren gegliedert. Daneben bestehen private Forstämter und Forstreviere und rund 60 kommunale Forstreviere sowie 2 Bundesforstämter.

Die staatlichen Forstämter sind untere Forstbehörden.

Sie haben als weitere Aufgaben

- den Staatswald nach den Zielsetzungen des Landeswaldgesetzes zu bewirtschaften,
- beim Körperschafts- und Privatwald durch aktive Betreuung, Beratung und Bewirtschaftung mitzuwirken,
- Landespflegearbeiten im Wald durchzuführen,
- im Rahmen der Waldpädagogik über die Wirkungen des Waldes die Menschen zu informieren.

Neben den in den Stellenplänen dargestellten Stellen stehen für die Beschäftigung von Waldarbeitern im Staatsforstbetrieb 770 Beschäftigungsmöglichkeiten zur Verfügung; davon 90 für die Beschäftigung von Forstwirtschaftsmeistern.

Aufgaben der Landesforsten Rheinland-Pfalz

Die wesentlichen Aufgaben der Landesforsten Rheinland Pfalz bestehen in:

- Erstellen von Betriebsplänen für den Staatswald sowie für den Körperschafts- und Privatwald nach Wahl des Waldbesitzers, Kontrollaufgaben bei von Dritten erstellten Betriebsplänen, Erheben von Daten aus Betriebsplänen,
- Erstellen forstlicher Beiträge zum Landesentwicklungsprogramm, den forstlichen Raumordnungsplänen und von Plänen zur Sicherung der Wirkungen des Waldes, Erteilen von Genehmigungen zur Umwandlung und Erstaufforstung,
- Stellungnahmen zu Flächennutzungsplänen, Festlegen von Ausgleichsmaßnahmen,
- Festsetzen und Erheben einer Walderhaltungsabgabe,
- Erlass von Rechtsverordnungen zur Erklärung von Waldgebieten zu Schutzwald und Naturwaldreservaten,
- Anordnung und Durchführung von Schutzmaßnahmen, Berechnen von Ausgleichsleistungen,
- Sperren von Wegen auf Antrag, Erteilen von Ausnahmegenehmigungen für das Betreten, Reiten und Befahren von Wegen im Staatswald,
- Durchführen der Forstaufsicht,
- Aufgaben nach dem Polizei- und Ordnungsbehördengesetz: Forstpolizei, Hilfsbeamte der Staatsanwaltschaft, Verfolgen von Ordnungswidrigkeiten,
- Bildung und Geschäftsführung Landeswaldausschuss,
- Bewirtschaftung des Staatswaldes einschl. vorbildlicher Wildbewirtschaftung,
- Vertragliche Übernahme der Holzverwertung und sonstiger Arbeiten im Körperschaftswald,
- Erstellen des Wirtschaftsplanes für die Körperschaft,
- Beratung, Anleitung, Unterstützung sowie fallweise bzw. ständige Mitwirkung bei der Waldbewirtschaftung
- Durchführen der von der Landespflegebehörde geplanten Maßnahmen im Wald,
- Einteilung der Forstamtsbezirke und Einrichtung der Forstämter,
- Beraten der Waldbesitzenden bei der Abgrenzung und Bildung von Forstrevieren,
- Unterstützung bei der Bildung und Arbeit forstwirtschaftlicher Zusammenschlüsse,
- Aus- und Fortbildung der Waldarbeiterinnen und Waldarbeiter,
- Fachliche Fortbildung der sonstigen im Wald Beschäftigten und der Waldbesitzenden,
- Bewilligen und Abrechnen von Fördermitteln,
- Abrechnen und Erheben der Kosten des staatlichen Revierdienstes, Auszahlen der Erstattungsbeträge bei kommunalem Revierdienst,
- Waldpädagogik.

Leistungsauftrag der Landesforsten

Rheinland-Pfalz ist mit rund 828.000 ha, das sind 42 % der Landesfläche, eines der waldreichsten Länder der Bundesrepublik Deutschland. Davon entfallen auf den Waldbesitz der Gemeinden und übrigen Körperschaften 48 %, des Landes 26 %, von Privaten 23 % und des Bundes 3 %.

Bereitstellung des umweltfreundlichen Rohstoffs Holz und sonstiger natürlicher Waldprodukte im Staatswald
Bewirtschaftung des Staatswaldes in Form der naturnahen Waldwirtschaft
Ernte von 1.100.000 Festmeter Rohholz, Gewinnung von Weihnachtsbäumen und Schmuckreisig, der Holzzuwachs beträgt rd. 1,3 Millionen Festmeter

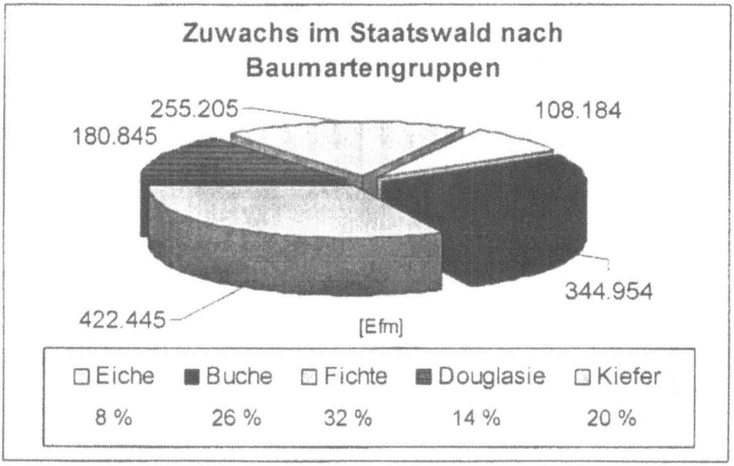

Abb. 1: Struktur des Zuwachses im Staatswald Rheinland-Pfalz nach Baumartengruppen

Steigerung der Holzqualitäten durch waldbauliche Maßnahmen, Sicherung der nachhaltigen Nutzungsmöglichkeiten

Schützen der natürlichen Lebensgrundlagen
Regelkonformes Waldflächenmanagement auf 220.000 ha
Sicherung der natürlichen Lebensgrundlagen des Menschen im Wald
70 % der Waldfläche dient besonderen Schutzwirkungen des Waldes, ein Teil der Fläche erfüllt mehrere Schutzfunktionen
Fachlich versierte Betreuung des Waldes unter besonderer Berücksichtigung der Schutzgebiete und fachgerechte Durchführung der Arbeiten

Sicherung der Leistungsfähigkeit des Naturhaushaltes
Durchführung der Bodenschutzkalkung im Staatswald auf 10.000 Hektar und Förderung der Bodenschutzkalkung bei anderen Waldbesitzern auf 15.000 Hektar
Erhaltung des Leistungsfähigkeit des Naturhaushaltes durch Verzicht auf den Einsatz von chemischen Mitteln im Wald, durch den Einsatz bodenpfleglicher Maschinen und durch die Verwendung umweltfreundlicher Treib- und Schmiermittel
Erhaltung genetischer Ressourcen von Baum- und Straucharten durch die Anlage und Unterhaltung von Samenplantagen auf 81,5 Hektar
Durchführung der Standortkartierung auf 5.000 ha, der Forsteinrichtung auf 80.000 ha und der Planung von Waldfunktionen auf 10.000 ha
Erhaltung, Pflege und Entwicklung naturnaher, arten- und strukturreicher Wälder

Entwicklung und Stärkung des Wissens über das Ökosystems Wald und seiner nachhaltigen Nutzung
Beteiligung an der Aktion kinderfreundliches Rheinland-Pfalz
Durchführung der Kampagne Treffpunkt Wald (Schwerpunkt 2Jahres Turnus)
Kooperationen mit Schulen, insbesondere 25 Ganztagsschulen, und Kindergärten
Unterstützung des Hunsrückhauses, der Jugendfreizeitstätte Hattgenstein und von 2 Waldjugendherbergen
Betreibung von 3 Waldjugendheimen mit der Schutzgemeinschaft Deutscher Wald
Durchführung von Waldjugendspielen für rd. 700 Schulklassen
Unterhaltung von 4 Wald-Wild-Mobilen
Durchführung von Waldführungen und Überarbeitung von 3 Broschüren
Weiterentwicklung vorhandener Standards

Beitrag zur Bekämpfung der Jugendarbeitslosigkeit, Fortbildung im Arbeitsschutz und Sicherung von Arbeitsplätzen im ländlichen Raum
Anbieten von Ausbildungsplätzen deutlich über dem erforderlichen nachhaltigen Bedarf
Aus- und Fortbildung von Waldarbeiterinnen und Waldarbeiter, Fortbildung von sonstigen im Wald Beschäftigten und der Waldbesitzenden

Beibehaltung der bisherigen Standards

Unterstützung anderer Waldbesitzer
Beratung, Anleitung und Unterstützung körperschaftlicher und privater Waldbesitzer bei der Bewirtschaftung ihres Waldbesitzes, Staatliche Beförsterung auf 351.000 Hektar Körperschaftswald, Beratung und Anleitung auf 152.000 Hektar Privatwald
Steigerung des Standards bei der Bewirtschaftung des Waldbesitzes und Unterstützung der Waldbesitzer

Einnahmen erwirtschaften die Landesforsten aus dem Verkauf von Holz, forstlichen Nebennutzungen, aus der Verpachtung von Jagd-, forstfiskalischen Fischerei- und Abbaurechten sowie aus Wildbret und Abschusserlaubnissen. Die Körperschaften und Privaten ersetzen dem Land die Personalkosten für die Durchführung der forstbetrieblichen Aufgaben.

Die Bewirtschaftung des Waldes trägt im ländlichen Raum h zur Erzielung von Einkommen für Waldbesitzer, Arbeitnehmer, Unternehmern in der Forst- und Holzwirtschaft aber auch im Fremdenverkehr bei.

3.c. Leistungsauftrag im neu gegründeten Quasi-Landesbetrieb Forsten (Kapitel 14 10) Haushaltsplan 2005/2006

Kapitel 14 10 – Landesforsten Rheinland-Pfalz

Landesforsten Rheinland-Pfalz wird zu einem Landesbetrieb gemäß § 26 LHO ausgestaltet, der sowohl erwerbswirtschaftliche als auch gemeinwohlorientierte Aufgaben wahrnimmt.

Organisation

Die Landesforsten Rheinland-Pfalz sind wie folgt organisiert:

Abteilung Forsten im Ministerium für Umwelt und Forsten (Kapitel 14 01)
Die Abteilung Forsten nimmt die Aufgaben der Obersten Forst- und Jagdbehörde wahr.
Sie leitet die Landesforsten Rheinland-Pfalz. Ihr obliegen forst- und jagdpolitische Führungsaufgaben.
Die oberste Forstbehörde wird von einem Landeswaldausschuss, die oberste Jagdbehörde vom Landesjagdbeirat beraten.

Zentralstelle der Forstverwaltung
Die Zentralstelle der Forstverwaltung nimmt nach Maßgabe der Rechts- und Verwaltungsvorschriften des Landes die bisherigen Aufgaben der Forstdirektionen und der zusätzlich eingegliederten Behörden wahr.

Dies sind insbesondere:

- die Aufgaben der oberen Forst- und Jagdbehörde,
- Planungs-, Durchführungs- und Kontrollaufgaben bei der Bewirtschaftung des Staatswaldes,
- die nach dem Landeswaldgesetz übertragenen Aufgaben für Körperschafts- und Privatwald,
- die Förderung der Forstwirtschaft,
- die umfassende Information, überörtliche Koordination, örtliche Beratung sowie die allgemeine Aufsicht und Kontrolle der Forstämter.

Aufgaben der Forschungsanstalt für Waldökologie und Forstwirtschaft

- Intensivierung der Erkenntnisse über die Möglichkeiten einer nachhaltigen, möglichst optimalen Erfüllung und Sicherung der Funktionen der Wälder,
- Mitwirkung bei der Aufklärung der Ursachen von Waldschäden und, soweit möglich, bei deren Abwendung,
- Durchführung forstlicher Versuche und Testreihen,
- Veröffentlichung von Versuchsergebnissen und deren Vermittlung an die forstliche Praxis aller Waldbesitzer,
- Betriebsfördernde und praxisnahe Umsetzung von wissenschaftlichen Erkenntnissen nach Prüfung ihrer Eignung für den individuellen örtlichen Anwendungsbereich und Mitwirkung bei deren Einführung,
- Strategieentwicklung und Umsetzung zur Förderung der Verwendung und des Images des Rohstoffes Holz aus nachhaltiger Waldwirtschaft.

Aufgaben des Forstlichen Bildungszentrums
- Praxisbezogene Aus- und Fortbildung von Mitarbeitern der Landesforstverwaltung, des Körperschafts- und Privatwaldes sowie von Forstunternehmern und Dritten,
- Aus- und Fortbildung zur Forstwirtin/zum Forstwirt für alle Waldbesitzer,
- Bildungsplanung und forstfachliche Beratungen für alle Waldbesitzarten,
- Pädagogische Betreuung im Rahmen der Freiwilligen Ökologischen Jahres.

Aufgaben des Zentrums für Benutzerservice und Informationstechnologie

- Planung, Beschaffung und Sicherung der Funktionsfähigkeit der in den Landesforsten Rheinland-Pfalz eingesetzten Informations- und Kommunikationstechnik
- Sicherung, Pflege und Verteilung der zentralen Datenbestände der Forstlichen Datenverarbeitung incl. Durchführung der Waldarbeiterverlohnung
- Mitarbeit bei der Entwicklung und Erarbeitung von neuen DV-Konzeptionen
- DV-Anwenderbetreuung
- Schulung hinsichtlich der in den Landesforsten Rheinland-Pfalz eingesetzten Hard- und Software
- Schulung von neuen DV-Verfahren für den gesamten Bereich der Landesforsten Rheinland-Pfalz.

Forstämter

Die Landesfläche ist in 45 staatliche Forstämter mit insgesamt rund 545 staatlichen Forstrevieren gegliedert. Daneben bestehen private Forstämter und Forstreviere und rund 60 kommunale Forstreviere sowie 2 Bundesforstämter.

Die staatlichen Forstämter sind untere Forstbehörden.

Sie haben als weitere Aufgaben

- den Staatswald nach den Zielsetzungen des Landeswaldgesetzes zu bewirtschaften,
- beim Körperschafts- und Privatwald durch aktive Betreuung, Beratung und Bewirtschaftung mitzuwirken,
- Landespflegearbeiten im Wald durchzuführen,
- im Rahmen der Waldpädagogik über die Wirkungen des Waldes die Menschen zu informieren.

Neben den in den Stellenplänen dargestellten Stellen stehen für die Beschäftigung von Waldarbeitern im Staatsforstbetrieb 730 Beschäftigungsmöglichkeiten zur Verfügung; davon 90 für die Beschäftigung von Forstwirtschaftsmeistern.

Aufgaben der Landesforsten Rheinland-Pfalz

Die wesentlichen Aufgaben der Landesforsten Rheinland Pfalz bestehen in:

- Erstellen von Betriebsplänen für den Staatswald sowie für den Körperschafts- und Privatwald nach Wahl des Waldbesitzers, Kontrollaufgaben bei von Dritten erstellten Betriebsplänen, Erheben von Daten aus Betriebsplänen,
- Erstellen forstlicher Beiträge zum Landesentwicklungsprogramm, den forstlichen Raumordnungsplänen und von Plänen zur Sicherung der Wirkungen des Waldes, Erteilen von Genehmigungen zur Umwandlung und Erstaufforstung,
- Stellungnahmen zu Flächennutzungsplänen, Festlegen von Ausgleichsmaßnahmen,
- Festsetzen und Erheben einer Walderhaltungsabgabe,
- Erlass von Rechtsverordnungen zur Erklärung von Waldgebieten zu Schutzwald und Naturwaldreservaten,
- Anordnung und Durchführung von Schutzmaßnahmen, Berechnen von Ausgleichsleistungen,
- Sperren von Wegen auf Antrag, Erteilen von Ausnahmegenehmigungen für das Betreten, Reiten und Befahren von Wegen im Staatswald,
- Durchführen der Forstaufsicht,
- Aufgaben nach dem Polizei- und Ordnungsbehördengesetz: Forstpolizei, Hilfsbeamte der Staatsanwaltschaft, Verfolgen von Ordnungswidrigkeiten,
- Bildung und Geschäftsführung Landeswaldausschuss,
- Bewirtschaftung des Staatswaldes einschl. vorbildlicher Wildbewirtschaftung,
- Vertragliche Übernahme der Holzverwertung und sonstiger Arbeiten im Körperschaftswald,
- Erstellen des Wirtschaftsplanes für die Körperschaft,
- Beratung, Anleitung, Unterstützung sowie fallweise bzw. ständige Mitwirkung bei der Waldbewirtschaftung
- Durchführen der von der Landespflegebehörde geplanten Maßnahmen im Wald,
- Einteilung der Forstamtsbezirke und Einrichtung der Forstämter,
- Beraten der Waldbesitzenden bei der Abgrenzung und Bildung von Forstrevieren,
- Unterstützung bei der Bildung und Arbeit forstwirtschaftlicher Zusammenschlüsse,
- Aus- und Fortbildung der Waldarbeiterinnen und Waldarbeiter,
- Fachliche Fortbildung der sonstigen im Wald Beschäftigten und der Waldbesitzenden,
- Bewilligen und Abrechnen von Fördermitteln,
- Abrechnen und Erheben der Kosten des staatlichen Revierdienstes, Auszahlen der Erstattungsbeträge bei kommunalem Revierdienst,
- Waldpädagogik.

Leistungsauftrag der Landesforsten Rheinland-Pfalz:

Rheinland-Pfalz ist mit rund 828.000 ha, das sind 42 % der Landesfläche, eines der waldreichsten Länder der Bundesrepublik Deutschland. Davon entfallen auf den Waldbesitz der Gemeinden und übrigen Körperschaften 48 %, des Landes 26 %, von Privaten 23 % und des Bundes 3 %.

A. Gesamtkonzept:

Das Ende des Jahres 2002 beschlossene Konzept „Landesforsten: zukunftsfähige Strukturen" sieht bis zum Jahr 2010 Einsparungen von insgesamt 27 Mio. € bei Personal- und Sachkosten vor. Ab dem Jahr 2010 werden die langfristigen jährlichen Einsparungen auf 6,5 Mio. € (hiervon 5,9 Mio. € Personalkosten) geschätzt.

Einsparungen in Mio. €*	2004	2005	2006	2007	2008	2009	2010
Personalausgaben	1,3	1,8	2,5	3,2	3,9	5,1	5,9
Sachausgaben	0,2	0,5	0,6	0,6	0,6	0,6	0,6
Gesamt	1,5	2,3	3,1	3,8	4,5	5,7	6,5

* berechnet auf Basis 2003

B. Detailziele gemäß Wirtschaftsplan für 2005/2006:

I. Produktbereich Staatswaldbewirtschaftung:

Steigerung von Quantität und Qualität bei Produktion und Vermarktung von Holz durch zentrale Produktion und Vertriebsstrukturen.

1.) In 2005/2006 sollen im Rahmen der nachhaltigen Nutzung des nachwachsenden Rohstoffes pro Jahr rd. 1.300.000 fm Holz eingeschlagen werden. Als Verkaufsmenge sind 1.150.000 fm vorgesehen.

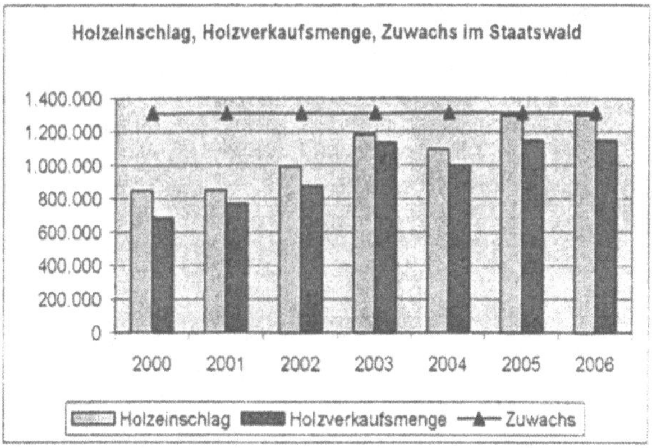

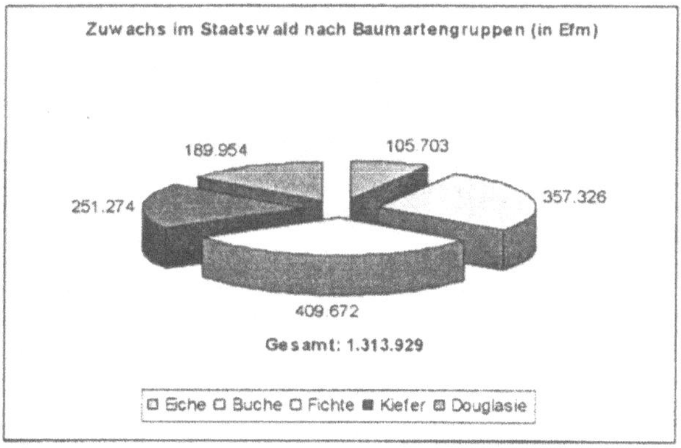

Holzeinschlag, Holzverkauf und Zuwachs im Staatswald Rheinland-Pfalz

Durchschnittserlöse beim Holzverkauf im Staatswald:

	2000	2001	2002	2003	2004	2005	2006
Durchschnittserlös in €/fm (gerundet)	54,-	47,-	47,-	43,-	40,-	40,-	40,-

2.) Da im Rahmen der Strukturreform eine Anpassung der Forstreviere auf Zielgrößen zwischen 1.400 und 1.800 ha angestrebt wird, soll bis Ende 2006 die Zahl der Forstreviere um mindestens 35 reduziert werden.

	2004	2005	2006
Anzahl der staatlichen Forstreviere	565	545	530

II. Produktbereich Umweltvorsorge:

1.) Seit dem Beginn der Bodenschutzkalkung in Rheinland-Pfalz wurden bisher mit über 550.000 Hektar mehr als 90 % der kalkungsbedürftigen Waldfläche im Staats-, Körperschafts- und Privatwald gekalkt. Auf die Bodenschutzkalkung zum Schutz und zur Restauration des Grundwassers und der Waldstandorte kann weiterhin jedoch nicht verzichtet werden. Im Staatswald erfolgt die Maßnahme auf den notwendigen Standorten mit einer Gesamtfläche von jährlich rd. 5.000 Hektar. Die Kosten pro Hektar betragen rd. 180,- €. Bei anderen Waldbesitzern ist zur Durchführung der Kalkung auf einer Fläche von 10.000 Hektar die Unterstützung mit Fördermitteln in Höhe von rd. 150 € pro Hektar notwendig.

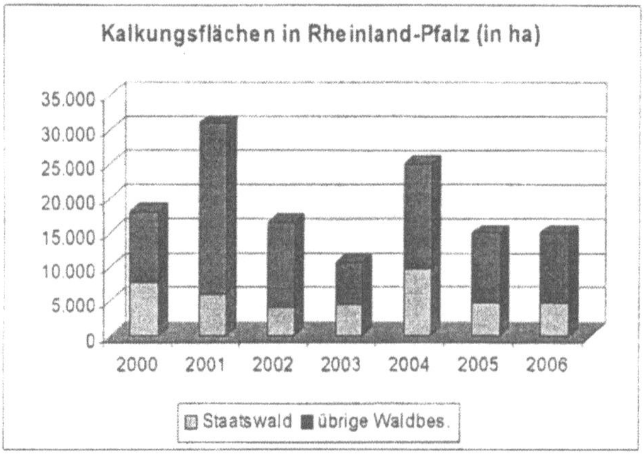

2.) Ziel ist es, im Planungszeitraum für rd. 90.000 Hektar Waldfläche jährlich bei allen Waldbesitzarten im Rahmen der mittelfristigen Betriebsplanung neue Betriebspläne zu erstellen sowie Waldfunktionenplanungen und Standortkartierungsmaßnahmen durchzuführen.
Durch Optimierung der Verfahren wird angestrebt, den Aufwand hierfür auf voraussichtlich 50 €/ha reduzieren zu können.

	2004	2005	2006
Betriebspläne	70.000 ha	70.000 ha	70.000 ha
Waldfunktionenplanung	10.000 ha	10.000 ha	10.000 ha
Standortkartierung	10.000 ha	10.000 ha	10.000 ha
Aufwand/ha	60 €/ha	50 €/ha	50 €/ha

III. Produktbereich Erholung und Umweltbildung:

Die bisherigen Aktivitäten von Landesforsten im Produktbereich Erholung und Umweltbildung werden auf Grund der großen Nachfrage verstärkt.

1.) Im Jahr 2006 bietet Landesforsten im Rahmen der Kampagne „Treffpunkt Wald" vielfältige Aktionen für alle Bevölkerungsgruppen an.

Initiative Treffpunkt Wald*:

2000		2002		2004		2006	
Veranstaltungen	Besucherzahl	Veranstaltungen	Besucherzahl	Veranstaltungen	Besucherzahl	Veranstaltungen	Besucherzahl
500	150.000	500	150.000	600	160.000	600	160.000

*Die Initiative Treffpunkt Wald findet turnusgemäß alle zwei Jahre statt.

2.) Die Zahl der an den Waldjugendspielen teilnehmenden Klassen soll bei gleichbleibender Qualität des Angebots von rd. 870 im Jahr 2004 auf 900 in den Jahren 2005 und 2006 mit annähernd 23.000 Schülerinnen und Schülern ansteigen.

Teilnehmerzahlen an den Waldjugendspielen:

	2001	2002	2003	2004	2005	2006
Schüler	19.000	20.000	20.000	20.000	23.000	23.000
Schulklassen	830	870	870	870	900	900

3.) Im Rahmen des Bildungsauftrages wird angestrebt, die Kooperation von Landesforsten mit Ganztagsschulen von 25 auf 30 bis 40 Schulen auszuweiten.
Landesweit werden 3 Waldjugendheime in Zusammenarbeit mit der Schutzgemeinschaft Deutscher Wald betrieben. Nach erfolgter Modernisierung kann das Waldjugendheim Kolbenstein ab 2005 wieder in vollem Umfang mit entsprechenden waldpädagogischen Angeboten für die Nutzergruppen betrieben werden.

Belegungszahlen der Waldjugendheime:

Anzahl der Übernachtungen	2002	2003	2004	2005	2006
Dasburg	2.300	2.400	2.600	2.600	2.600
Kolbenstein	2.600	2.000	2.000	2.700	2.800
Waldfriede	800	700	650	650	650
Summe:	5.700	5.100	5.250	5.950	6.050

IV. Produktbereich Leistungen für Dritte:

1.) Als Beitrag zur Bekämpfung von Jugendarbeitslosigkeit wird Landesforsten jungen Leuten weiterhin Ausbildungsplätze deutlich über dem nachhaltigen Bedarf anbieten.

Zum Forstwirt bzw. zur Forstwirtin sollen in den Jahren 2005 und 2006 zwischen 33 und 36 Schulabgänger ausgebildet werden.

	2004	2005	2006
Anzahl der Ausbildungsplätze zum Forstwirt/zur Forstwirtin	30	33	36

Für die Laufbahn des gehobenen Forstdienstes werden bis zu 20 Anwärter und Anwärterinnen ausgebildet; für die Laufbahn des höheren Forstdienstes bietet Landesforsten bis zu 10 Plätze für Forstreferendare an.

Die Gesamtkosten der Ausbildung aller Beschäftigtengruppen belaufen sich auf rd. 4,3 Mio. €.

2.) Im Körperschaftswald ist es Ziel, den waldbesitzenden Gemeinden weiterhin die Leistungen von Landesforsten und die Nutzung der spezialisierten Elemente anzubieten.
Die staatliche Beförsterung im Körperschaftswald findet auf rd. 351.000 Hektar statt.
Beratung und Anleitung wird für die privaten Waldbesitzer auf 152.000 Hektar angeboten.
Die Leistungen des Landes belaufen sich für den Körperschaftswald auf rd. 31,5 Mio. €, für den Privatwald auf rd. 4,3 Mio. €.

4.a. Leistungsauftrag zur Förderung der anerkannten Volkshochschulen und Landesorganisationen der Weiterbildung (Kapitel 15 40), Haushaltsplan 2002/2003

- 187 -

15 Ministerium für Wissenschaft, Weiterbildung, Forschung und Kultur

15 40 Förderung der Weiterbildung

Titel Untertitel	FZ	Zweckbestimmung	Ansatz 2001 Ist 2000	Ansatz 2002	Ansatz 2003
			Angaben in EUR		

Der Ausbau der Weiterbildung zum 4. Bereich des Bildungssystems ist notwendige Konsequenz des raschen technischen und sozialen Wandels, der Veränderung in der Arbeits- und Berufswelt und steigender Qualifikationsanforderungen. Diese Möglichkeit zur ständigen Aktualisierung von Fachwissen wird zur grundlegenden Voraussetzung für wirtschaftliche und soziale Innovationen. Ein funktionsgerechtes Weiterbildungssystem ist darüber hinaus ein zentraler Beitrag zur Herstellung von Chancengleichheit für alle Bevölkerungsgruppen, zur Gleichstellung von Mann und Frau und zu einem effektiven Wissenstransfer zwischen staatlichen Bildungs-institutionen und der Gesellschaft.

Durch die Regelförderung nach dem Weiterbildungsgesetz vom 17.11.1995/GVBl. S. 454, BS 223-60) soll die Weiterbildung so gefördert werden, dass die erwarteten Aufgabenstellungen, insbesondere der Qualitätssicherung und der Zertifizierung, erfüllt werden gefördert werden können. Der weiteren Unterstützung dienen dabei insbesondere auch besondere Zuwendungen zugunsten von neuen Ansätzen, Modellen und Schwerpunktmaßnahmen. Daneben bedarf es aber auch einer gezielten Förderung der Weiterbildungsbereitschaft der Beschäftigten, die es notwendig erscheinen lässt, privaten Arbeitgebern mit weniger als 50 Beschäftigten zu dem während der Bildungsfreistellung fortzuzahlenden Arbeitsentgelt einen pauschaliert hälftigen Zuschuss (Erstattung) zukommen zu lassen. Rechtsgrundlage dafür ist § 8 des Bildungsfreistellungsgesetzes vom 30. März 1993 (GVBl. S. 157, BS 223-70).

Zum Ausbau des 4. Bereiches des Bildungssystems sind deshalb Haushaltsmittel veranschlagt für:

- Zuschüsse gem. §§ 10-14 des Weiterbildungsgesetzes
- Zuschüsse zu Modellversuchen und Schwerpunktmaßnahmen im Bereich der allgemeinen Weiterbildung
- Zuschüsse zu Modellversuchen und Schwerpunktmaßnahmen im Bereich der wissenschaftlichen Weiterbildung
- Zuschüsse zu Regionalen Weiterbildungszentren
- Zuschüsse zur Förderung der Stadt- und Kreisbeiräte
- Zuschüsse zum Lernfest
- Zuschüsse für private Arbeitgeber mit weniger als 50 Beschäftigten zu dem während einer Bildungsfreistellung fortzuzahlenden Arbeitsentgelt.

Die Ausgaben des Kapitels 1540 sind mit Ausnahme des Titels 683 01 gegenseitig deckungsfähig.
Leistungsauftrag zu Titel 684 01 - Förderung der anerkannten Volkshochschulen und Landesorganisationen der Weiterbildung

Rechtsgrundlagen:
Weiterbildungsgesetz (WBG), Durchführungsverordnung zum WBG (WBGDVO)

1. Grundförderung

Situationsbeschreibung:
Die Professionalität in der WB wurde seit Inkrafttreten des WBG bereits erheblich gesteigert. So stieg die Zahl der hauptberuflichen pädagogischen Fachkräfte (HPF) in der Grundförderung von 67 (1996) auf 83 (2001) Dennoch sind Anfang 2002 voraussichtlich noch 40 Volkshochschulen insbesondere im ländlichen Raum unter ehrenamtlicher Leitung. Im Jahr 2000 waren 6 Landesorganisationen der Weiterbil-dung in freier Trägerschaft sowie 78 Volkshochschulen anerkannt (davon 34 nach § 8 Abs. 1 WBG, 1 nach § 8 Abs. 3 WBG und 43 nach § 8 Abs. 4 WBG; letztere sind die ehrenamtlich geführten Volkshochschulen).

Ziele:
- Sicherung der Grundausstattung der größeren Volkshochschulen (über 3.000 WB-Stunden jährlich) und der anerkannten Landesorganisationen der Weiterbil-dung (einschl. Geschäftsstellen) mit hauptamtlichem pädagogischen Personal.
- Steigerung der Professionalität und somit der Qualität in der Weiterbildung.
- Sicherung einer finanziellen Grundausstattung bei kleineren Volkshochschulen

Maßnahmen:
- Förderung einer im Gesetz festgelegten Grundausstattung an hauptamtlichem pädagogischen Personal bei anerkannten Landesorganisationen der Weiterbildung und größeren Volkshochschulen
- Anerkennung bisher ehrenamtlich geführter Volkshochschulen, die die Voraussetzungen nach dem WBG erfüllen und die damit verbundene Förderung von hauptamtlichem pädagogischem Personal

Kennzahlen, Indikatoren:
Anzahl der hauptamtlichen pädagogischen Fachkräfte in der Grundförderung, Anzahl der anerkannten Volkshochschulen nach § 8 Abs. 1 und 3 WBG

Einnahmen: keine
Ausgaben: 3.240.000 Euro

2. Angebotsförderung

Situationsbeschreibung:
Seit Inkrafttreten des WBG 1996 stieg die Anzahl der Weiterbildungsstunden von 667.361 (1996) auf 784.376 (1999). Hierbei stiegen die Stunden in längerfristigen Maßnahmen von 579.841 (1996) auf 672.892 (1999) und die Stunden in Maßnahmen mit internatsmäßiger Unterbringung von 32.038 (1996) auf 46.697 (1999). Die Anzahl der HPF in der Angebotsförderung stieg von 93,54 (1996) auf 102,2 (2001).
Ziele:
- Sicherung und Steigerung eines bedarfs- und flächendeckenden Weiterbildungs-angebotes und Förderung eines leistungsorientierten Wettbewerbes
- Sicherung und Steigerung der Anzahl der Weiterbildungsteilnehmer/innen

- Steigerung der längerfristigen und internatsmäßigen Maßnahmen
- Steigerung der Professionalität und somit der Qualität in der Weiterbildung.

Maßnahmen:
- Gewichtung und Förderung der Anzahl der Weiterbildungsstunden
- Gewichtung und Förderung der Anzahl der Weiterbildungsteilnehmer/innen
- Förderung der Anzahl der hauptamtlichen pädagogischen Fachkräfte außerhalb der Grundförderung durch Gutschrift von Weiterbildungsstunden in der Angebotsförderung

Kennzahlen, Indikatoren:
- Anzahl der Weiterbildungsstunden und der Weiterbildungsteilnehmer, getrennt nach Einzelmaßnahmen, längerfristigen Maßnahmen und Maßnahmen mit internatsmäßiger Unterbringung
- Anzahl der hauptamtlichen pädagogischen Fachkräfte in der Angebotsförderung

Einnahmen: keine
Ausgaben: 3.512.000 Euro

3. Maßnahmen mit Kinderbetreuung:

Situationsbeschreibung:
Bei Personen mit betreuungsbedürftigen Kindern besteht oft ein besonders großer Weiterbildungsbedarf, da diese Personen nach den Kinderbetreuungszeiten in den Beruf zurückkehren wollen, ohne gezielte Weiterbildung aber oft den Anschluss an die berufliche Weiterentwicklung verlieren. Auch bei allgemeineren Weiterbildungs-angeboten ist eine Teilnahme dieser Personen aufgrund fehlender Kinderbetreuung oft nicht möglich. Im Jahr 2000 wurden 83 Maßnahmen mit Kinderbetreuung gefördert.

Ziel:
Ziel der Förderung von Maßnahmen im Weiterbildungsbereich, die Kinderbetreuung beinhalten, ist die Ermöglichung für Personen mit betreuungsbedürftigen Kindern an Prozessen der Weiterbildung zu partizipieren.

Maßnahmen:
Förderung der Kinderbetreuung bei Weiterbildungsmaßnahmen

Kennzahlen, Indikatoren:
Anzahl der geförderten Veranstaltungen

Einnahmen: keine
Ausgaben: 30.700 Euro

4. Sonstige Förderung nach dem WBG

Situationsbeschreibung:
Nach wie vor sind Frauen und Männer in vielen gesellschaftlichen Bereichen sowie in beruflichen Kontexten nicht gleichberechtigt. Aufgrund unterschiedlicher Lebenssi-tuationen benötigen Frauen und Männer unterschiedliche Rahmenbedingungen, um an Weiterbildungsmaßnahmen teilnehmen zu können. Im Jahr 2000 wurden 297 Maßnahmen zur Gleichstellung von Mann und Frau gefördert.

Ziel:
Die Förderung von Weiterbildungsmaßnahmen zur Gleichstellung von Mann und Frau hat die Verbesserung einer gleichberechtigten Teilhabe von Frauen und Männern innerhalb der Gesellschaft zum Ziel sowie die Verdeutlichung der Lebenssituation von Frauen und den damit verbundenen Bereichen wie Teilhabe am Arbeitsmarkt, eigene Existenzsicherung etc.

Maßnahmen:
Förderung von qualitativ geprüften Weiterbildungsmaßnahmen zur Gleichstellung von Mann und Frau

Kennzahlen, Indikatoren:
Anzahl der geförderten Veranstaltungen

Einnahmen: keine
Ausgaben: 172.200 Euro

5. Maßnahmen der Alphabetisierung:

Situationsbeschreibung:
Wie auch in anderen Staaten leiden Menschen in Deutschland unter funktionalem Analphabetismus, d.h., dass sie trotz einer Schulbildung im Erwachsenenalter weder lesen noch schreiben können. Diese Menschen sind insbesondere in der sich ausweitenden Informationsgesellschaft von großen Teilen des kulturellen, sozialen und wirtschaftlichen Lebens ausgeschlossen. Bei dieser Gruppe von Menschen ist eine besonders hohe Arbeitslosigkeit zu verzeichnen. Im Jahr 2000 wurden in Rheinland-Pfalz 120 Alphabetisierungsmaßnahmen mit 820 Teilnehmerinnen und Teilnehmern gefördert.

Ziel:
Ziel der Förderung von Maßnahmen der Alphabetisierung ist die Herstellung eines flächendeckenden nach qualitativen und pädagogischen Aspekten geprüften Angebotes im Bereich der Grundbildung / Alphabetisierung, um der oben genannten Personengruppe auch noch im Erwachsenenalter die Möglichkeit zu geben, lesen und schreiben zu lernen.

Maßnahmen:
Förderung von Maßnahmen der Alphabetisierung

Kennzahlen, Indikatoren:
Anzahl der geförderten Veranstaltungen, Anzahl der Teilnehmerinnen u. Teilnehmer

Einnahmen: keine
Ausgaben: 51.200 Euro

6. Maßnahmen nach dem Bildungsfreistellungsgesetz

Situationsbeschreibung:
Bildungsfreistellungsmaßnahmen sind aufgrund hoher Stundenzahlen sowie ggf. Übernachtungs- und Verpflegungskosten oft sehr kostenintensiv. Dies führt bei kostendeckender Kalkulation und ggf. geringen Teilnehmerzahlen zu hohen Teilnehmergebühren, die dann wieder geringere Teilnehmerzahlen nach sich ziehen. Im Jahr 2000 wurden 67 Veranstaltungen nach dem WBG gefördert.

Ziel:
Ziel ist es, bei kostenintensiven und gesellschaftspolitisch besonders bedeutsamen Bildungsfreistellungsmaßnahmen geringe Teilnehmergebühren sicherzustellen, um die Maßnahmen einer möglichst breiten Bevölkerungsschicht zugänglich zu machen und zu verhindern, dass Bildungsfreistellung aus Kostengründen nicht in Anspruch genommen wird. Außerdem wird eine Erhöhung und Erweiterung des Angebotes von Bildungsfreistellungsmaßnahmen, auch wenn diese ggf. nicht kostendeckend durchzuführen sind, angestrebt.

Maßnahmen:
Förderung nicht kostendeckender Maßnahmen nach dem Bildungfreistellungsgesetz

Kennzahlen, Indikatoren:
Anzahl der geförderten Veranstaltungen

Einnahmen: keine
Ausgaben: 51.200 Euro

7. Maßnahmen für die Weiterbildung der Weiterbildenden:

Situationsbeschreibung:
In der immer komplexer werdenden und schnellebigeren Informationsgesellschaft reicht einmal erworbenes Wissen in der Regel nicht mehr für ein ganzes Berufsleben aus. Dies gilt insbesondere für Weiterbildende, die als Multiplikatoren ihr Wissen in die Gesellschaft tragen. Im Jahr 2000 wurden insgesamt 118 Maßnahmen zur Weiterbildung der Weiterbildenden gefördert.

Ziel:
Die Förderung von Maßnahmen der Weiterbildung für die Weiterbildenden hat die Aktualisierung des Wissens und damit die Professionalisierung der in der Weiterbildung Tätigen zum Ziel

Maßnahmen:
Förderung von Maßnahmen für die Weiterbildung der Weiterbildenden

Kennzahlen, Indikatoren:
Anzahl der geförderten Veranstaltungen

Einnahmen: keine
Ausgaben: 40.900 Euro

4.b. Leistungsauftrag zur Förderung der anerkannten Volkshochschulen und Landesorganisationen der Weiterbildung (Kapitel 15 40), Haushaltsplan 2004

- 183 -

Der Ausbau der Weiterbildung zum 4. Bereich des Bildungssystems ist notwendige Konsequenz des raschen technischen und sozialen Wandels, der Veränderung in der Arbeits- und Berufswelt und steigender Qualifikationsanforderungen. Diese Möglichkeit zur ständigen Aktualisierung von Fachwissen wird zur grundlegenden Voraussetzung für wirtschaftliche und soziale Innovationen. Ein funktionsgerechtes Weiterbildungssystem ist darüber hinaus ein zentraler Beitrag zur Herstellung von Chancengleichheit für alle Bevölkerungsgruppen, zur Gleichstellung von Mann und Frau und zu einem effektiven Wissenstransfer zwischen staatlichen Bildungsinstitutionen und der Gesellschaft.

Durch die Regelförderung nach dem Weiterbildungsgesetz vom 17.11.1995(GVBl. S. 454, BS 223-60) soll die Weiterbildung so gefördert werden, dass die erwarteten Aufgabenstellungen, insbesondere der Qualitätssicherung und der Zertifizierung, erfüllt werden gefördert werden können. Der weiteren Unterstützung dienen dabei insbesondere auch besondere Zuwendungen zugunsten von neuen Ansätzen, Modellen und Schwerpunktmaßnahmen. Daneben bedarf es aber auch einer gezielten Förderung der Weiterbildungsbereitschaft der Beschäftigten, die es notwendig erscheinen lässt, privaten Arbeitgebern mit weniger als 50 Beschäftigten zu dem während der Bildungsfreistellung fortzuzahlenden Arbeitsentgelt einen pauschaliert hälftigen Zuschuss (Erstattung) zukommen zu lassen. Rechtsgrundlage dafür ist § 8 des Bildungsfreistellungsgesetzes vom 30. März 1993 (GVBl. S. 157, BS 223-70).

Zum Ausbau des 4. Bereiches des Bildungssystems sind deshalb Haushaltsmittel veranschlagt für:

- Zuschüsse gem. §§ 10-14 des Weiterbildungsgesetzes
- Zuschüsse zu Modellversuchen und Schwerpunktmaßnahmen im Bereich der allgemeinen Weiterbildung
- Zuschüsse zu Modellversuchen und Schwerpunktmaßnahmen im Bereich der wissenschaftlichen Weiterbildung
- Zuschüsse zu Regionalen Weiterbildungszentren
- Zuschüsse zur Förderung der Stadt- und Kreisbeiräte
- Zuschüsse zum Lernfest
- Zuschüsse für private Arbeitgeber mit weniger als 50 Beschäftigten zu dem während einer Bildungsfreistellung fortzuzahlenden Arbeitsentgelt.

Die Ausgaben des Kapitels 1540 sind mit Ausnahme des Titels 683 01 gegenseitig deckungsfähig.

Leistungsauftrag zu Titel 684 01 - Förderung der anerkannten Volkshochschulen und Landesorganisationen der Weiterbildung

Rechtsgrundlagen:
Weiterbildungsgesetz (WBG), Durchführungsverordnung zum WBG (WBGDVO).

1. Grundförderung

Situationsbeschreibung:
Die Professionalität in der WB wurde seit Inkrafttreten des WBG bereits erheblich gesteigert. So stieg die Zahl der hauptberuflichen pädagogischen Fachkräfte (HPF) in der Grundförderung von 67 (1996) auf 83 (2003) Dennoch sind Anfang 2003 voraussichtlich noch 37 Volkshochschulen insbesondere im ländlichen Raum unter ehrenamtlicher Leitung. Im Jahr 2003 waren 6 Landesorganisationen der Weiterbildung in freier Trägerschaft sowie 76 Volkshochschulen anerkannt (davon 38 nach § 8 Abs. 1 WBG, 1 nach § 8 Abs. 3 WBG und 37 nach § 8 Abs. 4 WBG; letztere sind die ehrenamtlich geführten Volkshochschulen).

Ziele:
- Sicherung der Grundausstattung der größeren Volkshochschulen (über 3.000 WB-Stunden jährlich) und der anerkannten Landesorganisationen der Weiterbildung (einschl. Geschäftsstellen) mit hauptamtlichem pädagogischen Personal.
- Steigerung der Professionalität und somit der Qualität in der Weiterbildung.
- Sicherung einer finanziellen Grundausstattung bei kleineren Volkshochschulen

Maßnahmen:
- Förderung einer im Gesetz festgelegten Grundausstattung an hauptamtlichem pädagogischen Personal bei anerkannten Landesorganisationen der Weiterbildung und größeren Volkshochschulen
- Anerkennung bisher ehrenamtlich geführter Volkshochschulen, die die Voraussetzungen nach dem WBG erfüllen und die damit verbundene Förderung von hauptamtlichem pädagogischem Personal

Kennzahlen, Indikatoren:
Anzahl der hauptamtlichen pädagogischen Fachkräfte in der Grundförderung, Anzahl der anerkannten Volkshochschulen nach § 8 Abs. 1 und 3 WBG

Einnahmen: keine
Ausgaben: 3.240.000 Euro

2. Angebotsförderung

Situationsbeschreibung:
Seit Inkrafttreten des WBG 1996 stieg die Anzahl der Weiterbildungsstunden von 667.361 (1996) auf 779.406 (2001). Hierbei stiegen die Stunden in längerfristigen Maßnahmen von 579.841 (1996) auf 664.854 (2001) und die Stunden in Maßnahmen mit internatsmäßiger Unterbringung von 32.038 (1996) auf 51.039 (2001). Die Anzahl der HPF in der Angebotsförderung stieg von 93,54 (1996) auf 99,16 (2003).
Ziele:
- Sicherung und Steigerung eines bedarfs- und flächendeckenden Weiterbildungsangebotes und Förderung eines leistungsorientierten Wettbewerbes
- Sicherung und Steigerung der Anzahl der Weiterbildungsteilnehmer/innen
- Steigerung der längerfristigen und internatsmäßigen Maßnahmen
- Steigerung der Professionalität und somit der Qualität in der Weiterbildung.

Maßnahmen:
- Gewichtung und Förderung der Anzahl der Weiterbildungsstunden
- Gewichtung und Förderung der Anzahl der Weiterbildungsteilnehmer/innen
- Förderung der Anzahl der hauptamtlichen pädagogischen Fachkräfte außerhalb der Grundförderung durch Gutschrift von Weiterbildungsstunden in der Angebotsförderung

Kennzahlen, Indikatoren:
- Anzahl der Weiterbildungsstunden und der Weiterbildungsteilnehmer, getrennt nach Einzelmaßnahmen, längerfristigen Maßnahmen und Maßnahmen mit internatsmäßiger Unterbringung
- Anzahl der hauptamtlichen pädagogischen Fachkräfte in der Angebotsförderung

Einnahmen: keine
Ausgaben: 3.512.000 Euro

3. Maßnahmen mit Kinderbetreuung:

Situationsbeschreibung:
Bei Personen mit betreuungsbedürftigen Kindern besteht oft ein besonders großer Weiterbildungsbedarf, da diese Personen nach den Kinderbetreuungszeiten in den Beruf zurückkehren wollen, ohne gezielte Weiterbildung aber oft den Anschluss an die berufliche Weiterentwicklung verlieren. Auch bei allgemeineren Weiterbildungsangeboten ist eine Teilnahme dieser Personen aufgrund fehlender Kinderbetreuung oft nicht möglich. Im Jahr 2002 wurden 53 Maßnahmen mit Kinderbetreuung gefördert.

Ziel:
Ziel der Förderung von Maßnahmen im Weiterbildungsbereich, die Kinderbetreuung beinhalten, ist die Ermöglichung für Personen mit betreuungsbedürftigen Kindern an Prozessen der Weiterbildung zu partizipieren.

Maßnahmen:
Förderung der Kinderbetreuung bei Weiterbildungsmaßnahmen

Kennzahlen, Indikatoren:
Anzahl der geförderten Veranstaltungen

Einnahmen: keine
Ausgaben: 30.700 Euro

4. Sonstige Förderung nach dem WBG

Situationsbeschreibung:

Nach wie vor sind Frauen und Männer in vielen gesellschaftlichen Bereichen sowie in beruflichen Kontexten nicht gleichberechtigt. Aufgrund unterschiedlicher Lebenssituationen benötigen Frauen und Männer unterschiedliche Rahmenbedingungen, um an Weiterbildungsmaßnahmen teilnehmen zu können. Im Jahr 2002 wurden 236 Maßnahmen zur Gleichstellung von Mann und Frau gefördert.

Ziel:
Die Förderung von Weiterbildungsmaßnahmen zur Gleichstellung von Mann und Frau hat die Verbesserung einer gleichberechtigten Teilhabe von Frauen und Männern innerhalb der Gesellschaft zum Ziel sowie die Verdeutlichung der Lebenssituation von Frauen und den damit verbundenen Bereichen wie Teilhabe am Arbeitsmarkt, eigene Existenzsicherung etc.

Maßnahmen:
Förderung von qualitativ geprüften Weiterbildungsmaßnahmen zur Gleichstellung von Mann und Frau

Kennzahlen, Indikatoren:
Anzahl der geförderten Veranstaltungen

Einnahmen: keine
Ausgaben: 172.200 Euro

5. Maßnahmen der Alphabetisierung:

Situationsbeschreibung:
Wie auch in anderen Staaten leiden Menschen in Deutschland unter funktionalem Analphabetismus, d.h., dass sie trotz einer Schulbildung im Erwachsenenalter weder lesen noch schreiben können. Diese Menschen sind insbesondere in der sich ausweitenden Informationsgesellschaft von großen Teilen des kulturellen, sozialen und wirtschaftlichen Lebens ausgeschlossen. Bei dieser Gruppe von Menschen ist eine besonders hohe Arbeitslosigkeit zu verzeichnen
wurden im Jahr 2002 in Rheinland-Pfalz 139 Alphabetisierungmaßnahmen mit 934 Teilnehmerinnen und Teilnehmern

Ziel:
Ziel der Förderung von Maßnahmen der Alphabetisierung ist die Herstellung eines flächendeckenden nach pädagogischen Aspekten geprüften Angebotes im Bereich der Grundbildung / Alphabetisierung, um der o.a. Personengruppe auch noch im Erwachsenenalter die Möglichkeit zu geben, lesen und schreiben zu lernen.

Maßnahmen:
Förderung von Maßnahmen und Alphabetisierung

Kennzahlen, Indikatoren:
Anzahl der geförderten Veranstaltungen, Anzahl der Teilnehmerinnen und Teilnehmer

Einnahmen: keine
Ausgaben 54.200 Euro

6. Maßnahmen nach dem Bildungsfreistellungsgesetz

Situationsbeschreibung:
Bildungsfreistellungsmaßnahmen sind aufgrund hoher Stundenzahlen sowie ggf. Übernachtungs- und Verpflegungskosten oft sehr kostenintensiv. Dies führt bei kostendeckender Kalkulation und ggf. geringen Teilnehmerzahlen zu hohen Teilnehmergebühren, die dann wieder geringere Teilnehmerzahlen nach sich ziehen. Im Jahr 2001 wurden 63 Veranstaltungen nach dem WBG gefördert.

Ziel:
Ziel ist es, bei kostenintensiven und gesellschaftspolitisch besonders bedeutsamen Bildungsfreistellungsmaßnahmen geringen Teilnehmergebühren sicherzustellen, um die Maßnahmen einer möglichst breiten Bevölkerungsschicht zugänglich zu machen und zu verhindern, dass Bildungsfreistellung aus Kostengründen nicht in Anspruch genommen wird. Außerdem wird eine Erhöhung und Erweiterung des Angebotes von Bildungsfreistellungs-maßnahmen, auch wenn diese ggf. nicht kostendeckend durchzuführen sind, angestrebt.

Maßnahmen:
Förderung nicht kostendeckender Maßnahmen nach dem Bildungsfreistellungsgesetz

Kennzahlen, Indikatoren:
Anzahl der geförderten Veranstaltungen

Einnahmen: keine
Ausgaben: 40.000 Euro

7. Maßnahmen für die Weiterbildung der Weiterbildenden

Situationsbeschreibung:
In der immer komplexer werdenden und schnellebigeren Informationsgesellschaft reicht einmal erworbenes Wissen in der Regel nicht mehr für ein ganzes Berufsleben aus. Dies gilt insbesondere für Weiterbildende, die als Multiplikatoren ihr Wissen in die Gesellschaft tragen. Im Jahr 2001 wurden insgesamt 74 Maßnahmen zur Weiterbildung der Weiterbildenden gefördert.

Ziel:
Die Förderung von Maßnahmen der Weiterbildung für die Weiterbildenden hat die Aktualisierung des Wissens und damit die Professionalisierung in der Weiterbildung Tätigen zum Ziel.

Maßnahmen.
Förderung von maßnahmen für die Weiterbildung der Weiterbildenden

Kennzahlen, Indikatoren:
Anzahl der geförderten Veranstaltungen

Einnahmen: keine
Ausgaben: 40.900 Euro

4.c. Leistungsauftrag zur Förderung der anerkannten Volkshochschulen und Landesorganisationen der Weiterbildung (Kapitel 15 40), Haushaltsplan 2005/2006

Vorwort zu Kapitel 1540 Förderung der Weiterbildung

Der Ausbau der Weiterbildung zum 4. Bereich des Bildungssystems ist notwendige Konsequenz des raschen technischen und sozialen Wandels, der Veränderung in der Arbeits- und Berufswelt und steigender Qualifikationsanforderungen. Diese Möglichkeit zur ständigen Aktualisierung von Fachwissen wird zur grundlegenden Voraussetzung für wirtschaftliche und soziale Innovationen. Ein funktionsgerechtes Weiterbildungssystem ist darüber hinaus ein zentraler Beitrag zur Herstellung von Chancengleichheit für alle Bevölkerungsgruppen, zur Gleichstellung von Mann und Frau und zu einem effektiven Wissenstransfer zwischen staatlichen Bildungsinstitutionen und der Gesellschaft.

Durch die Regelförderung nach dem Weiterbildungsgesetz vom 17.11.1995/GVBl. S. 454, BS 223-60) soll die Weiterbildung so gefördert werden, dass die erwarteten Aufgabenstellungen, insbesondere der Qualitätssicherung und der Zertifizierung, erfüllt werden. Der weiteren Unterstützung dienen dabei insbesondere auch besondere Zuwendungen zugunsten von neuen Ansätzen, Modellen und Schwerpunktmaßnahmen. Daneben bedarf es aber auch einer gezielten Förderung der Weiterbildungsbereitschaft der Beschäftigten, die es notwendig erscheinen lässt, privaten Arbeitgebern mit weniger als 50 Beschäftigten zu dem während der Bildungsfreistellung fort zuzahlenden Arbeitsentgelt einen pauschaliert hälftigen Zuschuss (Erstattung) zukommen zu lassen. Rechtsgrundlage dafür ist § 8 des Bildungsfreistellungsgesetzes vom 30. März 1993 (GVBl. S. 157, BS 223-70).

Zum Ausbau des 4. Bereiches des Bildungssystems sind deshalb Haushaltsmittel veranschlagt für:

- Zuschüsse gem. §§ 10-14 des Weiterbildungsgesetzes
- Zuschüsse zu Modellversuchen und Schwerpunktmaßnahmen im Bereich der allgemeinen Weiterbildung
- Zuschüsse zu Modellversuchen und Schwerpunktmaßnahmen im Bereich der wissenschaftlichen Weiterbildung
- Zuschüsse zu Regionalen Weiterbildungszentren
- Zuschüsse zur Förderung der Stadt- und Kreisbeiräte
- Zuschüsse zum Lernfest
- Zuschüsse für private Arbeitgeber mit weniger als 50 Beschäftigten zu dem während einer Bildungsfreistellung fortzuzahlenden Arbeitsentgelt.

Leistungsauftrag zu Kapitel 1540 - Förderung der Weiterbildung

Rechtsgrundlagen:
Weiterbildungsgesetz (WBG), Durchführungsverordnung zum WBG (WBGDVO), Bildungsfreistellungsgesetz (BFG), Durchführungsverordnung zum BFG (BFGDVO)

Vorbemerkung:
Der Bereich Weiterbildung im Ministerium für Wissenschaft, Weiterbildung, Forschung und Kultur wird vor allem durch die Bereiche

- Förderung der allgemeinen Weiterbildung im Rahmen des Weiterbildungsgesetzes
- Anerkennung von Veranstaltungen im Rahmen des Bildungsfreistellungsgesetzes
- Ausbau von Schwerpunktbereichen

vorangetrieben.

Die Leistungsanreize für die Landesorganisationen der Weiterbildung und die Volkshochschulen (VHS) zur Erfüllung der Ziele des Leistungsauftrages ergeben sich aus den Parametern, die das Weiterbildungsgesetz (WBG) für die jährliche Mittelverteilung festlegt. Danach wird die Förderung unterteilt in Grundförderung (§§ 9, 12, 13 und 18 WBG), Angebotsförderung (§§ 9, 12, 14 WBG, § 12 WBGDVO) und Förderung besonderer Maßnahmen (§§14,15 WBG). Leistungsvereinbarungen im Sinne von Verträgen mit den einzelnen Landesorganisationen und dem VHS-Verband werden daher nicht getroffen. Die Leistungsindikatoren sind im WBG und der WBGDVO festgeschrieben.

Im Bereich des Bildungsfreistellungsgesetzes ergeben sich Leistungsanreize in Form der Inanspruchnahme durch Teilnehmende. Diese wirkt sich positiv auf die Antragstellungen der Träger aus. Des weiteren wird Arbeitgebern in Klein- und Mittelbetrieben Bildungsfreistellung durch eine pauschalierte Erstattung der Lohnkosten gem. § 8 BFG erleichtert.

1. Organisation

1.1. Gesetzliche Organisationsgrundlagen

§ 3 WBG:
Maßnahmen der Weiterbildung werden gleichrangig und gleichwertig von anerkannten Volkshochschulen und anerkannten Landesorganisationen der Weiterbildung in freier Trägerschaft oder deren Einrichtungen durchgeführt. Volkshochschulen sowie Landesorganisationen und deren Einrichtungen müssen durch Art und Umfang der Tätigkeit, Struktur und Organisation sowie durch räumliche, sachliche und personelle Ausstattung eine planmäßige und kontinuierliche Weiterbildung gewährleisten. Das Recht auf Eigenständigkeit, die Freiheit der Lehrplangestaltung und die unabhängige Auswahl des Personals bleiben gewährleistet.

§ 1.1. BFG
Die im Lande Rheinland-Pfalz Beschäftigten haben gegenüber ihrem Arbeitgeber für Zwecke der Weiterbildung [...] einen Anspruch auf Freistellung von der Arbeit unter Fortzahlung ihres Arbeitsentgelts (Bildungsfreistellung).

Das Verfahren der Bildungsfreistellung ist in § 5 BFG, die Anerkennung von Veranstaltungen in § 7 BFG geregelt.

1.2. Aufbauorganisation
1.3.

Weiterbildungsgesetz

sechs nach dem WBG staatlich anerkannte Landesorganisationen der Weiterbildung
sowie
Verband der Volkshochschulen von Rheinland-Pfalz; hierin organisiert:
76 nach dem WBG staatlich anerkannte Volkshochschulen, davon
39 hauptamtlich geleitet (nach neuem WBG anerkannt)
37 ehrenamtlich geleitet (bleiben nach altem WBG anerkannt; § 8 Abs. 4 WBG)

Weiterbildungsgesetz:

Struktur Verhältnis Ministerium für Wissenschaft, Weiterbildung, Forschung und Kultur / Landesorganisationen / Verband der Volkshochschulen

Bildungsfreistellungsgesetz – Ablaufdiagramm

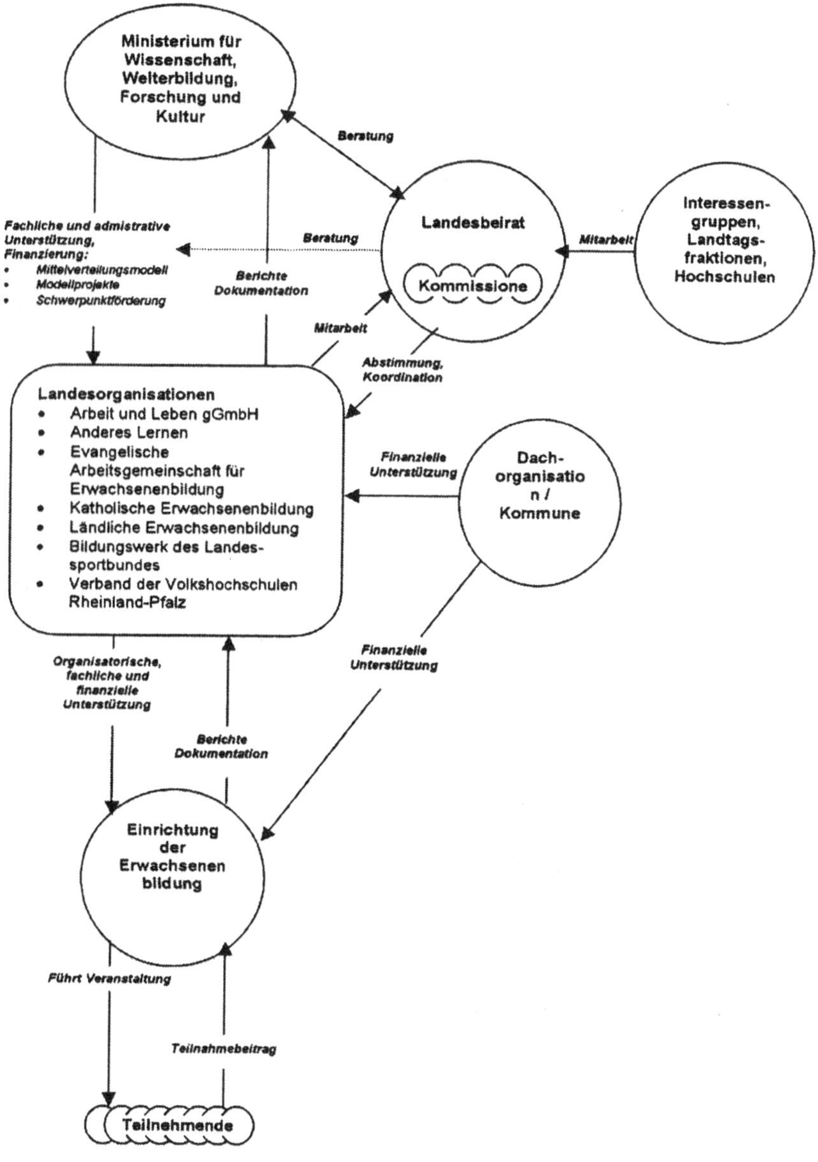

Bildungsträger	Konzipiert die Bildungsveranstaltung Veröffentlicht die Ausschreibung Beantragt Anerkennung Ab 3 Monate vor Veranstaltungsbeginn	
Ministerium für Wissenschaft, Weiterbildung, Forschung und Kultur	Prüft Anerkennungsfähigkeit Thematische Eingrenzung: Gesellschaftspolitische oder berufliche Weiterbildung s[illegible] §[illegible] BFG Verfahren §5 BFG §6 BFGDVO. Anerkennungsvoraussetzungen (gem. §7 BFG und §7 BFGDVO): • Maßnahmen der Bildungsfreistellung dürfen nicht der Erholung, Unterhaltung und der allgemeinen Freizeitgestaltung dienen (Details: §7, Abs. 1. BFGDVO) • Grundgesetz- und Verfassungskonformität • 3 Tage Dauer mit i.d.R. durchschnittlich jeweils 6 Unterrichtsstunden • Die durchführende Einrichtung muß eine sachgemäße Weiterbildung hinsichtlich von Ausstattung, Lehrkräften, Bildungszielen und Qualität der Bildungsarbeit gewährleisten. • Offene Zugänglichkeit (Zielgruppenorientierung ist jedoch möglich)	
	Wenn Ja, erteilt Anerkennungsbescheid ⏲ 6 Wochen vor Veranstaltungsbeginn	**Wenn Nein,** 1. Rückfrage 2. Ablehnung
Arbeitnehmer	**Meldet sich zur Veranstaltung an**	
Bildungsträger	**Versendet:** **→ Anmeldebestätigung** **→ Anerkennungsnachweis**	
Arbeitnehmer	**Macht seinen Anspruch auf Bildungsfreistellung geltend** ⏲ in der Regel mindestens 6 Wochen vor Veranstaltungsbeginn	
Arbeitgeber	**Gewährt Bildungfreistellung**	**Lehnt Bildungsfreistellung ab** ⏲ in der Regel mind. 3 Wochen vor Veranstaltungsbeginn **Gründe**: 1. Zwingende dienstliche oder betriebliche Belange(§5, Abs. 3)* 2.Wenn die Gesamtzahl, der in diesem Jahr gewährten Tage der Bildungsfreistellung, die Zahl der anspruchberechtigten Beschäftigten erreicht hat 3. Berufliche Weiterbildung muss im weitesten Sinne auch für den Arbeitgeber von Vorteil sein
Arbeitgeber mit weniger als 50 Arbeitnehmern	**Beantragt pauschalierte Erstattung des Arbeitsentgelts** ⏲ i.d.R. 4 Wochen vor Veranstaltungsbeginn	
Ministerium für Wissenschaft, Weiterbildung, Forschung und Kultur	**Prüft Berechtigung**	
	Gewährt **Mitteilung an Arbeitgeber** ⏲ 3 Wochen vor Veranstaltungsbeginn	**Lehnt ab:** **1. Rückfrage** **2. Ablehnung** ⏲ 3 Wochen vor Veranstaltungsbeginn
Veranstaltung findet statt		
Bildungsträger	**Übersendet Teilnahmebescheinigung**	
Arbeitnehmer	**Reicht Teilnahmebescheinigung ein**	
Arbeitgeber mit weniger als 50 Arbeitnehmern	**Übersendet:** **Teilnahmebescheinigung,** **Erklärung** ⏲ spätestens 5 Wochen nach Veranstaltungsende	
Ministerium für Wissenschaft, Weiterbildung, Forschung und Kultur	**Veranlasst Auszahlung**	
Bildungsträger	**Übermittelt statistische Daten an das Ministerium für Wissenschaft, Weiterbildung, Forschung und Kultur**	

* Der Anspruch auf Bildungsfreistellung bleibt erhalten und kann in die nächste Zweijahresperiode übertragen werden. Eine erneute Ablehnung ist nicht möglich (§5. Abs. 2 BFG)

2. Aufgaben der Weiterbildung

§ 1 Weiterbildungsgesetz:
(1) Weiterbildung ist ein eigenständiger mit Schule, Hochschule und Berufsausbildung gleichberechtigter und verbundener Teil des Bildungswesens in öffentlicher Verantwortung. Sie dient dem ganzen Menschen, seinen persönlichen, beruflichen und gesellschaftlichen Bedürfnissen.
(2) Weiterbildung im Sinne des Gesetzes umfasst organisiertes Lernen in den gleichrangigen und gleichwertigen Bereichen der allgemeinen politischen und beruflichen Weiterbildung, soweit sie nicht Schule oder Hochschule, Berufsausbildung oder der außerschulischen Jugendbildung durch Gesetz, Rechts- oder Verwaltungsvorschriften zugeordnet oder soweit sie nicht durch besondere Rechtsvorschriften erfasst ist.

§ 2 Weiterbildungsgesetz
Weiterbildung dient der Verwirklichung des Rechts auf Bildung. Sie soll durch bedarfsgerechte Bildungsangebote zur Chancengerechtigkeit, insbesondere zur Gleichstellung von Frau und Mann und von behinderten und nicht behinderten Menschen, beitragen, Bildungsdefizite abzubauen, die Vertiefung, Ergänzung und Erweiterung vorhandener oder den Erwerb neuer Kenntnisse, Fähigkeiten und Qualifikationen ermöglichen und zu eigenverantwortlichem und selbstbestimmtem Handeln im privaten und öffentlichen Leben sowie zur Mitwirkung und Mitverantwortung im beruflichen und öffentlichen Leben befähigen.

§ 3 Bildungsfreistellungsgesetz
(2) Berufliche Weiterbildung dient der Erneuerung, Erhaltung, Erweiterung und Verbesserung von berufsbezogenen Kenntnissen, Fertigkeiten und Fähigkeiten. Sie ist nicht auf die bisher ausgeübte Tätigkeit beschränkt und schließt auch die Vermittlung von Schlüsselqualifikationen und Orientierungswissen ein.
(3) Gesellschaftspolitische Weiterbildung dient der Information über gesellschaftliche, soziale und politische Zusammenhänge sowie der Befähigung zur Beurteilung, Teilhabe und Mitwirkung am gesellschaftlichen, sozialen und politischen Leben.
(4) Berufliche und gesellschaftspolitische Weiterbildung oder deren Verbindung dienen insbesondere auch der Gleichstellung von Mann und Frau und von behinderten und nicht behinderten Menschen.

3. Oberziele, Allgemeine Leistungsvorgaben, Gesamtstrategie

Oberziel	Leistungsvorgabe	Strategie	Indikatoren
Professionalisierung in der Weiterbildung	Hauptamtliche Leitung von Volkshochschulen	Hauptamtliche Leitung der VHS ist Anerkennungsvoraussetzung nach WBG.	Prozentualer Anteil der Landkreise und kreisfreien Städte mit anerkannter VHS nach § 8 Abs. 1 WBG Verhältnis VHS mit hauptamtlicher/Ehrenamtlicher Leitung
Ausreichendes, bedarfsgerechtes Weiterbildungsangebot	Sicherung, und Entwicklung des Weiterbildungs-angebotes	Förderung durchgeführter Weiterbildungsstunden	Anzahl WB-Stunden[1] u. Anzahl WB-Maßnahmen[1] Förderhöhe einer längerfristigen Maßnahme mit 24 Unterrichtsstunden und 14 Teilnehmenden[2]
Erreichen der Bevölkerung mit dem WB-Angebot	Sicherung, und Entwicklung der Teilnehmendenzahlen	Förderung der Teilnehmenden an Weiterbildungsmaßnahmen	Anzahl derTeilnehmenden[1] Verhältnis Anzahl der Maßnahmen zu Teilnehmenden[1]

[1] Auf Grund der gesetzlichen Vorgabe gem. § 29 WBG werden die nachstehenden Daten jährlich erhoben und liegen gegen Ende des Folgejahres vor.
[2] Dieses Entspricht der Förderhöhe für einen idealtypischen Kurs einer Landesorganisation / einer Volkshochschule

Oberziel	Leistungsvorgabe	Strategie	Indikatoren
Breites Weiterbildungsangebot	Verteilung des Angebotes auf 11 verschiedene Sachgebiete	Jede VHS und Landesorganisation muss Maßnahmen in mindestens 4 der 11 Sachgebiete durchführen. Dabei darf auf kein Sachgebiet mehr als 50 % der Weiterbildungsstunden entfallen	Verhältnis WB-Stunden zwischen d. Sachgebieten[1]
Flächendeckendes Weiterbildungsangebot	Durchführung von Veranstaltungen in den Landkreisen und kreisfreien Städten	Anerkennung und Förderung von Volkshochschulen in Landkreisen, kreisfreien Städten und anderen kommunalen Gebietskörperschaften mit mehr als 25.000 Einwohnern (ggf. mehrere Kommunen gemeinsam); Landesorganisationen müssen Maßnahmen in jedem der ehemaligen Regierungsbezirke durchführen	Verhältnis durchgeführter Maßnahmen zu den Einwohnern nach Landkreis bzw. kreisfreier Stadt, Abweichung höchster / niedrigster Wert zum Landesdurchschnitt[1]
Möglichkeit der Teilnahme von Arbeitnehmern an Weiterbildungsmaßnahmen während der Arbeitszeit	Angebot geeigneter Veranstaltungen der beruflichen und gesellschaftspolitischen Weiterbildung	Breitgefächertes Angebot an anerkannten Maßnahmen der Bildungsfreistellung hinsichtlich Anzahl, inhaltlicher Schwerpunkte und durchführender Organisation	anerkannte Veranstaltungen nach dem BFG Verhältnis Veranstaltungen der beruflichen und gesellschaftspolitischen Weiterbildung sowie deren Verbindung Anteilige Verteilung der Anerkennungen nach Trägerorganisationen
	Pauschalierte Erstattung nach § 8 BFG	Erleichterung von Bildungsfreistellung von Beschäftigten in KMU durch Erstattung	ausgezahlte Erstattung an Klein- und Mittelbetriebe nach § 8 BFG
	Teilnahmequote an Bildungsfreistellung	Inanspruchnahme von Bildungsfreistellung	Inanspruchnahme von Bildungsfreistellung durch Anspruchsberechtigte[3]
Spracherwerb und Weiterbildung von Migrantinnen und Migranten	Durchführung von Weiterbildungsmaßnahmen für Migrantinnen und Migranten	Förderung von Weiterbildungsmaßnahmen für Migrantinnen und Migranten	Anzahl begonnenen Maßnahmen
Ermöglichung des Erwerbs von Schulabschlusskursen auf dem zweiten Bildungsweg	Durchführung von Schulabschlusskursen für Nichtschüler (Haupt- und Realschule, Fachhochschulreife, Abitur)	Förderung von Schulabschlusskursen für Nichtschüler	Anzahl begonnenen Schulabschlusskurse

[3] Aus Gründen der Datenerhebung sind diese Zahlen lediglich für den letzen Berichtszeitraum des Berichtes an den Landtag gem. § 9 Bildungsfreistellungsgesetz verfügbar (aktuell 2001/2002, 2003/2004 im Frühjahr 2005)

5.a. Leistungsauftrag beim Landesamt für Geologie und Bergbau Rheinland-Pfalz (Kapitel 08 03), Haushaltsplan 2004

- 56 -

08 Ministerium für Wirtschaft, Verkehr, Landwirtschaft und Weinbau

08 03 Landesamt für Geologie und Bergbau

Titel	FZ	Zweckbestimmung	Ansatz 2003 Ist 2002	Ansatz 2004
			Angaben in EUR	

Leistungsauftrag

Das Geologische Landesamt und das Bergamt wurden mit Wirkung vom 01.10.2002 zum Landesamt für Geologie und Bergbau mit Sitz in Mainz und einer unselbständigen Außenstelle in Koblenz zusammengelegt. Das Kapitel 08 03 beinhaltet nunmehr auch den Bedarf des früheren Kapitels 08 04.

1. Dienstleistungsbehörde Landesamt für Geologie und Bergbau
Die Aufgabenschwerpunkte des Landesamtes für Geologie und Bergbau Rheinland-Pfalz sind:
- *Geologische Landesaufnahme, Stratigraphie*
- *Bodenkundliche Landesaufnahme, Bodenschutz*
- *Hydrogeologische Landesaufnahme, Grundwasserschutz und ,Älerschließung*
- *Ingenieurgeologische Landesaufnahme, Beratung im Erd-, Grund- und Felsbau*
- *Rohstoffgeologische Landesaufnahme, Rohstoffsicherung*
- *Landeserdbebendienst*
- *Geotourismus und Geotopschutz*
- *Geochemie, Mineralogie und Petrographie von Boden, Wasser und Gesteinen*
- *Planfeststellungsverfahren mit Umweltverträglichkeitsprüung (UVP)*
- *Betriebsplanzulassungen und andere Genehmigungsverfahren*
- *Betriebsaufsicht*
- *Ermittlung und Beseitigung von Gefahren aus dem Altbergbau*
- *Untersuchung von Betriebsunfällen und sonstigen Vorkommnissen*

2. Konsequenzen für Organisation/Haushalt:
Auf Basis der seit dem 01.02.2002 im Echteinsatz befindlichen Kosten- und Leistungsrechnung (KLR) sind sämtliche Leistungen des LGB-RLP internen und externen Produkten zugeordnet.

Als interne Produkte sind gemäß derzeitiger KLR-Konzeption folgende Produktgruppen bestimmt:
- *Leitungsaufgaben*
- *Personalverwaltung*
- *Allgemeiner Servicebereich*
- *Finanzielle und organisatorische Steuerung*
- *Datenverarbeitung und Informationstechnologie*

Der gesamte Bereich der externen Produkte kann grob in die beiden Haupttätigkeiten des Amtes
- *Erstellung von Gutachten, Stellungnahmen und Beratungsleistungen sowie Genehmigungs- und Planfeststellungsverfahren*
- *Veröffentlichung von Publikationen und Karten*

eingeteilt werden. Die entsprechenden Produktgruppen sind fachspezifisch organisiert und auf die Bedürfnisse der Kunden ausgerichtet.

3. Weiterentwicklung:
KLR/Controlling eröffnet die Option, auch bei Produkten der öffentlichen Verwaltung ein Preis-Leistungs-Verhältnis zu ermitteln. Es wird versucht, im Bereich des Landeserdbebendienstes und der Träger öffentlicher Belange einen Leistungsauftrag abzubilden.

Landeserdbebendienst

Situationsbeschreibung:
Das Landesamt für Geologie und Bergbau nimmt seit ca. 1,5 Jahren die Aufgaben des Landeserdbebendienstes wahr. Ein Erdbebenmessnetz mit derzeit 8 Erdbebenregistrierungsstationen liefert die Grunddaten für die wissenschaftlichen Auswertungen. Zentrale Aufgabe ist die seismische Überwachung des Landes mit möglichst geringer zeitlicher Verzögerung sowie eine weitgehend automatische Registrierung, Lokalisierung und Bewertung der verschiedenen Erdbebenereignisse.

Das Land Rheinland-Pfalz besitzt mit dem Oberrheingraben und dem Neuwieder Becken zwei tektonisch aktive Gebiete mit einem erhöhten Erdbebenrisiko. Alle wesentlichen Bodenerschütterungen (auch anthropogen indu-zierte) können mit diesem Messnetz kontinuierlich erfasst, lokalisiert und dokumentiert werden.

Ziele:
- Kontinuierliche seismische Überwachung des Landesgebietes vor dem Hintergrund empfindlicher und sicherheitsrelevanter technischer Grossanlagen, Verkehrs- und Kommunikationseinrichtungen
- Sicherung der staatlichen Dienstleistung als Verpflichtung gegenüber dem Bürger
- Mögliche Risikoabschätzung immer weiter verfeinern
- Kartographische Risikoprognosekarten
- Weiterer Ausbau des Erdbebenmessstationen zu einem vollflächig funktionierenden Erdbebennetz

Maßnahmen:

Titel	FZ	Zweckbestimmung	Ansatz 2003 Ist 2002	Ansatz 2004
			Angaben in EUR	

Betrieb und Instandhaltung der seismischen Mess-, Übertragungs- und Datenverarbeitungsanlagen an landesweit verteilten Erdbebenmessstationen und in der Erdbebendienst-Zentrale sowie weitere Ergänzung des Netzes, Anpassung der Auswerte-software, graphische Dokumentation

Kennzahlen, Indikatoren:
- Kosten für eine ausreichende Information der Kunden/Bürger
- Anzahl der gemessenen Bodenerschütterungen
- Minimierung der Automatisierungs-Fehler
- Anzahl der Gutachten, Stellungnahmen, Publikationen und Karten
- Zufriedenheit der Kunden des LGB

Träger öffentlicher Belange

Situationsbeschreibung:
Das Landesamt für Geologie und Bergbau hat im Rahmen der Träger öffentlicher Belange Stellungnahmen zu Bebauungs-, Flächennutzungs- und Raumordnungsplänen, zu Planfeststellungs- und Flurbereinigungsverfahren mit den Schwerpunkten Bodenschutz, Baugrund- und Standsicherheit, Grundwasserschutz, Niederschlagswas-serversickerung, Rohstoffsicherung und Bergbau zu fertigen.

Ziele:
- Geowissenschaftliche Informationen und Kurzberatungen als Entscheidungshilfe für Kommunen und Landkreise
- Schaffung eines sachgerechten und optimalen Planungsergebnisses für Kommunen und Landkreise

Maßnahmen:
Optimierung der Beteiligung als Träger öffentlicher Belange

Kennzahlen, Indikatoren:
- Kosten für eine ausreichende Informationen der Kunden/Kommunen
- Anzahl der Stellungnahmen
- Genauigkeit der fachlichen Einschätzung
- Zufriedenheit der Kunden des LGB

5.b. Leistungsauftrag beim Landesamt für Geologie und Bergbau Rheinland-Pfalz (Kapitel 08 03), Haushaltsplan 2005/2006

Vorwort zu Kapitel 0803 – Landesamt für Geologie und Bergbau

1. Dienstleistungsbehörde Landesamt für Geologie und Bergbau

Die Aufgabenschwerpunkte des Landesamtes für Geologie und Bergbau Rheinland-Pfalz sind:

- *Geologische Landesaufnahme, Stratigraphie*
- *Bodenkundliche Landesaufnahme, Bodenschutz*
- *Hydrogeologische Landesaufnahme, Grundwasserschutz und –erschließung*
- *Ingenieurgeologische Landesaufnahme, Beratung im Erd-, Grund- und Felsbau*
- *Rohstoffgeologische Landesaufnahme, Rohstoffsicherung*
- *Landeserdbebendienst*
- *Geotourismus und Geotopschutz*
- *Geochemie, Mineralogie und Petrographie von Boden, Wasser und Gesteinen*
- *Planfeststellungsverfahren mit Umweltverträglichkeitsprüung (UVP)*
- *Betriebsplanzulassungen und andere Genehmigungsverfahren*
- *Betriebsaufsicht*
- *Ermittlung und Beseitigung von Gefahren aus dem Altbergbau*
- *Untersuchung von Betriebsunfällen und sonstigen Vorkommnissen*

2. Konsequenzen für Organisation/Haushalt:

Auf Basis der seit dem 01.02.2002 im Echteinsatz befindlichen Kosten- und Leistungsrechnung (KLR) sind sämtliche Leistungen des LGB-RLP internen und externen Produkten zugeordnet.

Als interne Produkte sind gemäß derzeitiger KLR-Konzeption folgende Produktgruppen bestimmt:

- *Leitungsaufgaben*
- *Personalverwaltung*
- *Allgemeiner Servicebereich*
- *Finanzielle und organisatorische Steuerung*
- *Datenverarbeitung und Informationstechnologie*

Der gesamte Bereich der externen Produkte kann grob in die beiden Haupttätigkeiten des Amtes

- *Erstellung von Gutachten, Stellungnahmen und Beratungsleistungen sowie Genehmigungs- und Planfeststellungsverfahren*
- *Veröffentlichung von Publikationen und Karten*

eingeteilt werden. Die entsprechenden Produktgruppen sind fachspezifisch organisiert und auf die Bedürfnisse der Kunden ausgerichtet.

3. Weiterentwicklung:

KLR/Controlling eröffnet die Option, auch bei Produkten der öffentlichen Verwaltung ein Preis-Leistungs-Verhältnis abzubilden. Es wird versucht, im Bereich des Landeserdbebendienstes und der Träger öffentlicher Belange die Kosten für das Land Rheinland-Pfalz zu ermitteln.

Leistungsauftrag:

Landeserdbebendienst

Situationsbeschreibung:

Das Landesamt für Geologie und Bergbau nimmt die Aufgaben des Landeserdbebendienstes wahr. Ein Erdbebenmessnetz mit derzeit 8 Erdbebenregistrierungsstationen liefert die Grunddaten für die wissenschaftlichen Auswertungen. Zentrale Aufgabe ist die seismische Überwachung des Landes mit möglichst geringer zeitlicher Verzögerung sowie eine weitgehend automatische Registrierung, Lokalisierung und Bewertung der verschiedenen Erdbebenereignisse.

Stationsnetz der Landeserdbebenregistrierung (LER) von Rheinland-Pfalz

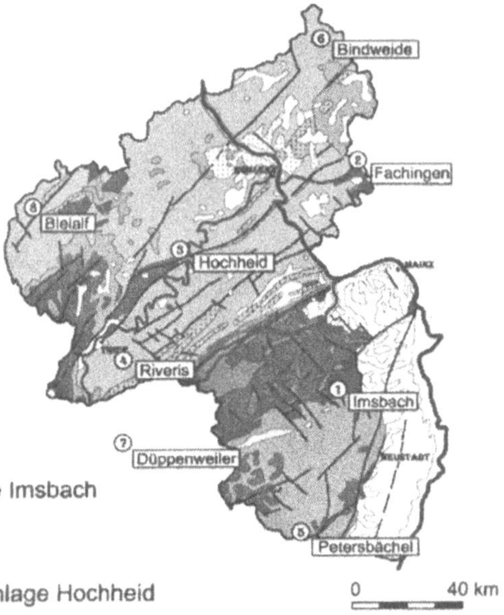

1. Weiße Grube Imsbach
2. Fachingen
3. Funksendeanlage Hochheid
4. Riveristalsperre
5. Wasserhochbehälter Petersbächel
6. Eisenerzgrube Bindweide
7. Besucherbergwerk Düppenweiler
8. Besucherbergwerk Bleialf

Geologische Übersichtskarte von Rheinland-Pfalz mit Lage der Mainzer Stationen

Das Land Rheinland-Pfalz besitzt mit dem Oberrheingraben und dem Neuwieder Becken zwei tektonisch aktive Gebiete mit einem erhöhten Erdbebenrisiko. Alle wesentlichen Bodenerschütterungen (auch anthropogen induzierte) können mit diesem Messnetz kontinuierlich erfasst, lokalisiert und dokumentiert werden.

Ziele:

- *Kontinuierliche seismische Überwachung des Landesgebietes vor dem Hintergrund empfindlicher und sicherheitsrelevanter technischer Großanlagen, Verkehrs- und Kommunikationseinrichtungen*
- *Sicherung der staatlichen Dienstleistung als Verpflichtung gegenüber dem Bürger*
- *Mögliche Risikoabschätzung immer weiter verfeinern*
- *Kartographische Risikoprognosekarten*
- *Weiterer Ausbau des Erdbebenmessstationen zu einem vollflächig funktionierenden Erdbebennetz*

Beispiel *- Manuelle Erdbebenlokalisierung (Abruf über Homepage www.lgb-rlp.de möglich)*

Datum:	*22.05.2004*
Uhrzeit:	*05:19:03:90 (Weltzeit)*
Ort:	*Plaidt*
Lage des Epizentrums:	
Länge:	*007.380° E*
Breite:	*50.390° N*
Tiefe:	*nicht genau bestimmt*
Magnitude (Richterskala)	*3.9 (Lokalmagnitude) [Richter-Skala]*
Qualität	*A*

Maßnahmen:
Betrieb und Instandhaltung der seismischen Mess-, Übertragungs- und Datenverarbeitungsanlagen an landesweit verteilten Erdbebenmessstationen und in der Erdbebendienst-Zentrale sowie weiterer Ergänzung des Netzes
Anpassung der Auswertesoftware, graphische Dokumentation

Kennzahlen, Indikatoren:
- *Kosten für eine ausreichende Information der Kunden/Bürger*
- *Anzahl der gemessenen Bodenerschütterungen*
- *Minimierung der Automatisierungs-Fehler*
- *Anzahl der Gutachten, Stellungnahmen, Publikationen und Karten*
- *Zufriedenheit der Kunden des LGB*

Träger öffentlicher Belange

Situationsbeschreibung
Das Landesamt für Geologie und Bergbau hat im Rahmen der Träger öffentlicher Belange Stellungnahmen zu Bebauungs-, Flächennutzungs- und Raumordnungsplänen, zu Planfeststellungs- und Flurbereinigungsverfahren mit den Schwerpunkten Bodenschutz, Baugrund- und Standsicherheit, Grundwasserschutz, Niederschlagswasserversickerung, Rohstoffsicherung und Bergbau zu fertigen.

Anzahl der Gutachten, Stellungnahmen und Genehmigungsbescheide im Jahr 2003 verteilt auf die Produktbereiche über 1 %
100 % = 1.815 Gutachten, Stellungnahmen und Genehmigungsbescheide

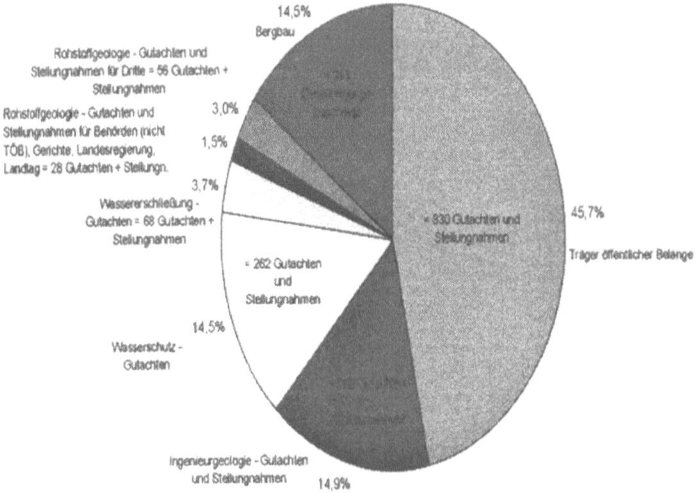

Gutachten und Stellungnahmen im Kalenderjahr 2003 verteilt auf Kunden im Produktbereich Träger öffentlicher Belange

100 % = 1.815 Gutachten, Stellungnahmen und Genehmigungsbescheide

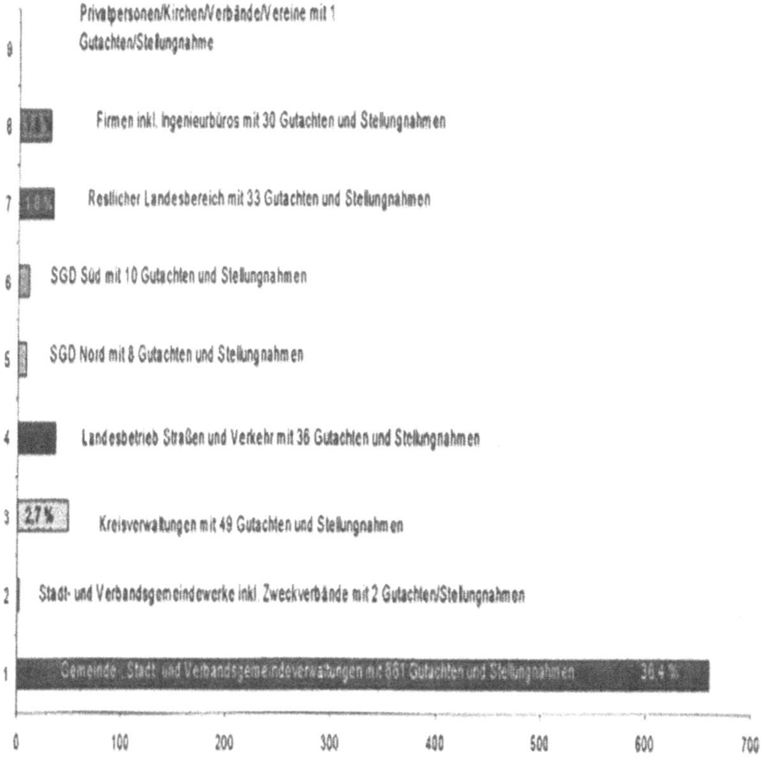

Ziele:

- *Geowissenschaftliche Informationen und Kurzberatungen als Entscheidungshilfe für Kommunen und Landkreise*
- *Schaffung eines sachgerechten und optimalen Planungsergebnisses für Kommunen und Landkreis*

Maßnahmen:
Optimierung der Beteiligung als Träger öffentlicher Belange

Kennzahlen, Indikatoren:

- *Kosten für eine ausreichende Informationen der Kunden/Kommunen*
- *Anzahl der Stellungnahmen*
- *Genauigkeit der fachlichen Einschätzung*
- *Zufriedenheit der Kunden des LGB*

6. Leistungsauftrag im Kapitel 03 22 Vermessungs- und Katasterverwaltung
Haushaltsplan 2005/2006

03 Ministerium des Innern und für Sport
03 22 Vermessungs- und Katasterverwaltung

Vorwort

Organisationsgrundlagen und Aufbauorganisation der Vermessungs- und Katasterverwaltung

Im Verlauf der vorläufig abgeschlossenen Reformprozesse der Vermessungs- und Katasterverwaltung Rheinland-Pfalz (äußere Modernisierung) wurden

- die Aufgaben der ehemals selbstständigen Abteilung 6 „Vermessungs- und Katasterwesen" im Ministerium des Innern und für Sport (ISM) in drei Fachreferaten zusammengefasst und in der Abteilung 5 „ Katastrophenschutz, Zivile Verteidigung, Streitkräfte, Vermessungs- und Katasterwesen" gebündelt,
- die Aufgaben der Mittelinstanz – ursprünglich von drei den ehemaligen Bezirksregierungen in Neustadt an der Weinstraße, Koblenz und Trier zugeordneten Fachreferaten wahrgenommen – in das Landesamt für Vermessung und Geobasisinformation Rheinland-Pfalz (LVermGeo) überführt,
- die Anzahl der ehemals 42 Vermessungs- und Katasterämter (VermKÄ) auf 20 reduziert sowie
- die Organisation und Geschäftsverteilung sowohl im Landesamt für Vermessung und Geobasisinformation Rheinland-Pfalz als auch bei den Vermessungs- und Katasterämtern zukunftsorientiert verändert und gestrafft.

Oberste Landesbehörde:	Ministerium des Innern und für Sport - Abteilung 5 - Katastrophenschutz, Zivile Verteidigung, Streitkräfte, Vermessungs- und Katasterwesen
	⇕
Obere Landesbehörde:	Landesamt für Vermessung und Geobasisinformation Rheinland-Pfalz 1 Außenstelle in Neustadt an der Weinstraße
	⇕
Untere Landesbehörden:	20 Vermessungs- und Katasterämter 14 Außenstellen

Hauptaufgaben und rechtliche Grundlagen

In den für die Aufgabenwahrnehmung der Vermessungs- und Katasterbehörden maßgeblichen rechtlichen Grundlagen spiegelt sich aus fachlicher Perspektive einerseits die konsequente Ausrichtung der Produkte und Dienstleistungen der Vermessungs- und Katasterverwaltung Rheinland-Pfalz (VermKV) auf zukünftige Anforderungen und andererseits die Optimierung der organisatorischen Rahmenbedingungen mit dem Ziel der Verbesserung der einzelnen internen Ablaufprozesse wider. Gleichzeitig wurde die Zahl der Rechtsvorschriften drastisch reduziert. Im Ergebnis wird der rechtliche Handlungsrahmen bestimmt durch:

- das Landesgesetz über das amtliche Vermessungswesen (LGVerm) vom 20. Dezember 2000 (In-Kraft-Treten am 1. Mai 2001),
- die zeitgleich in Kraft getretene Durchführungsverordnung (LGVermDVO) und
- im wesentlichen drei ergänzende Verwaltungsvorschriften sowie
- in Teilbereichen das Baugesetzbuch (BauGB) und zwei ergänzenden Landesverordnungen.

Für die Entwicklung des Landes sind aktuelle Geoinformationssysteme der unverzichtbare Kernbestandteil für täglich anfallende Entscheidungen in Wirtschaft, Verwaltung und Umwelt. Aktuelle Raumbezugsdaten, Kartenwerke und Geobasisdaten sind Grundlage für die Arbeit von Planern, für Entwicklungsmaßnahmen, für Aktivitäten im Freizeitbereich und vieles Andere. Die VermKV hat deshalb folgende Hauptaufgaben wahrzunehmen:

- Erhebung, Führung und die Bereitstellung der amtlichen Geobasisinformationen bestehend aus den Daten des Liegenschaftskatasters, den geotopographischen Informationen sowie den amtlichen vermessungstechnischen Raumbezugssystemen,
- permanente Aktualisierung sowie Weiterentwicklung der Geobasisinformationen als Grundlage einer kundengerechten Wertschöpfungskette, die notwendigerweise auf den Daten des amtlichen Vermessungswesens aufbaut,
- Sicherung des Grundeigentums in Verbindung mit dem Grundbuch,
- Gewährleistung der Transparenz des Grundstücksmarkts und Unterstützung der Kommunen bei der Schaffung von Bauland.

Innerhalb dieses übergeordneten Rahmens hat das LVermGeo als Obere Landesbehörde für den gesamten Bereich der VermKV folgende Hauptaufgaben:

- Dienst- und Fachaufsicht über 20 Vermessungs- und Katasterämter,
- Berufsaufsicht über z. Zt. 84 im Land zugelassene Öffentlich bestellten Vermessungsingenieure,
- Wahrnehmung der dienst- und arbeitsrechtlichen Angelegenheiten,
- Ausführung des Haushaltsplans, Haushalts- und Wirtschaftsführung,
- Steuerung der Aus- und Fortbildung des Personals,
- Konzeption, Entwicklung und Einführung von Automationsverfahren zur Erhebung, Führung, Aktualisierung und Bereitstellung der Geobasisinformationen,
- Einrichtung, Führung, Weiterentwicklung und Bereitstellung der Daten der vermessungstechnischen Raumbezugssysteme (Lage-, Höhe- und Schweresysteme einschließlich Satellitenpostionierungsdienste),
- Erhebung, Führung, Aktualisierung, Qualitätsverbesserung und Bereitstellung der Daten der geotopographischen Informationen einschließlich der Herausgabe der amtlichen Kartenwerke.
- Das LVermGeo ist zudem Widerspruchsbehörde in Verwaltungsverfahren des amtlichen Vermessungswesens sowie in Bodenordnungsverfahren nach dem Baugesetzbuch.

Als untere Landesbehörden haben die Vermessungs- und Katasterämter nach Maßgabe der Rechtsvorschriften folgende Hauptaufgaben wahrzunehmen:

- Erhebung, Führung, Weiterentwicklung, Aktualisierung, Qualitätsverbesserung und Bereitstellung der Daten des Liegenschaftskatasters als Teilkomponente der amtlichen Geobasisinformationen,
- Bestimmung und Abmarkung von Flurstücksgrenzen sowie Gebäudeeinmessung,
- Aufbereitung und Bereitstellung von Vermessungsunterlagen zur Ausführung von Liegenschaftsvermessungen,
- Übernahme der Vermessungsschriften zur Aktualisierung des amtlichen Liegenschaftskatasters (z. B. der Öffentlich bestellten Vermessungsingenieurinnen und -ingenieure),
- Durchführung von Bodenordnungsverfahren nach dem Baugesetzbuch,
- Übernahme der Ergebnisse der Bodenordnungsverfahren nach dem Baugesetzbuch und nach dem Flurbereinigungsgesetz,
- Erteilung von Auskünften und Auszügen aus dem amtlichen Liegenschaftskataster an externe Stellen und Kunden,
- Einrichtung und Führung der Kaufpreissammlung, Ermittlung von Verkehrswerten für bebaute und unbebaute Grundstücke, Ableitung von Bodenrichtwerten und bewertungsrelevanten Kennzahlen und Indikatoren,
- Aktualisierung, Übernahme und Führung der amtlichen Bodenschätzung der Finanzverwaltung als Teilkomponente des amtlichen Liegenschaftskatasters,
- Erhebung, Aktualisierung und Führung der Daten für den amtlichen Nachweis der tatsächlichen Bodennutzung,
- Mitwirkung bei der Einrichtung, Gewährleistung und Bereitstellung der Daten der vermessungstechnischen Raumbezugssysteme sowie bei der Erhebung der Veränderungen der geotopographischen Informationen.

Leistungsauftrag

Allgemeine Leistungsvorgaben, Gesamtstrategie und Oberziele

- Personalabbau infolge der Reform der Vermessungs- und Katasterverwaltung
- konsequente Fortsetzung der inneren Modernisierung der Vermessung und Katasterverwaltung,
- Kundengerechte Anpassung und Erweiterung des Dienstleistungs- und Produktportfolios,
- Bereitstellung der amtlichen Geobasisinformationen über modernste Kommunikationsverbindungen und Netzwerke flächendeckend für Rheinland-Pfalz,
- schrittweise Weiterentwicklung der VermKV zu einer noch leistungs-, kunden- und zugleich mitarbeiterorientierteren Dienstleistungsverwaltung.

Voraussichtliche Leistungen und Maßnahmen mit ihren Wirkungen

- **Stelleneinsparungen infolge der Reform**
  In der Vermessungs- und Katasterverwaltung sind bis zum Jahr 2005 insgesamt 250 Stellen abzubauen. Hiervon sind im Doppelhaushalt 2002/2003 bereits 174 und im Haushaltsjahr 2004 weitere 37 Stellen abgesetzt worden. Die restlichen 39 Stellen sollen im Haushaltsjahr 2005 eingespart werden.

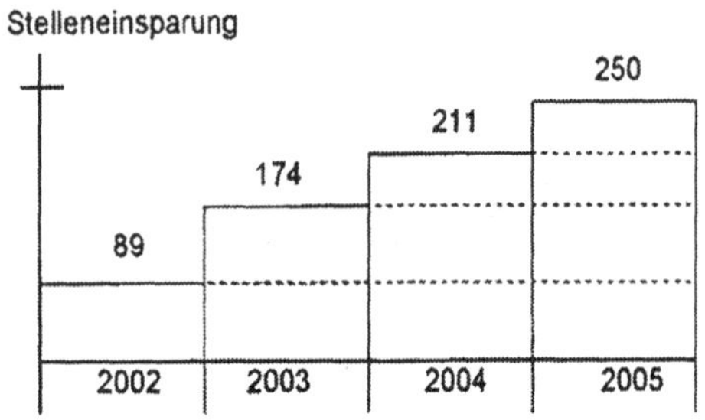

- **Aufbau eines digitalen Geodokumentenarchivs zur Erschließung der Dokumente für alle sonstigen Vermessungsstellen über Internettechnologie.**
  Für das Geodokumentenarchiv müssen nach derzeitiger Abschätzung landesweit insgesamt ca. 1,5 Mio. Dokumente gescannt und georeferenziert werden. Mit der Bestückung des digitalen Archivs konnte erstmals im Jahr 2004 begonnen werden, derzeit beinhaltet das digitale Archiv bereits ca. 400.000 Geodokumente. Es ist das Ziel, dass bis Ende 2006 die Hälfte der 20 Vermessungs- und Katasterämter ihre analogen Archive in die digitale Form überführt haben. Damit sollen bis Ende 2006 für die Hälfte der Landesfläche den sonstigen Vermessungsstellen die Geodokumente der Vermessungs- und Katasterämter über Internettechnologie 24h online zur Verfügung stehen.

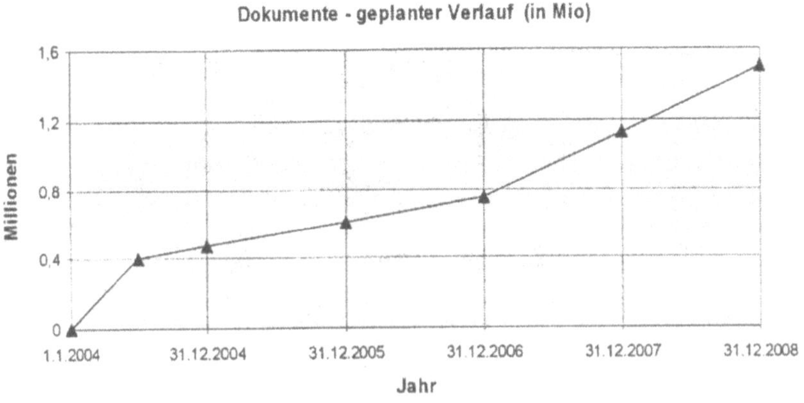

- **Neuherstellung der Digitalen Karte im Maßstab 1:5.000**
  Der Kartenmaßstab 1:5.000 ist für planerische Aufgaben der Orts- und Regionalplanung sowie für die Biotop- und Umweltplanung von zentraler Bedeutung. Das bisherige analoge Kartenwerk soll in den Jahren 2005 und 2006 Zug um Zug als digitale Karte erstellt und über Internettechnologie bereitgestellt werden. Pro Jahr sollen 1.000 Karten produziert werden.

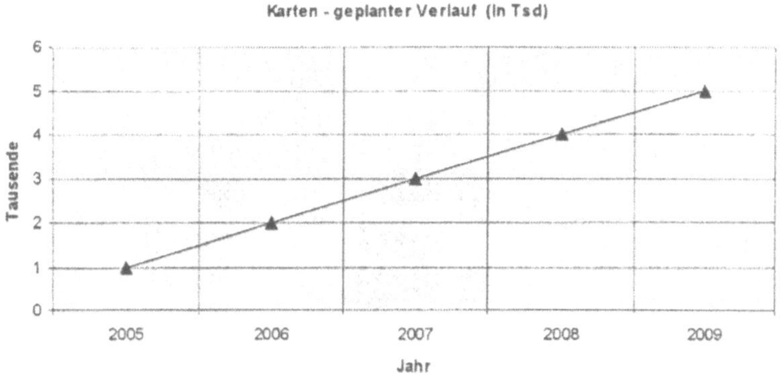

- **Ausbau des Geodatenservers der Vermessungs- und Katasterverwaltung**
  Neben den bereits landesweit zur Verfügung stehenden Liegenschaftskarten und Liegenschaftsbeschreibungen soll der Geodatenserver auch die Ergebnisse der Bodenschätzung in Form der Bodenschätzungskarten und Bodenrichtwertkarten für die gesamte Landesfläche über Internettechnologie bereitstellen. In den Jahren 2005 und 2006 sollen alle Produkte der Vermessungs- und Katasterverwaltung über Internet verfügbar gemacht werden.
- **Ausbau des Kundenservice der Vermessungs- und Katasterämter zu Vertriebsagenturen für Geodaten.**
  Durch ein kundenspezifisches Marketing und eine starke Verzahnung des Kundenservice der Vermessungs- und Katasterämter mit dem Bereich Marketing und Vertrieb des Landesamts für Vermessung und Geobasisinformation soll eine verbesserte Beratung der Bürger, Kommunen und Unternehmen in der Fläche angestrebt werden.

Kennzahlen und Indikatoren, Preise, Steuerungsgrößen

- Anzahl der eingesparten Stellen

	Ziel		
	2004	2005	2006
eingesparte Stellen	37	39	0

- Anzahl der eingestellten Geodokumente

	Ziel		
	2004	2005	2006
eingestellte Dokumente	470.000	140.000	140.000

- Anzahl der produzierten digitalen Karten 1:5.000

	Ziel		
	2004	2005	2006
produzierte Karten	1.000	1.000	1.000

- Anzahl der über Internet beziehbaren Produkte
- Anzahl der zertifizierten Schulungen im Bereich Marketing und Vertrieb

7. Leistungsauftrag im Kapitel 05 04 Justizvollzugsanstalten, Haushaltsplan 2005/2006

05 Ministerium der Justiz

05 04 Justizvollzugsanstalten

Vorwort

Zur Vollstreckung rechtskräftig verhängter Freiheitsstrafen und zum Vollzug der Untersuchungshaft sind in Rheinland-Pfalz Justizvollzugsanstalten eingerichtet in:
- Diez,
- Frankenthal (Pfalz),
- Koblenz,
- Ludwigshafen am Rhein (Sozialtherapeutische Anstalt),
- Rohrbach mit Außenstelle Wonsheim,
- Trier mit Außenstelle Saarburg,
- Wittlich und
- Zweibrücken.

Jugendstrafen werden vollstreckt in den Jugendstrafanstalten Schifferstadt und Wittlich. Jugendarrest wird vollstreckt in der Jugendarrestanstalt Worms

Die Ausbildung des mittleren Justizvollzugsdienstes in Lehrgängen wird in der Justizvollzugsschule Rheinland-Pfalz in Wittlich vorgenommen.

Eine Mittelbehörde gibt es nicht, die Justizvollzugseinrichtungen sind dem Ministerium der Justiz unmittelbar unterstellt.

In Kapitel 05 04 werden für die vorgenannten Justizvollzugseinrichtungen die Einnahmen und Ausgaben für Personal- und Sachkosten sowie die nach dem Strafvollzugsgesetz vorgeschriebenen Leistungen an oder für die Gefangenen veranschlagt. Darunter fallen unter anderem Verpflegung, Arbeitsentgelte und Ausbildungsbeihilfen, medizinische, psychologische und kulturelle Betreuung, berufliche Bildungsmaßnahmen, Beiträge zur Arbeitslosenversicherung.

In der Titelgruppe 71 sind die Einnahmen und die Ausgaben für die Arbeitsbetriebe, in denen die Gefangenen beschäftigt werden, gesondert veranschlagt.

Die Belegung der rheinland-pfälzischen Justizvollzugsanstalten betrug im Jahr 1997 durchschnittlich 3.315 Gefangene und stieg kontinuierlich auf eine Durchschnittsbelegung von 3.849 Gefangenen im Jahr 2003 an.

Den Gefangenen eine regelmäßige Arbeit anzubieten gehört zu den grundsätzlichen Aufgaben des Vollzugs nach § 2 StVollzG (Vollzugsziel). Die §§ 37 ff. StVollzG regeln die Arbeit, Ausbildung und Weiterbildung der Gefangenen. Gemäß § 37 Abs. 2 StVollzG besteht die Verpflichtung der Vollzugsbehörde, dem Gefangenen eine wirtschaftlich ergiebige Arbeit zuzuweisen. Strafgefangene sind nach § 41 StVollzG zur Arbeit verpflichtet. Um den gesetzlichen Auftrag erfüllen zu können, sind in den Anstalten Arbeitsverwaltungen eingerichtet, die die Arbeit der Gefangenen beschaffen, organisieren und zuweisen. In Unternehmer- und Eigenbetrieben der Arbeitsverwaltung und in den Wirtschaftbetrieben der Anstalten (z. B. Küche, Kammer, Hauswerkstätten, Gebäudereinigung) wird dann den Gefangenen Arbeit angeboten.

In Eigenbetrieben werden mit landeseigenen Arbeitsmitteln (Titelgruppe 71) Erzeugnisse hergestellt oder Leistungen erbracht. Die Einrichtung eines Eigenbetriebs setzt voraus, dass unter Berücksichtigung des Bedarfs für seine Leistungen oder Erzeugnisse auf Dauer ein Überschuss der Erträge über die Aufwendungen zu erwarten ist. Bei den Eigenbetrieben handelt es sich vornehmlich um Handwerksbetriebe.

In Unternehmerbetrieben werden auf dem Grundstück der Justizvollzugsanstalt oder auf einem ihr zur Verfügung stehenden Gelände mit unternehmereigenen oder landeseigenen Arbeitsbetriebsmitteln (Titelgruppe 71), die der Unternehmer angemietet hat oder ihm gegen Berechnung eines Zuschlags zur Verfügung gestellt werden, für den Unternehmer Erzeugnisse hergestellt oder Leistungen erbracht.

In den Wirtschaftsbetrieben, die keine Betriebe der Arbeitsverwaltung sind, werden Versorgungsleistungen durch Gefangene für die Behörde und die Gefangenen erbracht.

Leistungsauftrag des Justizvollzugs

Der Justizvollzug hat zum einen den gesetzlichen Auftrag zur Beschäftigung der Gefangenen zu erfüllen. Darüber hinaus - insbesondere im Hinblick auf die Haushaltslage des Landes - ist es das Ziel, wirtschaftlich ergiebig und gewinnorientiert zu arbeiten. In einer Zeit knapper Ressourcen ist die Beschaffung von Arbeit für Gefangene sehr schwierig geworden.

Die Arbeitsverwaltungen der Justizvollzugs- und Jugendstrafanstalten sind gezwungen, stets marktorientiert zu planen und zu kalkulieren. *Das gilt sowohl bei der Vereinbarung mit Unternehmern zur Bereitstellung von Gefangenenarbeits-*kräften in Unternehmerbetrieben als auch bei der Kalkulation von Produkten der Eigenbetriebe. In den Rahmen der Bewirtschaftung einer Anstalt und den Umgang mit Leistungen für die Anstalt gehört auch die Beachtung der Haushaltsvorgaben im Sinne einer möglichst sparsamen und wirtschaftlichen Erfüllung des Ressourceneinsatzes.

05 Ministerium der Justiz

05 04 Justizvollzugsanstalten

<u>Situationsanalyse:</u>

1. Die Beschäftigungssituation im Vergleich zur Belegungsentwicklung stellt sich wie folgt dar:

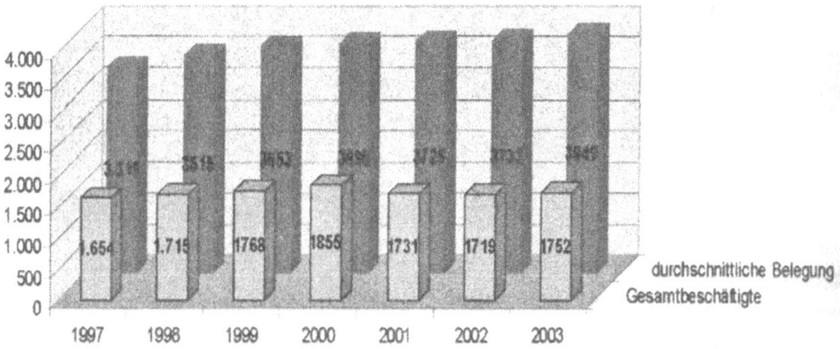

Mit dem Anstieg der Belegung konnte demnach keine Steigerung der Beschäftigungszahlen erreicht werden.

2. Nach den Jahresnachweisen der Justizvollzugsanstalten stellt sich der Überschuss der Einnahmen über die Ausgaben (umgerechnet in EUR, ohne Arbeitslosenversicherung der Gefangenen) wie folgt dar:

Überschussentwicklung der Arbeitsverwaltungen der Justizvollzugsanstalten in EUR

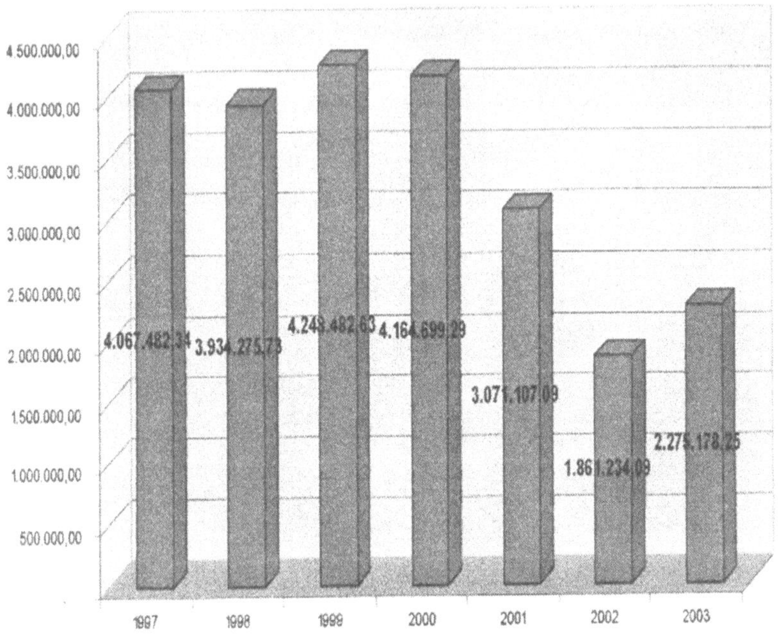

05 Ministerium der Justiz

05 04 Justizvollzugsanstalten

Anmerkung: Die Entwicklung hin zu einer deutlichen Minderung der Überschüsse beruht auf der Erhöhung des Arbeitsentgeltes der Gefangenen mit Wirkung zum 01. Januar 2001. Teilweise konnte dies durch Einnahmesteigerungen aufgefangen werden, die durch Aufträge des LBB an die Eigenbetriebe der Justizvollzugsanstalten beim Bau der Justizvollzugsanstalt Rohrbach erzielt werden konnten. Diese Einnahmen flossen insbesondere im Jahr 2001.

Für Beiträge zur Arbeitslosenversicherung der Gefangenen wurden 1997 umgerechnet 2.383.435,34 EUR und 2003 bereits 2.781.200,56 EUR verausgabt. Werden diese Aufwendungen von dem ermittelten Überschuss abgesetzt, verbleibt derzeit kein Gewinn.

Im Blick auf dieses Ergebnis muss angestrebt werden, sowohl die Beschäftigungsquote der Gefangenen zu erhöhen als auch eine Überschussmaximierung zu erreichen.

Ziele:

Aus der besonderen Situation heraus, allen Gefangenen Arbeit anbieten zu müssen und dabei möglichst Produktivität, Umsatz und Gewinn sicherzustellen, verfolgt die Landesjustizverwaltung im Bereich der Arbeit der Gefangenen insbesondere folgende Ziele:

1. Sicherung und Steigerung der Beschäftigungslage der Gefangenen,
2. Erhöhung des Umsatzes und Gewinnsteigerung der Arbeitsbetriebe durch insbesondere die Verbesserung der Produktivität und der Kostentransparenz der Arbeitsbetriebe, die ihrerseits eine kosten- und leistungsrechnungskonforme Struktur des Rechnungswesens erfordert.

Maßnahmen:

1. Gewinnung zusätzlicher Aufträge (z.B. durch geeignetes Marketing)
2. Zur Produktivitätssteigerung ist der Einsatz neuer Steuerungselemente erforderlich. Hierzu zählt insbesondere die Entwicklung, Gestaltung und Einführung eines betriebswirtschaftlichen Managementsytems für die Arbeitsverwaltungen der Justizvollzugs- und Jugendstrafanstalten sowie die Sicherstellung einer betriebswirtschaftlichen Steuerung der Strafvollzugsanstalten als untergeordnete Landesbehörden durch ein kostenrechnerisch unterstütztes Budgetierungssystem im Sinne „Neuer Steuerungsmodelle". Hierzu gehört auch die Entwicklung einer Berechnungssystematik zur Ermittlung der Entgelte / Kostensätze für Leistungen und Produkte der Justizvollzugsanstalten.

   Weiter ist die Einführung moderner Informationstechnik sowohl im Bereich der Hardwareausstattung als auch des Erwerbs geeigneter Software hierfür erforderlich.

   Schließlich ist die Gestaltung eines Berichtswesens zu unterjährigen Budgetkontrolle und Budgetsteuerung vorgesehen. Die Abbildung dieser Informationen in einem zentralen Auswertungsmodul erscheint geboten.

Aktueller Stand:

Mit dem Projekt „Neustrukturierung der Arbeitsverwaltung" wurde bereits im März 2004 begonnen. Die wissenschaftliche Begleitung erfolgt durch das Institut für angewandtes Management in der Sozialwirtschaft (IFAMS) unter der Leitung von Herrn Prof. Dr. Hans-Christoph Reiss, Fachhochschule Mainz. Es ist geplant das Projekt Ende 2005 abzuschließen.

8. Kapitel 06 02 Leistungsauftrag zur arbeitsmarktpolitischen Förderung, Haushaltsplan 2005/2006

- 25 -

Vorwort zu Kapitel 06 02 – Allgemeine Bewilligungen –

I. Arbeitsmarktpolitik und Arbeitsschutz

Durch das dritte und vierte Gesetz für moderne Dienstleistungen am Arbeitsmarkt (Hartz-Gesetze) kommt es zu grundlegenden Veränderungen im Bereich der Arbeitsmarktpolitik, der sich die arbeitsmarktpolitische Förderung des Landes entsprechend anpasst. Durch die Zusammenlegung von Arbeitslosenhilfe und Sozialhilfe und damit verbunden die Einführung einer Grundsicherung für Arbeitsuchende (Arbeitslosengeld II) zum 1. Januar 2005 über das zweite Buch Sozialgesetzbuch (SGB II) sowie die vorgesehenen Regelungen im zwölften Buch Sozialgesetzbuch (SGB XII) werden zwei arbeitsmarktrelevante Personengruppen aus den Arbeitsmarktreformen hervorgehen, die auf einen Unterstützungsbedarf hinsichtlich der Integration in den Arbeitsmarkt angewiesen sind: Erwerbsfähige Arbeitsuchende zwischen 15 und unter 65 Jahren und zeitweilig nicht erwerbsfähige Hilfebedürftige. Um eine ausreichende Aktivierungsquote für diesen Personenkreis ermöglichen zu können, werden die Instrumente des Landes in Ergänzung zu den Maßnahmen der Bundesagentur für Arbeit auch weiterhin ein wichtiger Bestandteil der Arbeitsmarktpolitik im Land Rheinland-Pfalz sein.

1. Das Land wird insoweit auch in den Jahren 2005 und 2006 unter diesen neuen Rahmenbedingungen seine Dreifachstrategie der personenbezogenen Bekämpfung und Verhinderung von Arbeitslosigkeit sowie der Strukturgestaltung von Arbeitsmarktentwicklungen fortführen. Die Bedeutung der **Arbeitsmarktpolitik des Landes** kann anhand der erreichten Personen dargestellt werden. So wurden im Jahr 2002 unter Einbeziehung der Mittel des Europäischen Sozialfonds (ESF) durch annähernd 700 Projekte rund 32.000 Personen erreicht; hiervon rund 12.500 durch Beschäftigungs- und Qualifizierungsmaßnahmen und rund 19.500 Personen im Rahmen von präventiven und strukturfördernden Maßnahmen.

   Die vorhandenen Instrumente des Landes werden sich in den Jahren 2005 und 2006 auf nachfolgende Aufgabenfelder konzentrieren:

   - **Bekämpfung der Arbeitslosigkeit und Vermeidung von Ausgrenzung Benachteiligter**
     Das Aufgabenfeld dient in erster Linie der Förderung besonderer Zielgruppen des Arbeitsmarktes. Hierzu zählen insbesondere die Förderung von (Langzeit-)Arbeitslosen und Sozialhilfeempfängerinnen und -empfängern in Form von Beziehern von SGB II-Leistungen, Bezieher von Grundsicherung zur Wiederherstellung ihrer Erwerbsfähigkeit bei Leistungen nach dem SGB XII, Jugendliche, Frauen - insbesondere Frauen, die keinen eigenen Anspruch auf Arbeitslosengeld I erworben haben oder durch das Einkommen ihres Ehemannes keinen Anspruch auf Arbeitslosengeld II haben - Ältere, Alleinerziehende sowie weitere Zielgruppen, wie Migrantinnen und Migranten, Strafgefangene, drogenabhängige, psychisch kranke oder behinderte Menschen.

- **Maßnahmen zur Vermeidung von Arbeitslosigkeit und Erhaltung von Arbeitsplätzen**
  In diesem präventiven Ansatz sollen neben der betriebsnahen Arbeitsmarktpolitik auch Maßnahmen gefördert werden, die dem Erwerb und Erhalt von Qualifikationen, dem Übergang Jugendlicher von der Schule in den Beruf, dem lebenslangen Lernen für Beschäftigte, dem Ausbau der Wissensgesellschaft, der Erhöhung der Fremdsprachenfähigkeit, der Vereinbarkeit von Familie und Beruf sowie Maßnahmen und Konzepten zur Begleitung der zunehmenden Dienstleistungsorientierung von Arbeit und Beschäftigung dienen.

- **Begleitung des Strukturwandels und Stärkung der Systeme**
  Dieser Ansatz ist weniger durch eine personenbezogene Förderung gekennzeichnet, sondern durch begleitende Maßnahmen. Hierzu zählen die Begleitung des demografischen Wandels (altergerechtes Arbeiten, Maßnahmen im Bereich Arbeitsschutz und Arbeitsrecht, Nutzung vorhandener Beschäftigungspotentiale), neue Beschäftigungsfelder- und formen (Beschäftigung im Niedriglohnbereich, Arbeitszeit, Arbeitsorganisation, Arbeitsgestaltung, Verhinderung illegaler Beschäftigung, Erhaltung der Arbeitsfähigkeit), Wettbewerbsfähigkeit der Regionen (Technologie, Dienstleistungsberufe, grenzüberschreitende Zusammenarbeit, EU-Osterweiterung, Internationalisierung), lokale Ökonomie, Stärkung der Systeme (Forschung, IAB-Panel, Monitoring, Öffentlichkeitsarbeit).

Für die Komplementär- und ggf. Vorfinanzierung von Projekten, die mit Mitteln des **Europäischen Sozialfonds (ESF)** kofinanziert werden, werden Haushaltsmittel vorgehalten, um den Abruf aller dem Land zustehenden Mittel des ESF zu sichern. Des weiteren soll ein Einsatz von Mitteln für Projekte der grenzüberschreitenden Arbeitsmarktpolitik sowie zum Ausgleich von Währungsverlusten erfolgen, die bei der noch laufenden Abwicklung der europäischen Förderprogramme der alten Förderperiode 1994-1999 entstehen können.

Zur Unterstützung der Umsetzung der arbeitsmarktpolitischen Förderprogramme wird auch in den Jahren 2005 und 2006 die **Rheinland-pfälzische Beratungsstelle - Arbeitsmarktintegration Benachteiligter - Technische Hilfe zum ESF (RAT)** eingesetzt. Die Hauptaufgaben der landesweiten Beratung liegen in der allgemeinen Beratung und Antragsberatung. Jährlich werden bisher rund 360 Einzelberatungen durchgeführt und rund 250 Förderanträge bearbeitet.

Im Rahmen der Umsetzung der Arbeitsmarktpolitik sind zur Steigerung der Transparenz und Vertiefung einzelner Themen begleitende Veranstaltungen wie die Arbeitsmarktkonferenz geplant.

2. Ein weiterer Bestandteil der Arbeitsmarktförderung ist die **Technologieberatung**. Neben dem Einsatz der Technologieberatungsstellen (TBS) in allgemeinen Themenbereichen wie der Gestaltung von Informations- und Kommunikationstechnologien, der Reorganisation und Gestaltung neuer Produktionskonzepte und der Flexibilisierung von Arbeitszeiten über die direkt zuletzt mehr als 5.000 Beschäftigte eingebunden und indirekt mehr als 30.000 Beschäftigte tangiert wurden, werden spezifische Unterstützungsleistungen angeboten. Durch die Moderation und Mediation kritischer Übereinkommen zur Sicherung der Zukunftsfähigkeit von Unternehmen und Interessensvertretungen konnten die TBS im Rahmen der Entwicklung wirtschaftlicher effizienter Konzepte zuletzt dazu beitragen, weit mehr als 1.000 Arbeitsplätze zu sichern. Auch in den Jahren 2005 und 2006 wird ein Schwerpunkt der Arbeit der TBS in der Entwicklung zukunftsorientierter Strategien für rheinland-pfälzische Betriebe liegen, um damit einen wichtigen Beitrag zum Erhalt und zur Sicherung von Arbeitsplätzen im Land zu leisten.

3. Die **Sozialberatungsstellen für ausländische Arbeitnehmerinnen und Arbeitnehmer** tragen dazu bei, dass ausländische Arbeitnehmerinnen und Arbeitnehmer Orientierungshilfen erhalten und unter Berücksichtigung der unterschiedlichen Ausgangsbedingungen in sozialen Angelegenheiten beraten werden. Damit wird die Fähigkeit vermittelt, zu einem großen Teil in einer fremden Gesellschaft eigenverantwortlich zu handeln und sich in das gesellschaftliche System der Bundesrepublik Deutschland einzugliedern. Entsprechend einer Vereinbarung mit der Bundesregierung folgend, steigt der Anteil der Landesförderung bis 2005 an und wird 2006 auf dem erreichten Niveau gehalten.

4. **Hauswirtschaftliche Berufsbildung** soll die Qualität der hauswirtschaftlichen Berufe steigern, Privathaushalte als Beschäftigungsorte erschließen und damit illegale Beschäftigung minimieren. Die Landesarbeitsgemeinschaft für hauswirtschaftliche Bildung Rheinland-Pfalz e.V. (LAG) als Vertretung der Verbände der Hauswirtschaft in Rheinland-Pfalz übernimmt diese Aufgabe als Partner des Landes.

5. Projekte zur Aus- und Weiterbildung gewährleisten die **Bedarfs- und Qualitätssicherung von Fachberufen des Gesundheitswesens, insbesondere Pflegeberufe.** Es erhalten Schulträger von Ausbildungsstätten für Gesundheitsfachberufe Zuschüsse zu den laufenden Personal- und Sachkosten des Unterrichtsbetriebes. Darüber hinaus werden die „Bildungs- und Fachkräfteoffensive Pflege für Rheinland-Pfalz" sowie die „Landespflegekonferenz Rheinland-Pfalz" durchgeführt. Ferner stehen Haushaltsmittel für die Zahlung von Prüfungsvergütungen zur Verfügung, die an Prüfungsausschussvorsitzende in nebenberuflicher Tätigkeit zu zahlen sind.

6. Die im Ministerium für Arbeit, Soziales, Familie und Gesundheit angesiedelten Bereiche des **Arbeitsschutzes** beinhalten den sozialen, technischen und medizinischen Arbeitsschutz. Durch die Vollzugsbehörde, die Staatliche Gewerbeaufsicht in den Struktur- und Genehmigungsdirektionen, werden ungefähr 1,4 Millionen Beschäftigte und 188.000 Betriebe betreut. Darüber hinaus hat die Staatliche Gewerbeaufsicht die umfangreichen Felder des technischen Verbraucherschutzes und eines Teilbereiches des Medizinprodukterechts zu überwachen und somit Aufgaben zum Schutze der gesamten Bevölkerung.

   Durch die Vorschriften des **sozialen Arbeitsschutzes** wird der Arbeitsschutz für die Arbeitnehmerinnen und Arbeitnehmer sowie der Rahmen für eine flexible Arbeitszeitgestaltung in den Betrieben bestimmt. Maßgeschneiderte Arbeitszeitmodelle können zu mehr Produktivität, Arbeitszufriedenheit, Qualifikation und Beschäftigung in den Betrieben führen. Darüber hinaus kommt der Einhaltung der Bestimmungen zur Sonn- und Feiertagsarbeit, der Überwachung der Lenk- und Ruhezeiten des Fahrpersonals, der Vorschriften des Mutterschutzes und des Jugendarbeitsschutzes eine besondere Bedeutung für die rheinland-pfälzische Gewerbeaufsicht zu. Die allgemeine Revisionstätigkeit wird hierbei durch besondere Schwerpunktaktionen im Rahmen der Programmarbeit in den Bereichen Fahrpersonal sowie Arbeitszeitgestaltung in Krankenhäuser ergänzt.
   Gemäß § 32 Jugendarbeitsschutzgesetz darf ein Jugendlicher, der in das Berufsleben eintritt, nur beschäftigt werden, wenn er ärztlich untersucht wurde. Die Kosten der Untersuchung trägt gemäß § 44 Jugendarbeitsschutzgesetz das Land.

   Durch die Überwachung der Bestimmungen des Arbeitsschutzes in den Betrieben zielt der **Technische Arbeitsschutz** auf die Verbesserung der Sicherheit und des Gesundheitsschutzes von Beschäftigten. Beratung oder behördliche Maßnahmen der Gewerbeaufsicht sollen Arbeitsunfällen oder gesundheitsschädlichen Einflüssen am Arbeitsplatz präventiv begegnen. Neben den allgemeinen Bestimmungen des Arbeitsschutzes hat die Gewerbeaufsicht auch spezielle Bereiche wie das Sprengwesen, die Beschaffung und Einrichtung der Arbeitsstätten, den Betrieb von Aufzugsanlagen, Druckbehälteranlagen, Anlagen zur Lagerung und zum Abfüllen brennbarer Flüssigkeiten, Dampfkessel und technische Arbeitsmittel, den Transport gefährlicher Güter, den Schutz von Arbeitnehmerinnen und Arbeitnehmern auf Baustellen zu überwachen.

In Fragen des **medizinischen Arbeitsschutzes** werden die zuständigen Aufsichtsbehörden vom Staatlichen Gewerbearzt unterstützt. Dies ist zur Beurteilung medizinisch notwendiger Maßnahmen erforderlich und dient der Prävention berufsbedingter Erkrankungen. Der Staatliche Gewerbearzt nimmt auch Beratungsaufgaben in Fragen des medizinischen Arbeitsschutzes gegenüber Firmen, Beschäftigten, Betriebsärzten und der Bevölkerung wahr. Eine seiner wichtigen Aufgaben sind ferner seine Stellungnahmen im Berufskrankheitenverfahren.

Die Gewerbeaufsicht ist nicht nur für Beschäftigte zuständig. Vielmehr dient sie der Sicherheit aller Bürgerinnen und Bürger mit ihren vielfältigen Aufgaben. Sie befasst sich im Rahmen der Geräte- und Produktsicherheit mit **technischen Verbraucherschutz**, in der Weise, als dass die Benutzerinnen und Benutzer technischer Produkte - vom Spielzeug bis zum Computer - durch sichere Konstruktionen vor gesundheitsschädigenden Einflüssen geschützt werden.

Ferner umfasst die Aufgabe der Gewerbeaufsicht auch die Überwachung der Konstruktion und den sicheren Betrieb von **energetisch betriebenen Medizinprodukten** (aktive Medizinprodukte). Sowohl Patientinnen und Patienten, als auch Ärzte und Pflegepersonal sind somit im Kreis der Personen, für deren Sicherheit die Gewerbeaufsicht zuständig ist.

Die **Unfallkasse Rheinland-Pfalz** nimmt für den staatlichen Bereich jene Aufgaben wahr, die in der gewerblichen Wirtschaft Berufsgenossenschaften übertragen sind. Sie hat als Unfallversicherungsträger der öffentlichen Hand gemäß Sozialgesetzbuch Siebtes Buch (SGB VII) den gesetzlichen Auftrag, Arbeits- und Wegeunfälle sowie das Auftreten von Berufskrankheiten zu verhüten und durch geeignete Maßnahmen Gesundheitsgefahren am Arbeitsplatz oder in Kindergärten, Schulen, Universitäten und Hochschulen vorzubeugen. **Versichert sind bei der Unfallkasse rund 1,5 Millionen Menschen, davon fast 850.000 Kinder, Jugendliche und Studierende.** Im Versicherungsfall gewährt die Unfallkasse im Wesentlichen Heilbehandlung, Leistungen der beruflichen Eingliederung und Geldleistungen (Verletztengeld, Unfallrente, Pflegegeld, Leistungen im Todesfall). Die Unfallkasse finanziert sich durch Umlagen, die von den Unternehmern (Arbeitgebern) zu zahlen sind.

Leistungsauftrag zur arbeitsmarktpolitischen Förderung

Rechtsgrundlagen:
Die Förderung erfolgt auf der Grundlage der Landeshaushaltsordnung (LHO), insbesondere § 44 LHO und der dazu erlassenen Verwaltungsvorschrift einschließlich der dazu ergangenen Nebenbestimmungen sowie des Landesverwaltungsverfahrensgesetzes (LVwVfG) in Verbindung mit den bundesrechtlichen Regelungen des Verwaltungsverfahrensgesetzes (VwVfG). Die Einheitlichen Programmplanungsdokumente zu den Zielen 2 und 3 des Europäischen Sozialfonds, Verordnungen (EG) 1260/99, 1784/99, 438/2001, 448/2000, 1685/2000 sowie 1159/2000 sind außerdem Förderbasis.

Situationsbeschreibung:
Neben der Arbeitsverwaltung und den Kommunen stellt das Land Fördermittel zur Verbesserung der Arbeitsmarktsituation im Land zur Verfügung, die durch Mittel des Europäischen Sozialfonds (ESF) ergänzt werden. Kapitel 0602 Titel 684 19, Kapitel 0675 Titel 684 22 sowie Kapitel 0602 Titel 684 18 bilden den Kernbereich der zur Verfügung stehenden Haushaltsmittel.

Trotz der drittbesten Arbeitslosenquote im Vergleich der Bundesländer im Jahresdurchschnitt 2003 ist die Arbeitsmarktlage in Rheinland-Pfalz weiterhin Anlass für Maßnahmen des Landes. Im Jahr 2003 waren im Jahresdurchschnitt 154.664 Menschen arbeitslos gemeldet, rund 11.000 mehr als im Jahr 2002. Die Arbeitslosenquote stieg von 7,2 Prozent im Jahr 2002 auf 7,7 Prozent im Durchschnitt des Jahres 2003. Erst für das Jahr 2005 wird mit einer durchgehenden Besserung der Arbeitsmarktlage gerechnet. Besonders betroffen von dieser Situation sind die Problemgruppen des Arbeitsmarktes wie Langzeitarbeitslose.

Durch das dritte und vierte Gesetz für moderne Dienstleistungen am Arbeitsmarkt (Hartz-Gesetze) kommt es zu grundlegenden Veränderungen im Bereich der Arbeitsmarktpolitik, der sich die arbeitsmarktpolitische Förderung des Landes entsprechend anpasst. Die zu erwartende niedrige Aktivierungsquote für Integrationsmaßnahmen für die zukünftigen Bezieher von Arbeitslosengeld II und die zu erwartenden Änderungen im Bereich der kommunalen Arbeitsmarktpolitik machen vor dem Hintergrund der Arbeitsmarktlage in Rheinland-Pfalz den weiteren Bedarf an arbeitsmarktpolitischen Mitteln des Landes deutlich.

Ziel:
Das Land will mit den Fördermitteln in den Jahren 2005 und 2006 einen Beitrag zur Verbesserung der Arbeitsmarktsituation in Rheinland-Pfalz leisten.

Maßnahmen:
Die vorhandenen Instrumente des Landes werden sich auf folgende Aufgabenfelder konzentrieren:

- Bekämpfung der Arbeitslosigkeit und Vermeidung von Ausgrenzung Benachteiligter
- Maßnahmen zur Vermeidung von Arbeitslosigkeit und Erhaltung von Arbeitsplätzen
- Begleitung des Strukturwandels und Stärkung der Systeme

Voraussichtliche Kosten:

Haushaltsstelle	2005	2006
0602 684 19	16.333.900 Euro	16.333.900 Euro
0675 684 22	2.045.000 Euro	2.045.000 Euro
0602 684 18	20.000.000 Euro	18.000.000 Euro
Gesamtkosten:	38.378.900 Euro	36.378.900 Euro

Voraussichtliche Leistung/Wirkung:
Die Arbeitsmarktpolitik des Landes konnte im Jahr 2002 durch rund 690 Projekte etwa 32.000 Personen unterstützen, davon 19.500 Personen im Rahmen von präventiven und strukturfördernden Maßnahmen und 12.500 über Projekte zur Beschäftigung und Qualifizierung. Hauptzielgruppe der Beschäftigungs- und Qualifizierungsmaßnahmen waren mit einem Anteil von etwa 67 Prozent Langzeitarbeitslose. Bedingt durch den Rückgang der arbeitsmarktpolitischen Mittel bei Kapitel 0602 Titel 684 19 im Vergleich zum Jahr 2002 wird damit gerechnet, dass es in den Jahren 2005 und 2006 zu einem leichten Rückgang der erreichten Personen und Projekte kommen wird. Die geförderten Projekte haben einer hohen Anzahl von Teilnehmerinnen und Teilnehmern einen Zugang zum ersten Arbeitsmarkt verschafft und die Chancen der übrigen erheblich verbessert, einen regulären Arbeitsplatz zu finden.

II. Soziales

1. Gesellschaftliche Teilhabe von Menschen mit Behinderungen

Die **Teilhabe von Menschen mit Behinderungen an allen Lebensbereichen** ist eine **Schwerpunktaufgabe** der Landesregierung. Um diese umfassende Integration, die im Englischen mit dem Begriff „inclusion" bezeichnet wird, zu erreichen, muss in erster Linie die Gleichstellung vom Menschen mit Behinderungen durchgesetzt werden. Zur Verwirklichung gleicher Chancen in den grundlegenden Lebensbereichen Bildung, Arbeit, Wohnen und Freizeit ist das Landesgesetz zur Herstellung gleichwertiger Lebensbedingungen für Menschen mit Behinderungen ein wichtiges Instrument. Darin verpflichtet sich das Land zur Einhaltung der Grundsätze der Barrierefreiheit bei allen Maßnahmen der öffentlichen Hand.

Die Arbeitsmarktpolitik für behinderte Menschen will sich verstärkt darum bemühen, behinderte Menschen in den allgemeinen Arbeitsmarkt zu integrieren. Dazu sollen zum Beispiel Integrationsprojekte unterstützt und die Werkstätten für behinderte Menschen weiterentwickelt werden, um ein höheres Maß an Teilhabe in der beruflichen Rehabilitation zu erreichen.

Gemeindenah integrierte Wohnformen, die selbstbestimmt gewählt werden können, sind noch nicht der Regelfall für Menschen mit Behinderungen. Die Landesregierung Rheinland-Pfalz will gemeindenahe Wohn- und Unterstützungsangebote ausbauen, um Menschen mit Behinderungen eigenständige Wohnformen zu ermöglichen, die eine geschützte Privatsphäre sichern und die eine Lebensgestaltung nach eigenen Wünschen und Vorstellungen ermöglichen sollen. Mit den Verbänden behinderter Menschen, den Trägern von Hilfeangeboten und den Kostenträgern auf örtlicher und überörtlicher Ebene soll eine Zielvereinbarung abgeschlossen werden, die diesen Prozess steuert. In 1998 wurde das Persönliche Budget im Rahmen des Modellprojektes **„Selbst bestimmen – Hilfe nach Maß"** eingeführt und zunächst in einigen wenigen Modellkommunen erprobt. Seit Mitte 2004 praktizieren es alle kommunalen Gebietskörperschaften und wenden das Persönliche Budget an, mit dem gute Erfahrungen als neuem Instrument der gesellschaftlichen Eingliederung und zur Vermeidung von Heimunterbringungen gemacht werden konnten. Mit der am Persönlichen Bedarf ausgerichteten individuellen Hilfeplanung, die im Jahr 2004 flächendeckend in Rheinland-Pfalz eingeführt wurde, können die notwendigen Unterstützungen für behinderte Menschen noch zielgenauer als bisher eingesetzt werden. Mit diesem neuen Verfahren wird eine weitere Voraussetzung geschaffen, um Menschen zu befähigen, Entscheidungen vorzubereiten und zu treffen, die ihnen ein selbstbestimmtes Leben ermöglichen. Das mit dem Sozialgesetzbuch XII eingeführte trägerübergreifende Budget und die stärkere Gleichbehandlung des ambulanten und stationären Bereichs wird diese Entwicklung unterstützen.

In den nächsten Jahren liegt der **Schwerpunkt der Aufgaben** in folgenden Bereichen:

- Weiterentwicklung der integrativen Angebote der Beschäftigung („Budget für Arbeit")
- Anpassung des Platzangebotes in Werkstätten für behinderte Menschen verbunden mit dem Ausbau von Alternativen, wie zum Beispiel Integrationsprojekte und ausgelagerten Werkstattarbeitsplätzen, um die Integration behinderter Menschen in den allgemeinen Arbeitsmarkt zu verbessern.
- Förderung und Entwicklung differenzierter Wohnformen und tagesstrukturierender Angebote für schwerstmehrfach und ältere behinderte Menschen.
- Abschluss der Modernisierung bestehender Berufsbildungs- und Berufsförderungswerke.

Die investive Förderung des Baus und der Ausstattung von Einrichtungen für behinderte Menschen ist seit 2003 auf eine Refinanzierung der notwendigen Investitionsaufwendungen über die Vergütungssätze umgestellt worden.

- **Frühförderung und Förderung behinderter Kinder im Kindergarten**
  Das Landesgesetz zur Herstellung gleichwertiger Lebensbedingungen für Menschen mit Behinderungen hat auch für den Erziehungs- und Bildungsbereich wichtige Impulse gegeben, da es die integrative Erziehung stärkt. Die gemeinsame Erziehung in integrativen Gruppen ermöglicht Kindern mit und ohne Behinderung ein gemeinsames Aufwachsen und befähigt sie, von einander zu lernen. Die vorschulische Förderung wird in 56 Integrativen Kindertagesstätten und 28 Sonderkindergärten mit teilstationärem Charakter gewährleistet. In den integrativen Gruppen und heilpädagogischen Gruppen wurden im Jahr 2004 insgesamt 1.861 Kinder mit Behinderung und 1.199 Kinder ohne Behinderung gefördert.

  Die Frühförderung behinderter und von Behinderung bedrohter Kinder ist der erste Schritt zu Teilhabe und mehr Selbstbestimmung. Deshalb hat sie in der Rehabilitationspolitik des Landes einen sehr hohen Rang. Es gilt dabei der Grundsatz: „Je früher eine Behinderung erkannt und behandelt wird, desto größer sind die Chancen der Rehabilitation". In Rheinland-Pfalz existiert ein differenziertes Angebot im Rahmen der Frühförderung mit acht Sozialpädiatrischen Zentren, angegliederten Frühförderstellen und weiteren 32 Außenstellen.

Es besteht somit ein dichtes Netz an diagnostischer und therapeutischer Infrastruktur für betroffene Kinder, Jugendliche und Eltern. Die enge Verzahnung von Sozialpädiatrischen Zentren und Frühförderstellen in Rheinland-Pfalz stellt im Bundesvergleich eine Besonderheit dar. Diese duale Struktur hat sich unter fachlichen Gesichtspunkten und im Hinblick auf die Finanzierbarkeit von Einrichtungen bewährt.

Die Frühförderung sinnesbehinderter Kinder wird durch die drei Landeschulen und das Pfalzinstitut in Frankenthal im Rahmen der Hausfrühförderung sichergestellt.

- **Teilhabe am Arbeitsleben**
  Für die Teilhabe behinderter Menschen am Arbeitsleben stehen, soweit sie im dualen System nicht ausgebildet oder umgeschult werden können, je drei Berufsbildungs- und Berufsförderungswerke bereit.

  Für diejenigen, die wegen der Schwere ihrer Behinderung nicht am allgemeinen Arbeitsmarkt teilhaben können, sind insgesamt rund 12.400 Arbeitsplätze in Werkstätten für behinderte Menschen eingerichtet.

  Weiterhin bestehen Integrationsbetriebe, in denen schwerbehinderte Menschen mit Unterstützung auf dem allgemeinen Arbeitsmarkt arbeiten können. Dieses Angebot soll weiter ausgebaut werden.

  Außerdem soll der Übergang von Werkstätten auf dem allgemeinen Arbeitsmarkt verbessert werden. Hierzu sollen die Erkenntnisse des Modellprojektes Förderung des Übergangs von Beschäftigten der Werkstätten für behinderte Menschen auf den allgemeinen Arbeitsmarkt beitragen.
  Ein **Budget für Arbeit** soll behinderten Menschen die Teilhabe am Arbeitsleben erleichtern.

- **Teilhabe am Leben in der Gemeinschaft**
  In der Wohnpolitik für Menschen mit Behinderungen des Landes Rheinland-Pfalz soll in Zukunft das Motto: „Wohnen wo ich will !" gelten. Dies ist der Titel einer Expertise die anhand von internationalen Beispielen Wege zum selbst bestimmten Leben aufzeigt. Es ist beabsichtigt, bestehende Wohnheime

umzustrukturieren und kleingliedrige, gemeindenahe Wohnangebote zu fördern. Dieser Prozess wird von der „Kommission Wohnen" begleitet. Aktuell gibt es rund **10.200 Plätze in Wohn- und Pflegeheimen** mit einem differenzierten Angebot.

Modernere Wohnangebote für Menschen mit Behinderungen gehen einher mit alternativen Finanzierungswegen. Das Normalitätsprinzip im Bereich Wohnen hat zur Folge, dass die relativ starre staatliche Förderung von Sondereinrichtungen durch alternativen Finanzierungswegen ergänzt wird. Aufgrund von Privatinitiative und Kreativität entstehen Stiftungen, Genossenschaften und Wohnungseigentümergemeinschaften, die Menschen mit Behinderungen integratives Wohnen ermöglichen. Als Finanzierungsmöglichkeiten spielen auch der Soziale Wohnungsbau, die Städtebauförderung und Konversionsmittel eine Rolle.

Das Land fördert das **„Betreute Wohnen"**, um Menschen mit Behinderungen ein möglichst selbst bestimmtes Leben zu ermöglichen. Im Jahr 2004 nahmen rund 2.000 Menschen das Angebot wahr. Das Betreute Wohnen wird jedoch in das **„Persönliche Budget"** übergehen, das im Jahr 2004 von circa 800 Menschen genutzt wurde, um außerhalb herkömmlicher Einrichtungen in einer eigenen Wohnung nach eigenen Wünschen zu leben.

Für Menschen mit schweren und schwersten Behinderungen werden **tagesstrukturierende Angebote** weiterhin gefördert, die ihnen die Teilhabe am Leben in der Gemeinschaft ermöglichen sollen. Speziell für Menschen mit seelischen Behinderungen stehen stabilisierende und sozial integrierende Förderangebote in Tagesstätten mit Kontaktstellenfunktion zu Verfügung.

2. Aktivitäten für ältere Menschen

Zukunftsorientierte Seniorenpolitik versteht sich als Handlungsfeld, das mit Querschnittscharakter den unterschiedlichsten Bedürfnissen und Interessen älterer Menschen entsprechen soll. Zielgruppe sind rund 990.000 Bürgerinnen und Bürger in Rheinland-Pfalz, die älter sind als 60 Jahre, hiervon etwa 170.000 Hochbetagte, die älter sind als 80 Jahre. Die **Landesleitstelle „Älter werden in Rheinland-Pfalz"** als Ansprechpartnerin für die ältere Generation arbeitet eng zusammen mit der Landesseniorenvertretung Rheinland-Pfalz e.V., den kommunalen Seniorenbeiräten und dem Landesfachbeirat für Seniorenpolitik und entwickelt gemeinsam mit Seniorinnen und Senioren neue Projekte des altersgerechten Wohnens oder des bürgerschaftlichen Engagements. Handlungsschwerpunkte sind auch Qualifizierungsprojekte für Ältere z.B. zu Internet-Tutoren oder Tutoren für Heimbeiräte. Intergenerative Konzepte und Initiativen, die das Zusammenleben aller Generationen fördern, werden besonders hervorgehoben.

Anfang 2004 standen in Rheinland-Pfalz in **410 stationären Pflegeheimen** für vollstationäre Dauerpflege, Kurzzeitpflege, Tagespflege und Nachtpflege **insgesamt rund 34.200 Plätze** zur Verfügung. Die Unterstützung von Qualitätsentwicklung in diesen Einrichtungen ist ein wichtiges Ziel der **Initiative „Menschen pflegen"**.

3. Wohlfahrtsverbände

Die Verbände der Freien Wohlfahrtspflege erhalten zur **Wahrnehmung sozialer Aufgaben** Globalzuschüsse. Daneben gewährt das Land den Wohlfahrtsverbänden Zuwendungen für die Gewinnung, Schulung und den Auslagenersatz ehrenamtlicher Helferinnen und Helfer im sozialen Bereich.

4. Sozialstationen (Ambulante-Hilfe-Zentren - AHZ -)

In Rheinland-Pfalz werden etwa 70 Prozent der insgesamt rund 95.000 pflegebedürftigen Menschen in ihrem Haushalt betreut und versorgt. Die Pflege im gewohnten Umfeld entspricht dem mehrheitlichen Wunsch der Pflegebedürftigen und wird weiter zunehmen. Rheinland-Pfalz verfügt über ein flächendeckendes Versorgungssystem mit ambulanten Hilfen gemäß dem Grundsatz „ambulant vor stationär". Die Gewährleistung einer Grundversorgung mit ambulanten Hilfen übernehmen landesweit **135 Sozialstationen (AHZ)**.

Das Hilfeangebot der Sozialstationen (AHZ) ist umfassend. Das Angebot besteht aus Leistungen der häuslichen Pflege, der häuslichen Krankenpflege, einschließlich der Kinderkrankenpflege, der Familienpflege sowie der Alten- und Behindertenhilfe. Das System der Sozialstationen (AHZ) unterstützt eine selbständige Lebensführung zu Hause und trägt auch dazu bei, Krankenhausaufenthalte zu vermeiden oder zu verkürzen.

Mit den Beratungs- und Koordinierungsstellen, die für jede Sozialstation (AHZ) eingerichtet sind, besteht in Rheinland-Pfalz ein besonderes Beratungsangebot für pflegebedürftige Menschen und ihre Angehörigen.

Gute Rahmenbedingungen sind Voraussetzung, um eine qualitativ hochwertige pflegerische Hilfe erbringen zu können. Der Einsatz der Landesmittel sichert ein umfassendes Beratungsangebot durch die Beratungs- und Koordinierungsstellen und stärkt Strukturen der häuslichen Betreuung und Pflege.

5. Hilfe für Personen mit besonderen sozialen Schwierigkeiten

Im Rahmen der Gemeinwesenarbeit werden in Rheinland-Pfalz **Personalkostenzuschüsse für 17 sozialpädagogische Fachkräfte** in neun Städten gewährt. Darüber hinaus werden im Zusammenhang mit der Umsetzung der **Bund-Länder-Gemeinschaftsinitiative "Stadtteile mit besonderem Entwicklungsbedarf - Die soziale Stadt"** ebenfalls zwei gemeinnützige Träger durch Personalkostenzuschüsse auf die Dauer von drei Jahren finanziell unterstützt. Weiter wurde das **Projekt "QuarterNet - Digitales Netzwerk der Gemeinwesenarbeit"**, in dem sich 18 Kooperationspartner der Freien Wohlfahrtspflege zusammen geschlossen haben, in benachteiligten Stadtgebieten installiert. Es soll den fachlichen Austausch der Fachkräfte untereinander fördern sowie in einem zweiten Schritt den in den Stadtteilen lebenden Bewohnerinnen und Bewohnern Zugang zu den neuen Kommunikationsmedien gewähren.

Für wohnungslose Menschen stellt das Land Rheinland-Pfalz in 14 Einrichtungen, die sich in Trägerschaft der Wohlfahrtsverbände befinden, insgesamt **416 Plätze zur Resozialisierung** zur Verfügung. Außerdem werden für wohnungslose Menschen sowie aus Freiheitsentziehung Entlassene insgesamt 100 Plätze in **15 Wohngemeinschaften** vorgehalten.

In Zusammenhang mit Armutsbekämpfung und Wohnungslosigkeit werden neben den Einrichtungen, die der LIGA der Freien Wohlfahrtspflege angehören, auch gemeinnützige **Vereine in ihrem Bestreben, wohnungslose Menschen wieder in die Gesellschaft einzugliedern, unterstützt**; so werden zum Beispiel Zuschüsse für Streetworker oder auch Tagesaufenthalte gewährt. Es werden zudem in aufzuwertenden Stadtteilen als Folgemaßnahmen der Modellprojekte „**Wohnumfeldverbesserung**" Personalkostenzuschüsse gewährt. Einen besonderen Schwerpunkt im Doppelhaushalt 2005/2006 bildet das Programm „Kinder in sozialen Brennpunkten".